Institute for the Application Chinese Minority Languages and Characters
Minzu University of China

Applied Linguistics of Minority

民族语言文字应用研究

戴庆厦　曲木铁西　主编

第四辑

《民族语言文字应用研究》编委会
中国民族语言文字应用研究院

民族出版社

图书在版编目（CIP）数据

民族语言文字应用研究．第四辑 / 戴庆厦，曲木铁西主编．-- 北京：民族出版社，2024. 11. -- ISBN 978-7-105-17412-6

Ⅰ．H2

中国国家版本馆 CIP 数据核字第 2024P8A631 号

民族语言文字应用研究：第四辑

责任编辑：向征
封面设计：金晔
出版发行：民族出版社
地　　址：北京市和平里北街 14 号
邮　　编：100013
电　　话：010-64228001（汉文编辑二室）
　　　　　010-64224782（发行部）
网　　址：http://www.mzpub.com
印　　刷：北京中石油彩色印刷有限责任公司
经　　销：各地新华书店
版　　次：2025 年 2 月第 1 版　2025 年 2 月北京第 1 次印刷
开　　本：787 毫米 ×1092 毫米　1/16
字　　数：450 千字
印　　张：20.25
定　　价：108.00 元
书　　号：ISBN 978-7-105-17412-6/H · 1268（汉 442）

前　言

“中国民族语言文字应用研究院”是经国家民委批准成立的中央民族大学省部级科研平台，也是国家民委民族语言文字工作的重要科研基地，于 2017 年 12 月 29 日正式挂牌成立。其任务是紧紧围绕铸牢中华民族共同体意识、国家民族团结进步事业和民族地区社会发展的重大需求及民族语言文字应用领域的主要问题，开展语言国情、语言政策、语言战略、语言安全、民族语言文字的规范化、标准化、信息化等的研究；开展兴边富民、后扶贫时代、城镇化、乡村振兴现代化背景下民族地区语言生态与和谐语言生活的创建研究；在民族地区推广与普及国家通用语言文字的理论和实践的探索，探讨中国少数民族地区各级各类学校民族语文专业建设的目标与路径等；还将把研究院建设成为我国民族语言文字应用工作的第三方评估平台，建立科学、多样的评价标准，开展评价研究，全面服务国家的民族语文建设。

研究院自成立以来，认真按照国家民委的要求，始终把铸牢中华民族共同体意识作为工作方针，明确方向、找准定位，充分发挥中央民族大学的学科优势，凝练研究方向，坚持高起点、不做花架子、加强针对性，争取做好学科建设需要、国家亟需、民族地区和社会期盼的大课题，虽然这些课题攻关难度较大，具有很大的挑战性，但其价值与意义将是无法估量的。研究院一直瞄准中国语言国情和少数民族语言保护和发展的实际需求，围绕民族语言应用相关领域具有一定创新性的课题谋求突破；积极对接相关部门，与科研院所、研发机构建立紧密的合作关系，在创新与合作中求得发展，汇聚优秀人才，逐步推出一批具有可操作性、实用性强的、能解决实际问题的科研成果，逐渐形成并不断提升研究院的核心竞争力。

本辑《民族语言文字应用研究》是中国民族语言文字应用研究院聚焦中国语言文字学科研究的热点、难点、焦点，反映近年来中国各民族语言文字的保护及应用研究、语言学理论方法的新探索及新观点、中国境内汉语和少数民族语言及方言的描写与比较研究等取得的最新成果等方面的学术成就，也有宣传国家语言文字工作的方针政策和各民族语言文字的规范化、标准化、信息化的研究成果。

目　录

汉藏语类型比较方法论[①]

戴庆厦

一、引言

汉藏语是世界上语种最多、分布最广、使用人口最多的语系之一。汉藏语的不同语言发展不平衡，呈现出不同的类别、不同的层次，特点极为丰富、复杂。研究者能够通过不同语言的共性和个性的比较，从表层到深层、从个别到系统、从显性到隐性、从单一到类型，深化对单一语言的认识，发现新的语言规律。近半个世纪以来，语言学家广泛开展了汉藏语内部和外部的类型学研究，包括汉语和非汉语比较、汉藏语的方言比较、中国境内的语言比较、汉藏语和外语的比较等，取得了不少新的成果和经验。今后，有待在已有的基础上根据新的语料和研究的经验进行方法论建设。

本人主要是做汉藏语研究的。多年来通过汉藏语内部及外部不同语言的类型比较，深化了对语言现象的认识，深深体会到要深化汉藏语的研究，必须要有类型学眼光，要从别的语言特点的映照下发现新的特点，不能只停留在单一语言的视角上。下面，根据本人的汉藏语研究实践，谈几点与类型学方法论有关的体会，供大家参考。

二、类型比较是汉藏语研究的一个有效的方法

语言类型学（linguistic typology），又称类型语言学（typological linguistics），能够通过语言共性和个性的比较，发现新的语言特点，并能解释某种语言现象是如何形成的、是如何演变的、在语言中的地位如何。回顾本人过去做的专题论文，除了对专题所涉及的语言现象进行分析外，都会自觉或不自觉地从不同语言的类型比较中获得

① 本文曾刊于《汉语学报》，2022（1），此次收录仅作少量字词修改。

一些新的认识，进一步深化对语言专题的认识。

比如，我们做景颇语名量词的研究时，开始不太理解为什么景颇语的名量词不发达，称量时不是强制性的，多不用名量词，使用“名词＋数词”的构式。后来通过与汉语、哈尼语、彝语等语言的比较，看到这些语言的名量词与景颇语不同，很发达，在句中是强制性的，使用“数词＋量词＋名词”或“名词＋数词＋量词”构式。两相对比，看到汉藏语名量词的两种不同的类型及其在历史演变中的承接关系。即景颇语属于名量词不发达的语言；而汉语、哈尼语、彝语等属于名量词发达的语言。再深入一步研究，能够通过语言类型比较发现这两种类型的形成与语言的分析性强弱有关。景颇语分析性因素较弱，名量词不发达；而汉语、哈尼语、彝语等语言分析性因素较强，名量词发达。再看看汉藏语以外的阿尔泰语、印欧语等名量词不发达的语言，能够进一步证明名量词的丰富与否与语言类型有关。

又如四音格词的研究，能够通过类型的眼光来解释其语言现象的属性。过去我们不完全理解为什么汉藏语所有的语言都有丰富的四音格词，而且都有相同的基本格式；后来通过类型学比较，发现这是受语言的分析性特征制约的。分析型语言，由于具有单音节性特点，又讲究双数韵律，所以必然会产生由单音节词根按照韵律构成的四音格词，用来增强单音节性语言的表现力。多音节性语言就不会有丰富的四音格词。而且，通过分析型语言的比较，还能够进一步发现四音格词发达与否受分析性特点强弱的制约，即分析性越强的语言四音格词越发达，反之亦然。这条规则，可以解释四音格词的成因及分布。比如解释为什么汉语、彝语、拉祜语、苗语、壮语等分析性强的语言，四音格词都发达；而普米语、嘉绒语等分析性弱的语言，四音格词不发达。还能解释属于黏着型的阿尔泰语和属于屈折性的印欧语为什么没有或很少有四音格词。根据以上认识，我们能够提出这样一条理论规则：分析型语言具有单音节性、注重双音节韵律、注重复合构词等特点，是大量产生四音格词的条件和土壤，必然会产生大量四音格词；而且分析性的强弱，制约四音格词的发展程度，二者的关系成正比。①

其他如补语、宾语、结构助词、语气助词、词缀、音变、歧义、语序等现象发达与否，特点如何，如果也能使用类型学眼光进行分析、比较，也都能取得新的认识。

由此，我们对使用语言类型理念研究语言的重要性有了更实在的认识，认为通过语言类型观察语言应该是语言研究的一个有效方法。近期，我们运用分析性眼光又做了一些新的研究，取得了一些新的成果。如：通过语言类型转型，揭示景颇语句尾词的分析、黏着特点及其演变；还运用分析性眼光分析了藏缅语族为什么存在隐性语义特征，认为

① 我与孙艳合写的《景颇语四音格词产生的机制及其类型学特征》（2005）一文，曾对四音格词生成和发展的条件作了分析。

这是分析性语言的表义需要；还进一步思考了分析性语言研究法的构建问题。[①]

汉藏语在世界语言中是一种典型的分析型（又称“孤立语”）语言，其分析性特征呈现在语言结构的方方面面，而且制约着其历史的演变。汉藏语内部不同的语言，分析性强弱不同，研究者可以通过强弱不同语言的比较，发现新的语言特点（包括隐性特点）和演变规律。而且，通过汉藏语与外部的非汉藏语（如阿尔泰语、印欧语等）的比较，还能够加深对汉藏语类型特点的认识。汉语有丰富的方言、土语，对方言类型的比较有着无限的资源，对语言类型学建设具有特殊价值，能够通过汉语方言土语的类型学比较，深化对现代汉语和汉语史的认识。这是别的研究方法所不能代替的。

总之，本人认为我国的语言研究必须重视语言类型的比较，在汉语、汉藏语的研究中必须要有分析性眼光。

三、比较中必须区分亲属型语言和非亲属型语言

人类的语言有亲属关系和非亲属关系之分。前者如汉语和藏语、彝语、哈尼语、景颇语等语言的关系；后者如汉藏语和蒙古语、维吾尔语、哈萨克语、锡伯语的关系，汉藏语和印欧语的关系。有无亲属关系，反映语言之间是否有共同的来源。有亲属关系的语言是由一个原始共同语分化下来的；而无亲属关系的语言，没有共同的来源。

亲属语言关系与非亲属语言关系的类型学特征，是不同质的。无亲属关系的语言，相互间虽然也存在共性或个性，但这属于人类语言共有的特征、属性；而有亲属关系的语言的共性和个性，是由语言之间存在共同的遗传基因决定的，是由原始的基因遗传下来的。也就是说，亲属语言之间有源头上的共同“基因”；而无亲属关系的语言，无共同的“基因”。因此，无亲属关系的语言之间，虽然在语言形式上也会存在相同、相似的特点，但与亲属语言之间的相同、相似点是不同质的，无法从中认识语言历史演变的规律。

比如，谓语和宾语的语序，是语序类型学的一个重要参项，语序异同的性质受有无亲缘关系的制约。我们在比较中发现，无亲缘关系的语言，即便是语序相同，但特点不同，没有内在的联系。如：汉语和英语都是 VO 型，哈尼语和蒙古语都是 OV 型，虽形式相同，但特点、来源、演变不同，无法构拟一条有内在联系的“历史演变链”。而有亲缘关系的汉语和藏语，虽然有的语言语序形式不同，如汉语是 VO 型，藏语是

① 这期间我曾发表了《语言转型与词类变化：以景颇语句尾词衰变为例》（2019）、《论分析型语言研究法的构建》（2020）、《分析型语言与隐性语义实化——以景颇语、哈尼语为例》（2021）等几篇论述分析性强弱对语言结构影响的论文。

OV 型，但属于一个“家族”，不同的形式也能够解释其内部的联系，并能进一步构拟出一条有内部联系的“历史演变链”。

其他如重叠、韵律等语言现象，都是人类语言普遍存在的特点，但有亲属关系的语言，特点不同于无亲属关系的语言，在类型比较中要区别对待，不能等同视之。

但要说明一点，有亲属关系的语言之间，不是每个特点都是从古沿袭下来的，其中有些特点有可能是后来各自产生或创新的。比如声调，这是汉藏语的一个重要语音特征，大部分语言都有声调，长期被视为汉藏语区别于其他语系语言的一个特征，但随着声调研究的不断深入，发现它不是都由原始汉藏语发端延续下来的。现有的语料已显示：声调虽是汉藏语的一个主要的语音特征，但有一些语言或方言至今尚未产生声调，如珞巴语、藏语安多方言、羌语北部方言等；有的语言声调还处于萌芽状态，如嘉绒语等；有的语言声调还不发达，如独龙语、普米语等。而且，声调比较的成果证明，有些语言的声调系统相互间无法求出对应关系，即无法确立共同的“调类”，如汉语和藏语之间、藏语和景颇语之间、景颇语和彝语之间等。我们已认识到，汉藏语的声调不是原始汉藏语时期就有的，而是后来分化为不同的语族后才各自产生的。因而，这些后来各自产生的声调，各有自己的生成条件和演变规律，相互间当然就找不到系统的对应关系（即求不出共同的调类）。并认识到汉藏语声调的关系存在两种类型：一是由原始母语声调系统分化下来的，相互间的声调存在声调对应，存在调类关系，如壮侗语、苗瑶语内部的不同语言；[①] 另一类是后来各自产生的，如藏缅语内的景颇语与哈尼语、拉祜语等，二者在性质与特点上存在重大的差异，求不出调类。但必须看到，后一类语言的声调尽管是后起的，由于有亲缘关系所以在声调的演变上会存在某些共性，如声调的分化都受声母清浊的制约，存在清高浊低、舒促分类的规律。但这种关系与原始就有的“基因”有着性质上的差异。[②]

又如，藏缅语都有在句法结构中承担重要功能的结构助词，如宾语助词、定语助词、状语助词等，但也不是原始共同语的产物。通过词源比较，我们发现这些结构助词虽然功能大体相同，但大多没有同源关系，说明不都是从原始共同语沿袭下来的，是后来各自产生的，即不是原始共同语阶段共同产生的。所以在进行语言类型学比较时，不要把它们都看作是原始汉藏语的产物，并以此去构拟原始母语的共同形式。

总之，做语言类型比较必须区分有无亲属关系，还要区分是原始的遗留还是后来的各自创新。不能不分有无亲属关系、不分原始特点和后来的创新，把各种语言都拿来放在一个平面上比较。这样做会有漏洞，得到的结论会出现片面性。但我看到现在

① 张琨先生最早确定苗瑶语的调类。他于 1947 年发表了《苗瑶语声调问题》重要一文。

② 胡坦《藏语（拉萨话）声调研究》（1980）一文，厘清了原始藏语从无到有的声调演变过程，对认识汉藏语声调的起源和发展有着重要意义。

做语言类型学研究的一些成果，不讲究区分亲属语言和非亲属语言，只要是不同的语言和方言，都放在一个平面进行比较。这一做法，固然也能够获得人类语言在共时平面上的共性和个性的认识，但却很难科学地解释语言关系以及语言特点来源、演变的认识。

四、重视开展分析型强弱不同语言的类型比较

传统语言类型学把语言类型分为屈折语、黏着语、分析语和多式综合语 4 类，这是人类认识语言的一大进步，它为人类认识语言类型提供了新的视角。但同一类型的不同语言存在类型强弱差异，而过去的研究并没有重视区分这种差异，也就看不见或不理解由于强弱不同而形成的不同特点。[①]

随着分析型语言研究的不断深入，我们认识到属于分析型的汉藏语内部，存在分析性特点强弱的差异，这种强弱差异是分析性演化处于不同阶段的反映，可以认为是分析型语言的“次类型特征”。实践证明，区分分析性强弱的差异，是深化语言研究可开发的资源，应该充分利用。因为，区分分析性强弱的差异，有助于对语言类型属性的认识，还有助于对语言类型演变的认识。

比如，语气词是人类语言普遍具有的现象，也是汉藏语的一个重要特征，但不同语言由于分析性强弱的不同而存在不同的特点，因而可以从分析性强弱的差异中发现语气词语言类型的异同和演变。藏缅语的语气词至少可以分为两类：一类是只表示句子的语气，不表示句子的人称、数、方向等意义，如彝缅语支语言的语气词都属于这一类，其特点与汉语的语气词大体相同；另一类是除了表示语气外，还表示句子的人称、数、方向、体等意义，不同的意义共同聚合在一个语气词上。属于这一类特点的语言比较少，如景颇语的语气词属于这类。景颇语的语气词在藏缅语中独树一帜，对藏缅语语气词的类型学特征及历史演变具有重要的价值。[②]

在藏缅语中，景颇语的语气词数量庞大，有 360 多个，而且功能强，除了表示语气外，还能表示句子的人称、数、方向、式等意义，是构成句子不可缺少的即强制性的因素。它表示的语气有 6 类：叙述语气、疑问语气、命令语气、商量语气、测度语气、惊讶语气。人称分第一人称、第二人称、第三人称；数分单数和复数；方向有正

① 19 世纪初，德国语言学家施莱格尔（Schlegel）兄弟根据词的形态将世界语言分为孤立语、黏合语、屈折语，洪堡特（Wilhelm von Humboldt）又根据美洲印第安人的语言补充了多式综合语，从此开辟了语言类型学的研究。但类型学如何进一步发展是语言研究需要解决的一个大问题。

② 我在论著中根据它在句尾的特点，称之为“句尾词”。本文为比较、叙述方便，统一称“语气词”。

方向和反方向。景颇语的语气词虽属于虚词，但有形态变化。其构造模式是“前缀＋词根”，词根表示语气，前缀表示人称、数、方向等，前缀通过各种音变表示不同的语法意义。比如，$n^{31}ni^{51}$ 一词用在疑问句中，表示主语是第二人称单数。其中的 ni^{51} 是词根，表示疑问语气；而 n^{31} 是前缀，表示主语是第二人称单数。若更换前缀 n^{31} 为 $mǎ^{31}$，说成 $mǎ^{31}$ ni^{51}，则表示主语是第二人称复数。如果把 $n^{31}ni^{51}$ 的词根 ni^{51} 换成 tai^{33}，说成 n^{31} tai^{33}，则成为叙述语气，用在叙述句中，表示主语是第二人称单数。①

藏缅语的语气词之所以出现差异如此之大的两种类型，是由分析性强弱的差异制约的。研究的成果已经证明，藏缅语是由黏着、屈折型演变而来的，但在演变过程中，不同语言的演变速度快慢不一。有的快些，分析性较强，黏着、屈折的形态特点较弱，如彝缅语支语言；而有的慢些，分析性较弱，黏着、屈折性的形态特点显著，如羌语支的羌语、嘉绒语、普米语等；景颇语处在二者之间，以分析性为主，但黏着、屈折性较显著。在语气词上，景颇语在向分析性方向演化的过程中，已进入分析性属性行列，表现在已形成独立的虚词，但还保留着显著的黏着、屈折的形态特点，分析性和黏着、屈折的特点融合在一个虚词上。景颇语语气词的双重特征，反映了语言形态演变的不平衡性。

又如，藏缅语述补结构的特点也存在不同的层次，有的发达些，有的不发达。如南部地区的彝语、哈尼语，补语相对发达；而北部的羌语、普米语等语言，补语不发达。补语的语义类别，不同语言也存在差异：有的丰富些，有的简单些；与状语的关系，有的能互换的多些，有的少些。藏缅语的补语，可以将不同语言的补语连成一条演变链，从中看到藏缅语的述补结构是怎样从不发达到发达的演变过程。如果再把藏缅语与述补结构发达的汉语进行比较，就能发现更多的汉藏语述补结构的特点和历史规律。

再如，使动范畴是汉藏语的一个普遍的特征，都是由黏着屈折性向分析性演变的。但不同语言分析性的强弱不同，可以通过它揭示使动范畴类型演变的轨迹。其中，汉语都已演变成为分析性的特点，靠音变区分自动使动已消失殆尽，主要由分析性的虚化动词“使、给”表示使动义；但藏缅语虽都向分析性类型演化，但黏着屈折式都还程度不同地保存着，能够通过不同语言的比较，认识藏缅语使动范畴语言类型演变的规律。拿景颇语来说，使动范畴的语法形式有音变式、前缀式、分析式 3 种形式，共同组成使动范畴的语法形式。其中，音变式只保留几十对（如 $pjaʔ^{55}$ “垮”和 $phjaʔ^{55}$ “使垮”），显然已处于衰退状态；前缀式有了一定的再生能力（如 pa^{55} “累”和 $ʃǎ^{31}pa^{55}$“使累”）；而分析式有了大发展，其形式是在动词后加虚化动词 $ʃǎ^{31}ŋun^{55}$“使”（如

① 在《景颇语句尾词形成的结构机制》（2003）一文中，我从景颇语句尾词的系统结构中厘清了句尾词的结构机制。

sa^{33}“去” 和 sa^{33}ʃă^{31}ŋun^{55}“使去”)。景颇语使动范畴语法形式是随语言转型而变化的。[①]

语言类型的演变还影响语言的方方面面。如：词类的类型变化（分析型和形态型），隐性语义的实化（出现在哪些词类上、怎么变化）、义项分化（分化的强度、类别）、双音节化（强度、手段、作用），语法化（类别、功能），歧义（数量、条件、原因）等。不同语言，由于分析型强弱的不同，语言演变的特点及路径也存在不同的特点，研究者能够通过语言比较发现更多的共性和个性。

总之，汉藏语内部的类型比较，要把重点放在分析性语言内部强弱层次不同的语言比较上。当然，也不能忽视与非亲属关系的语言进行比较。

汉语有强分析性特点，其被动句、把字句、离合词等多彩特点是其他亲属语言所不及的，而且汉语有丰富的历史文献和演变程度不同的方言，又与其他亲属语言有密切的亲缘关系和接触关系，因而在汉藏语类型学比较中，应该充分认识汉语在汉藏语比较中的价值和地位，善于通过汉语与非汉语的比较深化汉藏语研究。

五、语言类型比较中必须重视词源比较的作用

语言研究中的词源比较，主要是研究同一的词在不同语言里是否存在发生学上的同源关系。一个多世纪以来，词源比较在确定语言的亲属关系、划分语系、语族及方言上起了重大的作用，但不大用于语言类型比较。

我从近些年语言类型的比较实践中，认识到词源比较对认识语言的类型、类型的演变、语言关系等都有帮助，而且还能通过词源异同的确定认识不同语言间语言类型、语言范畴演变的特点。在语法的类型比较中，能从不同语言的词源关系上，发现语法范畴的类型特点，包括某一语法范畴出现的前后，其语法形式、语法意义的变化状况等。可以认为，词源比较是揭示语言现象的一把钥匙。

比如，研究藏缅语结构助词的词源，有助于通过语言结构的分析认识语言的类型关系。因为，结构助词的出现，是与某类句法结构的出现联系在一起的，藏缅语有大量表示语法结构关系的结构助词，是语法结构关系的标志。但是，不同语言间的结构助词有的有同源关系，有的没有，有同源关系的说明它们是在未分化之前就已产生，没有同源关系的，则说明它们是在分化后各自创新的。我在《缅彝语的结构助词》一文中，通过缅彝语结构的词源比较，得出“彝缅语的结构助词是后起的”结论。文中谈道：“彝缅语的结构助词是后起的，大多是在古藏缅语分化为不同的语支后才逐渐

① 现代景颇语使动范畴表现出的各种状态是语言类型演变的结果。我在《景颇语使动范畴的结构系统和历史演变》（1998）一文中，揭示了使动范畴的历史演变。

出现的。这一认识，可以从亲属语言词源比较以及结构助词发展的不平衡性中得到证明。”① 如定语（修饰）助词：彝 su^{33}，傈僳 ma̠^{33}，哈尼 ɤ^{33}，拉祜 ve^{33}，纳西 gə^{33}，基诺 mɤ^{44}，喀卓 tɤ^{33}、la^{35}，载瓦 e^{55}，阿昌 sʅ^{31}，缅 tɛ^{55}，白 no^{33}，景颇 ai^{33}，独龙 ŋa^{31}，普米 ga^{55}（单）za̠^{55}（多）。

这些词源对应的例子有力地证明了藏缅语结构助词大多是后起的，是在古藏缅语分化为不同的语支后才逐渐出现的。结构助词的出现，是语言手段调整的产物，也受语言类型的变化的制约，即与藏缅语分析性的不断增强有关。

我与蒋颖一起做过藏缅语名量词的类型学及历史演变的研究，发表了一篇名为《从词源关系看藏缅语名量词演变的历史层次》的论文。文中通过名量词的词源比较，确定了藏缅语名量词起源的 3 个层次。第一层次是非标准度量衡量词和集体量词，这类词在许多语言里是同源的，可以确定是藏缅语中最古老的量词。如“庹”（长度单位，两臂平伸的距离）一词：却域 li^{55}，独龙 lam^{55}，阿昌 lam^{55}，彝 li^{33}，哈尼 lɔ^{55}，错那门巴 klam^{35}，克伦 khli^{55}。这类非标准度量衡量词和集体量词是原始藏缅人必须使用的名量词，也是最早出现的名量词。其同源关系能够证明是同时起源的，也能说明原始藏缅语已出现非标准度量衡量词和集体量词。它出现后，在句法结构上提供了“名＋数＋量”的模式，就为后来提供了名量词大量发展的句法结构模式。② 再如，“双”一词是原始藏缅语人不可缺少的量词。藏缅语多数语言也是同源的：藏 tɕha，错那门巴 tɕha^{55}，博嘎尔珞巴 tɕa，木雅 tɕhæ^{53}，独龙 dẓɯm^{55}，阿昌 tɕɔm^{31}，载瓦 tsum^{55}，彝 dzʅ^{31}，哈尼 dzɔ^{55}，喀卓 tsɛ^{323}，克伦 dzu^{31}。

总之，词源研究是语言类型比较中的一个新领域，是一个有效的方法，大有可为，值得汉藏语研究者今后探索。

六、结语

我国汉语和非汉语的结合研究、相互反观，是我国语言学发展的必由之路，其理论方法有待今后不断探索。中国素有“汉藏语的故乡”之称，我们有可能通过不同语言的对比，为语言学的理论研究和应用研究，提供大量有价值的语料和认识。朱德熙先生曾经说过：“许多语言学的许多重要观点是以印欧语的语言事实为根据逐渐形成

① 戴庆厦：《缅彝语的结构助词》，载《语言研究》，1989（2）。

② 戴庆厦、蒋颖（2006）从词源上论述了藏缅语名量词存在的 3 个历史层次，并强调了反响型量词在量词产生和发展中的重要性。详见戴庆厦、蒋颖：《从词源关系看藏缅语名量词演变的历史层次》，见北京大学汉语语言学研究中心《语言学论丛》编发会编：《语言学论丛》（第三十四辑），北京，商务印书馆，2006。

的。采用这种方法来研究汉语，总有一些格格不入的地方。这是因为汉语和印欧语在某些方面（最明显的是语法）有根本性的不同。由此可见，如果我们不囿于成见，用独立的眼光去研究汉藏语系语言，就有可能对目前公认的语言学观念加以补充、修正甚至变革。从这方面看，汉藏语研究有十分重要的意义。”① 我在汉藏语研究中，常常思考朱先生这段话。

参考文献

[1] 戴庆厦，蒋颖 . 从词源关系看藏缅语名量词演变的历史层次 // 北京大学汉语语言学研究中心编委会 . 语言学论丛 . 第三十四辑，2006.

[2] 戴庆厦 . 汉语和非汉语结合研究是深化我国语言学研究的必由之路 . 中国语文，2012（5）.

[3] 戴庆厦，闻静 . 论“分析性语言”研究眼光 . 云南师范大学学报（哲学社会科学版），2017（5）.

[4] 戴庆厦 . 语言转型与词类变化：以景颇语句尾词衰变趋势为例 . 民族语文，2019（1）.

[5] 戴庆厦 . 论分析性言研究法的构建 . 中央民族大学学报，2021（1）.

[6] 戴庆厦 . 分析型语言与隐性语义实化：以景颇语、哈尼语为例 . 民族语文，2021（1）.

[7] 胡坦 . 藏语（拉萨话）声调研究 . 民族语文，1980（1）.

[8] 陆丙甫，金立鑫 . 语言类型学教程 . 北京：北京大学出版社，2015.

[9] 马学良 . 汉藏语概论 . 北京：民族出版社，2003.

[10] 张琨 . 苗瑶语声调问题 . 中央研究院历史语言研究所集刊：第 16 本，1947.

① 朱德熙先生敏锐地认识到汉语研究必须与非汉语结合，并在 2003 年《汉藏语概论》“序”中阐述了他的观点。

藏语 ABA'B 式状貌词与表现形态理论[①]

江荻

藏语拉萨话 ABA'B 格式是典型状貌词，其中 A 与 A' 是一种特定形态异音词根，表现为音节中的元音对立，常见模式是 a~o/ə~o（书面 / 口语，下同），变体为 a~u/ə~u；或者 a~i/ə~i，变体是 a~e/ə~e。B 的元音一律是 i 或者 e。[②] 例如：

（1）A：A'：a/a：o/o：ca^{55}re^{55} tɕ^{h}o^{55}re^{55} (kyar re kyor re) 歪歪倒倒，蹒跚状

（2）A：A'：ə/a：u/u：tʂ̺^{h}ə^{55}ki^{55} tʂ̺^{h}u^{55}ki^{55} (khrag gi khrug gi) 混乱，乱七八糟的样子

（3）A：A'：ə/a：i/i：sə^{55}pi^{55} si^{55}pi^{55} (srab bi srib bi) 朦朦胧胧，暮色苍茫状

拉萨话 ABA'B 式状貌词隐藏了很多迄今未解的谜团，诸如：该格式是重叠词吗？如何重叠？ A 和 A' 哪一个是词根？ B 是词缀吗？深层次上，ABA'B 式状貌词跟其他词类享有一致的形态句法功能吗？ ABA'B 式独特的贬损词义倾向跟语音象征性有关系吗？

本文从藏语拉萨话调查材料、文学作品、词表和词典中收集了近百条 ABA'B 式词条，[③] 拟从词形结构、语音形式和句法语义功能等多方面展开 ABA'B 式状貌词的讨论，并由此提出区别于传统语法形态的"表现形态理论"及其特征和价值（详见后文"四、表现形态"）。

---

① 本文是国家社会科学基金重大项目（项目批准号：21&ZD304、19ZDA300）阶段性成果。本文采音和语图制作得到龙从军博士和郭承禹博士协助，特此致谢。本文曾刊于《中国语文》，2021（6），此次收录仅作少量字词修改。

② 从演变看，书面上 A 一律用低元音 [a]，A' 用高元音 [i] 或 [u]（或变体 [o]）；B 的声母与 A 的辅音韵尾相同，元音是 [e] 或 [i]。拉萨话中，A 的元音央化为 [ə]，A' 元音不变，辅音变化与拉萨话历史音变一致。

③ 本文采用材料有口语录音记音、词典词表、书面资料等，为保持连贯可读性，记音材料附以对应的藏文拉丁转写，藏文来源书面材料也转换为拉丁转写。

一、结构与语音特征

ABA'B 式状貌词是以其音节样貌序列抽象归纳的结构代码命名，① 它在形式上常给人凌乱的感觉，主要表现为语音形式的多样性。以“弯曲 / 弯弯曲曲”义状貌词为例，试观察：

（4）ca^{55}re^{55} co^{55}re^{55} (kya re kyo re)

（5）ca^{55}re^{55} co^{55}re^{55} (kyar re kyor re)

（6）ca^{55}ke^{55} co^{55}ke^{55} (kyag ge kyog ge)

（7）c^{h}a^{55}ke^{55} c^{h}o^{55}ke^{55} (khya ge khyo ge)

例（4）和例（5）拉萨话读音一致，可是词典和书面记录形式有词根是否带韵尾差异。例（6）和例（7）词根声母有送气与否的差别，并且书面文字形式有带不带塞音韵尾的差别。以下结合 ABA'B 模式的语音特征来分类，纯粹来源于音变或语音磨损造成差别的不重复罗列。

第一类是词根用 a~o/ə~o 元音的模式，少量音变造成的变体是 a~u/ə~u。

（8）ka^{55}re^{55} ko^{55}re^{55} (ka re ko re) 啰唆，磨蹭，拖拉

（9）ȵa^{13}pe^{55} ȵo^{13}pe^{55} (nya pe nyo pe) 萎靡不振

（10）tɕ^{h}əp^{55}pe^{55} tɕ^{h}op^{55}pe^{55} (chab be chob be) 杂乱，杂七杂八

（11）ȵaŋ^{13}ŋe^{55} ȵuŋ^{13}ŋe^{55} (nyang nge nyung nge) 零七八碎，零零星星

（12）c^{h}a^{55}re^{55} c^{h}o^{55}re^{55} (vkhyar re vkhyor re) 颤巍巍，步履踉跄

第二类是词根用 a~i/ə~i，变体是 a~u/ə~u 的模式。

（13）tɕ^{h}ə^{55}ki^{55} tɕ^{h}i^{55}ki^{55} (chag gi chig gi) 积水满地，乱七八糟

（14）t^{h}aŋ^{55}ŋe^{55} t^{h}iŋ^{55}ŋi^{55} (thang nge thing nge) 慢吞吞，犹犹豫豫

（15）sə^{55}pi^{55} si^{55}pi^{55} (srab bi srib bi) 朦胧，暮色苍茫

（16）p^{h}ə^{13}ri^{51} p^{h}u^{13}ri^{55} (ba ri bu ri) 凹凸不平

---

① 在汉藏语词汇结构上似乎只有状貌词被人们归纳出这样的结构代码：AA、AA'、ABB、AABB、A 里 AB、AXYZ（白不呲咧）、ABA'B 等，普通词则没有。由此可见状貌词的独特性。

ABA'B 式状貌词中有部分音变形式可能蕴含了它的变化和来源，值得关注。首先，如果第一和第三词根音节带韵尾，则第二和第四音节声母跟词根韵尾形式一样，例词如（10）、（11）、（14）；文字上带韵尾的例词也反映了这个现象，例如（12）、（13）、（15）。如果这是一条音变规则，那么所有 ABA'B 式状貌词都是带韵尾音节，因为我们尚未发现第二和第四音节为单纯元音音节，除非词根零韵尾约定带某种声母音节。这是一个尚待查明的问题。其次，藏文是早于拉萨话的形式，少量状貌词文字上的第一音节（A）不带而第三音节（A'）带韵尾，这是否意味着带韵尾音节历史上承担词义的价值不同于已脱落韵尾的第一音节。例如：

（17）tɕe^{55}le^{55} tɕøː^{55}le^{55} (ce le col le) 杂乱无章，乱七八糟

（18）t^{h}a^{55}re^{55} t^{h}o^{55}re^{55} (tha re thor re) 东鳞西爪，稀疏

（19）ra^{13}pe^{55} ro^{13}pe^{55} (ra pe rob pe) 凹凸不平

（20）ha^{55}ne^{55} høn^{55}ne^{55} (ha ne hon ne) 含糊不清，含含糊糊

再观察韵律方面。本文实验共选用 6 个孤立发音词条，发现有两种模式。现将实验词条列出（口语音值和调值依其采录形式不做音系化处理）：

（21）ts^{h}aː^{13}rə^{5}ts^{h}oː^{31}rə^{2} (dza re dzo re) 乱七八糟

（22）raː^{13}kə^{5}rʅː^{31}pɪ^{2} (ra be ri be) 模模糊糊

（23）ȵaː^{13}le^{5}ȵo^{31}lə^{2} (nya le nyo le) 疲疲沓沓

（24）həː^{55}ri^{5}hu^{33}rɪ^{2} (ha ri hu ri) 马马虎虎

（25）ȵaː^{13}ɸe^{5}ȵo^{31}ɸe^{2} (nya pe nyo pe) 疲沓，萎靡不振

（26）ȵaː^{13}kə^{5}ȵo^{31}kə^{1} (nyag ge nyog ge) 啰啰唆唆

ABA'B 式的四个音节两两为一个韵律感知段（用“‖”隔开）。声调高低上，ABA'B 式的模式分别是：A^{高}B^{高}-‖-A'^{高}B^{高}（高高型）和 A^{低}B^{高}-‖-A'^{低}B^{高}（低高型）。韵律轻重上，A 重 B 轻，形成 A^{重}B^{轻}-‖-A'^{重}B^{轻}重轻模式。此处仅列两个实验图例（24）和（26）：

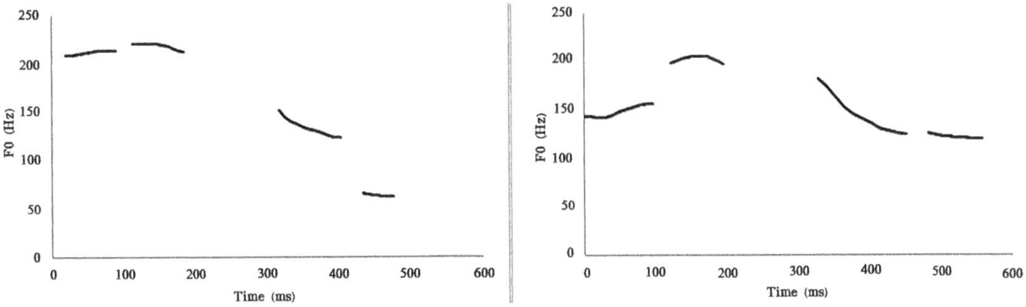

hə:^{55}ri^{5}hu^{33}rɪ^{2} 马马虎虎　　　　n̥a:^{13}kə^{5}n̥o^{31}kə^{1} 啰啰唆唆

图 1　ABA'B 式状貌词音高与时长对比图

举例用的是个体案例，音值和调值带个体特征。根据拉萨口语与文字对应关系，例（24）常规形式是 [ha:^{55}ri^{5}hu^{55}ri^{5}]，例（26）是 [n̥a:^{13}kə^{5}n̥o^{13}kə^{5}]。前者声调是高高型（55-5），但第二段调值变化为 33-2；后者是低高型（13-5），第二段调值变化（31-1）。无论哪种声调模式，A 保留原调，读长音，A' 变调；前后两个 B 的时长都很短。目前已知，决定韵律轻重的语音相关物主要有音高和音长 ①，相互之间的关系则是，音高处于高值时感知为重音，音高处于低值时感知为轻音，并且，时长短的音节无论音高值是高还是低，都会感知为轻音，时长长的音节，即使音高值低也容易感知为重 ②。本次实验案例都符合这个原理。③

本文第 6 部分“谜团的初步解答”将讨论语法系统的整合化问题，主要涉及句法层面状貌词驯服化现象。但实际上，状貌词在整合过程中最为突出的是语音驯服和韵律创新。此部分出现的部分语音驯服化现象都遵循藏语拉萨话历史语音演变规则，例如出现元音 [ɪ、ʅ、ø]，辅音 [c、ɸ] 和各种音高或变调等书面藏语没有的新音素。对照书面形式，有些还能看出韵尾脱落现象。

二、词义倾向

ABA'B 式状貌词是藏语词汇的一个很小集合（不包括状貌词 + 轻动词构成的复合动词），例如：ja^{13}me^{55} jo^{13}me^{55} tɕ^{h}e^{132} (ya me yo me byed)“摇晃”。有意思的是，状

① 曹剑芬：《连读变调与轻重对立》，载《中国语文》，1995（4）；王韫佳、初敏、贺琳等：《连续话语中双音节韵律词的重音感知》，载《声学学报》，2003（6）。

② 武波、江荻：《二声调语言呈现的轻重韵律模式》，载《南开语言学刊》，2017（2）。

③ 轻重感知实验中经常有被试判断相互矛盾情况。事实是，犹如声调记录一样，记音人经过反复听辨训练和经验积累是能够准确判断和记录轻重韵律的。此外，传统记音上，拉萨话 B 的声调均标 55、22 或 21，实际都是短音，本文依循旧制，只在听辨实验之处用单数字记作短音。

貌词词义上呈现一种极强的倾向，都是以负面或贬损意义描绘事物或行为状态。初步归纳出如下几类：

（神情）急切，慌张

（27）ts^{h}ə^{55}pe^{55} ts^{h}u^{55}pe^{55} (vtshab be vtshub be) 慌慌张张

（28）ts^{h}ə^{55}ki^{55} ts^{h}i^{55}ki^{55} (tsha gi tshi gi) 慌慌张张，急急忙忙

（行事）马虎，草率

（29）rə^{13}pe^{55} ro^{13}pe^{55} (rab be rob be) 粗枝大叶，马马虎虎

（30）ja^{13}pe^{55} jo^{13}pe^{55} (ya pe yo pe) 马马虎虎，草率，不认真

（物件）杂乱

（31）tʂ^{h}ə^{55}ki^{55} tʂ^{h}u^{55}ki^{55} (khrag gi khrug gi) 混乱，杂乱

（32）tɕ^{h}a^{55}le^{55} tɕ^{h}o^{55}le^{55} (cha le cho le) 杂乱，杂七杂八

（精神）委靡不振

（33）ȵa^{13}pe^{55} ȵo^{13}pe^{55} (nyab be nyob be) 萎靡不振，没精打采

（34）tɕ^{h}ə^{13}ki^{55} tɕ^{h}i^{13}ki^{55} (ja gi ji gi) 迷离恍惚，恍恍惚惚

（物件）零碎，零散

（35）t^{h}a^{55}re^{55} t^{h}o^{55}re^{55} (tha re thor re) 零碎，东鳞西爪

（36）tsaʔ^{55}ki^{55} tsi^{55}ki^{55} (tsag gi tsig gi) 零零碎碎，零零星星

（说话）含糊不清

（37）ŋa^{13}ke^{55} ŋo^{13}ke^{55} (ngag ge ngog ge) 含含糊糊（指说不清楚）

（38）ȵa^{55}ke^{55} ȵo^{55}ke^{55} (snyag ge snyog ge) 咕咕噜噜，叽里咕噜

（神智）迷糊

（39）t^{h}am^{55}me^{55} t^{h}om^{55}me^{55} (tham me thom me) 迷迷糊糊，昏昏沉沉

（40）pə^{13}ri^{55} pi^{13}ri^{55} (sba ri sbi ri) 迷迷糊糊，昏昏沉沉

（行走）晃荡

（41）c^{h}a^{55}re^{55} c^{h}o^{55}re^{55} (vkhyar re vkhyor re) 踉踉跄跄

（42）c^{h}a^{55}re^{55} c^{h}o^{55}re^{55} (khya re khyo re) 摇摇晃晃，晃晃荡荡

（事物）凹凸不平

（43）ra^{13}pe^{55} ro^{13}pe^{55} (ra pe rob pe) 凹凸不平

（44）pə^{13}ri^{55} pu^{13}ri^{55} (vbar ri vbur ri) 凹凸不平，疙疙瘩瘩

（食物）软烂

（45）ȵa^{13}le^{55} ȵo^{13}le^{55} (nya le nyo le) 软咕囊囊的（多指吃食）

（46）pa^{13}le^{55} po^{13}le^{55} (lba le lbo le) 软咕囊囊，软绵绵的（指食物等）

（衣物）松散

（47）tɕɛː^{13}le^{55} tɕøː^{13}le^{55} (vjal le vjol le) 肋肋忒忒（指藏服肥大不合体）

（48）ɬə^{55}ki^{55} ɬu^{55}ki^{55} (lhag gi lhug gi) 松松散散（指衣服肥大）

（49）sə^{55}pe^{55} so^{55}pe^{55} (sab be sob be) 松松垮垮，疏松

（物件）破烂

（50）ʂɛː^{55}la ʂyː^{55}le (hral le hrul le) 破破烂烂，褴褛

其他（含摹声拟态）

（51）tɕaŋ^{13}ŋe^{55} tɕoŋ^{13}ŋe^{55} (vjang nge vjong nge) 又长又圆，圆不溜叽（椭圆形）

（52）tɕʰɛː^{55}li^{55} tɕʰiː^{55}li^{55} (chal li chil li) 哗啦哗啦（大雨声）

藏语 ABA'B 式状貌词为什么会与特定词义领域相关呢？究竟是 ABA'B 的格式决定了它的意义还是这种特殊意义决定了它的形式？抑或状貌词的功能约定了它的特定形式和意义。这个问题我们尝试在“结语”讨论。

藏语偶有少量形式上像 ABA'B 格式的词并不是状貌词，应予甄别。

（53）caʔ^{55}ɕɛː^{51} coʔ^{55}ɕɛː^{51} (kyag bshad kyog bshad) 曲解

第二、四音节是动词 ɕɛː^{51} “说”（书面语现在式：shod，过去式：bshad）；第三音节是动词词根 coʔ^{55} (kyog) “偏斜”。

（54）tʰəŋ^{55}ŋi^{55} tʰuŋ^{55}ŋi^{55} (thang ngi thung ngi) 短小，短短的

该词由词根 tʰəŋ^{55} (thang) “结实，均匀”带指小词缀 ŋi^{55} (ngi) 和词根 tʰuŋ^{55} (thung) “短”带指小词缀 ŋi^{55} (ngi) 构成复合词。

（55）taʔ^{13}tʂa^{55} tiʔ^{13}tʂə^{55} (rdag sgra rdig sgra) 踢踏声，脚步声

虽然词根来自摹声词“踢踏声”，但是已经词化并与名词构成复合词；第二、四音节是名词 tʂa^{55}/tʂə^{55} (sgra) “声音”。

造成与状貌词同形的这些案例来源零散且复杂，限于篇幅，此处不能逐一讨论。

三、句法功能与缩略形式

ABA'B 式状貌词的句法功能与形容词高度类似，可以出现在定语、状语、补语、谓语等位置上。例如：①

（56）rang_gi kha-spu tha-re-tho-re de_r mdzub-mo_s byil-byil-lan.
我 _GEN 胡须 稀稀拉拉 那 _LOC 指头 _INS 抚摸
我用指头抚摸着自己那稀稀拉拉的胡须。②（后置修饰语）

（57）vbar-ri-vbur-ri_vi sa-cha khod-snyoms-bzos nas lo-tog vdebs-pa.
坑坑洼洼 _GEN 土地 平整（PST） 并且 庄稼 种植
平整坑洼之地以种庄稼。③（前置修饰语）

（58）nad-pa cung-drag ste khya-re-khyo-re vgro-ba.
病人 稍微痊愈 并 蹒跚 走
病人稍愈，步履蹒跚。④（状语）

（59）khong nyab-be-nyob-be zhe-po-cig_vdug.
他 萎靡不振 非常 _ASP
他总是懒懒散散的。⑤（谓语）

（60）vchal-po vdi yang-yang yong nas vtshab-be-vtshub-be-byed_gi-vdug.
流氓 这 再三 来 且 慌慌张张 - 做 _ASP
这个流氓三番五次慌慌张张地来此。⑥（构成复合词）

形容词出现在定状补谓句法位置的合理性前贤有过不少讨论，提出过“名词功能

① 本文采用隔行对照化方法注解句子，所用标注符号如下：INS 工具格，GEN 修饰格 / 属格，LOC 位格，ABL 从格，FAT 结果格，TAP 结构助词，PST 过去式，NMZ 名词化，NEG 否定词，IMP 祈使词，HON 敬语标记，ADV 副词标记，ASP 体貌标记。音节或语素之间用连字符连接，黏附形态标记用下划线连接。

② 其美多吉：《黑风中的雄鹰》（藏文），99 页，拉萨，西藏人民出版社，1995。

③ 张怡荪主编：《藏汉大辞典》，1968 页，北京，民族出版社，1985。

④ 张怡荪主编：《藏汉大辞典》，246 页，北京，民族出版社，1985。

⑤ 周季文、谢后芳编著：《藏语拉萨话语法》，191 页，北京，民族出版社，2003。

⑥ ［明］施耐庵、［明］罗贯中：《水浒全传（一）》（藏文），《水浒全传》翻译组译，478 页，拉萨，西藏人民出版社，1978。

游移倾向性"[①]和"名—形—动变化连续统"[②]等概念，换句话说，形容词出现的句法位置有其认知理据。张国宪（2006）透彻地阐释了这个道理："性质、状态和变化作为客观世界的物象，在人的感知世界（认识）中聚现为三种迥异的'意象'，不同的'意象'表征对语言化有直接影响。现代汉语的语言事实表明，'性质'在定语位、'状态'在状语 / 谓语位、'变化'在谓语 / 补语位都是一种最佳搭配。"藏语语法研究目前还处在浅层描写层面，形容词还只是依据形式和语义分类[③]。尽管 ABA'B 式状貌词的句法功能用法强烈诱导我们把它看作所替代的形容词的子类，一则因为藏语尚未实现形容词的次级分类（例如性质形容词、状态形容词），二则状貌词的独特渊源阻止我们根据功能把它归入形容词类。（参看本文"四、表现形态"）

ABA'B 状貌词最引起人们兴趣的另一个特点是，该格式还有词义和功能等价的双音节词根组合形式，或称 AA' 缩略式。在很多使用场合，两种结构可以相互替换。

（61）AA' 缩略式	ABA'B 式
$ca?^{55}co^{51}$ (kyag kyog) 弯曲	$ca^{55}ke^{55}$ $co^{55}ke^{55}$ (kyag ge kyog ge) 弯弯曲曲
ȵəm^{13}ȵo^{51} (nyab nyob) 萎靡	ȵa^{13}pe^{55} ȵo^{13}pe^{55} (nyab be nyob be) 萎靡不振
pə^{13}pu^{13} (vbar vbur) 坑坑洼洼	pə^{13}ri^{55} pu^{13}ri^{55} (vbar ri vbur ri) 凹凸不平
$ts^hәp^{55}ts^hup^{51}$ (tshab tshub) 慌张	$ts^hә^{55}pe^{55}$ $ts^hu^{55}pe^{55}$ (vtshab be vtshub be) 慌慌张张

理论上，ABA'B 状貌词都有相应的 AA' 对应形式。目前，一般性词典或口语词典所收 AA' 式不多，但我们查阅《藏汉大辞典》，发现存在大量对应形式。跟 ABA'B 式一样，AA' 式状貌词在句子中同样可以充当定语、状语、补语和谓语等成分。

（62）de-bas tshag-tshig_tu gyur-ba bzos.
更加 慌张 _FAT 变（PST）_NMZ 做
变得更加慌慌张张起来。[④]（补语）

（63）gsal-sgron-lags yi-ge de dang g-yu de-gnyis vtshab-vtshub_kyis ras shig_la bsgril.
色珍 _HON 信 这 和 玉 这两件 匆匆忙忙 -ADV 布 一 _INS 包
色珍匆匆忙忙地把玉和信这两件东西包了起来。[⑤]（状语）

---

① 张伯江：《词类活用的功能解释》，载《中国语文》，1994（5）。

② 张国宪：《现代汉语形容词功能与认知研究》，北京，商务印书馆，2006。

③ 江荻：《藏语形容词的音节数形态与形态类型》，见中国语言学会《中国语言学报》编委会编：《中国语言学报》（第十九期），北京，商务印书馆，2021。

④ 平措扎西：《斯曲和她的五个孩子的父亲们》（藏文），175 页，拉萨，西藏人民出版社，1997。

⑤ 朗顿 · 班觉：《绿松石》（藏文），252 页，拉萨，西藏人民出版社，1985。

状貌词充当句法成分的多样性有可能源自它的自由性，形成了词类跟句法分布的新关系，丰富了句法类型学的库藏类型。可是这种自由性从何而来呢？

四、表现形态

上文叙述了藏语 ABA'B 式状貌词的语音面貌、形式结构、语义倾向和句法分布诸方面特征，在此基础上能否解答文章开头提出的多个关于 ABA'B 式状貌词的问题？按照传统形态方法，ABA'B 式状貌词可以用重叠方式分析为 AB+A'B 结构，也可分析为词根和词缀分别重叠，AA' 是部分重叠，BB 是完全重叠[①]。但对于词根元音差异，这种观点很难用元音和谐或自然音变等方法证明词根元音的形态变化过程，以及 AB 双音节词的跨音节交替重叠原因（为什么不是 AA'BB 式）。又有一种观点认为 A' 为词根，重叠词根并引起元音变异产生 AA' 式结构，即 A' 的高元音 o/i/u（高 / 次高）变为 A 的低元音 a/ə（低 / 央—低），最后给每个词根附加一个跟词根韵尾相同辅音声母的音节 B，造成 ABA'B 式[②]。这两种观点，词重叠或者词根重叠，共同点是套用传统形态方法，但都无法论证 A'>A 的元音形态功能价值和交替过程，无法解释跨音节重叠过程。而且无法说服母语人的语感，因为不少情况下，AB 或 A'B 都是无意义音节串。母语人也不容易确定部分词根 A 或 A' 所含清晰明确的意义，且 A 往往无义或呈与状貌词无关的他义。

再看所谓词缀 B。在传统形态学意义上，这个 B 既没有词汇意义也没有形态价值，而且没有稳定的形式，它可以是 le^5、re^5、ke^5、pe^5、$ŋe^5$、me^5、ri^5、ki^5、pi^5 或者 mi^5（均为短音）。由于人们假定所有词的形成都要用屈折、派生、重叠、附加等形态学规则来表达，所以，这个 B 很难跻身于现有形态学意义上的价值单元集。

那么，ABA'B 式状貌词究竟运用了什么样的规则或者形态呢？ Zwicky 和 Pullum 提供了一种解决方案，称为“表现形态”（expressive morphology）。[③] 他们认为语言中

① 周季文、谢后芳编著：《藏语拉萨话语法》，190 页，北京，民族出版社，2003。

② 金鹏主编：《藏语简志》，30 页，北京，民族出版社，1983。原文记作 ACBC 式。

③ Zwicky, Arnold M. & Geoffrey K. Pullum. Plain Morphology and Expressive Morphology. Proceedings of the Thirteenth Annual Meeting of the Berkeley Lingustics Society, 1987（13）：330-340. 更早提到这个概念和术语的是 Diffloth, 见 Diffloth, Gérard. Expressive Phonology and Prosaic Phonology in Mon-Khmer. In Theraphan L. Thongkum (ed.), Studies in Mon-Khmer and Thai Phonology and Phonetics in Honor of E. Henderson. Bangkok: Chulalongkorn University Press, 1979:49-59. “expressive morphology” 可译作“表现（性）形态”，与传统语法形态（grammatical morphology，包括 derivational morphology 和 inflectional morphology）全然不同。感谢审稿人提出的建议，为避免该术语被误解为一般陈述性表述，我们将文题等处改作“表现形态理论”。

有两种特殊的语言应用领域（一是语言游戏，一是状貌词系统）采用表现形态词汇，它们的构词不同于普通形态。把这个意思展开来，状貌词并不是名词、动词、形容词等同一层面的词分类，后者是依据句法分布或句法功能和形态所作分类，那么，前者是什么？为什么被称为表现形态？这就得先说说状貌词的真实含义。

状貌词曾有多个不同中文术语，但基本都是“穷形尽相、绘声绘影”描摹事物生动情景的词语[①]。搜罗下来大致有：重言形况字[②]、状词[③]、貌词[④]、状貌词[⑤]、四音格[⑥]以及其他名称或代称（ABB 式、AABB 式、重叠式）等。这些研究涉及古代汉语、汉语方言、苗瑶语、侗台语、藏缅语等。吕叔湘把汉语里这类词称为形容词生动式[⑦]，朱德熙称为状态形容词[⑧]。徐仲华为《古代汉语貌词通释》写序时提出用英语 epithet 翻译状貌词[⑨]，似不完全吻合。反过来从汉语到英语呢，孙天心、石丹罗讨论嘉戎语状貌词时，用了英语的 ideophone 对应状貌词[⑩]，对译十分准确。

Ideophone 这个词是 Doke 研究非洲班图语时创造的术语，界定为：“用声音生动地表达一种思想。一个词，通常是拟声词，用来描述谓语、限定词或副词在方式、颜色、声音、气味、动作、状态或强度方面的变化。”[⑪]这个定义留有浓厚的传统语法色彩，并囊括传统描写中的摹声词和拟态词。可是，摹声拟态词虽然有点另类，但一直还是框在传统形态之下。Doke 的贡献是客观地指出了状貌词与其他词类的关系及其不同的价值，但还缺乏点睛的定义。近年，Dingemanse 提了一个简洁的界定，他说“状貌词是描述感官意象的有标记词。”[⑫]虽然简洁却直达主旨：意象或图景。

本文起始提到 ABA'B 式状貌词是一种“特定形态”，所指可对应“表现形态”。状貌词应该是一种描摹事物图景的词汇，它用语音唤起某种感官知觉图景，包括声音、移动、颜色、气味、形状、动作等，具有时程性、生动性和动态性功能。这正是

---

① 叶萌：《古代汉语貌词通释》，济南，山东文艺出版社，1993。

② 朱骏声：《说文通训定声》，北京，中华书局，1984。

③ 周法高：《中国古代语法 · 构词篇》，台北，台联国风出版社，1972；王辅世、王德光：《贵州威宁苗语的状词》，载《语言研究》，1983（2）。

④ 叶萌：《古代汉语貌词通释》，济南，山东文艺出版社，1993。

⑤ 何毓玲：试论《毛诗正义》疏经语言中的状貌词词尾，载《华中师范大学学报》（哲学社会科学版），1989（1）；孙天心、石丹罗：《草登嘉戎语的状貌词》，载《民族语文》，2004（5）。

⑥ 田德生：《土家语四音格分析》，载《民族语文》，1986（3）。

⑦ 吕叔湘主编：《现代汉语八百词》，北京，商务印书馆，1980。

⑧ 朱德熙：《现代汉语形容词研究》，载《语言研究》，1956（1）。

⑨ 徐仲华：“序”，见叶萌：《古代汉语貌词通释》，济南，山东文艺出版社，1993。

⑩ 孙天心、石丹罗：《草登嘉戎语的状貌词》，载《民族语文》，2004（5）。

⑪ Doke, Clement. Bantu Linguistic Terminology. London: Longmans, Green, and Co，1935.

⑫ Dingemanse, Mark. The Meaning and Use of Ideophones in Siwu. Max-Planck Institute for Psycholinguistics, Nijmegen，2011.

Zwicky 和 Pullum 所说的："表现形态与某种表现性、游戏性、诗意性或单纯的炫耀性效果有关。"① 表现（性）就是描摹性、表演性、凸显性、张扬性的统称，它的本质是造词：凭借语音象似性思维造词，而不是受语法规则约束的构词，因此句法自由度极高，并逐渐形成异于语法形态构词的词汇类。不过，表现形态与语法形态的对立和差异看上去处在最高层级的语法体系上，实际上二者是不对称的。表现形态的词汇及其功能是非全局的，不借助语法形态系统的词汇不能表达。这是它必然逐步融于普通词汇的理论基石。（参看本文"五、句法整合性"）如果我们把状貌词放在造词观念下看待，它的诸多特异性特征就能得到解释，也就理解了表现形态不同于语法形态的真谛。总起来说，状貌词很像摹声词（onomatopoeic），但范围广多了，可称音义象似词（phonosemantic），它不是传统意义上的语法词类，而是主观赋予形式与意义之间特定关系而创造出来的词汇类。

五、句法整合性

从性质上说，表现形态的词汇类不是在语法形态中产生的，也不是从句法分布中归纳的，这意味着它与其他普通词之间存在天然的疏离性。这种性质使得状貌词本身具有一定的句法独立性，它切入的分布位置往往是自由的，有可能倾向居于句子的边界上。我们把这样的分布称为自由结构。例如：

（64）chal-chol khungs-med_kyi gtam ma-shod_cig.
迷迷糊糊 无根据 _GEN 话 NEG- 说 _IMP
不要迷迷糊糊说些没有根据的话！②

（65）tsha-gi-tshi-gi vchal-po rkub-kyog dang lkugs-pa u-tshugs skyag-vbu la-sogs yin.
慌慌张张 流氓 歪屁股 和 傻瓜 顽固 粪蛆 等等 是
你等都是甚么鸟人。③

① Zwicky 和 Pullum 这里笼统包括了对游戏词汇、诗歌修辞和状貌词的汇总说法。单就状貌词而言，我们更倾向用术语"描摹形态"（depictive morphlogy）。Zwicky, Arnold M. & Geoffrey K. Pullum. Plain morphology and expressive morphology. Proceedings of the Thirteenth Annual Meeting of the Berkeley Lingustics Society, 1987 (13):6.

② ［清］曹雪芹、［清］高鹗：《红楼梦》（藏文），索南班觉译，160 页，北京，民族出版社，1983。

③ ［明］施耐庵、［明］罗贯中：《水浒全传（二）》（藏文），《水浒全传》翻译组译，30 页，拉萨，西藏人民出版社，1978。本文句法用语料全部来自西藏当代知名作家作品，如《绿松石》《黑风中的雄鹰》等，《红楼梦》《水浒传》等译文则是拉萨顶级藏族翻译家所译。这个句子"鸟人"竟译出一个状貌词和多个形容词性后置修饰语，译者拉萨口语水平可谓登峰造极，叹为观止。这种描摹绘景功能正是状貌词的价值呈现。

例（64）状貌词 chal-chol 不带任何标记出现在句子左边界，跟句子的其他成分没有直接关系，也很难给它定语、状语身份的定性。这是典型自由结构。不过，以表现形态而言，这个状貌词给全句增添一种描绘图景的意境，好似看到对话人睡眼惺忪半醒未醒的慵态。例（65）状貌词分布在句首，tsha-gi-tshi-gi 跟句中哪个成分都不搭，但对整个句义图景化极为关键，似乎让读者看到慌乱中一群歪瓜裂枣般形象的人物及其动态情景。

然而，虽然是来源上不同的词汇类，状貌词在句法系统中并不能离群索居，它与其他语法形态的词汇发生联系，模仿其他词类的形态特征，这种现象称为状貌词驯服化。常见的句法驯服过程是普遍产生定语结构和状语结构。这可能是因为状貌词的描摹性（depictive）跟形容词的描写性（descriptive）较为相似。藏语常规形容词修饰名词一般后置，前置于名词则需添加属格标记；藏语副词相当部分来自形容词，前置于动词并逐步添加副词标记而定性。这两种定语结构和状语结构是藏语中极为普遍的现象，必定给状貌词施加压力，所以我们看到的状貌词大多产生了这样的结构，不再居于句边界，变得像普通词了。

（66）khur-po lta-bu_vi dngos-po nya-re-nyo-re zhig_la rkang-pa thogs
[一] 捆 像 _GEN 物件 软绵绵 一 _LOC 脚 搁置
把脚搁在一块软绵绵的东西上。[①]

（67）mig_nas mchi-ma-gtong_ba sogs vtshab-vtshub_kyi rnam-vgyur vdra-min
眼睛 _ABL 流泪 _NMZ 之类 慌张 _GEN 表情 不像
ston-pa mthong.
师傅 看见
（他）眼中流着泪，慌慌张张的样子不像是见到了师傅。[②]

（68）na-zug chen-po_s khyar-khyor-ngang khang-pa_vi rgyab_tu
疼痛 大 _INS 蹒跚 _ADV 房子 _GEN 背后 _LOC
yib_pa_r song.
躲藏 _NMZ_TAP 去（PST）
（他）忍着巨大疼痛一瘸一拐地躲到房子后面。[③]

例（66）的前修饰语位置由其他短语占据，状貌词则处于后置修饰语位置，并受

① 朗顿 · 班觉：《绿松石》（藏文），212 页，拉萨，西藏人民出版社，1985。

② 朗顿 · 班觉：《绿松石》（藏文），8 页，拉萨，西藏人民出版社，1985。

③ [明] 施耐庵、[明] 罗贯中：《水浒全传（二）》（藏文），《水浒全传》翻译组译，28 页，拉萨，西藏人民出版社，1978。

到数（量）词的辖制，使它像个中规中矩的后置修饰语。例（67）状貌词带属格标记 kyi 充作前置修饰语。例（68）没有 AA' 缩略状貌词也意义完整，不过，这个状貌词带了一个源自名词的副词化标记 ngang（来自 ngang-nas），它的位置与前一个短语平行，修饰其后的动词短语，有一定自由度。

句法整合是藏语状貌词不可避免的宿命，只是这个驯服化过程相当漫长，由此造成一些既不是典型状貌词自由结构现象，也不全是受限的驯服化结构，这都是有趣且值得深入探索的方向，其后果也可能会给句法系统带来更丰富的句法多样性。

（69）gtam cal-le-col-le mang-po bshad-pa.
话语 胡扯 多 说（PST）
胡说了许多话。①

（70）vkhyar-re-vkhyor-re_vi ngang btson-mkhar_du log.
踉踉跄跄 _GEN 样子 监牢 城堡 _LOC 返回
踉踉跄跄取路回营里来。②

按语法分布，例（69）状貌词 cal-le-col-le 应理解为谓语或全句修饰语，可是却插入名词与它的形容词修饰语 mang-po 之间，这可能是屈从于模仿形容词定语的压力，说明它保持着一定自由性。例（70）状貌词虽然带属格标记，可连同被修饰名词构成的短语本身展现出一幅描摹图景，且整个短语跟句子其他成分没有显性的句法关系。这两个案例都表现出状貌词的顽强自由性。

六、谜团的初步解答

借助表现形态理论，不难归纳 ABA'B 式状貌词的造词规则。首先，状貌词的语用目的往往与韵律凸显性联系在一起，利用韵律从结构和语音上塑造它的词形。拉萨话状貌词最显著的韵律现象是长音性。我们设想，ABA'B 和 AA' 是同一造词过程的产物，在造词上都是长音，甚至是超长音：[A:] 或 [A::]。A 与 A' 元音之不同是造词的差别，而非后世形态变化。B 是 A 和 A' 长延音的变读和记录形式：-e 或 -i，被音段化感知为音节，其中声母由前面的词根韵尾塑形（音渡音段化），元音受限为自然音延 e(ə) 或

① 张怡荪主编：《藏汉大辞典》，726 页，北京，民族出版社，1985。

② ［明］施耐庵、［明］罗贯中：《水浒全传（二）》（藏文），《水浒全传》翻译组译，20 页，拉萨，西藏人民出版社，1978。

i。现代拉萨话虽然存在元音长短差异，但并未用来构成音系层面的对立。需要强调的是，长音是表现形态最重要的特征之一，这一点已在多种语言中确证[①]。藏语普通词元音性音节添加前一音节辅音韵尾充当声母的规则是藏语演变的常例[②]，B 音节产生声母与之情形相似，符合该语言演变大势。由此可以得知藏语 ABA'B 式状貌词并非由词根按照形态规则产生的，即 ABA'B 式不是从单音节词根通过附缀形态方法产生的。这是表现形态词汇本源上不同于传统形态词汇的根本之处。

句法整合是语言演化和类推现象，却影响使用者形成观念并予以实践。所谓"观念"或传统观念指形态语法体系下人们的认知和行为。面对多音节词串，即使是造词层面产生的状貌词，人们还是依循构词层面规则来寻找载义词根。我们检查 ABA'B 式的词根，发现以 A' 及状貌词义构成的词汇远多于以 A 构成的词汇，并且多数 A 使用无关义或缺少状貌词义，说明 ABA'B 式在演化和整合过程中形成了以 A' 为词根的趋势。前文"二、词义倾向"中按照描摹义共列举 13 组 / 项状貌词，我们以此为对象进行统计。因变体原因，有些组的词例合并，有些分开，得到 18 组 / 项数据（以下略称"项"）。其中，组 2 的 A' 义跟状貌词义一致，A 无义，共 5 项；组 3 的 A' 义跟状貌词义一致，A 持他义，共 10 项；组 1 的 A 义跟状貌词一致，A' 无相关义，1 项；组 4 的 A' 义跟状貌词一致且跟 A 义的引申义一致，算作跟 A 义和 A' 都相关；组 5 是摹声词，A 和 A' 都蕴含了 ABA'B 式的词义。通过这项简单统计可知，ABA'B 式是以 A' 为所谓词根的状貌词。

表 1　判断载义词根类例数

组	ABA'B 例	状貌义	AA'	A 义	A' 义	词根	例数
1	vtshab be vtshub be	慌张	√	vtshab 急忙	×	A	1
2	rab be rob be	马虎	√	×	rob tsam 粗略	A'	5
3	vkhyar re vkhyor re	踉跄	√	vkhyar 漂泊	vkhyor po 摇摆	A'	10
4	hral le hrul le	褴褛	√	hral po 稀疏；破烂	hrul po 破烂	A/A'	1
5	chal li chil li	雨声	√	chal chal 淅沥声	chil chil 汩汩声	A/A'	1

关于 ABA'B 式状貌词的负面词义倾向性，我们认为或许跟音义象似性存在某种联系，但溯源上需要更多证据，应做专门研究。总的来说，ABA'B 式的词义应该源

① 林连通：《永春话单音节形容词表程度的几种形式》，载《中国语文》，1982（4）；王辅世、王德光：《贵州威宁苗语的状词》，载《语言研究》，1983（2）；Voeltz, E. and C. Kilian-Hatz (eds.). Ideophones. Amsterdam: Benjamins, 2001；Dingemanse, Mark. The Meaning and Use of Ideophones in Siwu. Max-Planck Institute for Psycholinguistics, Nijmegen，2011.

② 金鹏主编：《藏语简志》，北京，民族出版社，1983。

自造词分工的主观性和表演性，或许跟音义象似性有一定内在关系。可补充的是，藏语状貌词还有 ABB 式、AABB 式、AA 重叠式等类型，其中 ABB 式正面积极描摹词义较多，余则属于一般描摹性词义。相对 ABA'B 式这种负面语义特征来说，派生形态体系会采用贬义性词缀来构词，包括负面义名词和负面义形容词，功能更强[①]。

七、结语

藏语、汉语以及其他东亚语言都有大量各式各样的状貌词，即使单一语言的状貌词，数量都可能数以千计，他们反映出语言内部词汇的多样性，甚至揭示普通形态语法系统之外还存在另类的表现形态体系。人们经常见到的独特词形结构以及复杂的韵律面貌很可能都与此相关，上古汉语重言词（AA）、联绵词（AA'）等无疑是最早的状貌词记载，现代汉语的雪白（XA）、烂乎乎（ABB）、黑咕隆咚（A+ 附缀）也是典型状貌词。不过，很多语言具有强大的整合功能，状貌词在形态语法体系下逐渐被驯服，变得越来越像普通词汇，致使原初造词上的表现形态慢慢隐去。只有那些顽强保持表现形态的词汇（诗曲用词、游戏用词、状貌词、詈语词等）有时又会有一点“出格”的表现，似乎会给规整的语法系统“添乱”。

表现形态揭示了藏语词汇的异质性和来源的多样性，状貌词是与屈折、派生、重叠、复合、附加等不同形态的类别。除此外，表现形态还蕴含了什么样的理论价值呢？张国宪有个说法很值得参悟：“因为人类自有了语言，就随之产生了范畴或概念的词汇化，即将范畴化和概念化的结果相对固定于词语的表达之中，也就是说使得词语内涵本身负载了人对周围真实世界的感知。”[②] 这段精彩的表述完全适用于形态语法词类，同时也给表现形态留下了空间。“人对周围真实世界的感知”未必都能或都应高度概念化，人的感官知觉图景在一定语用情景下对事物的理解远胜于概念化词语（符号），它集时程演进、生动活态于一体，这可能是人们顽强保留和持续创造状貌词的逻辑理据。相比之下，形态语法下的高度概念化词汇则遵循“物体就是物体、动作就是动作、性质就是性质”这样的逻辑。

表现形态实现的是表现性差异。换句话说，表现形态是主观认知情绪的渲染，意图产生一种象似性图景，这是状貌词词义的本源。表现形态具有目的性，导致造词上的特异性，结果是状貌词呈现独有的语音和结构形式，句法上自由分布，无理据占位。

---

① 江荻：《现代藏语派生名词的构词方法》，见《山高水长：丁邦新先生七秩寿庆论文集》，台北，“中央”研究院语言学研究所，2006。

② 张国宪：《现代汉语形容词功能与认知研究》，北京，商务印书馆，2006。

语法形态与此截然不同，无论屈折形态、派生形态，反映语法价值差异的词形是自然音变和类推音变的结果，具有很强的客观性。所以说，尽管从古代语言到现代语言很多状貌词已经驯服而融于形态语法词类，部分状貌词仍顽强地生存下来，有利于描摹迥异于普通词概念义的生动图景。

综合起来，表现形态的发现和应用可能颠覆人们对词汇构成和词汇渊源的既定认识，并有可能挑战或补充现有的词汇以及词法研究理论和方法。

参考文献

[1] 曹剑芬 . 连读变调与轻重对立 . 中国语文，1995（4）.

[2] 何毓玲 . 试论《毛诗正义》疏经语言中的状貌词词尾 . 华中师范大学学报（哲学社会科学版），1989（1）.

[3] 江荻 . 现代藏语派生名词的构词方法 // 山高水长：丁邦新先生七秩寿庆论文集 . 台北："中央"研究院语言学研究所，2006.

[4] 江荻 . 藏语形容词的音节数形态与形态类型 // 中国语言学会《中国语言学报》编委会 .《中国语言学报》. 第十九期，北京：商务印书馆，2021.

[5] 金鹏 . 藏语简志 . 北京：民族出版社，1983.

[6] 林连通 . 永春话单音节形容词表程度的几种形式 . 中国语文，1982（4）.

[7] 吕叔湘 . 现代汉语八百词 . 北京：商务印书馆，1980.

[8] 孙天心，石丹罗 . 草登嘉戎语的状貌词 . 民族语文，2004（5）.

[9] 田德生 . 土家语四音格分析 . 民族语文，1986（3）.

[10] 王辅世，王德光 . 贵州威宁苗语的状词 . 语言研究，1983（2）.

[11] 王韫佳，初敏，贺琳，等 . 连续话语中双音节韵律词的重音感知 . 声学学报，2003（6）.

[12] 武波，江荻 . 二声调语言呈现的轻重韵律模式 . 南开语言学刊，2017（2）.

[13] 徐仲华 . 序 // 叶萌 . 古代汉语貌词通释 . 济南：山东文艺出版社，1993.

[14] 叶萌 . 古代汉语貌词通释 . 济南：山东文艺出版社，1993.

[15] 于道泉主编，傅家璋编 . 藏汉对照拉萨口语词典 . 北京：民族出版社，1983.

[16] 张伯江 . 词类活用的功能解释 . 中国语文，1994（5）.

[17] 张国宪 . 现代汉语形容词功能与认知研究 . 北京：商务印书馆，2006.

[18] 张怡荪 . 藏汉大辞典 . 北京：民族出版社，1985.

[19] 周法高 . 中国古代语法 · 构词篇 . 台北：台联国风出版社，1972.

[20] 周季文，谢后芳 . 藏语拉萨话语法 . 北京：民族出版社，2003.

[21] 朱德熙 . 现代汉语形容词研究 . 语言研究，1956（1）.

[22] 朱骏声 . 说文通训定声 . 北京：中华书局，1984.

[23] 扎西班典 . 琴弦上的魂：藏文 . 北京：民族出版社，1999.

[24] 朗顿 · 班觉 . 绿松石：藏文 . 拉萨：西藏人民出版社，1985.

[25] 施耐庵，罗贯中 . 水浒全传（一）：藏文 .《水浒全传》翻译组，译 . 拉萨：西藏人民出版社，1978.

[26] 平措扎西 . 斯曲和她的五个孩子的父亲们：藏文 . 拉萨：西藏人民出版社，1997.

[27] 曹雪芹、高鹗 . 红楼梦：藏文 . 索南班觉，译 . 北京：民族出版社，1983.

[28] 其美多吉 . 黑风中的雄鹰：藏文 . 拉萨：西藏人民出版社，1995.

[29]Diffloth, Gérard. Expressive phonology and prosaic phonology in Mon-Khmer. In Theraphan L. Thongkum (Ed.), Studies in Mon-Khmer and Thai Phonology and Phonetics in Honor of E. Henderson. Bangkok: Chulalongkorn University Press，1979:49-59.

[30]Dingemanse, Mark. The Meaning and Use of Ideophones in Siwu. Max-Planck Institute for Psycholinguistics, Nijmegen，2011.

[31]Doke, Clement. Bantu Linguistic Terminology. London: Longmans, Green, and Co，1935.

[32]Voeltz, E. and C. Kilian-Hatz (eds.). Ideophones. Amsterdam: Benjamins，2001.

[33]Zwicky, Arnold M. & Geoffrey K. Pullum. Plain morphology and expressive morphology. Proceedings of the Thirteenth Annual Meeting of the Berkeley Lingustics Society, 1987(13): 330-340.

数据时代与语言产业①

李宇明

数据（data）是观察客观世界和人类社会得到的各种原始素材，通过对素材的加工处理获取信息、建构知识、生发思想。人类社会形成以来就有数据存在，并为人类知识体系和思想观念的形成发展不断作出贡献。计算机的产生和发展，数据的作用更加重要，科学地位更加凸显，社会也对其更加重视。

在计算机科学中，所有能输入计算机并被计算机程序处理的符号，都可称之为"数据"，包括数字、文字、符号、语音、图像、视频等。计算机所形成的网络，为社会构建了一个虚拟的网络空间；计算机在数据收集、处理上的强大功能，特别是计算机通过大数据学习而不断挖掘知识、获取智能，促进人工智能的快速发展和广泛的社会应用，突出了数据的科学意义。

2019 年 10 月，中国共产党十九届四中全会将"数据"与"劳动、资本、土地、知识、技术、管理"并列为第七大生产要素，作为"生产要素"的数据可以通过市场"按贡献取酬"。这是重大的理论创新，体现着对信息化社会的本质认识，也是社会进入"数据时代"的标志。

本文讨论数据作为生产要素的意义、讨论语言数据与生产要素的关系、讨论语言智能与人类正在建造的"第三空间"、讨论数据时代的语言产业问题等，目的在于认识语言数据在数字经济发展中的意义，语言学要以新文科的思路为数据时代培养人才。

一、数据成为生产要素

数据的价值首先被科学家特别是计算机专家和信息专家所认识。计算机与信息科

① 本文写作得到王海兰、饶高琦的帮助，得到国家社会科学基金重点项目"中国学前儿童语料库建设及运作研究"（项目批准号：19AYY010）、教育"十四五"规划研究课题项目"'十四五'时期语言文字事业发展研究"的支持，特此感谢。本文曾刊于《山东师范大学学报》（社会科学版），2020（5），此次收录仅作一些技术性修改。

学是当今的先锋学科，对社会发展影响巨大，当今政府常会关注这类学科的发展动向，并及时利用公权力支持这些学科的发展，以便为本国的经济社会发展赢得机遇。因此，政府也会从这些学科领域认识到数据的价值，数据的意义由此从科技领域转入社会领域。

政府对于数据的认识，可以分为两个层面：第一，推进科学技术发展；第二，推进经济社会发展。第一层认识的结果是加大科技投入，改良科技政策；第二层认识，会在第一层认识和行动基础上，进而改良经济发展政策和社会经济分配政策。政府的这两个认识层面，也代表着数据认识的两个阶段。当政府有了第二个层面的认识看到数据的生产要素性质时，社会就进入了“数据时代”。

（一）各国政府的“数据行动”

在移动网络和人工智能快速发展的时代，各国政府都十分关注数据及其相关问题，积极采取一系列与数据相关的政府行动。陆俭明教授①曾较为全面地介绍过这方面的情况：

2017 年 3 月，英国发布《英国数字化战略》，提出要释放数据在英国经济中的重要力量，提高公众对使用数据的信心。2018 年，英国又发布《数字宪章》《产业战略：人工智能领域行动》《国家计量战略实施计划》等。2018 年，美国发布《数据科学战略计划》《美国国家网络战略》《美国先进制造业领导力战略》等；欧盟发布《欧盟人工智能战略》《通用数据保护条例》《非个人数据在欧盟境内自由流动框架条例》《促进人工智能在欧洲发展和应用的协调行动计划》等；法国发布《法国人工智能发展战略》《5G 发展路线图》《利用数字技术促进工业转型的方案》等；德国发布《联邦政府人工智能战略要点》《人工智能德国制造》《高技术战略 2025》等。

2015 年 7 月，印度提出“数字印度”倡议，计划以“印度制造”和“数字印度”两驾马车“驮载”国家未来。2017 年 7 月，俄罗斯发布《俄罗斯联邦数字经济规划》。韩国早就提出要建设“数字政府”，要求管理网络化、办公自动化、政务公开化、运行程序优化，从而使政府决策科学化、社会治理精准化、公共服务高效化、政府治理民主化。2017 年，韩国行政自治部和信息化振兴院共同发布《2017 年电子政府 10 大技术趋势》，宣布将数字政府逐渐发展成为结合数据分析、机器人技术、提供更周到服务的“以数据为中心的政府”。2018 年，日本发布《日本制造业白皮书》《综合创新战略》《集成创新战略》《第 2 期战略性创新推进计划（SIP）》等，详细阐述了推动数字科技和数字经济发展的行动方案。这些行动方案，充满着“数据、数字、智能”等字眼。

---

① 陆俭明：《顺应科技发展的大趋势　语言研究必须逐步走上数字化之路》，载《外国语》，2020（4）。

（二）数据的生产要素属性的认识历程

前述各国政府的“数据行动”，其认识基本上还都在“推进科学技术发展”的第一层面，开始触及“推进经济社会发展”的第二层面，但并未明确把数据列入“生产要素”。生产要素的认定，与生产力发展水平和经济制度密切相关，也与人们的思想认识水平相关。数据具有生产要素的性质，只有信息化发展到一定阶段才能成为现实，才能被人认识；另一方面，只有对信息化社会经济发展形态具有洞察力的社会集团，才能率先认识，及早布局。

2017 年 12 月 8 日，中央政治局第二次集体学习时习近平总书记指出：“集中优势资源突破大数据核心技术，加快构建自主可控的大数据产业链、价值链和生态系统……要构建以数据为关键要素的数字经济……要坚持以供给侧结构性改革为主线，加快发展数字经济……推动互联网、大数据、人工智能同实体经济深度融合……推动制造业加速向数字化、网络化、智能化发展。”这段话有两层意思：第一，数据是数字经济的关键要素；第二，如何发展数字经济。这些论述，已经超越了为“推进科学技术发展”而关注数据，将数据问题向经济制度方向引领。

2018 年 4 月 13 日，“首届数字中国建设峰会”的数字经济分论坛在福州召开。2018 年 5 月 26—29 日，“中国国际大数据产业博览会”在贵阳举行。2018 年 9 月 25 日，江苏互联网大会在南京举行。2019 年 12 月 10 日，“第六届中国国际大数据大会”在北京举行。这些会议都突出了“数据是数字经济的关键要素”这一话题。特别是“2018 江苏互联网大会”，工业和信息化部总经济师王新哲到会致辞。王新哲在致辞中强调：“以数据作为关键生产要素的数字经济正在成为继农业经济、工业经济之后的新型经济形态”。至此，人们确认了两个基本认识：第一，数字经济是继农业经济、工业经济之后的新型经济形态；第二，数字经济的关键生产要素是数据。

2019 年 10 月 28—31 日，中国共产党十九届四中全会召开。全会提出：“健全劳动、资本、土地、知识、技术、管理、数据等生产要素由市场评价贡献、按贡献决定报酬的机制。”这是对数据具有生产要素性质的首次明确表述，将“数据”与“劳动、资本、土地、知识、技术、管理”并列为第七大生产要素，可以通过市场“按贡献取酬”。这是重大的理论创新，体现着对信息化社会的本质认识，是在数字经济快速发展背景下经济制度的与时俱进。

2020 年 3 月 30 日，《中共中央　国务院关于构建更加完善的要素市场化配置体制机制的意见》（简称《意见》）发布，主要对土地、劳动力、资本、技术、数据等要素的市场配置提出了要求。该《意见》“六、加快培育数据要素市场”提出了三条：

“(二十)推进政府数据开放共享。”“(二十一)提升社会数据资源价值。培育数字经济新产业、新业态和新模式，支持构建农业、工业、交通、教育、安防、城市管理、公共资源交易等领域规范化数据开发利用的场景。发挥行业协会商会作用，推动人工智能、可穿戴设备、车联网、物联网等领域数据采集标准化。”“(二十二)加强数据资源整合和安全保护。探索建立统一规范的数据管理制度，提高数据质量和规范性，丰富数据产品。研究根据数据性质完善产权性质。制定数据隐私保护制度和安全审查制度。推动完善适用于大数据环境下的数据分类分级安全保护制度，加强对政务数据、企业商业秘密和个人数据的保护。”《意见》“七、加快要素价格市场改革”规定，“充分体现技术、知识、管理、数据等要素的价值”。《意见》“八、健全要素市场运行机制”观念，“引导培育大数据交易市场，依法合规开展数据交易”。

《意见》是在“数据是生产要素”的判断之下做出的生产要素市场化的安排，不仅为数据作用的充分发挥创造了有利的市场配置的体制机制与环境，而且也加固、加深了“数据是生产要素”的认识。

二、语言与生产要素的关系

可供计算机处理的人类观察世界所形成的数据中，据估计80%是语言数据，故而语言数据是最为重要的数据。语言与其他生产要素，如“劳动、资本、知识、技术、管理”等，也有密切关系。认识语言与生产要素的关系，有利于在数据时代自觉地、最大限度地获取语言红利，对于语言学研究和语言学人才培养也有重大意义。

(一)语言数据是最为重要的数据

数据是信息的表现形式，亦是信息载体。随着科技与社会的进步，数据的内涵和外延都在发生变化，甚至是重大变化。但有一点可以肯定，那就是多数数据都是“语言数据”。语言数据主要包括如下4类内容：

语言的符号系统。包括：语音系统、语汇系统、语法系统；文字系统；标点符号；注音符号等。

语言负载的信息。语言包括口语、书面语、语言参与的音频、视频文件等，它们所记录、所负载的各种信息。

由语言延伸的各种符号与代码。如盲文、手语、旗语、灯语、电报代码等。

生活、艺术与科学技术符号。如电话号码、身份证编码、银行卡号码、乐谱、数学符号、化学符号、公式、计算机编程语言等。

其中，语言的符号系统、语言负载的信息是自然语言数据；另外两类是人工语言数据。人工语言有时单独使用，有时与自然语言一同使用；它们或是自然语言的符号化，或是需要自然语言辅助理解，或是可以用自然语言进行阐释。

计算机所要处理的数据，除语言数据外还有人面、人体动作、声音、气味、颜色、物象等数据，但毫无疑问，语言数据是最为重要的数据：其一，语言数据的数据量大；其二，语言数据与人类的关系较为密切；其三，语言是人类最常用、最能反映人类心智的符号系统。语言数据的计算机处理中较难也是最重要的是自然语言数据处理。计算机对语言数据的处理，如汉字识别、词语检索、自动翻译、自动写作、客户的机器语言服务等，每前进一步，就会产生新的语言产业，推进社会前进一大步。

数据是生产要素，那么，语言数据是最为重要的数据，也应当属于“生产要素”范畴。2019 年 12 月 17 日，“第二届语言智能与社会发展论坛”在北京语言大学举行，论坛主题为“智能写作的社会影响及其伦理、法律问题”。闭幕式上，笔者就曾谈及“作为生产要素的语言数据”问题。2020 年 5 月 17 日，那顺乌日图教授领衔成立“东北亚语言资源数字化平台”，笔者作为平台学术委员会主任在“主任寄语”中写道：“语言数据是信息时代的生产要素，如同土地之于农民，机器之于工人，计算机通过对语言数据的加工学习可以获得知识与智能，从而去创造人类的新生活。”《光明日报》2020 年 7 月 4 日第 12 版，刊载李宇明《语言数据是信息时代的生产要素》[①]，这是中国的重要媒体首次发表语言数据是生产要素的观点。

（二）语言与其他生产要素的关系

语言是人类最为重要的交际工具和思维工具，是人类文化和信息的最为重要的负载者，同时也是文化最为重要的建构者和阐释者，所以，不仅语言数据是“数据”这一生产要素的组成部分，而且语言也与其他一些生产要素发生各种各样的关系，发挥各种各样的作用。

语言与“劳动、知识、技术、管理”这些生产要素的关系十分密切。语言经济学把语言看作“人力资本”，语言能力是重要的劳动力，特别是智力为主的劳动岗位，

---

① 李宇明：《语言数据是信息时代的生产要素》，载《光明日报》，2020-07-04。

语言能力是比体力更为重要的劳动力[①]。语言能力薄弱或有语言障碍的人群，常常会形成社会贫困群体。

语言不仅是如索绪尔所说的"符号系统"，语言也是"知识"的载体[②]。知识学习需要通过语言，知识储备需要脑神经语言系统的运作，知识的运用与创造也主要是通过语言。就技术而言，语言技术本身就是技术的一部分，特别是以信息化为主的现代语言技术，在技术体系中的地位更为重要，越是智能化的技术，越是与语言的关系密切；各技术门类的名词术语、各个产业的技术规范，都是用语言制定、表现出来的，用语言进行传授的；语言对于技术的扩散与创新，也具有很大影响。语言与"管理"的关系就更为密切，因为语言能力是管理能力的重要组成部分，也是管理能力的体现；管理的具体实施，几乎离不开语言。

语言与"土地、资本"仿佛没有多大关系。但是，2018 年 9 月，张振兴先生在"世界语言资源保护大会"上所作的《汉语方言资源应用随想》报告，揭示了语言与资本流动的关系，说明语言也是一种投资环境：

据国家统计报告 1987 年数据：香港特别行政区投资内地，65% 资金流向珠江三角洲地区，12% 流向潮汕地区；台湾省投资大陆，78.9% 资金流向福建，闽南地区占其 48%。

据《福建省统计年鉴 2017》报告：福建省实际利用外资，2015 年为 768339 万美元，2016 年为 819465 万美元，其中来自我国台湾、香港及印度尼西亚、新加坡的资金中，2015 年占 68.9%，2016 年占 64.5%。反向投资情况也大致如此：福建省 2015 年对外投资是 128640 万美元，其中投向印度尼西亚、新加坡等东南亚国家占比为 72.43%。

据《2016 年度中国对外直接投资统计公报》数据：2016 年，中国向亚洲地区直接投资流量为 1302.7 亿美元，占当年对外直接投资流量的 66.4%。其中对我国香港的投资为 1142.3 亿美元，占对亚洲投资的 87.7%；对东盟 10 国的投资为 102.8 亿美元，占对亚洲投资的 7.9%。

张振兴先生分析这些数字背后的语言原因：中国香港地区与珠江三角洲言语相通；中国台湾地区与闽南地区同言同语；东南亚地区，尤其新加坡、印度尼西亚等地到处都有说闽南话的华人华侨，福建人在那里做生意很少有语言障碍。

---

① 张卫国：《作为人力资本、公共产品和制度的语言：语言经济学的一个基本分析框架》，载《经济研究》，2008（2）；王海兰：《个体语言技能资本投资研究》，济南，山东大学博士学位论文，2012；王海兰：《语言人力资本推动经济增长的作用机制研究》，载《语言战略研究》，2018（2）；赵颖：《语言能力对劳动者收入贡献的测度分析》，载《经济学动态》，2016（1）。

② 李宇明：《中国语言资源的理念与实践》，载《语言战略研究》，2019（3）。

语言与各生产要素都有密切关系，既是多个生产要素的构成部分，又是生产要素发挥作用的重要助力，甚至是基础条件。随着数字经济的发展和语言智能水平的不断提高，语言数据的生产要素属性会越来越清晰，语言对各生产要素的影响也会越来越显著。

三、语言智能与人类的“三元空间”

“语言智能”是人工智能的重要组成部分，是让计算机拥有人类的语言智能。人工智能是对人类智能的模仿。人类智能主要表现在思维能力上，语言是人类思维活动的凭借，是思维成果贮存、传播的载体，故而语言能力决定着思维水平。人类自幼成长，通过获取语言促进思维发展。人类的书面语学习和外语学习，大大提升了思维品质，掌握了书面语、外语的人比文盲和单语者更具思维优势。在思维与语言的关系问题上，尽管学界还有不少争论，但语言在思维中的重要地位不能否认。语言智能是人类最重要的一种智能，让计算机获取人类的语言智能是人工智能的重要任务。

人工语言智能（以下称为“语言智能”）是人工智能皇冠上的明珠。20 世纪 50 年代，人类进行机器翻译的尝试，由此开始了训练机器进行语言信息处理的进程。中文信息处理经过“字处理”“词处理”阶段的艰难行进，现已顺利步入“句处理”“篇章处理”的话语处理阶段，努力让计算机具有语言智能。[①] 这些语言信息技术，促进着信息检索、自动翻译、机器写作、作文自动批改、人机对话等快速进展。语言智能发展的水平，可以智能写作为例，以窥全貌。

（一）以智能写作为例

智能写作可细分为“辅助写作”和“自动写作”两类。辅助写作是从素材收集、文章撰写、文本检校 3 个方面辅助人类写作，提升写作效率，如提供领域热点事件、引文推荐、写作润色、文本纠错、自动摘要等。自动写作是机器自主完成文章写作。2018 年 6 月 30 日，中国智能写作产业联盟在北京成立，首批理事单位有中国声谷、科大讯飞、金山软件等 17 家人工智能领域产业基地及企业[②]。当时，几乎所有互联网和 AI 巨头都投入智能写作市场。据分析，智能写作需求最强的有 4 大市场：内容资

① 刘云、肖辛格：《中文信息处理发展简史》，北京，科学出版社，2019。

② 张俊：《中国智能写作产业联盟成立》，载《中国新闻》，2018-06-30. https://baijiahao.baidu.com/s?id=1604702204279770381&wfr=spider&for=pc.

讯；金融财经分析；数字营销；行政办公[①]。下面，从6个方面来描述智能写作的应用情况：

1. 新闻智能写作

新闻智能写作的软件，有快笔小新、DT稿王、张小明、Dreamwriter、创作大脑、Giiso、SoccerBot等。新闻智能写作，不仅提供新闻写作的智能机器人，而且能结合多种技术，在新闻生产的策划、采编、发稿的全流程中为新闻从业者提供辅助支撑。新闻从业者结合机器撰稿的优势，进行更有创造力的工作。

2. 应用文智能写作

应用文智能写作的范围很广，如通知通告、总结汇报、招投标文件、专利文件、规范标准文件等。当前主要的应用文智能写作软件，有微软、金山、搜狗等企业的产品，还有妙笔、世通亨奇、Giiso等。

3. 诗歌智能创作

诗歌（包括对联）的创作需具备三大要素：情感表达；字眼搜寻；文句表达。计算机与之对应的技术是：情感计算；语义计算；文本生成。当然还离不开一定规模的语料库。当前较为有名的写诗能手有：清华九歌、微软小冰、薇薇写诗（机器人）、小封诗歌（机器人）、春联机等，有写古体诗的，有写新诗的，有写春联的。诗歌智能创作仍处在模仿阶段，但所写诗歌常有“出人意料”之句。诗歌智能创作或将催生新的人工智能门类。

4. 小说智能创作

小说智能创作的软件有：壹写作、星达、小蜜蜂、神码AI、挖匀AI、《XXX》写作神器、“狗屁不通”文章生成器等。2016年3月，日本公立函馆未来大学的松原仁团队，根据预设内容自动生成了小说《机器写小说的那一天》。这部小说参赛，竟然瞒过了当时的人类评委，成功入围第三届日经新闻社“星新一奖”比赛。

5. 用户评论

用户评论也可归入应用文智能写作，但因其在当今网络上使用广泛，故可以单独立目。这方面的软件有：蓝色光标、Persado、Phrasee、返利机器人、vatti（华帝）小V等。用户评论是应用情感计算，批量生成可定制的评论，通过评论来塑造商品、企业、组织等形象的应用。用户评论不是真正的用户发出的评论，这是一个灰色地带，逐步形成灰色产业，对社会生活存在威胁[②]。

---

① 北京恒州博智国际信息咨询有限公司（QYResearch）：《2020—2026中国人工智能写作辅助软件市场现状及未来发展趋势》，2020，https://www.qyresearch.com.cn/reports/AI_Writing_Assistant_Software-p167680.html。

② 饶高琦：《给智能写作的快马套上科技伦理笼头》，载《光明日报》，2019-12-24。

6. 社交机器人

社交机器人是具有智能写作能力的社交网络账号，以“人”的身份在社交网络中活动，与人进行商务、聊天等社交活动。社交机器人是智能写作技术在语言应用上自主性最强的一种形式，目前集中用于商业营销、客户服务、儿童教育等领域。值得注意的是，它也开始涉足政治宣传，可能会影响到人类的政治生活，比如选举态度等。

智能写作受制于预设的算法和数据库，具有结构化、模式化、同质化的表现，其语言特点是：字句堆砌复叠，段落连接不畅；数据详尽冗杂，常爱“引经据典”，行文缺乏生活常识，缺乏情感色彩；长于场景描摹，拙于议论叙事，事实与观点常出现逻辑错位。智能写作尽管离人类写作、阅读习惯还有很大距离，但已经看到把人类从“笔耕口传”、高创作成本、高传播壁垒中解放出来的曙光。当然智能写作技术在工商业、公共管理和文化传承等领域不加限制地应用，也将造成现实损失，产生伦理焦虑，必须直面智能写作带来的语言不规范、语言暴力、语言偏见、传播虚假信息、扰乱日常生活乃至社会秩序等问题[①]。

（二）语言的“双物种”性

机器具有语言智能了吗？这是较难回答的哲学层面的问题。第一，何谓智能？第二，如何判定机器具有语言智能？依照“图灵测试”原理，会发现机器在许多语言行为上可以“蒙人过关”，达到图灵测试的某种要求，比如机器写的一些新闻、诗歌、小说、用户评论，机器翻译的一些作品等。就此可以说，目前机器已经具备了初步的语言智能，随着人工智能技术的发展，机器的语言智能会逐步提升，不断地接近人类。

语言是人类独有的符号系统，这是语言学的经典认识。当然，也有关于“动物语言”的研究，动物界的确存在信息交换系统，但与人类语言相比，可谓云泥之别。搁置“动物语言”不论，可以说，语言信息处理之前的语言学，皆把语言看作人类独有的。但是语言智能的发展，语言已为或将为人类和机器这两个“物种”共同享有。

过去的语言生活，多数都是“人—人”交际，其间一般不使用交际工具。这种“裸装备”的直接的“人—人”交际，现在还在应用，但是重要的语言交际大都采用“人—机—人”交际。其实，“人—机—人”交际是概括的说法，其内涵包括 A、B 两大类四小类交际模式：

（1）“人—机—机—人”交际

（2.1）“人—机”交际

---

① 北京语言大学语言资源高精尖创新中心：《推进智能写作健康发展宣言》，第二届语言智能与社会发展论坛，2019 年 12 月 17 日。

（2.2）“机—机”交际

（2.3）“机—人”交际

（1）是（2）的混成，可以分解为“人—机”交际、“机—机”交际、“机—人”交际3个类型。这些交际都离不开具有语言智能的机器，如果这些机器是“人形机器人”，那么，机器拥有语言智能这一现象，就会看得更为明显。故而现代的语言学，应当把语言看作人与机器两个“物种”所有，是“双物种”的语言学。这是语言学可以超越过往获得大发展的学理基础。

（三）人类的“三元空间”

人类形成之前，世界就是自然界，只是一个“物理空间”。人类的形成与发展，在物理空间中生长出一个“社会空间”。语言与社会空间一起成长，大约距今5万—3万年前的旧石器时代，人类已有较成熟的口头语言，口语的载体是声波。大约距今5500—5000年前，文字在两河流域产生，语言有了新载体光波。20世纪20年代，广播、电视相继出现，有声媒体使语言有了第三大载体电波。20世纪末，互联网商业化，语言信息处理“出人意料”的快速进步，人类开始建构一个新空间——“网络空间”[①]。

网络空间也常称为“虚拟空间”“信息空间”。称为虚拟空间，是强调其“虚拟”性质，网名可以更名，性别可以隐匿甚至更换，地点可以主观臆拟。早期，虚拟空间与现实空间的确有较大不同，由实入虚，人的行为方式可以脱离现实空间再行塑造。但随着网络实名化措施的实施，随着虚拟空间对现实空间的影响加大，虚拟空间与现实空间的关系越来越密切，故而有人觉得“虚拟空间”并不虚，不大主张再叫虚拟空间。称为信息空间，是强调这个空间的特性是信息化的产物，主要是进行信息的运行与传播，与“信息化时代”也很契合。也有专家认为，“信息”不是某一空间所独有，社会空间也依赖信息，甚至物理世界也需要信息交换，同类动物之间、不同动物之间都有信息交换，同类植物之间有信息，甚至天体之间也存在信息，所以也有专家认为“信息空间”的名称也不合适。

名称之争往往伴随着对于“实”的认识分歧。一个新事物的问世常会伴有多个名称，随着事物的发展，随着认识的深化，名称就会逐步约定俗成，固定下来。笔者也曾经使用过“虚拟空间”等多个名称，这里姑且从众，称之为“信息空间”。把信息空间独立出人类的社会空间、与物理空间和人类社会并行而立，这便是人类正在生活的“三元空间”，如图1所示。

---

① 李宇明：《语言技术对语言生活及社会发展的影响》，载《中国社会科学》，2017（2）。

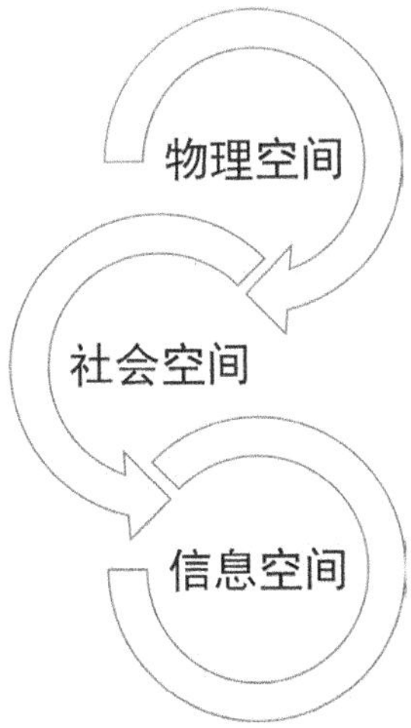

图 1 "三元空间"生成图

首先提出三元空间的，就笔者所掌握的资料看是潘云鹤院士。2019 年 11 月 3 日，潘云鹤院士在中国人民大学做《人工智能 2.0 与数字经济》报告，指出人类正由传统的"物理空间""人类社会"二元空间，逐步进入"物理空间""人类社会""信息空间"所构成的三元空间。2019 年 12 月，刘挺教授在"第二届语言智能与社会发展论坛"上也阐述了"信息空间"的问题。

总之，信息空间是一个正在发展的空间，其结构和运行机理还在被逐步认识中，也还在被逐渐完善中。但有一点相对明确，那就是信息空间主要是被数字化、智能化了的语言空间；除却语言，信息空间不可能存在，即使存在也无意义。语言过去是在社会空间中使用，如今是在社会空间、信息空间这两个空间中使用。语言不仅具有"双物种"性，而且还具有"双空间"性。

就发展趋势看，语言并不满足于它的"双空间"性，它还将跨入物理空间。物联网和语言智能的进一步发展，只要在需要驱动的目的物上植入"语言感应器"，人就可以通过具有语言智能的机器与万物关联，与万物对话，使万物具有"语言智能"，如图 2 所示。无人驾驶的汽车、轮船、飞机，已经展示了人与物对话的雏形。

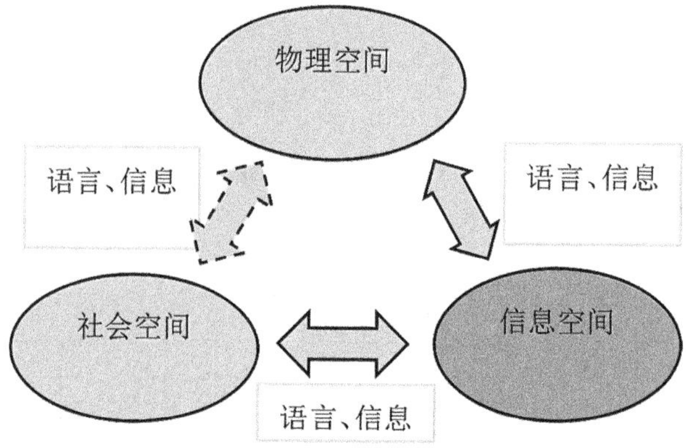

图 2　三元空间的语言、信息关系图

四、语言产业的发展

笔者在《语言产业研究的若干问题》一文中提出："语言产业是以生产和提供语言产品为主的行业。语言产品的形态、语言产业的业态决定着语言产业的基本面貌，是语言产业研究的基础范畴……" 该文把语言产品的形态归纳为 7 种：①语言、文字及相关符号；②语言知识产品；③语言文字艺术产品；④语言技术产品；⑤语言医疗康复产品；⑥语言咨询培训服务；⑦语言人才。同时也指出："语言产品的形态，还可以有其他描述方式。同时，随着时代的发展也可能还会出现新的语言产品形态。比如，信息化时代，语言数据显得特别重要，机器翻译需要大量的双语数据，机器语言理解需要大数据的训练等。语言数据也可能成为一种语言产品形态。"[①] 现在看来，的确应有语言数据产品，应有生产这种产品的语言数据行业。

（一）语言数据产业

语言数据产业是对语言数据进行收集库存、管理经营、加工应用的行业。语言数据产业涉及许多业态，如：语言数据的收集、语言数据库的建设、语言数据的云存储、语言数据的计算机应用、语言数据产品的营销、语言数据及其各种规范标准、语言数据产业人才的培养等。这些业态代表着对这一新兴产业的当下认识，其中蕴含着也催生着诸多语言数据的职业，通过这些产业和职业，可以生产出各种形态的语言信息产品。

① 李宇明：《语言产业研究的若干问题》，载《江苏师范大学学报》（哲学社会科学版），2019（2）。

语言数据产业的发展，首先需要有“语言意识”，需从“语言经济学”“语言产业经济学”等角度看待语言数据和语言产业，看到语言数据、语言数据产业在数字经济发展中的重要作用。其次需要市场驱动，自动翻译及前述智能写作的发展便显示出市场的作用，《中共中央　国务院关于构建更加完善的要素市场化配置体制机制的意见》也有许多制度安排。市场运作，需要对语言数据产品进行分类与规范，以便将其货币化。通过市场满足供求关系，实现语言数据的作用最大化和语言数据产业的效益最大化。

比如语料库。现在各有关研究单位几乎都有语料库，甚至每个语言研究课题都有语料库，但是这些语料库基本不能与同行分享，不能与社会共享。其中原因很多，最重要的原因有二：

第一，产权不好确定。语料库收集的都是他人的“语言成品”，或是作家著作，或是网络言论，或是发音合作人的话语，或是使用某种软件生成的语言数据等。语料库制作者即便是免费与同行或社会共享，也可能发生产权纠纷。

第二，没有统一的语料库标注规范。比如语料库应有哪些元数据、字形规范、词语切分规范、词性标注规范等。

一个像样的语料库，其建构成本巨大，但发挥作用有限，他人还得重复建设，造成巨大浪费。语料库只是一例，语言数据产业此类问题甚多，亟须研究解决。要建立语言数据产品名录、语言数据产品规范、语言数据产业与市场的法规政策、语言数据职业规范及伦理道德等。社会已经进入信息时代，过去的很多规矩都是平面媒体时代的，需要与时俱进，需要有创新意识。创新与失误是一根藤上的瓜，有创新意识还需有“容错”意识，能够容错人们才敢于创新。

语言数据适应计算机应用是重要的学术问题。语言数据与计算机的接口是“形式化”，形式化是解决语言数据与计算机处理“最后一公里”的问题。信息时代，网络已经是最为庞大的语言数据库，利用网络获取语言数据是可能的也是必要的。但是，网络数据是不同时代、不同文化、不同领域的集聚，甚至还有机器生产的大量数据。要利用网络数据，就有一个“洁洗”的问题，通过洁洗去除数据的意识形态偏见、文化偏见以及不良用语。现在许多数据公司都在数据洁洗方面下了不少功夫。

此外，需要明晰语言数据的知识产权，保护语言数据涉及的各方权益。重视语言数据的隐私权，妥善处理语言数据所可能出现的隐私泄露问题。

（二）其他语言产业

任何产业都有一定的业态。贺宏志、陈鹏的《语言产业导论》是我国最早研究语言产业的著作，该书把语言产业划分为九大业态：①语言培训业；②语言出版业；

③语言翻译业；④语言文字信息处理业；⑤语言艺术业；⑥语言康复业；⑦语言会展业；⑧语言创意业；⑨语文能力测评业。[①] 可以预见，在数据时代，这些语言产业也会有更浓厚的语言数据意识。

第一，更好地获得语言数据。语言产业的生产往往离不开语言数据，语言数据是许多语言产业的生产资料。比如：语言培训需要教材，教师需要参考资料；自动语言翻译需要双语数据库；语言会展业展出的都是语言产品，其中包括语言数据、语言数据服务等。语言产业的发展，需要利用网络、现代语言信息技术和语言数据市场去更及时、更便利地获取最适合的语言数据。

第二，利用好自己产出的语言数据。语言产业生产的语言产品，有许多就是语言数据。比如辞书，看起来是在编纂一条条词语，其实每个词条都是优质的语言数据，词条整合起来就是某一方面优质的知识系统。这些优质的语言数据，辞书编辑反复加工过，经过最为严格的"洁洗"，是训练计算机提升智能的珍贵数据，也是计算机进行知识挖掘的珍贵数据。再如语言教学、语言测试等，都能生成有特殊作用的语言数据，比如经过批改的语言试卷，对于促进机器获取语言智能、促进自动评分技术的发展，都具有重要意义。但是这些语言数据并没有得到很好利用，有的甚至是被丢入废纸堆中。

据语言经济学家估算，语言产业为社会 GDP 的贡献接近 10%。数据化时代，数据可以成为生产要素的时代，语言数据产业将有较大发展，其他语言产业亦可借数据之便，大幅提升经济能量。可以预测，语言产业、语言职业将能够创造更为显著的经济成果，成为数字经济的一方重要支柱。

（三）智能"新基建"

2018 年 12 月 19—21 日的中央经济工作会议重新定义了基础设施建设，把 5G、人工智能、工业互联网、物联网定义为"新型基础设施建设"，简称"新基建"。几年来，新基建的内容不断丰富，面貌也逐渐清晰。

在各种基础设施建设中，重视信息网络、数据中心的建设，能够让数据像交流电、自来水、天然气一样在千家万户奔流。但是，就"三元空间"的发展前景来看，新基建仅有"联通"是不够的，还需要智能；不仅做到"万物关联"，还要向"万物关联对话"的方向努力。也就是说，在新基建中，不仅重视"联通"，还要重视"智能"，重视"对话"。亦即让基建物具有"智能"，特别是应当具有语言智能，以便实

① 贺宏志主编，陈鹏副主编：《语言产业导论》，北京，首都师范大学出版社，2012。

现人与万物的关联对话，构建有智能的物联网。

具有智能特别是语言智能的基建，才是名副其实的新基建，为强调起见，或可称为智能“新基建”。如果说目前的“新基建”还主要是为数据、为智能铺设通道，那么，智能“新基建”更看重的是让基建物具有智能，促进“人—机—物”三者的互动，特别是通过语言进行互动。语言交际由“人—人”交际、“人—机—人”交际进一步发展为“人—机—物—人”的更为复杂的交际。在智能“新基建”的思维框架中，语言产业将发挥更为显著的作用。

（四）新文科建设

语言已经不仅仅是人文现象，它是“具有声光电三大媒介、为人类与机器两个‘物种’共享、将应用在社会、信息、物理三元空间中”的事物。语言学作为“研究语言及其相关问题”的科学，也应当是横跨文理工的综合学科，正如笔者在《语言学是一个学科群》一文中所言，“语言学是一个学科群”。[①]

2017 年 10 月，美国希拉姆学院提出“新文科”的教育理念，对其 29 个专业实行重组，把新技术融入哲学、文学、语言等课程中。这反映了学科交叉融合的时代大趋势。我国也在积极推进“新工科、新医科、新农科、新文科”建设，很多高校推进“学部制”改革，在体制上实现学科交叉。根据语言的性质，就应当依照“新文科”的思路发展语言学。综合、交叉、融入新技术的语言学，才能够适应“数据是数字经济的关键生产要素”的时代命题和经济制度，促进知识经济的发展，推进智能化“新基建”的发展。

2020 年 7 月 29 日，全国研究生教育视频会议召开，部署新技术时代高端人才培养问题。会后出台文件，把交叉学科新增为第 14 个学科门类，说明了对人才进行大交叉、大融合培养的重要性和急迫性。语言智能是诸多学科的交叉，需要交叉学科培养出来的人才做支撑，而语言学人才培养方面存在的问题不少，足应引起学界和学科规划者的重视。当然，新基建和知识经济的谋划者，也应当充分重视语言和语言学，获取语言学的科学红利和社会红利。

---

① 李宇明：《语言学是一个学科群》，载《语言战略研究》，2018（1）。

五、结束语

由于数据是人工智能、数字经济的关键要素，近些年世界各国都在开展“数据行动”。

语言数据主要包括：语言的符号系统、语言负载的信息、由语言延伸的各种符号与代码以及生活、艺术与科学技术符号 4 大类，无论是量上还是质上都是最为重要的数据，故而也是重要的生产要素。语言还与“劳动、资本、知识、技术、管理”等生产要素具有密切关系。语言及语言数据将成为数据时代的重要生产力。

随着语言智能的发展，机器逐渐在获取人类的语言智能，“人—人”交际发展为“人—机—人”的混成式交际。

数据时代，由于语言数据的数据性质，由于语言与“劳动、资本、知识、技术、管理”等生产要素的关系，语言产业会得到更大发展。首先发展的是对语言数据进行收集库存、管理经营、加工应用的语言数据产业，其他语言产业也会有更浓厚的语言数据意识，更好地获得语言数据，更好地利用自己产出的语言数据。

当前的基本建设是“新基建”，为数据铺设通道，促进万物关联。但仅重视“联通”远远不够，还要让基建物具有“智能”，特别是应当具有语言智能，以便实现人与万物的关联对话，促进“人—机—物”三者的语言智能互动。这种新基建是智能“新基建”，是新基建的发展方向。

语言学常常被看作人文科学，而且与“文学”组成一个一级学科。严格来讲，语言学人才是在硕士阶段才开始进行专业培养的。在人工智能快速发展、语言数据成为重要生产要素的今天，为适应语言智能、语言产业和智能新基建的发展，语言学必须树立“新文科”意识，通过学科交叉培养数据时代所需要的人才。可以预测，语言产业、语言职业将能够创造更为显著的经济成果。语言学不仅要自觉适应新形势，新基建和知识经济的谋划者也应当加强“语言意识”，像重视数据那样重视语言和语言学问题。

参考文献

[1] 北京恒州博智国际信息咨询有限公司（QYResearch）. 2020—2026 中国人工智能写作辅助软件市场现状及未来发展趋势 . 2020. https://www.qyresearch.com.cn/reports/AI_Writing_Assistant_Software-p167680.html.

[2] 北京语言大学语言资源高精尖创新中心 . 推进智能写作健康发展宣言 . 第二届

语言智能与社会发展论坛，2019 年 12 月 17 日 .

[3] 陈鹏 . 语言产业的基本概念及要素分析 . 语言文字应用，2012（3）.

[4] 贺宏志，陈鹏 . 语言产业导论 . 北京：首都师范大学出版社，2012.

[5] 李艳 . 语言消费：基本理论问题与亟待搭建的研究框架 . 语言文字应用，2017（4）.

[6] 李艳 . 从“产业观”到“大产业观”：对语言产业研究演进的梳理与理论思考 // 李艳 . 语言产业研究（创刊号），北京：首都师范大学出版社，2018.

[7] 李宇明 . 语言服务与语言产业 . 东方翻译，2016（4）.

[8] 李宇明 . 语言技术对语言生活及社会发展的影响 . 中国社会科学，2017（2）.

[9] 李宇明 . 语言学是一个学科群 . 语言战略研究，2018（1）.

[10] 李宇明 . 语言产业研究的若干问题 . 江苏师范大学学报（哲学社会科学版），2019（2）.

[11] 李宇明 . 中国语言资源的理念与实践 . 语言战略研究，2019（3）.

[12] 李宇明 . 语言数据是信息时代的生产要素 . 光明日报，2020-07-04.

[13] 刘云，肖辛格 . 中文信息处理发展简史 . 北京：科学出版社，2019.

[14] 陆俭明 . 顺应科技发展的大趋势　语言研究必须逐步走上数字化之路 . 外国语，2020（4）.

[15] 饶高琦 . 给智能写作的快马套上科技伦理笼头 . 光明日报，2019-12-24.

[16] 王海兰 . 个体语言技能资本投资研究 . 济南：山东大学博士学位论文，2012.

[17] 王海兰 . 语言人力资本推动经济增长的作用机制研究 . 语言战略研究，2018（2）.

[18] 赵颖 . 语言能力对劳动者收入贡献的测度分析 . 经济学动态，2016（1）.

[19] 张俊 . 中国智能写作产业联盟成立 . 中国新闻，2018-06-30. https://baijiahao.baidu.com/s?id=1604702204279770381&wfr=spider&for=pc.

[20] 张日培 . 语言政策视角下关于语言产业的若干思考 // 李艳 . 语言产业研究：创刊号 . 北京：首都师范大学出版社，2018.

[21] 张卫国 . 作为人力资本、公共产品和制度的语言：语言经济学的一个基本分析框架 . 经济研究，2008（2）.

[22] 张振兴 . 汉语方言资源应用随想 . 世界语言资源保护大会报告 . 长沙：2018-09-19.

[23] 新华社 . 中共中央　国务院关于构建更加完善的要素市场化配置体制机制的意见 .2020. http://www.gov.cn/zhengce/2020-04/09/content_5500622.htm.

[24][英]Andriane Rinsche, Nadia Portera-Zanotti. 欧洲语言产业规模之研究报告 . 曾贞，王巍，译 . 北京：语文出版社，2013.

重新认识许慎的文字发展观与《说文解字》的价值[①]

李守奎

最早对汉字发展史进行全面阐述的是东汉时期的许慎，《说文解字·叙》是汉字学术史的源头。[②]许慎的《叙》是一篇经典的文字学论文，沿用或创建了一套术语，概括了文字产生与演变的历史过程，细化了文字构形的理论，阐明了创作《说文解字》的目的与体例，成为传统文字学的理论基础，1000多年来被奉为汉字研究的圭臬。20世纪初，王国维创二重证据法，对《说文解字》(后文简称《说文》)中的材料详加审核，利用出土文献对传统理论加以修正。"秦用籀文六国用古文说""《说文》古文为战国文字说""正体中多古、籀说"等重大发现影响深远，有的观点已被定为"常识"。随着出土文字的丰富，对各个时期的文字认识日渐清晰，文字学史不再过度依赖许慎所用的术语，直接以历史分期为经，以载体分类为纬，陈述描写日益精确而充分。[③]在此条件下回头重新精读《说文》，会理解得更加客观，更加准确。

《说文》十五卷，理论与实践相结合，犹如司马迁写通史一样，许慎也为汉字作了当时的"通史"。主要有下列几个方面：第一，勾勒出汉字发展史的轮廓。从字体演变的角度，对汉字由古文、籀文、大篆、小篆、隶书和古文到孔壁古文的废兴两条线索叙述文字的发展过程，建立起字体演变史的框架。今天看来，除了个别地方为了抬高古文经地位有意托古和淡化，绝大部分符合事实，许慎对文字发展史的认识长期以来被误解或被低估。第二，明确学术研究的目的，反击今文经学，巩固加强古文经

① 本文承蒙黄德宽先生审阅并指正，贾连翔博士、郭伟涛博士提出修改意见，王先虎同学协助处理文档，特此致谢！

② 《汉书·艺文志·小学》虽然有文字发展的简述，但目的主要是对所收篇籍加以说明。

③ 参看唐兰:《古文字的材料·甲·材料的类别》，见《古文字学导论》，317—320页，上海，上海古籍出版社，2016。裘锡圭在《文字学概要》中依据唐兰先生的分类方法来叙述古文字形体演变的情况。参看裘锡圭:《形体的演变（上）：古文字阶段的汉字》，见裘锡圭:《文字学概要》(修订本)，45页，北京，商务印书馆，2013。又如黄德宽在《汉语文字学史》第四编中，以"甲骨文研究""金文研究""战国文字研究""秦系文字研究"为题，叙述近代以来文字学的发展。参看黄德宽、陈秉新:《汉语文字学史》(增订本)，合肥，安徽教育出版社，2006。

学的地位。第三，解字例，通神恉，开创了用六书理论阐释古、籀与篆文的范式。第四，开启了以历史文献文字为主要研究文字的学术传统。第五，初步建立起一套由术语构成的话语系统。

本文在审视许慎所依托的文字材料、汉代文字研究状况与创作目的的基础上，梳理许慎所使用的术语，重新理解许慎的文字发展观与《说文》的体例。

一、许慎文字理论形成的时代背景

作为学术史研究，我们需要首先回到文本本身，正确理解作者的本义。其次将之放在当时的历史背景下理解其意图。最后才是立足当代学术标准历史地看待其贡献与不足。

许慎生卒年月不详，东汉永元十二年（100年）已经完成《说文》的《叙》，安帝建光元年（121年）许慎病，其子献《说文解字》，其后不知所终。[①] 据此可确知其生活在东汉前期。这个时期所能见到的文字材料可以分为3类：历史文献文字、通用文字、特殊场合应用文字。许慎研究的文字是历史文献文字和当时特殊场合还在应用的篆文。

（一）许慎时代的文字材料与应用

通过对文献记载与金石考古材料相参照，我们可以比较清楚地了解许慎的材料依据。

1. 西周、春秋文字

《叙》之“鼎彝铭文”即古文，《汉书 · 郊祀志》所载鼎铭，张敞断言其为周人所作[②]，《礼记 · 祭统》孔悝鼎铭是春秋金文。[③] 许慎也说“郡国亦往往于山川得鼎彝，其铭即前代之古文”。从文献记载看，汉代学者不仅能够见到，而且能够通读和断代。许慎当时见到多少这种“前代之古文”难以准确推究，但无论如何不能忽略不计，从其研究对象中排除。

2.《史籀》十五篇

这是汉代所能见到传抄的先秦文字的字书。依许慎所说，是周宣王时期的太史籀

① [汉]许慎撰：《说文解字》（第十五卷下），[宋]徐铉等校定，321页，北京，中华书局，2013。

② [汉]班固撰：《汉书 · 卷二十五下郊祀志第五下》，[唐]颜师古注，中华书局编辑部点校，1251页，北京，中华书局，1962。

③ [清]朱彬撰：《礼记训纂 · 卷二十五祭统第二十五》，饶钦农点校，733页，北京，中华书局，1996。

所著，字体是大篆。汉沿袭秦制，尉律规定“以八体试之”，大篆在考试范围之内，既然考试，当有考试的范本。张家山汉简《史律》记载对“史学童”考试的内容是“（试）以十五篇，能风（讽）书五千字以上，乃得为史。有（又）以八体试之”①，这十五篇，应当就是《史籀》十五篇，其字体就是八体中的大篆。东汉初亡六篇，许慎还能见到其残余。

3. 搜集与“出土”的六国文献

汉代出土和发现了为数不少的古文经及其他古文文献。

汉初，秦柱下御史张仓献《春秋左氏传》开其端，其后壁中书出，河间献王等民间搜集收藏，秘府接受奉献和搜集所得日渐丰富。这些珍稀古籍成为秘书藏在秘府，只有少数人才得一见，孔安国、司马迁、刘歆、贾逵、许慎等人都是以特殊身份得见秘书而有机会学习、研究古文。这些古文文献从西汉初年到西汉末年，只是在很小的范围内研习。在刘歆、王莽的倡导下才得到官方的重视，在东汉成为显学。

汉代盗墓盛行，墓中出土古籍是情理之中，但很少留下痕迹，②原因有许多方面。社会对“古文”不重视，盗墓者也没有“古文”的知识，墓中即使有竹简也被当作废物，这种情况一直持续到现代考古之前。

汉代的古文文献是用战国时期六国文字书写，这是王国维的一大发现。③

4. 秦人小篆

汉代学者对秦文字的具体情况已经不甚了了，许慎说汉之《尉律》试学僮以“八体”，这八体显然就是他所说的秦书八体。班固所说的同条律文是以“六体试之”，而这六体却是许慎所说的王莽六书，其中有古文和奇字。④秦废除了古文，不可能再考试“古文”，显然许慎所说比班固更加合理。小篆从籀文大篆演变而来，秦人只在印章、刻石、诏版等特殊领域使用，官府文书、民间书信等一律是隶书。许慎写书时距离秦灭亡已近 300 年，秦之小篆还有多少留存难以判断。秦系字书《仓颉篇》作为识字课本，大部分已经转写为隶书，目前出土所见《仓颉》，全部是隶书文本。即使有篆文的《仓颉》，代有增益，传抄失真，到了许慎的时代，秦篆、古文、汉篆纠缠在

---

① 张家山二四七号汉墓竹简整理小组编：《张家山汉墓竹简》，北京，文物出版社，2001。

② 《古文四声韵 · 序》：“唐贞元中，李阳冰子、开封令服之有家传古《孝经》及汉卫宏《官书》两部合一卷，授之韩愈。愈识归公，归公好古，能解之，因遗归公。又有自项羽妾墓中得古文《孝经》，亦云渭上耕者所获。”见曾枣庄主编：《宋代序跋全编 · 卷五书（篇）序五 ·〈古文四声韵〉序》，117 页，济南，齐鲁书社，2015。

③ 王国维在《战国时秦用籀文六国用古文说》中云：“……而孔子壁中书与《春秋左氏传》，凡东土之书，用古文不用大篆。”见王国维：《观堂集林 · 卷第七 · 艺林七》，305—307 页，北京，中华书局，1959。

④ [汉]班固撰：《汉书 · 卷三十艺文志第十》，[唐]颜师古注，中华书局编辑部点校，1721 页，北京，中华书局，1962。

一起，哪些是秦人小篆已经难以分辨，但秦刻石诏版等尚完整清晰。可以肯定，许慎能够见到一定量的秦文字。总体上说，许慎对“秦书八体”的具体情况应当有比较清晰的了解。

5. 时人使用的文字

东汉人使用的文字有篆、隶、草。通用文字是隶书及其俗体草书，篆书仅限于碑刻、印章、幡信等特殊场合，应用范围虽然窄，也会发生变化，有字体的不同，数量的增减等等。汉代人所创造的“篆文”经过许慎的选择规范，也被收录在《说文解字》之内了。

汉代通行的隶书与草书，不是许慎的研究对象。识字应用，由《凡将》《急就》等完成教学。

总之，许慎的时代的基本情况是：隶书是通用规范文字，其草写就是文书类汉简为代表的俗体字；秦人小篆在印章、幡信、碑刻等特殊领域沿袭使用并不断变化；古文文献不断发现，不仅需要加强整理，而且逐渐引起重视。

（二）许慎时代的文字研究

汉代学者研究文字分为 5 个方面。

首先是古文字释读。

孔安国能够以今文读壁中书并加以隶定，司马迁从其学。① 张敞好古文且能正确释读西周金文，刘歆能够用中古文校勘经书，② 等等，汉代部分学者能够释读古文字，小范围传承。刘歆弟子众多，许慎就是其再传弟子。③ 古文字识读方法古今没有太大的变化，字书比对、文献比勘、字形分析三大方法汉代学者就已经掌握。④

第二是汉字分析理论。

许慎之前汉字理论已经有了相当的基础。《艺文志》承袭刘歆《七略》而来，所说“象形、象意、象事、象声、转注、假借”的“造字之本”的六书很可能是本之刘歆。许慎以此理论为基础对古文与篆文进行了全面系统的分析与阐释。

六书是从古文研究中归纳出来的“字例之条”。释读古文字的重要途径有二，第一是通过字形分析释字，第二是突破字形读通文献。六书之前四书是字形结构分析，

---

① ［汉］班固撰：《汉书 · 卷八十八儒林传第五十八 · 孔安国》，［唐］颜师古注，中华书局编辑部点校，3607 页，北京，中华书局，1962。

② ［汉］班固撰：《汉书 · 卷三十艺文志第十》，［唐］颜师古注，中华书局编辑部点校，1704 页，北京，中华书局，1962。

③ 唐兰：《中国文字学》，11 页，上海，上海古籍出版社，2005。

④ 字书有《史籀》与《仓颉》，古文经有相对应今文经，文字分析有六书理论。

假借与转注是一字多义和多字同义的字形记录语言的字际关系。不明象形、形声等则不明文字之结构，无法释读疑难字；不明假借、转注则不能确知文字所记录的语言，通读古文文献。许慎之前，这套理论早已成型，班固、郑众都列出名目。可以说六书理论是古文家共同研究古文的结果。从班、郑、许三家名目和顺序不尽相同可以看出虽然是同一来源，但各有所记，还没有完全定形。到了《说文》，给出义界，成为传统文字学的理论基础。

许慎知道六书理论的价值在于分析古文字与释读古文文献。

第三是文字规范与应用。

规范的释字课本历代都有，先秦《史籀篇》，秦之《仓颉篇》，汉之《凡将篇》《急就篇》《元尚篇》，等等，都是实用的识字课本。汉代这些识字用的字书取材于《仓颉篇》中的常用字，时有补充，编成韵文，便于诵读记忆。是传统识字的主要方法，后来的《千字文》《三字经》作用皆相类似。

第四是古文字的整理与汇集。

许慎之前，可能已经有学者编纂古文字字书，[①] 从《仓颉篇》的收字变化可以推断汉代学者很可能把古文字依附在《仓颉篇》之后并不断增补。《艺文志》记载《仓颉篇》不断增补改编，秦人李斯《仓颉》七章，赵高《爰历》六章，胡毋敬《博学》七章，汉闾里书师合并《三仓》，[②] 断六十字为一章，凡 55 章，合计 3300 字，其中还有重复字，也就是说秦人使用的小篆规范用字也就 3000 字上下，这符合实际，每个时代的常用字大都这个数量。秦人"《三仓》"，"皆取史籀大篆，或颇省改，所谓小篆者也"，根据许慎所说，秦人的《仓颉篇》是小篆文本，是通过对籀文大篆加以选择和改造而确定的规范实用文字。这个小篆文本最晚在汉初就有了隶书本了。张家山汉简《史律》对"卜学童"的考试内容是"能讽书史书三千字"[③]。汉代的"史书"即隶书，段玉裁论之甚详。这 3000 字应当就是隶书本《仓颉篇》中的 3000 多字。

根据《史律》可知，史学童要读历史文献，所以要学习《史籀篇》，卜学童通用文字就够了，所以只学习三千"史书"就够了，汉代对不同职业的人文字考释的内容不同。源自《史籀篇》的《仓颉篇》有小篆和史书（隶书）两种文本是合理的。隶书《仓颉篇》向应用的方向发展，篆书《仓颉篇》成为学者研究的对象并不断增补。到了西汉末年，扬雄作《训纂》顺续《仓颉》，易《仓颉》中复字，凡 89 章，凡 5340 字。多出的 2000 多字从哪里来？如果《训纂》是篆书字体，西汉人造出 2000 多"汉篆"

---

① 参看徐刚：《古文源流考》，13 页，北京，北京大学出版社，2008。

② 《仓颉》与《仓颉篇》在《汉书 · 艺文志》中都有记载。狭义的《仓颉》是李斯所作，《仓颉篇》是秦人"三仓"的合并，广义的《仓颉篇》包括汉人的增补、续作等。

③ 张家山二四七号汉墓竹简整理小组编：《张家山汉墓竹简》，北京，文物出版社，2001。

来是难以想象的。班固续补《训纂》，已经达到6120字，较之秦人小篆已经翻了一番。“六艺群书所载略备矣”，所增补的大都应当是古代文献用字。自书同文以来，小篆为代表的篆书字体从来就不是实用字体，从来没有发现用小篆字体书写的“六艺群书”，这些多出来的文字如果是篆文，大部分是古文“篆化”的结果。

汉代通行的《仓颉》及各种《训纂》类字汇是篆书还是隶书？虽然考古发现的都是隶书文本，[①] 但我们不能就此否定汉代有篆书的《仓颉》系列字书存在，就像现今一样，《新华字典》大量印行，《说文解字》也有一部分人研读。汉代印章篆刻比现在应用得广泛，相应的工具书有存在的充分理由，不然我们无法解释《说文》9000多篆文的来源。只是因为书写困难、应用没有隶书文本广泛而没有流传下来。

《仓颉篇》从常用字识字课本逐渐向文献字汇大全演变，性质发生了变化，功能也发生了变化。

第五是对“古文”等文献疑难字的研究。

《训纂》之类体例的字书大量收录古文，就造成“《仓颉》多古字，俗师失其读”的局面，就需要有人来研究，《艺文志》所载无名氏《仓颉传》与杜林的《仓颉故》大概就是对篆文字书的注释。

班固《汉书 · 艺文志》中列小学10家，45篇，是那个时代汉字研究的整体面貌，从中可以看出大部分是识字读本。这些著作分为4类，一是历史文献《史籀》15篇，因为不实用不被重视，东汉初年已经亡佚6篇。二是《仓颉》及各种增补的《训纂》，是秦人小篆和各种古文字的汇集。三是各类实用文字的识字课本。四是对《仓颉篇》中疑难字的研究。

表1　班固《汉书 · 艺文志》中的小学类著作

籀文	仓颉类	仓颉研究类	汉代课本类
《史籀》	《仓颉》	—	—
—	《仓颉训纂》	《仓颉传》	《凡将》
—	扬雄《仓颉训纂》	—	《急就》
—	杜林《仓颉训纂》	杜林《仓颉故》	《元尚》

《志》中《八体六技》不注篇数，与《别字》13篇性质不明，韦昭认为八体就是秦书八体，后人还有其他猜测，如果是书名，可能都是异体字的汇集。[②]

班固死时（东汉永元四年，公元92年），许慎大约30岁，他曾经“校书东观”，《汉书 · 艺文志》所载的书，应该见过。

① 如阜阳汉简《苍颉篇》，北大藏汉简《苍颉篇》等均是隶书书写。

② “八体六技”不注篇名，贾连翔博士怀疑是对《史籀篇》的注释。

（三）许慎时代的今古文斗争

古文经书的出现，动摇了今文经学的根基。今文经学主要是政治学意识形态，汉代依托儒家经典阐释建立起一套主流思想，为了其权威性，尊崇五经为圣人所做，一字一语都被视为蕴含微言大义。古文经从文字和文本上一旦对今文经有所否定，就会使得建构在其上的七宝楼阁轰然坍塌。今文经学家必然反对古文，汉代的今古文之争就此展开。许慎作为古文经学家，研究文字主要是为了经学服务，一方面尊重文字的事实，从整体上看，比较真实地反映了汉字发展的历史；另一方面，某些环节有意淡化甚至有意托古，刻意建立起一套提高古文经学地位的文字学理论。①

许慎的时代，由于古文文献释读催生的古文字研究已经具备了成熟的理论方法，积累了一定的研究成果，古文经学受到重视，已经具备了与今文经学一争高低的条件。在这样的历史条件下，一部以古代文献用字为中心的学术巨著《说文解字》诞生了。

许慎希望通过自己的创作达到如下目的：

编纂古、籀与篆文字样大全，是古文字考释成果的大成，也是释读古文文献的工具。

用六书理论解析每一个古、籀、篆文的结构，解谬误，晓学者，破解世人俗儒之谬说。

确立古文的正统地位，为提高古文经地位创造理论依据。

二、《说文·叙》，最早的文字发展史论

许慎的《说文·叙》是最早的也是传统文字学中最重要的汉字发展史论文。许慎根据传闻与所见到的材料，按照历史发展的脉络展开文字史的叙述，根据许慎所定下的节点，我们把它分为 6 个阶段。

前文字阶段，八卦、结绳等符号传达一定的信息，是助记忆的手段，作为可视符号传递信息与文字有相似性。汉代学者能够判定其不是文字，这很了不起。前文字的情况应当来自传说。

① 关于古文经学家抬高古文经学地位的心理参看裘锡圭：《文字学概要》（修订本），61 页，北京，商务印书馆，2013。

（一）古文的起源至三王阶段

古文是文字的源头。自“仓颉之初作书……以迄五帝三王之世，改易殊体……七十有二代，靡有同焉。”[①]自黄帝之史仓颉造字开始一直到夏商周三王时期使用的文字，都是古文。古文之所以称为古文，就是因为其来源古老。

《史记》叙述历史自黄帝始，《说文》讲述文字从黄帝之史仓颉始，这个古史系统渊源有自，许慎承认这个说法，但“亘复见远流”，没有见到可判定的实际材料，[②]几千年的文字发展历史就以“改易殊体……七十二代，靡有同焉”一句话高度概括。

汉字的起源，直到今天还是一个只有推测、无法证实的论题。许慎在没有材料证据的情况下，沿袭旧说，不作过度阐述，近似“实事求是”了。

许慎认识到各代文字不同，这种文字历史发展的观念比“父子相承，何得改易”，把隶书当作仓颉所造字的今文学家高明得多，后人认为许慎把壁中书当成了仓颉古文，实在是弃“改易殊体……七十二代，靡有同焉”于不顾的曲解。

（二）西周文字，《周礼》之六书，古文之正

三王之后制礼作乐的圣人就是周公。古文学家把《周礼》定位为周公所作，紧接着就是把六书理论与《周礼》相比附，这样就使得“六书”与古文获得正统的地位。

许慎所见西周文字材料有限。上文已经说到，汉代学者能够见到西周的铭文，也可以读懂。许慎所说的“前代之古文”包括一部分这一时期鼎彝上的文字。

（三）西周末年至春秋，古文与籀文并存阶段

从这个时期开始，文字发展分两条道路展开。首先是籀文的产生与发展。

《汉书·艺文志》记载：“《史籀》十五篇。周宣王太史作大篆十五篇。”《说文·叙》所说“及宣王太史籀，箸大篆十五篇，与古文或异”进一步表达了许慎的对籀文与古文关系的理解。

关于籀文，从许慎的表述中可以概括出如下几点：

其一，籀文与古文的关系。古文是源头，籀文晚出，是古文之变，与古文有所不同。自仓颉古文开始，七十二代字体改易，各不相同，“及宣王太史籀，箸大篆十五

① ［汉］许慎撰：《说文解字·叙》，［宋］徐铉等校定，北京，中华书局，2013。

② 许慎所见是否有商代铜器铭文不得而知，即使有他也无法判定。

篇，与古文或异”，一“及”表明与前代古文之间的联系，“与古文或异”则表明其与古文的不同。

其二，籀文的时代与出处。宣王太史籀所著书班固称之为《史籀》，东汉初年，15 篇已经亡佚 6 篇，许慎所见只能是残存的 9 篇，书中文字收录在《说文解字》中就是籀文，例如卷一之“旁”：

溥也。从二，阙；方声。古文旁。亦古文旁。籀文。

其三，籀文与大篆的关系。“太史籀着大篆十五篇”表明了史籀、籀文与大篆是作者、书名、所收字的字体之间的关系，就像后代段玉裁、段注、段注篆文一样，在不同的语境会有不同的称谓，所指可以相同。籀文的字体是“大篆”，并不是所有的大篆都是籀文。籀文是特指《史籀》这部书中的大篆，大篆这种字体一直延续使用，“书同文”之后还是学习考试的内容。

王国维在全面系统疏证了每一个《说文》籀文之后，得出籀文是战国时期秦文字的结论，引发后续争论。许慎认为籀文是西周末年的周文字，是秦文字的源头。从文字发展史的角度看，这两种说法实质上相去并不很远，后面还有详论。

文字发展道路的第二条道路就是古文的沿袭。

文字的发展并不是演变成籀文之后，古文就消失了，而是发生了地域分化。古文在有的地方变化为籀文大篆，有的地方还在沿袭使用。“至孔子书六经，左丘明述《春秋传》，皆以古文，厥意可得而说。”孔子、左丘明等距离周宣王时代已远，书写经传还坚持用“古文”，不用籀文。许慎似乎给古文以正体的地位，自仓颉、周公、孔子、左丘明一路下来，俨然是正统。古文学家设定孔子、左丘明等用古文写经传，这些文本就具有了更高的地位。许慎也是古文学家，自然接受并维护这样的说法。

（四）战国，文字异形阶段

孔子之后就进入了战国时期，“其后，诸侯力政，不统于王，恶礼乐之害己，而皆去其典籍，分为七国，田畴异亩，车涂异轨，律令异法，衣冠异制，言语异声，文字异形。”战国时期，古文发生了巨大变化，列国文字各有不同。所谓的“文字异形”，主要是指古文发生了严重的地域变异。文字如何异形，许慎没有明确交代，致使后世多误解。

许慎实际上已经把“七国”文字分为两系。一是秦文字，由史籀大篆到小篆自成一系，一直沿袭到汉代，发展脉络清晰；二是后来被秦废除的六国文字。

许慎并没有割裂六国文字与古文之间的联系。这些文字虽然异形，但必有其源头。战国之前，文字的源头有两个，一是籀文大篆，二是沿袭的古文。秦文字的源头是史籀大篆，六国文字不同于秦文字，其源头自然是古文。许慎明确说古文在秦始皇统一文字和隶书兴起之后才灭绝，那战国期间六国使用的文字必然是发生变化了的古文。

许慎确实淡化了六国文字，他为什么这样做？详见后文。

（五）书同文至废挟书令前，古文废绝，秦书八体独行阶段

秦始皇二十六年（公元前221年）“书同文字”，至汉惠帝四年（公元前191年）挟书令废除期间，古文废绝，秦文字独行天下。

《说文·叙》：“秦始皇帝，初兼天下，丞相李斯乃奏同之，罢其不与秦文合者。斯作《仓颉篇》，中车府令赵高作《爰历篇》，太史令胡毋敬作《博学篇》，皆取《史籀》大篆，或颇省改，所谓小篆者也。是时，秦烧灭经书，涤除旧典，大发隶卒，兴戍役，官狱职务繁，初有隶书，以趣约易，而古文由此绝矣。自尔，秦书有八体：一曰大篆，二曰小篆，三曰刻符，四曰虫书，五曰摹印，六月署书，七曰殳书，八曰隶书。”

许慎对秦文字的渊源演变，表述得非常清楚。古文演变为籀文，籀文与大篆是同一种字体，从来源说，籀文是太史籀所编的字书中的文字，大篆是包括籀文在内秦人在秦始皇统一天下之前所使用的文字。李斯等人对籀文与大篆加以取舍规范就是小篆。这个秦文字发展过程显然比把籀文限定在春秋或战国某一个时期更完整也更接近事实。

“秦书八体”可以概括为3类：大篆、小篆和隶书。大篆是秦曾经使用过的文字，是历史留存的秦文字。小篆是在大篆基础上的调整规范，大篆与小篆的关系很像当今的繁体字与简化字，当时实行的是文字“多轨制”，3种字体并行，各有其应用场合，学习大篆，或是为了读秦人的“古文献”或在庙堂文化特殊场合使用。刻符、虫书、摹印、署书、殳书等是不同场合、不同载体上的秦文字变体。

这一时期法律严苛，秦文字独行，小篆与隶书成为规范用字，古文废绝。

（六）挟书令后古文复现，文字应用与文字研究分离阶段

汉初沿袭秦文字，“秦书八体”是汉初取用史官的考试内容之一。自汉惠帝废挟书令之后，古文文献不断出现。北平侯张仓首献古文《春秋左氏传》，河间献王也搜集了大量的古文文本，武帝时期，壁中书大发现，其后古文文献间或出现。

西汉末年，古文受到学者的重视，到了王莽时期，部分古文经过整理，成为官学，古文也成为字体“六书”之一，《说文·叙》曰：

及亡新居摄，使大司空甄丰等校文书之部，自以为应制作，颇改定古文。时有六书：一曰古文，孔子壁中书也。二曰奇字，即古文而异者也。三曰篆书，即小篆，秦始皇使下杜人陈邈所作也。四曰佐书，即秦隶书。五曰缪篆，所以摹印也。六曰鸟虫书，所以书幡信也。

将“秦书八体”与“王莽六书”比较，就会清晰地看到二者之间的差异：

表 2 “秦书八体”与“王莽六书”对比

一	一	大篆	小篆	刻符	虫书	摹印	署书	殳书	隶书
古文	奇字	一	篆书	一	鸟虫书	缪篆	一	一	佐书

“王莽六书”与“秦书八体”之间有两个最大的区别，一是多出了古文奇字，二是对秦人篆书系统加以合并。

许慎对古文、奇字的时代与范围进行了比较明确的交代：

奇字即古文而异者。

壁中书者，鲁恭王坏孔子旧宅，而得《礼记》《尚书》《春秋》《论语》《孝经》。北平侯张仓献《春秋左氏传》。又，郡国亦往往得鼎彝，其铭即前代之古文，皆自相似，虽叵复见远流，其详可得略说也。

这与“王莽六书”之古文专指壁中书显然不同。古文是先秦秦文字以外的鼎彝铭文、壁中书、民间藏书等古文文献中的文字统称。也就是秦系之外的所有先秦古文字。

篆书很可能是先秦以来秦文字篆体文字的总称。大篆、小篆、刻符、殳书、缪篆之外的摹印以及汉人造的一些篆体字字体差异很小，一律合并为“篆书”。《说文·叙》所说的“篆书即小篆”应当是字体对应关系，而不是“秦书八体”中的小篆专称。

许慎把研究对象锁定在以古文与篆文为主的文献用字上。

三、以“古”与“篆”为核心概念的话语系统

传统学术往往不重视术语的使用与规范，语文用语与术语界限没有严格的区分，致使不在同一个话语系统中使用同一个词语，各说各话，争论不休。《说文·叙》是第一篇系统的文字学论文，用今天的标准看，初步具备了术语化的概念系统。其中“古文”

与“篆文”是两个核心概念，也是相对立的概念，表达了许慎对文字发展的宏观认识。

王国维、胡小石、商承祚、徐刚、张富海、张学城等学者对“古文”都做过系统的梳理，各有所得，观点不尽相同。[①] 许慎的观点是成系统的，我们回到文本本身，《说文 · 叙》中十次论及“古文”，按照许慎所理解的时代顺序，列次如下：

（1）前代之古文，皆自相似，虽叵复见远流，其详可得略说也。

（2）大篆十五篇，与古文或异。

（3）至孔子书六经，左丘明述春秋，皆以古文，厥意可得而说。

（4）初有隶书，以趣约易，而古文由此绝矣。

（5）自以为应制作，颇改定古文。

（6）一曰古文，孔子壁中书也。

（7）二曰奇字，即古文而异者。

（8）其称易孟氏、书孔氏，诗毛氏，礼周官，春秋左氏、论语、孝经皆古文也。

（9）诸生竞说字解经谊皆不合孔氏古文，谬于史籀……岂不悖哉。

（10）今叙篆文，合以古、籀。

“古文”汉人经常使用，但具体所指不一，涉及文字、文本、学派等多个方面。从文字的角度说又有“古文”“古字”“古文字”等不同的称谓，从指称古代文字这个意义上来说，大致相同，但又有范围大小的区别。

汉代以后，古文又有所扩展。汉代学者就开始编辑古文字书，例如卫宏的《古文官书》，如此，古文的形态就有文本原样、字书传抄和隶定成史书 3 种形态。文本逐渐消失，隶定收入字书，传抄古文成为独立的学问。好古之士用古文创作，字不够用，又模仿古文的笔法造新字，这些字也被视作“古文”。

《汉书 · 郊祀志》载“张敞好古文字”，能够读西周鼎铭，虽然谦虚“臣愚不足以迹古文”，这里所说的“古文”与“古文字”是包括西周文字在内的先秦古文字[②]。《汉书 · 艺文志》说：“古文《尚书》及《礼记》《论语》《孝经》，凡数十篇，皆古字也。”班固的意思是用“古字”书写的文本就是古文经籍。王国维有《〈史记〉所谓古文说》《〈汉书〉所谓古文说》《〈说文〉所谓古文说》等详加梳理，得出（《说文》）“全书中正字及重文中之古文当无出壁中书及春秋左氏传以外者”的结论，当今学者认为“汉代人所见到的以孔壁中书为代表的‘古文’，其实是战国时代东方国家的文字，今

① 王国维：《战国时秦用籀文六国用古文说》，见王国维：《观堂集林 · 卷第七 · 艺林七》，305—307 页，北京，中华书局，1959；胡小石：《说文古文考》，见胡小石：《胡小石论文集三编》，上海，上海古籍出版社，1995；商承祚：《说文中之古文考》，上海，上海古籍出版社，1983；徐刚：《古文源流考》，1—26 页，北京，北京大学出版社，2008；张富海：《汉人所谓古文之研究》，北京，线装书局，2007；张学城：《〈说文〉古文研究》，上海，上海古籍出版社，2017。

② 徐刚：《古文源流考》，1—2 页，北京，北京大学出版社，2008。

天几乎已经成为常识了。”[①] 用汉代人不同的理解或者用我们今天的常识去读《说文》，都不能正确理解许慎，我们需要把许慎的“古文”“篆文”等作为许慎话语系统的“术语”去理解。

《说文 · 叙》中“古文”都是指古文文本中的文字。许慎认为，古文是仓颉造字，世代沿袭，到西周末年分化籀文大篆一系，在山东六国一直沿用到秦始皇书同文之前，来源古老，不断变化。他对古文加以历史分期。三王之前的古文“叵复见远流”，无法详知；西周以“六书”教学，厥意可得而说，鼎彝铭文即“前代之古文”；孔子壁中书承袭古文正统，即孔氏古文；战国时期文字异形，古文变异；秦书同文，古文灭绝；汉代古文复出，古文经学兴起。关于《说文》的“古文”，有几点需要澄清。

第一，《说文》中许慎所说的古文，不限于壁中书和《春秋左氏传》。

王国维为了强调壁中书等是战国文字，认为《说文》古文就是壁中书与《春秋左氏传》，既有悖于许慎的原意，也不符合事实。按照许慎的理解，古文是文字的源头，代有传承和变化，钟鼎铭文是孔壁古文“前代之古文”，“皆自相似”主要是指这些古文彼此相似，或许也暗示与孔氏古文相似。这些前代之古文，《说文》收入书中，以第一卷为例，可判定的古文 22 个，其中几个字显然是战国以前的文字：

表 3　《说文》古文中的“上”“下”“王”

《说文》古文	春秋以前	战国
上：段改“二”	 上曾太子鼎 （集成 2750）[②]	 中山王方壶 （集成 9735）
下：段改“二”	 曾字斿鼎 （集成 2757）	 司马成公权 （集成 10385）
王：	 柞伯簋［《文物》1998（9）］[③]  者汈钟 （集成 122）	 中山王鼎 （集成 2840）

可以确定《说文》上、下、王古文是战国之前的文字。另外，帝、示、折等字的古文也多见于商周的甲骨文、金文，六国文字不见或罕见。这一点很多学者都已指出。

第二，《说文》古文不同于“王莽六书”之古文。

“王莽六书”古文特指壁中书，另有“奇字，即古文而异者”。汉代的古文文献，

---

① 徐刚：《古文源流考》，1 页，北京，北京大学出版社，2008。

② 中国社会科学院考古研究所编：《殷周金文集成》（修订增补本），北京，中华书局，2007。

③ 王龙正、姜涛、袁俊杰：《新发现的柞伯簋及其铭文考释》，载《文物》，1998（9），53—58 页。

不仅有壁中书，还有大量其他来源。壁中书古文之外的其他文献用字与壁中书或有不同，或许这些就是奇字的来源，二者差别不会太大，相同者居多。《说文》只收录了2个“奇字”，其他相同相近的文字都并入古文与篆文了。

第三，许慎确知六国文字是古文。

段玉裁注《说文》云“凡言古文者，谓仓颉所做古文也”[①]自是曲解，徐刚所说“许慎认为古文是自仓颉的时代一直到战国之前使用的文字”[②]，与许慎所说也不尽相符。古文灭于秦，原因有三。第一，七国文字异形，秦始皇书同文，“罢其不与秦文合者”，这个“其”指代的是秦文之外的文字，因罢而废，不与秦文相合的古文绝矣。六国文字与秦文字相同的合并，不同的废除。第二，秦人烧灭经书，涤除旧典，部分古文文献或藏于秘府，或藏于民间。用古文书写的经籍文献大都消失不见。第三，隶书出现，即使有个别流传下来的医卜种植等实用古籍也被隶书转写。这些许慎都交代得很清楚。孔氏之后到秦废古文之前的战国时期，使用的是古文，许慎没有明说，但不等于不知。

第四，《说文》的古文不是“广义的古文”。

王国维认为：“《说文解字》叙言古文者凡十见，皆指汉时所存先秦文字言之。”[③]学者多沿袭其说，徐刚称之为“广义的古文”：“广义的古文，也就是古文的本义，泛指秦统一前的文字。”[④]汉代其他一些学者或许如此认识，在许慎话语系统中作为术语，与篆文对立，是除去籀文、大篆等秦系文字之外的先秦文字。

许慎的古文理论把孔壁古文与孔子联系起来，称作孔氏古文以及淡化六国文字，是别有用心，下文详论。

篆文也是一个核心概念，与古文相对立。“篆”特指秦系文字，相关的概念有籀文、大篆、小篆、篆书、篆文：

> 及宣王太史籀，着大篆十五篇，与古文或异。
>
> 皆取史籀大篆，或颇省改，所谓小篆者也。
>
> 秦书八体：一曰大篆，二曰小篆，三曰刻符，四曰虫书，五曰摹印，六月署书，七曰殳书。
>
> 莽新六书：三曰篆书，即小篆，秦始皇使下杜人程邈所作也。
>
> 今叙篆文，合以古、籀。

① ［清］段玉裁：《说文解字注》，1页，上海，上海古籍出版社，1988。

② 徐刚：《古文源流考》，3页，北京，北京大学出版社，2008。

③ 王国维：《〈说文〉所谓古文说》，见王国维：《观堂集林》，314页，北京，中华书局，1959。

④ 徐刚：《古文源流考》，1页，北京，北京大学出版社，2008。

《说文·叙》中秦文字已经是独立一系。秦文字的直接源头，是以籀文为代表的西周文字。秦文字自成系列，由籀文大篆而小篆隶书，与六国文字的由古文而分裂而灭绝完全不同。关于“篆文”相关概念，也有几点需要澄清。

第一，小篆是籀文、大篆的选择淘汰与规范。

关于籀文如前文所论，这种大篆字体一直沿袭使用到小篆出现之前，也就是说春秋战国时期，秦人使用以籀文为代表的大篆，说战国秦人使用籀文或大篆，皆无不可。如果《史籀》是秦人沿袭使用的识字课本，就会像《仓颉篇》一样历代增补，成为一部秦人的识字用书，从这个角度说秦人用籀文也无不可。[①] 籀文、大篆经过不断增补，可能就是张家山汉简《史律》所说的 15 篇 5000 字。

“小篆”是秦文字概念，班固又称“秦篆”，特指《仓颉篇》《爰历篇》《博学篇》《三仓》。《汉书·艺文志》：“文字多取史籀篇，而篆体颇复异，所谓秦篆者也。”“多取”即不皆取，大部分取自《史籀》，一部分是续补。汉闾里塾师合并《三仓》，合计 3300 字，其中还有重复字，也就是说秦人实际使用的小篆也就 3000 字上下，淘汰掉《史籀篇》中近 2000 字。秦人《三仓》，应该是当时的实用文字。

第二，小篆、篆书、篆文是不同时代的篆体文字。

许慎明确说“小篆”是秦文字。“篆书”是王莽时期使用的概念。篆书字体沿袭小篆，但字数已经远超秦人小篆了。据《汉书·艺文志》所载，扬雄《训纂篇》顺续《仓颉》，易《仓颉》中复字，凡 89 章，凡 5340 字，较之秦人《三仓》多出了 2000 多字。扬雄与王莽同时，所谓“篆书”或许就是指《训纂》为代表的这些文字。

“篆文”是许慎所使用的概念，是许慎见到的文献字书中和时人使用的篆体字的总称。《说文》中重文只说“篆文”某，与《说文·叙》中“小篆”等严格区分。《说文》中“篆文”有 3 个来源，主要是前代字书与篆文文献，汉人把一些隶书、草书加以篆化形成的汉篆和经过许慎规范化独创的篆文。

从先秦大篆、秦人小篆直到包括汉篆在内的篆文虽然从字体上说并无太大的变化，但来源、数量、个体结构等有很大的不同。

许慎建立起历时的概念系统：

仓颉—三王　西周　西周末　春秋　七国　秦　汉　新《说文》
前代之古文——　孔氏古文　—六国异形　废绝—古文　古文奇字　古文奇字
—籀文（大篆）——　大篆——　小篆——　篆书——篆文
隶书——————————

① 王国维：《战国时秦用籀文六国用古文说》，见王国维：《观堂集林·卷第七·艺林七》，305—307 页，北京，中华书局，1959。

许慎的概念与历史叙述是清晰的。只要我们正确理解《说文 · 叙》，就能够得出西周末年之后，西土秦文字与东土诸国文字分别发展，秦文字发展成为篆文，六国沿用古文的结论。

周宣王时期已经是西周晚期，幽王灭国，进入东周，王室衰落，走向分裂，文字也开始发生一定程度的分化。西土秦人继承了周人的文字传统，规整方正，自成一格。验之以秦人文字，从西周末年的不其簋铭，到春秋时期秦公钟镈，到战国时期的商鞅量，到秦始皇时期的诏版，一脉相承，许慎将其分为籀文大篆和小篆两个阶段，与历史事实相符。

进入东周，山东诸国文字各自发展。郭沫若编纂《两周金文辞大系》到了东周按国别编排反映了这种历史事实。到了战国，秦文字之外的六国变化尤为剧烈。许慎没有强调战国时期秦用籀文、六国用古文，但这种认识在其理论框架之内。

王国维在战国文字研究方面贡献很多，其最大的贡献是指明孔壁古文与《春秋左氏传》是战国文字。王国维根据有限的战国材料就能够推断出是战国文字，去古未远的许慎见到的材料不会比王国维少，怎么会把它定为“孔氏古文”，并且在书中频频引用伪“孔子曰”呢?

四、从观念出发的别有用心的托古

古文学家把古文经判定为孔子所书，不一定是学识问题，而是意识形态作祟。

汉代的统治者依赖儒家经典阐释建立起来的一套思想体系。周公制礼作乐，孔子修订六经，周孔就成了正统的代表。

古文学家努力营造三个正统：

第一，文字理论“六书”依托《周礼》之“六书”。《周礼》是周公之礼，“六书”是《周礼》之六书，自然就有了不可撼动的地位。

第二，古文是文字的正统。古文是文字的源头，籀文“与古文或异”，成为秦人使用的大篆小篆，是古文的支流。孔子言《诗》《书》用“雅言”，书六经用“古文”，孔子所言所书，理所当然是正统。孔子因为用古文，所以“厥意可得而说”。所谓“厥意”，大概暗示用周公所定六书分析文字，可得圣人之意。

第三，古文经是经书的正统。孔壁古文经是从孔子旧宅所得，《春秋左氏传》是孔子弟子左丘明所作。是圣人手笔或亲炙圣人，自然就比辗转传抄的今文经更加正统，更有价值。

《说文》中两淡化：

第一，淡化六国文字，六国文字已经是分裂变化的古文，难成正统，如果把孔壁古文说成是战国文字，会降低这些经书的权威性。

第二，淡化古文经之外的其他古文文献。王国维等人已经从文献记载中梳理过汉代的其他古文文献，以今天出土简帛来看，经只是其中的一小部分，还有大量的其他文献。古文家包括许慎都尽量避开不提，原因是不好把这些文献与孔氏联系，会动摇“孔氏古文”的地位。

根据学者的研究，《说文》之六书是古文经学家建立的文字学系统，[①]与《周礼》之六书无涉。孔壁古文与春秋时代的文字无涉，是战国文字。[②]左丘明与孔子弟子无涉。[③]这些谬误是出于政治需要还是由于见识所至难以论定，但抬高古文经学的地位也是许慎的愿望，师承前说，也就在情理之中。

古文经学作为一个学派，逐渐远离意识形态，在文字释读与文本整理、工具书编纂等方面显示出自身的特色来。

《说文》一书，不论是文字学理论还是具体的文字阐释，都纠缠于经学观念与文字材料的矛盾中。从材料出发就能得出正确的结论。从其观念出发，就会出现有悖事实的选择判断与“创新”来。

五、今叙篆文，合以古、籀

王国维对“今叙篆文，合以古、籀”有非常精辟的见解。在段玉裁篆文与古、籀多相合的基础上，特别指出“有古、籀而无篆文，古、籀为正字”例：

> 若夫古、籀所有而篆文所无，则既不能附之于篆文后，又不能置而不录，且《说文》又无于每字下各注此古文、此籀文、此篆文之例，则此种文字必为本书中正字审矣。[④]

① 唐兰：《中国文字学》，11页，上海，上海古籍出版社，2005。

② 王国维：《战国时秦用籀文六国用古文说》，见王国维：《观堂集林·卷第七·艺林七》，305—307页，北京，中华书局，1959。

③ 王国维：《〈说文〉所谓古文说》，见王国维：《观堂集林·卷第七·艺林七》，314—317页，北京，中华书局，1959。

④ 王国维：《〈说文〉今叙篆文合以古、籀说》，见王国维：《观堂集林·卷第七·艺林七》，319页，北京，中华书局，1959。

王国维所见古文非常有限，读书之细，见解之精令人惊叹。近百年的发展，所见日多，研究日深，商文字、周文字、战国文字，秦文字、汉文字都成专门之学，可证王氏此论之精确，逐渐得到学者的认同。[①] 目前已经逐渐具备对《说文》字头剥离的条件，我曾经举例性地指出过一些，还可以全面加以梳理。

《说文》"正字"很复杂，用许慎的术语表达包括：

（1）秦人小篆。

（2）小篆之后发生变化或新造的篆文，例如非[②]、也[③]、卯[④]。

（3）可辨识的古文或籀文，变例。例如上、下。[⑤]

（4）与篆文相同的古文、籀文，例如一、二、三。

（5）没有篆文对应的古文或籀文，例如"屰""丙""谷"等。[⑥]

参照当今沿用《说文》体例编排的古文字字编，就可以充分理解字头的复杂情况。

前文已经叙及许慎之前，秦人《三仓》经过多次增补，所增补的文字多古、籀。古文、籀文与篆体文字合并由来已久。

王国维指出："扬雄训纂亦只 5340 字，而说文正字多至 9353，此四千余字，许君何自得之乎，曰必有出于古文籀文者矣"。叙篆文，合古、籀不始于许慎，西汉时期的扬雄《训纂》就开始了。

《史籀》篇中的文字经历了增补、删节和收入他书的过程。作为一部识字课本，秦人不断增补，是先秦秦人学习大篆的依据。李斯等对籀文大篆加以选择淘汰，选出 3000 多字或颇省改，编成秦人《三仓》，成为当时实用识字课本。从《训纂》开始或许更早逐渐脱离实用，《仓颉》的性质发生了变化，《史籀篇》中的那些被淘汰的文献用字很可能又逐渐被收录到仓颉类字书中，进一步降低了《史籀篇》的价值，所以东汉初年就开始亡佚。许慎 9000 多字，应该是包括了他所能见到的所有籀文而不限于重文中的籀文。

《汉书 · 艺文志》记载扬雄作《训纂》："至元始中，征天下通小学者以百数，各令记字于廷中。扬雄取其有用者以作训纂篇。"这些小学家所记之字从哪里来？《训纂

---

① 参看赵平安：《〈说文〉小篆研究》，南宁，广西教育出版社，1999。

② 裘锡圭：《秦汉时代的字体》，见刘正成主编、沃兴华编：《中国书法全集 · 秦汉刻石卷》，34—50 页，北京，荣宝斋出版社，1993。

③ 李守奎：《从观念出发与从材料出发的汉字阐释——以"也"及其所构成的文字为例》，载《吉林大学社会科学学报》，2021（6），5—22 页。

④ 李守奎：《古文字视野下的〈说文解字〉》，载《中原文化研究》，2022（5），92—102 页。

⑤ [清]段玉裁撰：《说文解字注》，1—2 页，北京，中华书局，2013。

⑥ 李守奎：《汉代的文献整理与文字研究——〈说文〉产生的背景与特点》，见张福贵主编：《华夏文化论坛》，第 15 辑，171 页，长春，吉林文史出版社，2016。

篇》收字的标准是“有用”，所谓“有用”，很可能是超出日常应用，对研究古文经籍有用。

《仓颉训纂》和班固增补的《扬雄仓颉训纂》之外，还有杜林也有《仓颉训纂》，应当也是续补文字之书。这些续补之书对古文籀文的收录范围逐渐扩大，《说文》9353字是其集大成。

如果扬雄、班固等把古文籀文附在仓颉之后，实际上已经形成“今叙篆文，合以古、籀”的事实，许慎只是把已有的成果依例收录，有所续补罢了。

《说文》所说的“篆文”的范围，不仅比秦人“小篆”多，也比西汉末年的“篆书”数量多。

每个时代实际应用的文字数量基本上相同，3000常用字大致够日常应用，5000字可以读大部分文献，9000字就是为了研究而搜集的大全了。把古文字收入字书字量暴增历史上有两次，一次是《说文》收入古文籀文，另外一次就是《集韵》收入大量的隶古，都是为了存古求全。

六、结语

王国维在一百年前，根据有限的地下之材料，详细梳理文献记载，缜密推断，发千古之覆，开创了战国文字与《说文》研究的新局面。现今我们所见材料极大丰富，对汉字发展认识日益清晰，回首经典，对传统文字学第一篇也是最重要的一篇文字学论文精心研读，会对汉代的文字学有更加全面的认识。

《说文·叙》是第一篇汉字发展史论文，系统阐述了从文字起源到汉代文字的发展。许慎具有明确的文字历史发展观。

《说文》建立起一套自足的话语系统，概念术语化，有其确切的内涵，彼此明确区分。

“古”与“篆”是文字发展过程中的核心要素。许慎已经能够区分西周末年以来，文字发展分为秦与六国两系。主干是古文，支流是籀文大篆，古文到了战国发生分歧，找不到主干了。

许慎所说的古文，既不是壁中书为代表的战国文字，也不是先秦文字的统称，而是先秦秦文字之外的古文字。《说文》十四卷中的古文须如是观。

许慎所说的篆文，不限于秦人小篆，而是包括未纳入小篆的籀文，已经被篆化的古文，汉代创造的篆体字和许慎自己加以规范的篆体字的总称。所以有必要区分“秦人小篆”与“《说文》篆文”两个概念。

今叙篆文，合以古、籀，并不是以小篆为正字，以古、籀为依附。最初是在秦人小篆后面续补籀文、古文等，可以理解为小篆与古、籀合并。《说文》合以古、籀的主体就是这些文字，在字头中有大量的古、籀。

许慎在观念上并没有以小篆为正体的观念。许慎观念中以古文为正、以籀文为异，这既是汉代学者对秦文化的否定，也是为了提高古文经学地位的需求。但事实上汉文字是秦文字的继承，又不得不以小篆为枢纽联系古今。

“厥意可得而说”的主要是古文，以六书阐释文字，主要对象是古文。壁中书是六国文字，与“前代之古文”之间的差异比秦文字与前代之古文差异要大得多。许慎的主观观念与事实相矛盾，在文字选择时尽量选择那些与秦文字相合的古文，变化剧烈的“异形”很可能有意淘汰，或附着于后不加说解了。

许慎等把六书与《周礼》相牵挂，把壁中书定为“孔氏古文”，把六国文字和其他古文文献淡化都是同一个目的：提高古文经学的地位。许慎不仅仅是在所见材料与已有研究成果上建立起文字发展理论，也受到意识形态与现实斗争需求的制约。

《说文》是一部篆文与古、籀的总汇，类似今天的“古文字字编”，意在存古解古，所以当时通行的隶书、草书不收。许慎虽然有文字的历史发展观，但《说文》一书中并没有充分体现，而是糅合在一起，这就导致后人产生以古文为仓颉造字，以9000多字为秦人小篆等等许多错误认识。在理清《说文》体例的基础上，以今天所见的材料，对《说文》可以进行更充分的研究。

第一,《说文》中“前代之古文”研究。

这一部分数量较少，主要是受制于许慎所见不多，可用材料太少。

第二,《说文》大篆与小篆研究。

这实际上就是秦文字研究，可以分为两段，西周末年至书同文之前，大篆时期。秦统一之后至秦灭亡。前后比较，可以看清大篆与小篆之间的区别，也就是秦始皇文字规范成果的体现。目前已有丰硕的成果，尚可进一步深入细化。

第三,《说文》中的六国文字研究。

《说文》中六国文字有三个来源：其一，汉字中有一部分常用字，从古到今没有太大的变化。古、籀、篆一致。其二，字头中有些字文献不见使用，见于六国文字中，参以其他证据可以确定是战国文字。其三，重文中的古文等战国文字。全部梳理，或可见汉代学者所见六国古文的概貌。

第四,《说文》中汉代篆文与《说文》改篆研究。

篆文汉代还在应用，不少字形来自隶书篆化或草书篆化,《说文》历经传抄，不少字形前不合古、籀，后不合汉代的篆、隶，也可以做专题探讨。

上述问题大都已有学者指出并进行了不同程度的研究，如何细化深入，值得进一步思考。

量词的功能扩张 ①

郭锐　李知恩

一、引言

量词在汉语方言和中国南方少数民族语言以及东南亚的语言中除了表达计量单位外，还有定指、不定指、类指、名词类别词、定语标记等其他功能。

量词的基本功能是表示计量单位，而其他功能都是这个基本功能直接或间接发展的结果。那么，量词的多种功能是如何演变的呢？过去一些学者就相关问题提出了自己的观点。

张公瑾 ② 通过泰语和壮语等例子，指出关系连词并作替代词 ③ 的演变的次序是：首先作名词，其次作单位词，最后变为关系连词与替代词，比如泰语的 tua^1。

詹伯慧 ④ 和陈兴伟 ⑤ 提出，量词一些特殊用法可能是数词“一”或者指示词脱落之后带来的结果。詹伯慧在《潮州话的一些语法特点》中谈道，潮州话的量词单独修饰名词时，实际上是隐含有数词“一”或指示词“这”“那”的意义在里面的。陈兴伟则指出，浙江义乌方言的量词前兼有两种省略形式：一种是“指示词＋量词”的省略式，一种是“数词＋量词”的省略式，看下面的例子。

（1）a. 个表儿准极。

这个表准极。（指示词省略式）

---

① 本文曾提交第二届四川境内藏缅语国际研讨会（北京大学，2010）、第二届语言类型学国际学术研讨会（南昌大学，2015）、国际中国语言学学会第 26 届年会（威斯康星大学，2018）。后刊于《中国语文》，2021（6），此次收录仅作少量字词修改。感谢汪锋、杨海潮、薄文泽、刘探宙、盛益民、孙浩浩、林恩琦、陈静怡、马千、万辉、李咏健、应敏燕、陈健荣、徐晓娴、徐毅发提供修改意见和语料。

② 张公瑾：《论汉语及壮侗语族诸语言中的单位词》，载《中央民族学院学报》，1978（4）。

③ 关系连词和替代词分别是本文中的“有核关系化”和“无核关系化”。

④ 詹伯慧：《潮州话的一些语法特点》，载《中国语文》，1958（5）。

⑤ 陈兴伟：《义乌方言量词前指示词与数词的省略》，载《中国语文》，1992（3）。

b. 句话便成功了。

一句话就成功了。（数词省略式）

在某些语境里，两种形式可以同构，如：

（2）餐饭食了个钟头。

“一餐饭吃了一个小时。”或“这餐饭吃了一个小时。”

所以他认为，量名结构是数词省略还是指示词省略，全受交际时语境的制约。

石汝杰、刘丹青[①]通过苏州话的情况，证明了量词定指用法和指别词“搿”的密切关系。苏州话量词的定指和不定指都是同一个字，但语音上有差别，定指的量词语音上表现为指示词“搿”和量词的合音。就是说，苏州话量词的定指用法是“搿＋量词”这一格式的弱化形式。

赵日新[②]专门讨论“个”用作“的 3”（定中结构标记和转指标记）以及指示代词的情况。他认为量词的结构助词和指示代词用法都是量词的定指用法进一步虚化的结果。“个”在后代产生的一系列变化都是由“个”前数词“一”的省略引发的。如果“个”前的数词“一”没有省略或不能省略，则“个”只能是一个量词，除非“一个”这一数量词组作为整体也已经虚化。所以说“个”前数词“一”的省略是“个”产生一系列变化的酵母。

石毓智[③]指出，不论是历史还是当代方言的资料都表明，所有来自量词的结构助词也同时都有指代词的用法。就是说，量词必须先引申为指代词（本文体系中的定指用法），然后再虚化为结构助词。

王健、顾劲松[④]则采取省略说。首先，从语音上说，量名结构应该是数词“一”省略的结果。南禄话独用量词前出现的紧喉动作，应该是数词“一”省略后喉塞尾留下的痕迹。近指代词和远指代词也都有喉塞尾，它们也在量词上留下了紧喉的痕迹。其次，从篇章来看，量名定指有很多方面还保留着指量名的几种用法：情境指示用；话语指示用；回指用。

陈玉洁[⑤]认为量词系统性地作定语标记的语法化链条可能是：一般量词→类冠词→

---

① 石汝杰、刘丹青：《苏州方言量词的定指用法及其变调》，载《语言研究》，1985（1）。

② 赵日新：《说“个”》，载《语言教学与研究》，1999（2）。

③ 石毓智：《汉语研究的类型学视野》，南昌，江西教育出版社，2004。

④ 王健、顾劲松：《涟水（南禄）话量词的特殊用法》，载《中国语文》，2006（3）。

⑤ 陈玉洁：《量名结构与量词的定语标记功能》，载《中国语文》，2007（6）。

类冠词兼定语标记→泛用定语标记。

赵日新、石毓智和陈玉洁都认为，量词功能的演变顺序是：量词→指代词 / 定指用法→结构助词 / 定语标记。但考察发现，有结构助词（关系化标记 / 领属性定语标记）用法的量词不一定具有定指功能，如傣语、烟台话、泰语、老挝语等。看来，量词的指代词功能并不是量词的定语标记用法的必要条件。

盛益民[①]把定指量名结构区分为准冠词型和准指示词型，并指出准指示词型的量名定指用法来源于指量名结构中，所以量名结构能省略中心名词，最后量词能够单独转指某个对象，即：指量名结构→量名结构（定指标记）→量词独用（指别性转指）。

吴越[②]通过吴语瑞安话的例子，指出准冠词型量名结构应从准指示词型定指量名结构发展而来。

把量名结构分为准指示词型和准冠词型以及区分指量名结构两种类型是有价值的发现，对量词功能发展的方向有直接的关系。由于有量词指别性转指用法的语言 / 方言不一定有量词的定指标记用法，我们认为指量名结构根据指别性和非指别性的不同，朝不同方向发展出不同的功能，而不是单方向发展。

以往关于量词功能的研究在考察的语种和地域上存在一定的局限性，对量词功能的分析不够细致，比如没有区分领属性定语标记和关系化定语标记、有核关系化定语标记和无核关系化定语标记。本文扩大考察语言的范围，把量词的功能细分为 14 种，并借鉴语义地图模型来分析量词功能扩张的路径。

二、量词的功能

本文利用其他学者的调查材料以及作者的小部分调查，对 99 种语言或汉语方言的量词功能作了考察，在张公瑾[③]、游汝杰[④]、Bisang[⑤]、刘丹青[⑥]等学者对量词功能的分

① 盛益民：《汉语方言定指“量名”结构的类型差异与共性表现》，载《当代语言学》，2017（2）。

② 吴越：《吴语瑞安话的两类定指“量名”结构及其关联》，载《汉语史学报》，2019（1）。

③ 张公瑾：《论汉语及壮侗语族诸语言中的单位词》，载《中央民族学院学报》，1978（4）。

④ 游汝杰：《论台语量词在汉语南方方言中的底层遗存》，载《民族语文》，1982（2）。

⑤ Bisang, Walter. Classifiers in East and Southeast Asian languages: Counting and Beyond.in Jadranka Gvozdanovic (ed.), Numeral Types and Changes Worldwide, Berlin: Mouton de Gruyter, 1999:120-192.

⑥ 刘丹青：《所谓量词的类型学分析》，北京语言大学对外汉语教学网站，2002；刘丹青：《汉语关系从句标记类型初探》，载《中国语文》，2005（1）；刘丹青：《语法化理论与汉语方言语法研究》，载《方言》，2009（2）。

析基础上，把量词的功能分为 14 种[①]。本文所说的量词功能主要指成批的个体量词以及个别集合量词的功能，包括量词本身的功能和从量词发展出的其他功能，其中有些功能从词类划分的角度看，已不属于量词，如名词类别词、定语标记。“功能”指语义、语用功能，如类指、不定指、定指，以及量词出现的语法环境，如“指量名”。某些汉语方言中，有一个较为通用的指示词、定语标记，通常为 [k] 声母或其变化形式，其来源有代词“其”和量词“个”等不同说法。为避免争议，本文不讨论这个通用的指示词 / 定语标记，只讨论语言 / 方言中系统性的量词功能。

（一）计量单位

“计量单位”功能是指量词作为计量单位与数词结合构成数量范畴，修饰一个名词性成分，表示这个名词性成分表示的事物的数量。

（3）a. ȵe⁵³ ŋgɐ⁵³ so⁵³ ɦɛ¹³ ȵe¹³ ɕi¹³ ʃʅ⁵³ tʃa⁵³ re¹³.（白马语[②]）
人 个 三 一起 睡 （连词）很 挤 是
三个人一起睡，挤得很。
b. 依格两个菜，印个人吃甲少哩。（涟源方言[③]）
这么两个菜，我一个人吃都不够。

计量单位是量词的原始功能。要表示数量，从语义上说需要两个成分：数值 + 计量单位[④]。如果不是以被计量的物体的天然个体为计量单位，那么计量单位通常必须

---

① 本文所说的计量单位、数量转指、非指别性转指、不定指、定指、类指等是为方便表述对量词功能的命名，每种功能的具体含义详见“二、量词的功能”中的解释。张军指出傈僳语通用量词 mɑ³³ 还能用作话题标记，但由于量词的话题标记功能在语言中十分罕见，而且是否由量词演变而来还有疑问，本文暂不考虑。张军观点见张军：《傈僳语 mɑ³³ 的多功能性与语法化》，载《民族语文》，2016（4）。

② 例句出自孙宏开、齐卡佳、刘光坤：《白马语研究》，北京，民族出版社，2007。

③ 例句出自陈晖：《涟源桥头方言的代词》，见伍云姬主编：《湖南方言的代词》，长沙，湖南师范大学出版社，2009。

④ 一些学者把量词的功能分为测量（measuring）和计数（counting）。Bisang 认为：“量化有两种不同的操作，即计数和测量。测量操作把一个实体变成一个测量单位，使它成为可数的，即离散的。计数操作是表达语义上有边界的实体的个体数。测量词（quantifiers）的主要目的是‘创造被计数的单位’，而分类词（classifiers）仅仅实现了已经属于名词概念的语义边界。前一种个体化可以称为创造性个体化，后一种个体化则是实现个体化。”参见 Croft, William. Semantic Universals in Classifier Systems. Word, 1994, 45(2): 145-171. 我们认为计数功能可统一于测量功能，计数功能只是测量功能的一个特例，即以名词表示的事物的天然个体为计量单位。参看王力：《汉语史稿》，北京，科学出版社，1958；郭锐：《现代汉语词类研究》（修订本），北京，商务印书馆，2018。“数 + 名”结构可以表达个体的数量，并非不需要计量单位，而是默认计量单位为事物的天然个体。而个体量词就是把原本默认的计量单位用有形的单位词表达出来。

出现，如集合单位（对、双、群）、度量衡单位（斤、尺、升）、容器单位（杯、盒、盘）、成形单位（团、股、堆）；如果以被计量物体的天然个体为计量单位，形式上可以不出现单位词，此时语义上默认的计量单位就是天然个体，英语的 two apples，上古汉语“二桃”都是如此。

古代汉语如果以种类为计量单位，通常也不出现，但作语义解读时需在个体单位和种类单位间作出选择，如“一毛、六马、百人”隐含的计量单位是个体，“二毛、六畜、百工”隐含的计量单位是种类。

（4）a. 拔一毛而利天下，不为也。[①]

b. 君子不重伤，不禽二毛。[②]

现代汉语以及苗瑶语族、侗台语族诸语言则强制要求个体单位出现，因此形成量词这一语法词类。而藏缅语族中的许多语言，仍然不要求个体单位强制出现，如：

（5）a. mbro tə-rgi　　马　一个

b. mbro tə（嘉绒语[③]）　　马　一

阿尔泰语系语言则大多缺乏个体量词，计量个体名词时仍然不需要量词，以天然个体为默认的计量单位。如：

（6）ar(ă)b-aad-xã ondŏg bɛɛn.（蒙古语[④]）

十　蛋　有

只有十多个蛋。

（二）数量转指

“数量转指”是指“数词＋量词”构成的数量短语充任指称短语的核心，用来转指被计量的名词。

① 例句出自《孟子·尽心上》。

② 例句出自《左传·僖公二十二》。

③ 例句出自林向荣：《嘉戎语研究》，成都，四川民族出版社，1993。

④ 例句出自道布：《蒙古语简志》，见中国少数民族语言简志丛书编委会编写：《中国少数民族语言简志丛书·第6卷》（修订本），北京，民族出版社，2009。

（7）a. ŋa^{53} mi^{53} pɯ^{31}ŋa^{53} ɟɔ̌^{ʔ55} ǎl^{53}.（独龙语[①]）
我 助词 五 个 有
连我一共有五个（人）。
b. 一蔹生倒六条。（连城话[②]）
一窝下了六只。

（三）非指别性转指

“非指别性转指”是指量词单独充任指称短语核心，用来转指被计量的名词，不具有指别性，相当于一个不定指名词短语。

（8）a. lɛ^{55} kaŋ^{11} naŋ^{11} lo^{11}, tɛ^{33} kaŋ^{11} tɕə^{23} ta^{55}.（黔东苗语[③]）
位 从 下 来 个 从 上 来
一个人从东来，一个人从西来。
b. 我个衣裳太小了，明朝再去买件。（上海话[④]）
我这件衣服太小了，明天再去买一件。

（四）指别性转指

“指别性转指”是指量词单独充任指称短语核心，转指某个特定事物。这种用法与量词的非指别性转指功能在形式上相同，但功能不同：具有把一个对象与其他对象区别开的作用，是一种指别性的用法。

（9）a. v‘ae^{31} n̥i^{55} m‘a^{35} a^{55} dzʅ$^{53\rightarrow13}$ dz‘aɯ^{35}, dzʅ^{53} ku^{11} tlœy^{55} ku^{11} ku^{55} bie^{53},
地方 这 有 二 张 床 张 的 白 是 我 的
dzʅ^{53} ku^{11} v‘a ɯ^{35} ku^{11} ku^{55} a$^{55\rightarrow31}$ m‘au bie^{53}.（黔东苗语[⑤]）
张 的 黄 是 我 哥哥 的
这里有两张床，白的那张是我的，黄的那张是我哥哥的。

① 例句出自孙宏开：《独龙语简志》，见中国少数民族语言简志丛书编委会编写：《中国少数民族语言简志丛书 · 第1卷》（修订本），北京，民族出版社，2009。
② 例句出自项梦冰：《连城客家话语法研究》，北京，语文出版社，1997。
③ 例句出自张永祥、曹翠云：《黔东苗语的量名结构》，载《中央民族大学学报》，1996（2）。
④ 例句为笔者个人调查。
⑤ 例句出自王辅世：《贵州威宁苗语量词》，载《语言研究》，1957（2）。

b.（甲：倷哪 [no^{31}] 只脚痛？）　　乙：只痛。（苏州话[①]）

这只（脚）痛。

（五）不定指标记（无定标记）

“不定指标记”指量词单独附着于名词短语构成“量 + 名”结构，不强调数的多少，而是标示后面的名词短语是不定指的。

（10）a. m̩(u)^{21} pa^{55} <u>ma^{33}</u> la^{33}o^{44}.（凉山彝语[②]）

马　　匹　来了

一匹马来了。

b. <u>个</u>人没来。（涟水话[③]）

有个人没来。

根据不定指的“量 + 名”是否可以做主语，分为两个等级，第一等级的“量 + 名”在宾语位置上表不定指，如汉语普通话、绵阳话；第二等级的“量 + 名”除可以在宾语位置出现外，还可以在主语位置出现，相当于不定冠词的用法，如涟水话、新化话、娄底话。第一等级的量词用法还不是完全的不定指标记，可叫准不定指标记，第二等级的可看作不定冠词。

（六）定指标记（定冠词）

“定指标记”指量词单独附着于名词短语构成“量 + 名”结构，标示名词短语是有定的，相当于定冠词的用法。例（11）a 标示独一无二事物，例（11）b 标示语境中某个已知的特定事物，都属于定指用法。

（11）a. <u>lɛ^{33}</u> n̥hɛ^{33} ta^{55} ʑaŋ^{55}.（苗语[④]）

个　太阳　来　了

太阳出来了。

① 例句出自石汝杰：《明清吴语和现代方言研究》，上海，上海辞书出版社，2006。

② 例句出自陈士林、边仕明、李秀清：《彝语简志》，见中国少数民族语言简志丛书编委会编写：《中国少数民族语言简志丛书 · 第 2 卷》（修订本），北京，民族出版社，2009。

③ 例句出自王健、顾劲松：《涟水（南禄）话量词的特殊用法》，载《中国语文》，2006（3）。

④ 例句出自王辅世：《苗语简志》，见中国少数民族语言简志丛书编委会编写：《中国少数民族语言简志丛书 · 第 4 卷》（修订本），北京，民族出版社，2009。

b. 件衣裳呢？（新化话[①]）

那件衣服呢？

有的语言 / 方言中，量词兼有定指和不定指功能，有时会有歧义，如（10）b 中"个"既可表定指，又可表不定指[②]。又如：

（12）条牛捱偷得了。（涟水话[③]）

那头牛被偷了 / 有头牛被偷了。

定指功能内部还可进一步细分，马千[④]根据 Chen[⑤]、Lyons[⑥]等人的研究，把定指功能分为情景指示、回指、特殊共享知识、框架内联想、普遍共享知识、唯一事物、专名 7 种用法，并比较了汉语指示词、英语定冠词和 O'odham 语定冠词"g"的用法。可以看到，定指功能从情景指示到标记专名是一个等级序列，越往右，虚化程度越高。汉语普通话的指示词"这""那"的虚化程度较低，而 O'odham 语定冠词"g"虚化程度最高。

表 1　汉语指示词"这、那"与英语、O'odham 语定冠词的功能比较[⑦]

	情境指示 > 回指 > 特殊共享知识 > 框架内联想 > 普遍共享知识 > 唯一事物 > 专名
O'odham "g"	■■■■■■■■■■■■■■■■■■■■■■■■■■■■■■■■■
英语 "the"	■■■■■■■■■■■■■■■■■■■■■■■■■■■■■■
汉语 "那"	■■■■■■■■■■■■■■■■■■■
汉语 "这"	■■■■■■■

① 例句出自周纯梅：《湖南新化方言量词的代、助用法》，载《文教资料》，2006（2）。

② 陈兴伟：《义乌方言量词前指示词与数词的省略》，载《中国语文》，1992（3）；王健：《类型学视野下的汉语方言"量名"结构研究》，载《语言科学》，2013（4）；毛志萍：《汉语方言名量词研究》，武汉，华中师范大学博士学位论文，2019。

③ 例句出自王健、顾劲松：《涟水（南禄）话量词的特殊用法》，载《中国语文》，2006（3）。

④ 马千：《从英汉对比看汉语指示词"这""那"的定指表达》，北京，北京大学硕士学位论文，2011。

⑤ Chen, Ping. Identifiability and Definiteness in Chinese. Linguistics, 2004, 42(6): 1129-1184.

⑥ Lyons, Christopher. Definiteness. Cambridge: Cambridge University Press，1999.

⑦ 马千：《从英汉对比看汉语指示词"这""那"的定指表达》，北京，北京大学硕士学位论文，2011。

量词的定指用法也存在虚化程度的差异。盛益民、陶寰、金春华[①]把量词定指功能分为准指示词型和准冠词型两类，前者可用于情景指示，有指别作用，如温州话、烟台话的量词定指功能；后者一般不用于情景指示，无指别作用，主要用于回指、共享知识、框架内联想或唯一事物，如广州话、绩溪话等。绍兴话的量词定指功能则既有准冠词型，又有准指示词型。这一区分反映了量词定指功能的虚化程度有差异，准指示词型的量词定指功能虚化程度低，而准冠词型的量词定指功能虚化程度高，是准指示词型进一步虚化的结果。两者之间是连续的，即使是准冠词型的量词定指功能，在不同语言 / 方言中，虚化程度也有差异。

（七）类指标记

“类指标记”指量词单独附着于名词短语构成“量 + 名”结构，标示名词短语是泛指一类事物，不指事物个体。

（13）a. tuŋ^{4} nəŋ^{4} ntsha^{1} tuŋ^{4} mjɔ^{8}.（布努语[②]）
只 鼠 怕 只 猫
老鼠怕猫。
b. 个人要多做滴好事啷。（娄底话[③]）
一个人要多做好事。

（八）名词类别词

“名词类别词（noun classifier，简称 NC）”指依附于名词构成“量 + 名”组合，标示名词表示的事物的类别的黏附成分。类别词又叫“分类词”，根据 Allan[④]、Craig[⑤]、

① 盛益民、陶寰、金春华：《准冠词型定指“量名”结构和准指示词型定指“量名”结构——从吴语绍兴方言看汉语方言定指“量名”结构的两种类型》，见北京大学中国语言学研究中心语言学论丛编委会编：《语言学论丛》，第五十三辑，北京，商务印书馆，2016。

② 例句出自蒙朝吉：《瑶族布努语简志》，见中国少数民族语言简志丛书编委会编写：《中国少数民族语言简志丛书 · 第 4 卷》（修订本），北京，民族出版社，2009。

③ 例句出自颜清徽、刘丽华：《娄底方言的两个语法特点》，载《方言》，1993（1）。

④ Allan, Keith. Classifiers. Language, 1977, 53(2): 285-311.

⑤ Craig, Collete A. Classifier Languages. In Ron E. Asher (ed.), The Encyclopedia of Language and Linguistics, Vol.2. Oxford: Pergamon Press, 1994: 565-569.

Aikhenvald[①]，可依据所依附的成分的性质分为数词分类词（numeral classifier）、名词分类词（noun classifier）、领属分类词（possessive classifier）、指示分类词（deictic classifier）、动词分类词（verbal classifier）等不同类型。依附于数词的是数词分类词，依附于名词的是名词分类词，依附于领属性定语的是领属分类词。汉语的个体量词如果叫分类词的话，应属于数词分类词。下面是 Jakaltek 语的例子：

（14）xil naj xuwan ox konh no' lab'a

看了（NC）男人 约翰 三 条（动物）（NC）动物 蛇

（男人）约翰看了三条（动物）蛇。[②]

“naj”和“no'”是名词类别词，直接依附于名词，没有计量功能，只是标记名词的类别。“konh”则是数词分类词，依附于数词，相当于汉语的个体量词。由于名词类别词没有计量的功能，因此计量时还需要添加数词分类词。

壮侗语族的语言普遍存在与量词同源的名词类别词[③]。如仡佬语中有兼有量词和名词类别词功能的词：dɯ^{45}/da^{45}（动物及其扩展）、pau^{33}（雄性及其扩展）、ma^{33}（雌性及其扩展）。下面是居都仡佬语的例子[④]：

（15）a. pau^{33} wai^{33} məɯ^{31} dze^{33}ŋe^{35} gi^{33} do^{31}.（pau^{33}：名词类别词）

（NC）哥 你 真 好 很

你哥哥真好。

b. pau^{33} qɛ^{31} ʌ^{33}ȵaŋ^{33} ma^{33} qɛ^{31}（pau^{33}：名词类别词）

（NC）鸡 和 （NC）鸡

公鸡和母鸡

---

① Aikhenhald, Alexandra Y. Classifiers: A Typology of Noun Categorization Devices. Oxford: Oxford University Press, 2000.

② 例句出自 Craig, Collete A. Classifier Languages. In Ron E. Asher (ed.), The Encyclopedia of Language and Linguistics, Vol.2. Oxford: Pergamon Press, 1994：565-569.

③ 壮侗语的名词类别词，过去研究中有词头、前缀、冠词、前加成分、类别名词等不同叫法。名词类别词在功能上主要标示名词所指事物的类别，与冠词表达有定性不同；不改变词汇意义，在实际话语中可以不出现，与典型的词头、前缀有异。如：

a. tuə^{2} mjau^{5} maːi^{3} kɯn^{1} tuə^{2} nai^{5}.

（NC）猫 喜欢 吃 （NC）鼠

猫喜欢吃老鼠。

b. mjau^{5} kɯn^{1} pja^{1} pai^{0}.（布依语）

猫 吃 鱼 了

猫吃鱼了。

a、b 例句出自周国炎、刘朝华：《布依语参考语法》，北京，中国社会科学出版社，2018。

④ 例句出自李锦芳、曹宝芬、康忠德：《贵州六枝仡佬语》，北京，商务印书馆，2019；康忠德：《居都仡佬语参考语法》，北京，中国社会科学出版社，2011。

c. mi⁴⁵ aŋ³¹ tsɿ³³ pau³³ wai³³ ʌ³³ȵaŋ³³ tsɿ³³ saŋ³³ an³³an³³.（pau³³：量词）
他 有 一 个 哥 和 一 个 妹妹
他有一个哥哥和一个妹妹。

d. ti³³to³¹ tu³¹ li³³ aŋ³¹ tsɿ³³ pau³³ qɛ³¹ sɯ³¹ ma³³ qɛ³¹.（pau³³：量词）
我们 养 的 有 一 只（公）鸡 二 只（母）鸡
我们养的有一只公鸡、两只母鸡。

名词类别词的其他例子如：

dɯ⁴⁵：dɯ⁴⁵ɬei³³（老鼠）、dɯ⁴⁵ŋɯ³¹（蛇）、dɯ⁴⁵dzan³³（黄鳝）、
dɯ⁴⁵di³⁵（老虎）、dɯ⁴⁵be³¹（老头儿）、dɯ⁴⁵a³³ba³³（爸）、
dɯ⁴⁵jaɯ³³（弟弟）、dɯ⁴⁵səɯ³¹（老二）、dɯ⁴⁵gu³³（东西）、
dɯ⁴⁵tshei³¹（沟）、dɯ⁴⁵tse³¹（梁）、dɯ⁴⁵tɯ³¹jin³³（烟杆）

pau³³：pau³³ʔlo³³（男人）、pau³³lə³³ʔiu³³（男媒人）、pau³³qɛ³¹（公鸡）、
pau³³ȵi³¹（公牛）、pau³³lui³¹lui³¹（老天爷）、pau³³di³¹（老虎）

ma³³：ma³³ʔlo³³（女人）、ma³³lə³³ʔiu³³（媒婆）、ma³³blaŋ³³（寡妇）、
ma³³qɛ³¹（母鸡）、ma³³a⁴⁵（乌鸦）、ma³³pei³¹zo³¹（苍蝇）、
ma³³ze³¹（黄蜂）、ma³³bu³³bu³³（蝴蝶）、ma³³qə³¹ʔlei³¹（梯子）、
ma³³kai⁴⁵（秤）、ma³³tɯ³¹pei³⁵（围兜）、ma³³du³¹（锄头）

居都仡佬语的名词类别词的用法有较大扩展。“dɯ⁴⁵”的核心意义是标示动物，扩展到标示男性、长形物。“pau³³”的核心意义是标示男性，扩展到标示雄性动物、厉害的动物。“ma³³”的核心意义是标示女性，扩展到标示雌性动物、小动物，并进一步扩展到非生命的物件。

可见名词类别词对名词所表示的事物的分类不完全取决于事物的自然属性，也反映了观念上的分类。布依语可用动物类别词“tuə²”标示非动物名词，如“tuə²pja³（雷公）”。居都仡佬语可用雌性动物类别词“ma³³”标示一般动物甚至非生物，因此可看作阴性名词的标记[①]。

名词类别词本身没有计量单位的功能，如果要表示数量，有三种方式，第一种方式是添加与名词类别词同形的量词。如：

① 康忠德：《居都仡佬语参考语法》，北京，中国社会科学出版社，2011。

（16）dɯ⁴⁵ dɯ⁴⁵ gu³³ n̥i⁴⁵ aŋ³¹ khe³³na³³ ʌ³¹quŋ³¹?（居都仡佬语[①]）

个 （NC）东西 这 有 多少 重

这个东西有多重？

第二种方式是添加其他量词。如：

（17）ma⁵⁵ ve¹³ təɯ³³ su¹³pu¹³ ple³³ sɿ⁵⁵ təɯ³³ ma⁵⁵ nu³¹.（比工仡佬语[②]）

妈 他 个 奶嘴 变 一 只 （NC）鸟

他妈的奶嘴变成一只鸟。

第三种方式是把名词类别词直接转为量词，如：

（18）saːm¹ me⁶ kai⁵ tau³ tɕai⁵ leu⁰.（布依语[③]）

三 只（母）鸡 生 蛋 了

三只母鸡生蛋了。

（九）指量名结构

“指量名结构”指量词可以进入“指示词 + 量词 + 名词”构成的名词性结构。由于不同语言的语序类型不同，可以有“指—量—名”“名—量—指”“名—指—量”“量—名—指”等不同语序。

（19）a. 唔个东西有几罕儿重呢？（义乌方言[④]）

这个东西有多重呢？

b. pu³¹ tʃhə̆⁵⁵ khjɛ^{ʔ55} jauŋ³⁵ a⁵⁵.（波拉语[⑤]）

衣 这 件 美 （助）

这件衣服漂亮。

---

① 例句出自康忠德：《居都仡佬语参考语法》，北京，中国社会科学出版社，2011。

② 例句出自李霞：《比工仡佬语参考语法》，北京，中央民族大学博士学位论文，2009。

③ 例句出自周国炎、刘朝华：《布依语参考语法》，北京，中国社会科学出版社，2018。

④ 例句出自方松熹：《义乌方言研究》，内部资料，浙江省新闻出版局，2000。

⑤ 例句出自戴庆厦、蒋颖、孔志恩：《波拉语研究》，北京，民族出版社，2007。

量词发达的语言，指示词往往不能直接与名词结合，必须添加量词，如广州话、潮州话、苗语、壮语等。而量词不发达的语言，指示词只能直接与名词结合，不能添加量词，如藏语、嘉绒语等。

（十）指量转指

“指量转指”指“指示词 + 量词”构成的指量结构做主宾语或单说，用来转指某个事物。

（20）a. lɯ31 kho33 phɛ55.（白语①）
这 个 软
这个软。
b. 搿个是红个，哀个是绿个。（上海话②）
这个是红的，那个是绿的。

（十一）有核关系化标记

“有核关系化”指关系化结构的中心语出现的结构。量词的有核关系化标记用法指来自量词的成分单独使用，引出一个关系化小句，这个“关系化小句 + 量词”修饰一个中心语。

（21）a. tsaːŋ4 tua1 kin1 faːŋ1 saːm5 khuab2.（泰语③）
象 头 吃 稻草 三 岁
吃稻草的那头象三岁。
b. 阿黄就是刚刚走开只小狗。（苏州话④）
阿黄就是刚刚走开的那只小狗。

① 例句出自徐林、赵衍荪：《白语简志》，见中国少数民族语言简志丛书编委会编写：《中国少数民族语言简志丛书 · 第 2 卷》（修订本），北京，民族出版社，2009。

② 例句出自钱乃荣：《上海话语法》，上海，上海人民出版社，1997。

③ 例句出自笔者个人调查。

④ 例句出自石汝杰：《明清吴语和现代方言研究》，上海，上海辞书出版社，2006。

量词的有核关系化标记用法有强烈的指别性倾向，即主要用于区别性定语①，描写性定语用量词为定语标记的极少见。如（21）a 表示与语境中的没吃稻草的象或吃水果的象区别开。

（十二）无核关系化标记

“无核关系化”指关系化结构的中心语不出现的关系化结构。量词的无核关系化标记用法指量词单独使用，引出一个无核关系化小句，而这个无核关系化结构单独做主宾语或单说②。

（22）a. tu^{2} pən^{3} ʈaːŋ^{3} tu^{2} maːk^{9}.（侗语③）

只 飞 是 只 大

飞的那只是大的。

b. 我喜欢件阿里搭去了？（上海话④）

我喜欢的那件到哪里去了？

量词的无核关系化标记一般也只用于区别性定语，不用于描写性定语。

（十三）有核领属性定语标记

“有核领属性定语”指领属性定语的中心语出现的结构。有核领属性定语标记指量词单独使用，标示一个领属性定语修饰一个名词性成分。

---

① Bisang 注意到泰语“rôm khan sǐi-khǐaw（伞 - 把 - 绿）”（绿的伞）具有指别性，即有与“黄伞、黑伞”区别开的功能，这种现象就是量词用作有核关系化标记时表现为区别性定语。见 Bisang, Walter. Classifiers in East and Southeast Asian Languages: Counting and Beyond.in Jadranka Gvozdanovic (ed.), Numeral Types and Changes Worldwide, Berlin: Mouton de Gruyter, 1999:120-192.

② 无核关系化标记与有核关系化标记、无核领属性定语标记、有核领属性定语标记都是定语标记。量词的定语标记用法是刘丹青最早提出来的，本文把定语标记再细分为不同功能，主要是因为有的语言 / 方言在这几种情况下采取的表达形式有差异。有关刘丹青观点见刘丹青：《所谓量词的类型学分析》，载北京语言大学对外汉语教学网站，2002；刘丹青：《汉语关系从句标记类型初探》，载《中国语文》，2005（1）。

③ 例句出自梁敏：《侗语简志》，见中国少数民族语言简志丛书编委会编写：《中国少数民族语言简志丛书 · 第 3 卷》（修订本），北京，民族出版社，2009。

④ 例句来自笔者个人调查。

（23）a. nin^{31} tau^{31} twan^{33} ṇ^{24} lɔŋ^{24}.（勉语标敏方言①）

他　个　儿子　不　好

他的儿子不好。

b. 佢只眼好似有啲近视。（广州话②）

他这 / 那只眼睛好像有点儿近视。

对于例（23）b，陈小明认为，“佢只眼”一定是指“他的一只眼睛”，若是指两只眼睛，要说成“佢双眼”，并由此认为其中的量词不能看作结构助词。我们认为，换用不同量词，表明量词与名词的选择限制还没有消失，但从语法上说，却起着定语标记的作用，即标示了一个领属性的定语，因此看作定语标记是可行的。

（十四）无核领属性定语标记

“无核领属性定语”指领属性定语所修饰的中心语不出现的结构。无核领属性定语标记用法是指量词单独使用，标示一个领属性定语，这个“领属性定语 + 量词”独立做主宾语或单说。

（24）a. mak^{9} noi^{5} nĭ^{6} pin^{1} noi^{5} to^{1}xa^{3}.（西双版纳傣语③）

果子 个　这 是　个　我

这个果子是我的。

b. 我本唔好，借你本睇下。（广州话④）

我这本（书）不好，借你那本看看。

（十五）分类功能、个体化功能、指别功能不是量词独立功能

Bisang⑤认为量词有分类（classification）、个体化（individualization）、指称化（referentialization）、关系化（relationalization）4 种基本功能。其实，量词的基本功能

① 例句来自毛宗武：《瑶族勉语方言研究》，北京，民族出版社，2004。

② 例句来自陈小明：《广州话量词研究》，天津，南开大学博士学位论文，2000。

③ 例句出自张公瑾：《论汉语及壮侗语族诸语言中的单位词》，载《中央民族学院学报》，1978（4）。

④ 例句出自黎纬杰：《广州话量词举例》，载《方言》，1988（1）。

⑤ Bisang, Walter. Classifiers in East and Southeast Asian Languages: Counting and Beyond. in Jadranka Gvozdanovic (ed.), Numeral Types and Changes Worldwide, Berlin: Mouton de Gruyter, 1999:120-192.

是用于“数量名”结构中表示计量单位。郭锐[①]认为，所谓个体量词的分类功能，依据的是个体量词与名词间的特殊选择关系。而这种选择关系实际与量词的来源有关。计量单位是量词的基本功能，个体量词是晚起的，由于量词大多来源于名词、动词，而名词、动词演变为个体量词都借助于被计量的物体与作为计量单位前身的名词、动词的内在联系，包括：拷贝名词[羊十羊]、选择同类名词为个体量词（包括上下位关系[不速之客三人、千树枣]、形状相似关系[草一根]）、选择名词表示的事物的某个凸显部位为个体量词[牛一头、骅骝一百三十蹄]、以某个使用特征为个体量词[一封信、千张弓、一把扇]，由此形成个体量词与名词的特殊选择关系[②]。这种选择限制关系，使个体量词产生的标示类别的附带效应。在壮侗语族语言中，来源于名词类别词的半拷贝量词（详见本文“四、量词功能的扩张路径”中“名词类别词”）带来显著的分类效应，但其根本功能仍是计量单位。因此，“分类”功能并非个体量词的基本功能，而仅是附带功能。

所谓个体量词的个体化功能其实就是个体量词以事物的天然个体为一个计量单位的自然表现，因此它是计量单位功能的表现，不必另立为量词的一种功能。

而指称化功能指泰语“rôm khan sǐi-khǐaw（伞—把—绿）”（绿的伞）具有指别性，此例表示把“绿的伞”与“黄的伞”区别开。这种用法的量词其实是一个定语标记，只是用于区别性定语。之所以如此，是因为量词的定语标记用法来源于“指量名”“指量转指”中指示词脱落，区别性是指示词的指别性的遗留（详见本文“四、量词功能的扩张路径”中“四种定语标记的来源”）。

三、量词功能的语义地图和量词功能的扩张等级

（一）量词功能的概念空间

此处根据上文提出的量词功能的框架，对汉语普通话及方言、中国境内少数民族语言以及东亚、东南亚的量词语言共99种作了量词功能的考察。各项功能按语言/方

① 郭锐：《同形删略和离合词、不完整词形成机制——兼论准定语的形成机制》，载《语言科学》，2017(3)。

② 除了个体量词，一些其他类型的量词与名词之间也有特殊的选择关系，如：一双袜子/*一对袜子、一滴水/*一块水、一顿饭/*一场饭、一场电影/*一顿电影。是否有特殊选择关系，与量词类型有关。量词可分为外源基准量词和自源基准量词两大类（详见郝琦：《数量名结构与可数性范畴》，北京，北京大学博士学位论文，2020），自源基准量词（个体、成形、集合、过程、约定量词）一般与名词有特殊选择关系，而外源基准量词（标准单位、容器量词）则没有。

言数多少排列如下：

表 2　量词功能语言数统计

量词功能	语言数	量词功能	语言数
计量单位	99	非指别性转指	28
数量转指	90	有核领属定语标记	24
指量名	77	无核领属定语标记	21
指量转指	75	有核关系化标记	20
不定指标记	45	名词类别词	20
定指标记	43	无核关系化标记	18
指别性转指	39	类指标记	12

量词的不同功能间，有的有蕴涵关系。比如，有定指功能，一定有指量名功能；有类指功能，就一定有不定指功能。因此，可以利用语义地图模型，来推断量词功能的语义演变路径。

语义地图模型（semantic map model）是一种建立在跨语言比较基础上的研究语言中多功能形式关联模式的新工具。语义地图模型最重要的理论是连续性假说，即特定语言和 / 或特定结构的任何相关范畴都应该映射（map）在概念空间中的一个连续区域（connected region）[①]。也就是说，一个语法形式的功能在概念空间上的分布是连续的，不应断链。

根据语义地图模型的连续性假说以及语义演变分析，可把量词功能构建为下面这个概念空间。

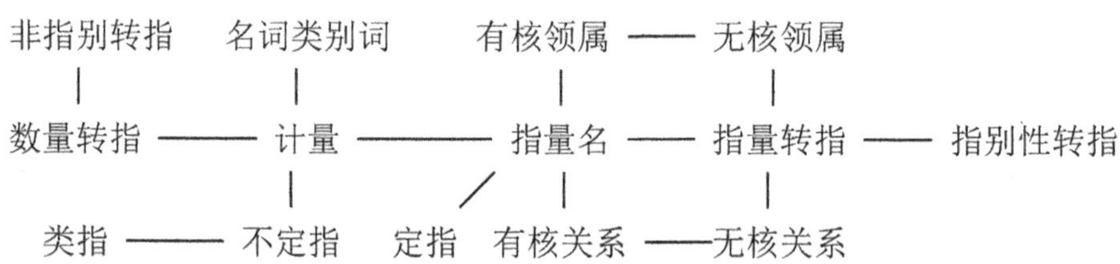

图 1　量词功能的概念空间

① Croft, William. Typology and Universals (2nd edition). Cambridge: Cambridge Universitiy Press, 2003.

（二）量词功能扩张的等级

我们考察了 99 种语言或汉语方言量词功能的扩张情况，可以看到，不同语言的量词功能扩张程度有很大差异。量词的多功能性可看作是量词功能扩张的结果。可以把量词功能的扩张程度分为四级。

一级：主要表达计量单位，有计量单位功能，有的还有计量单位功能的扩展结构用法（数量转指），没有指量名、指量转指、不定指、类指、定指、定语标记用法。黎语的个别量词除了有计量单位和数量转指功能外，还有名词类别词功能，但名词类别词主要与量词的来源有关，与量词的功能扩展关系不大（见本文“四、量词功能的扩张路径”中“名词类别词”），所以也归入一级。

一级主要分布在以下 22 种语言或汉语方言。

藏缅语族（12）：藏语、门巴语、仓洛语、白马语、拉乌戎语、嘉绒语、扎巴语、景颇语、义都语、苏龙语、土家语、拉祜语；阿尔泰语系（5）：柯尔克孜语、撒拉语、塔塔尔语、乌孜别克语、西部裕固语；东亚语言（2）：韩语、日语；南亚语系（2）：布朗语、布兴语；壮侗语族（1）：黎语。

二级：除了表达计量单位，产生与指示词直接结合的用法（指量名、指量转指），没有不定指、类指、定指、定语标记用法。

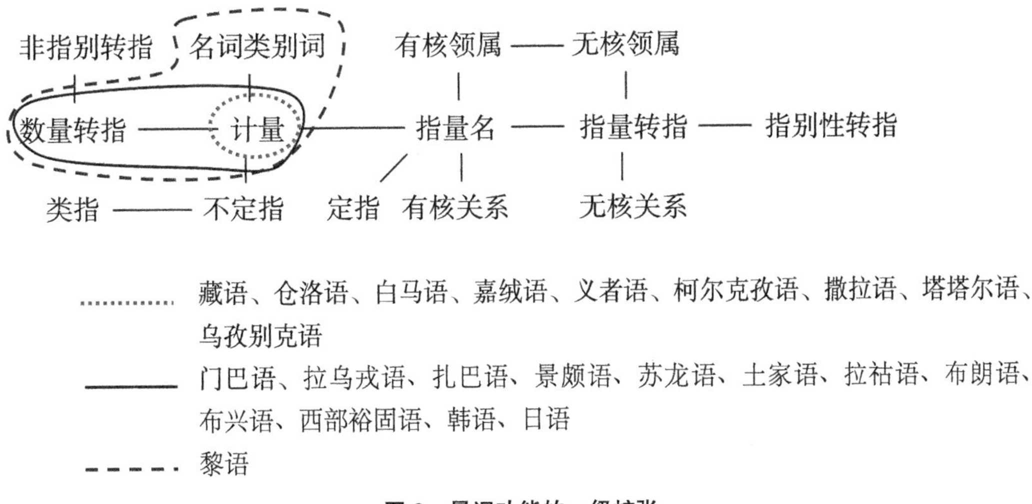

图 2　量词功能的一级扩张

二级主要分布于以下 16 种语言或汉语方言。

藏缅语族（12）：普米语、贵琼语、独龙语、阿依语、傈僳语、纳西语、怒苏语、基诺语、阿昌语、载瓦语、浪速语、波拉语；南亚语系（3）：佤语、德昂语、克蔑语；

壮侗语族（1）：拉基语。

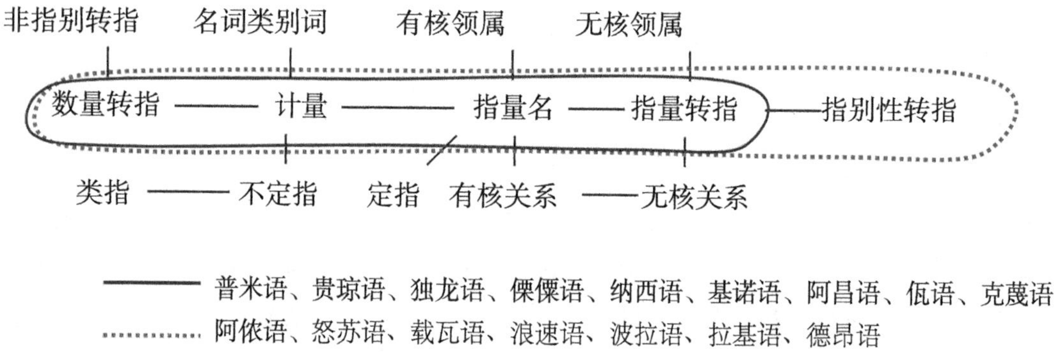

图 3　量词功能的二级扩张

三级：量词功能扩展到不定指、定指等语用性功能，没有定语标记等结构性功能。

三级主要分布于 24 种语言或汉语方言。藏缅语族（7）：羌语、博嘎尔语、凉山彝语、白语、哈尼语、桑孔语、卡卓语；汉语北方方言（7）：普通话、绵阳话、涟水话、盐城话、义乌话、常德话、连城话；壮侗语族（4）：毛南语、仫佬语、仡佬语、布央语；南亚语系（4）：京语、莽语、俫语、布赓语；苗瑶语族（2）：滇东北苗语、江底勉语。

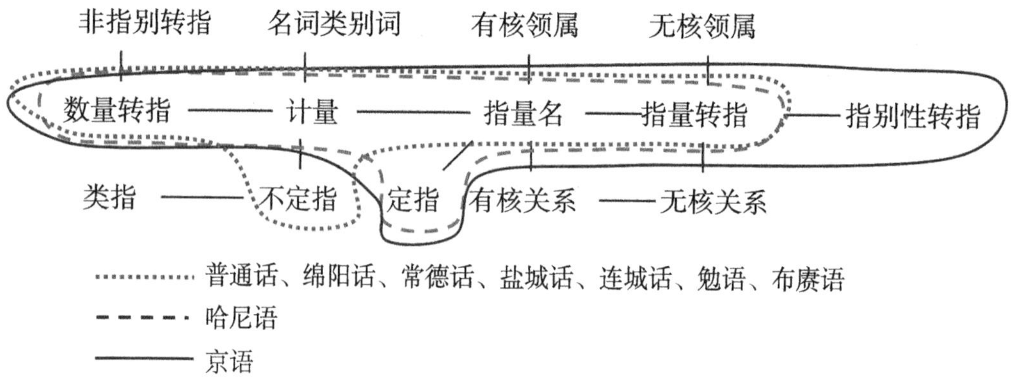

图 4　量词功能的三级扩张

四级：量词功能扩展到定语标记的结构性功能。

这一级的量词功能往结构性功能扩张，产生领属定语标记、关系化定语标记功能，同时语用性功能也扩展到不定指、定指或类指。只有老挝语是例外：有定语标记功能，而没有不定指、定指和类指功能。

四级主要分布在汉语东南方言和北方烟台话、青岛话以及壮侗、苗瑶、南亚语组，有以下 37 种语言或汉语方言。

汉语方言（16）：烟台话、青岛话、上海话、温州话、苏州话、东阳话、绍兴话、绩溪话、新化话、娄底话、涟源话、广州话、开平话、香港话、潮州话、琼海话；壮侗语族（12）：武鸣壮语、布依语、傣语、泰语、侗语、拉珈语、水语、木佬语、普标语、标话、莫语、老挝语；苗瑶语族（7）：黔东苗语、湘西苗语、川黔滇苗语（大南山）、川黔滇苗语（文山）、布努语、畲语、优诺语；南亚语系（2）：越南语、布芒语。

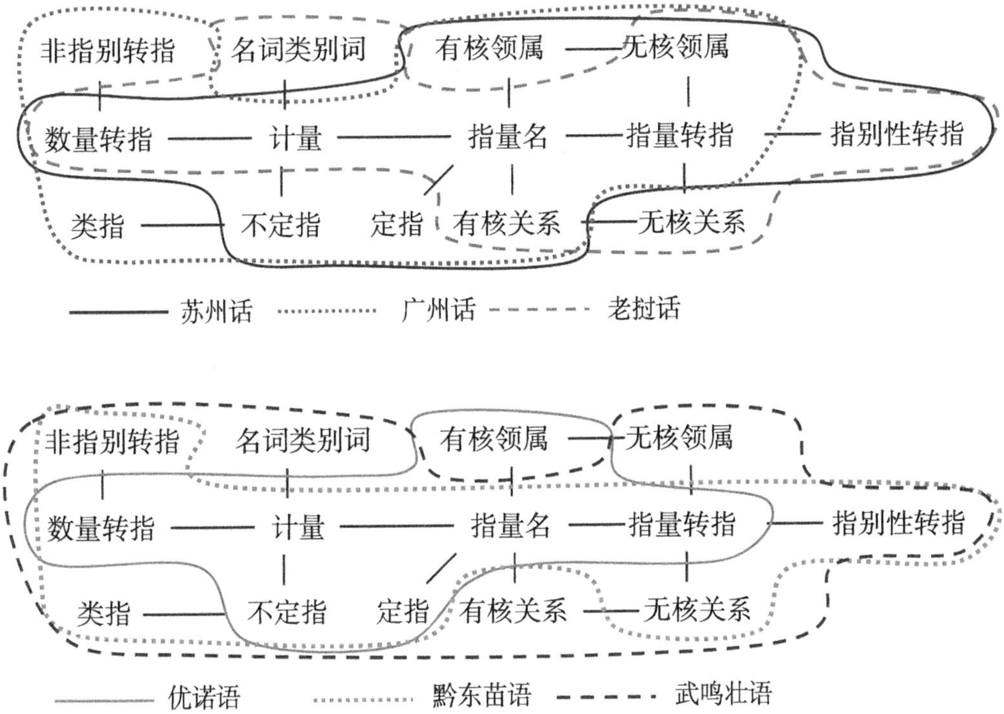

图 5　量词功能的四级扩张

四、量词功能的扩张路径

上文通过 99 种语言或汉语方言的量词功能的考察，构建了一个量词功能的概念空间。根据语义地图模型理论，这个概念空间反映了量词的各种功能之间的相似性大小，也反映了各种功能之间的演变引申路径。根据量词各种功能的蕴涵关系，可对量词功能的扩张路径作如下推断①：

---

① 分析语言成分的演变路径，一般根据历史材料，也可以根据共时材料。在汉语方言、少数民族语言缺乏历史材料的情况下，根据共时材料做出演变路径的推断，是一个具有参考价值的补充。

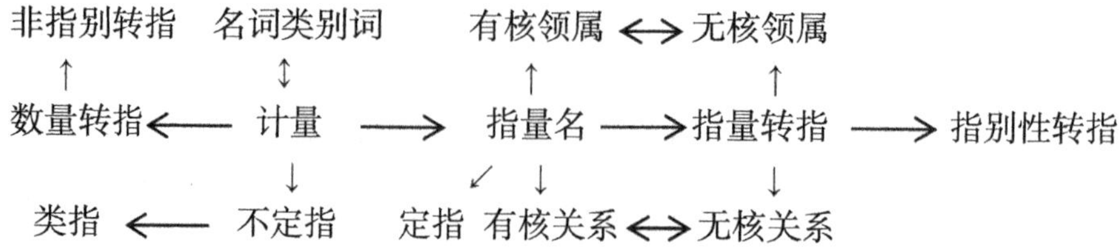

图 6　量词功能的演变路径

（一）计量单位到数量转指、非指别性转指、不定指、类指

数量转指：数量转指用法可以看作量词作为计量单位用于“数量名”结构中省略名词形成的。

非指别性转指：一般情况下语义上指一个个体，因此推断是数量转指功能的数量短语“一＋量词”中的数词“一”脱落而形成。

不定指标记：数词“一”在演变出不定指标记的功能是语言中的普遍现象。由于量词语言中数词与名词结合时量词强制出现，形成不定指功能的“一＋量”。其中的数词“一”脱落，就形成单个量词表达不定指的功能。量词的不定指标记功能可能首先出现在宾语位置上，形成准不定指标记用法，然后扩展到主语位置，形成不定冠词用法。

类指标记：不定指标记标示不确定的事物，进一步发展，可标示一类事物，从而由不定指标记演变为类指标记。英语不定冠词也发展出类指功能。汉语普通话“一＋量”有准不定指标记的功能，也有类指功能。在我们考察的 99 种语言或汉语方言中，有 12 种语言或方言的量词有类指功能，这 12 种语言或方言的量词都有不定指功能。上文我们谈到，不定指功能分为只出现于宾语的准不定指功能和可出现于宾语和主语位置的真不定指功能，而有量词的类指功能的语言，也都是量词有真不定指功能的语言，可见类指功能是不定指功能完全成熟后发展出的功能。

类指标记另一可能的来源是定指标记，如英语的定冠词发展出类指用法。量词有类指功能的 12 种语言或汉语方言中，有 11 种也有定指功能，但烟台话量词有类指功能而没有定指功能。因此，还是应把量词的不定指功能看作量词的类指功能的来源。

（二）名词类别词

名词类别词从语义上看似乎与类指功能相近，但有量词的名词类别词功能的语言，很多并没有量词的类指功能，如卡卓语、傣语、泰语、侗语、拉珈语、毛南语、仡佬语、木佬语、莫语、布芒语、老挝语、布依语、仫佬语、黎语、水语、布央语、俫语、标话共 18 种语言；既有名词类别词功能又有类指功能的语言仅有越南语、武鸣壮语 2 种语言。因此，名词类别词应不是来源于类指功能。

名词类别词与作为计量单位的量词有直接的联系，但有两种可能的演变方向：名词类别词演变出量词或量词的计量单位功能演变为名词类别词①。学界在这个问题上意见分歧，有些学者认为量词演变出名词类别词（类属词头、前缀、前加成分）用法，如倪大白、梁敏、覃晓航②；还有些学者则认为名词类别词发展出量词，如游汝杰、小航、文安③。

覃晓航同意倪大白的观点，认为壮侗语的量词发生词头化演变，即从量词演变为本文所说的名词类别词，如马山壮语“tu^2（动物类）”“ko^1（植物类）”“pou^4（人类）”“tak^8（男性青少年）”“ta^6（女性青少年）”“dik^7（点状液体）”“tiu^2（长形物）”等。笔者认为覃晓航的分析是有道理的，至少有一部分量词兼做名词类别词是先有量词，后发展出名词类别词，如“ko^1（植物类）”“dik^7（点状液体）”“tiu^2（长形物）”。这 3 个词都借自汉语量词“棵”“滴”“条”，很明显最初是量词，名词类别词是演变的结果。

上文谈到，由于量词大多来源于名词、动词，而名词、动词演变为量词，都借助于被计量的物体与作为计量单位的名词、动词的内在联系，与此产生个体量词与名词的特殊选择限制关系，使量词产生的标示类别的附带效应。这种对名词的附带“分类”作用，有可能凸显化为量词的核心功能，演变为名词类别词。

但笔者认为，从名词类别词演变出量词也不是没有可能。证据主要有 3 点。

第一，苗瑶语族语言（易先培、乐赛月、罗安源、李云兵、陈其光、李炳泽、李云兵、关辛秋④）、壮侗语族语言普遍有名词类别词，部分南亚语系语言也存在名词类别词，但苗瑶语族语言、个别壮侗语族语言（普标语、拉基语）、多数南亚语系语言

① 个体量词大多来源于名词，少数来源于动词。这里仅就量词与名词类别词的关系而言，看两者的演变方向，不是讨论全部量词的来源。

② 参见倪大白：《侗台语概论》，北京，中央民族学院出版社，1990；梁敏：《壮侗语族量词的产生和发展》，载《民族语文》，1983（3）；覃晓航：《关于壮语量词的词头化》，载《民族语文》，2005（3）。

③ 参见游汝杰：《论台语量词在汉语南方方言中的底层遗存》，载《民族语文》，1982(2)；小航、文安：《壮语类属词头与壮语量词的关系》，载《广西民族学院学报》（哲学社会科学版），1988（4）。

④ 易先培：《论湘西苗语的名词类别范畴》，载《中国语文》，1961；乐赛月：《贵阳花溪区甲定苗话的前加成分》，载《民族语文》，1979（3）；罗安源：《贵州松桃苗话的冠词》，载《民族语文》，1980（4）；李云兵：《苗语川黔滇次方言的名词前加成分》，载《民族语文》，1992（3）；陈其光：《苗瑶语前缀》，载《民族语文》，1993（1）；李炳泽：《苗瑶语辅音前缀的音节化和实词化及其变体研究》，载《中央民族大学学报》，1994（5）；李云兵：《论苗语名词前缀的功能》，载《民族语文》，2002（3）；关辛秋：《湘西苗语的 qo^{35}》，载《中南民族大学学报》（人文社会科学版），2006（3）。

（佤语、布庚语、布朗语、德昂语、布兴语、京语、莽语、克蔑语）名词类别词并没有量词用法。这些语言大多有丰富的量词，可以推断，这些语言中的名词类别词并不是从量词演变而来。多数壮侗语族语言及少数南亚语系语言（越南语、布央语）中存在名词类别词兼作量词现象，应是一些名词类别词演变出量词用法。

表 3　常用名词类别词兼作量词考察简表 ①

语言	词类	人	动物	植物	物品	雄性	雌性
水语（壮侗）	类别词	ai^{33}hek^{55}（NC）客	to^{31}mum^{53}（NC）虎	ni^{53}mai^{53}（NC）树	tjeu^{31}laːk^{35}（NC）绳	tak^{31}po^{53}（NC）黄牛	ni^{53}po^{53}（NC）黄牛
	量词	【ai^{33}】	【to^{31}】	【ni^{53}】	【tiu^{31}】	【to^{31}】	【ni^{53}】
黎语（壮侗）	类别词	—	pɯ^{53}hweːŋ^{11}（NC）苍蝇	khɯːŋ^{55}tshoi^{3}（NC）荔枝	tsɯ^{55}koːm^{11}（NC）鞋	pha^{11}foːi^{55}（NC）叔叔	pai^{24}pau^{53}（NC）猪
	量词	tsuːn^{31}/laŋ^{53}	laŋ^{53}	【khɯːŋ^{55}】	hom^{53}	【pha^{11}】	laŋ^{53}
拉基（壮侗）	类别词	pu^{44}ʑe^{13}（NC）媒人	li^{35}qɛ^{44}（NC）鸡	n̩^{44}ku^{44}（NC）葱	n̩^{44}tɕi^{55}（NC）柱子	—	mja^{44}mje^{55}（NC）猪
	量词	kin^{44}	saŋ^{44}	to^{55}/khja^{44}	laŋ^{55}/khja^{44}	—	saŋ^{44}
苗语（苗瑶）	类别词	qo^{53}ȵəŋ^{35}（NC）男人	ta^{53}ȵe^{31}（NC）水牛	qo^{53}du^{35}（NC）树	qo^{53}pɛ^{44}（NC）梳子	—	—
	量词	le^{53}	ŋəŋ^{44}	ʈu^{22}/ko^{44}	le^{53}	—	—

布依语、壮语、水语、仡佬语、傣语等的部分名词类别词可以兼作量词，而同为壮侗语族语言的拉基语虽然有类似的名词类别词，但这些名词类别词都不能用作量词，带有这些名词类别词的名词在表达数量时，需用其他的量词。苗瑶语族的苗语（矮寨②）、布努语（弄京③）也有丰富的名词类别词，但这些名词类别词都不能兼作量词。其中苗语的动物类别词"ta^{53}"、布努语的人类别词"po^{3}"分别与壮侗语的"dɯ^{45}/tuə^{2}/tu^{31}"和"pu^{4}/pou^{4}"词形近似，有可能同源。名词类别词是中国南方及东南亚地区苗瑶语族、壮侗语族、部分南亚语系语言的共有特征，其中多数壮侗语族语言和少数南亚语系语言的名词类别词发展出量词功能，而苗瑶语族语言和多数南亚语系语言的名词类别词没有发展出量词功能。

第二，在有名词类别词兼作量词的壮侗语族、南亚语系语言中，还有不少名词类别词并没有兼作量词的用法，因此不能说这些名词类别词来源于量词。如水语的名词类别词"ni^{53}"（雌性）兼作量词，而"tak^{31}"（雄性）没有量词用法。

① 表 3 中"【 】"内为兼作量词的名词类别词。

② 余金枝：《湘西矮寨苗语参考语法》，北京，中国社会科学出版社，2011。

③ 蒙朝吉：《瑶族布努语方言研究》，北京，民族出版社，2001。

（25）a. ti^{33} ni^{53}　　po^{53}　　　　b. ti^{33} to^{31} tak^{31} po^{53}（水语①）
　　　一　头（母）黄牛　　　　　　　一　头（NC）黄牛
　　　一头母黄牛　　　　　　　　　　一头公黄牛

第三，有些名词类别词是同源的，但在有的语言中可兼作量词，在有的语言中不能兼作量词。如指人名词类别词布依语“pu^{4}”、壮语“pou^{4}”、水语“pou^{4}”、布央语“puo^{0}”、拉基语“pu^{44}”应是来源于“夫”②，在布依语、壮语、水语中可兼作量词，但在布央语、拉基语中不能兼作量词；雄性类别词布依语“pau^{5}”、仡佬语“pau^{33}”、黎语“pha^{11}”、俫语“puɔ^{3}”、布赓语“pou^{31}”、布努语“po^{3}”应是来源于“父”，在布依语、仡佬语、黎语中可兼作量词，但在俫语、布赓语、布努语中不能兼作量词；雌性类别词布依语“me^{6}”、仡佬语“ma^{33}”、俫语“muɔ^{4}”、布赓语“mou^{44}”、拉基语“mja^{44}”应是来源于“母”，在布依语、仡佬语中兼作量词，但在俫语、布赓语、拉基语中不能兼作量词。可见，演变方向应是名词类别词演变为量词，同源的名词类别词在有的语言中已演变出量词，但有的语言尚未演变出量词用法。

因此，虽然存在量词演变为名词类别词的路径（如植物类别词“ko”），但以上3点证明，更多的情况可能是从名词类别词演变为量词。

从名词类别词演变出量词，很可能是由拷贝型量词造成。不少语言有拷贝型量词（反响型量词），即拷贝被计量名词为计量单位，形成量词。如：

（26）dun^{3} tam^{1} dun^{3}（临高话③）
　　　树　三　树
　　　三棵树

以上是完全拷贝量词。如果被拷贝的名词是合成词，可以形成半拷贝的量词，即量词是名词词形的部分片段。如：

（27）soːŋ^{1} kən^{2} kən^{2}khek^{8}（龙州壮语④）
　　　二　位　人客
　　　两位客人

① 韦学纯：《水语语法标注文本》，北京，社会科学文献出版社，2016。

② 张惠英：《汉藏系语言和汉语方言比较研究》，北京，民族出版社，2002；张惠英：《语言现象的观察与思考》，北京，民族出版社，2005。

③ 梁敏：《壮侗语族量词的产生和发展》，载《民族语文》，1983（3）。

④ 梁敏：《壮侗语族量词的产生和发展》，载《民族语文》，1983（3）。

半拷贝量词可以分析为完全拷贝后部分删除，删除的动因是避免重复，即同形删略[①]：

（28）soːŋ1 kən^{2} ~~khek~~^{8} kən^{2}khek^{8} → soːŋ^{1} kən^{2} kən^{2}khek^{8}
二 位 客 人客 二 位 人客

从半拷贝型量词的思路出发，可以认为壮侗语族语言的量词—名词类别词同形现象，很可能也是一种半拷贝型量词[②]。

（29）əɯ^{55} ma^{55} ~~hua~~^{33} ma^{55}hua^{33} → əɯ^{55} ma^{55} ma^{55}hua^{33}（比工仡佬语[③]）
一 把 锄头（NC）锄头 一 把（NC）锄头

由于壮侗语族语言的名词类别词大多可以隐去，如居都仡佬语“pau^{33}wai^{33}”也可以说成“wai^{33}”。拷贝后为彻底避免重复，原名词前的名词类别词一般也需要删去，形成前后两个重复片段的互补删除，于是形成量词兼作名词类别词现象。如：

（30）tsɿ^{33} pau^{33}wai^{33} pau^{33}wai^{33} → tsɿ^{33} pau^{33} wai^{33}（居都仡佬语）
一 个 哥（NC）哥 一 个 哥

而如果不采取拷贝量词的方式，而是选用其他量词，则名词类别词不删除。如：

（31）mɛ^{6}nǎm^{4} ʔǎn^{2} hɯŋ^{6}（西双版纳傣语）
（NC）河 条 一

量词与名词类别词的演变关系应该不止一种，由于名词类别词与量词在个体化、分类性这两点上的相似性，从量词演变为名词类别词和从名词类别词演变为量词都是可能的，不同语言所走的路径可以不同。名词类别词主要是从名词发展而来，少数由量词发展而来。量词多数从名词或动词发展而来，少数从名词类别词发展而来。

① 郭锐：《现代汉语词类研究》（修订本），北京，商务印书馆，2018。

② Bisang 已注意到泰语中类别名词（class noun）与半拷贝量词的密切关系。参见 Bisang, Walter. Classifiers in East and Southeast Asian Languages: Counting and Beyond. in Jadranka Gvozdanovic (ed.), Numeral Types and Changes Worldwide, Berlin: Mouton de Gruyter, 1999:120-192.

③ 李霞：《比工仡佬语参考语法》，北京，中央民族大学博士学位论文，2009。

（三）计量单位到指量名、指量转指、指别性转指、定指

指量名：在量词发达的语言中，指示词不能或不易与名词直接结合，指示词需与量词共现才与名词组合。

指量转指："指量名"结构中的名词脱落，"指量"就承担起"指量名"的功能，也就是转指。比如汉语中的"这个"可以指"这个东西"，可以认为是"这个东西"中的名词中心语"东西"脱落形成的。由于指示词具有指别性，因此指量转指用法也都是指别性的，即具有把一个事物与其他事物区别开的含义。

指别性转指：指量转指用法中的指示词一旦脱落，转指的功能就由量词来承担，由此形成量词的指别性转指功能。其指别性显然继承自脱落前的指示词。

定指：量词的定指功能，是"指量名"结构中的指示词产生定指功能后指示词脱落形成的。

指示词与定指有密切联系。Dryer 认为[①]，有定指标记的 253 种语言中定指标记由指示词兼任的有 56 种语言，而在定指标记与指示词用不同形式表达的语言中，又有不少定指标记来源于指示词，如英语 the 来源于指示词 that。汉语的指示词"这、那"具有回指的功能，或多或少带有一点定冠词功能。

盛益民认为[②]，准指示词型的量名定指用法来源于指量名结构，量名结构能省略中心名词，甚至能单独转指某个对象，即指量名结构 → 量名结构 → 指别性转指。但根据我们的考察，有的语言有指别性转指功能，但没有定指功能（量名结构），如泰语、傣语、水语、老挝语、怒苏语、载瓦语等，因此量名定指用法与指别性转指用法应没有直接关联。量名定指是指量名结构中指示词脱落而形成的，而指别性转指是指量转指结构中指示词脱落而形成的。

我们认为量词的定指标记功能（量名结构）、指量转指、指别性转指的确都来源于指量名结构，但却走了两条方向不同的路径。这两条路径与指量名结构的两种表义类型相关。

---

① Dryer, Matthews S. Definite Articles. In Matthew S. Dryer and Martin Haspelmath (eds.), The World Atlas of Language Structures . Oxford: Oxford University Press, 2005:154-155.

② 盛益民：《汉语方言定指"量名"结构的类型差异与共性表现》，载《当代语言学》，2017（2）。

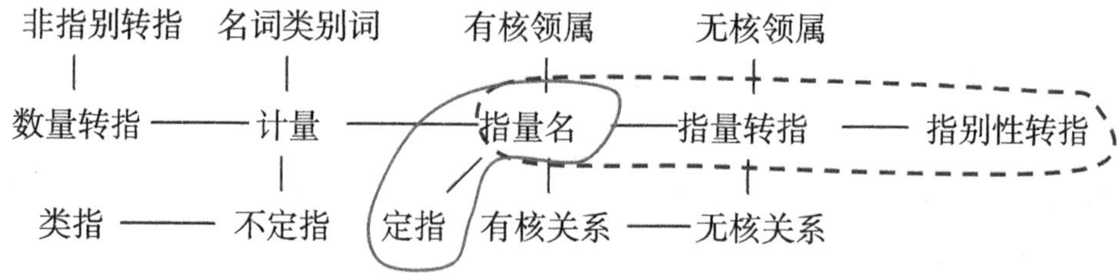

图 7　从指量名到定指、从指量名到指别性转指两条路径的发展

指量名结构的第一种表义类型是指别。指别性的指量名发展出指量转指、指别性转指用法。指量名结构中的指示词具有指别的功能，即把一个对象与其他对象区别开。比如教室有若干同学，老师请其中一位同学回答问题时可以说“这 / 那位同学请回答”，“这 / 那”起到了把某同学与其他同学区别开的作用。指示词表达指别时，指示词本身是焦点，需重读，而名词不是焦点，可以省去。因此可说成“这 / 那位请回答”，由此形成指量转指的用法。如果指量转指用法的指示词脱落，指别的功能由指示词转移到量词身上，则形成量词的指别性转指用法。

指量名结构的第二种表义类型是表达定指，即指别的功能消失或基本消失，仅表示某个对象是已确定的对象，不是为了把一个对象与其他对象区别开。比如教室只有一个同学，老师说“这位同学是来上课的吗？”此时“这”并不是为了与其他同学区别开，仅表达定指。定指用法的指示词不是焦点，一般不重读，是一种弱成分，就有可能脱落，形成量名结构，由此产生量词的定指标记用法，即盛益民、陶寰、金春华[①]和盛益民[②]所说的准冠词型用法，如烟台话、富阳话、广州话等。有的语言或汉语方言中量名结构的指别性还没有完全消失，这就是盛益民、陶寰、金春华和盛益民所说的准指示词型用法，如温州话、义乌话、苏州话、涟水话等。

黄燕旋[③]指出，潮州话的指量名结构有两种变调模式，前变式（“指量”变调、“名”不变调）用于指称没有对比项的对象，后变式（“量名”变调、“指”不变调）用于指称存在对比项的对象。前变式可以脱落“指”，变成量名结构；后变式可以脱落“名”，变成指量结构，并进一步脱落指示词，变成量词单独作中心语。从本文的视角看，潮州话后变式指量名就是指别性指量名，演变出量词的指量转指的用法，并进一步演变为指别性转指的用法；前变式指量名就是非指别性指量名结构，演变出量词的

① 盛益民、陶寰、金春华：《准冠词型定指“量名”结构和准指示词型定指“量名”结构——从吴语绍兴方言看汉语方言定指“量名”结构的两种类型》，见北京大学中国语言学研究中心语言学论丛编委会编：《语言学论丛》，第五十三辑，北京，商务印书馆，2016。

② 盛益民：《汉语方言定指“量名”结构的类型差异与共性表现》，载《当代语言学》，2017（2）。

③ 黄燕旋：《潮州方言“指量名”结构的分化与演变》，载《语言科学》，2020（5）。

定指用法（量名结构）。潮州话两类指量名结构的变调差异显示的演变路径[①]，与本文构拟的量词功能概念空间完全一致。

（四）四种定语标记的来源

定语标记包括无核领属性定语标记、有核领属性定语标记、无核关系化定语标记、有核关系化定语标记。

1. 定语标记功能不来源于定指标记功能和不定指功能

过去不少学者认为关系化标记来源于定指标记，但根据我们的考察，有关系化标记的语言不一定有定指标记（烟台话、泰语、傣语、老挝语、拉珈语、莫语 6 种语言）。根据语义地图连续性假说，应认为关系化标记与定指标记没有直接关联。

也有学者认为定语标记可以来源于不定指标记[②]，但在不少语言中有定语标记，却没有不定指标记（布依语、傣语、老挝语、水语、木佬语、布芒语 6 种语言）。根据语义地图连续性假说，应认为关系化标记与不定指标记没有直接关联。

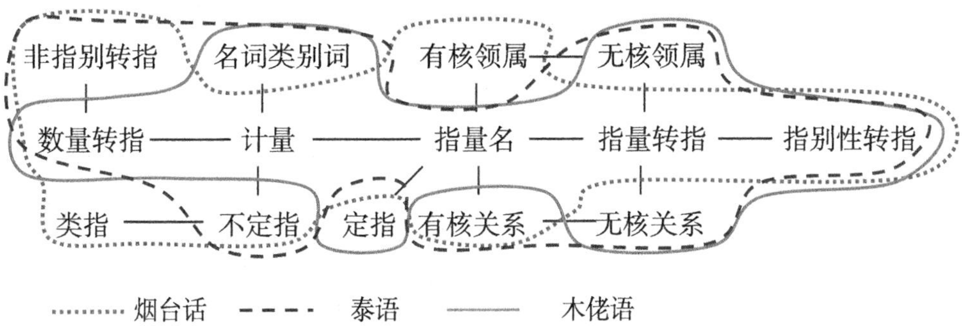

图 8　定语标记与定指标记、不定指标记的关系

2. 无核定语标记功能不来源于指别性转指功能

从语义和句法环境分析，无核关系化与指别性转指有密切的联系：当指别性转指的量词虚化为功能性成分后，就有可能演变为无核关系化标记，两者出现的环境相同。因此，指别性转指和无核关系化标记在语料中很难区分。比如：

---

① 王健、毛志萍注意到定指的量名结构与不定指的量名结构常有语音上的差异，推测是指示词引起的语流音变的遗留。这个结论是可靠的。参见王健：《类型学视野下的汉语方言“量名”结构研究》，载《语言科学》，2013（4）；毛志萍：《汉语方言名量词研究》，武汉，华中师范大学博士学位论文，2019。

② 陈玉洁：《量名结构与量词的定语标记功能》，载《中国语文》，2007（6）。

（32）ko¹ min² han⁴ tük⁸ ko¹ Kau¹ dam¹.（壮语①）

棵 木棉那 是 棵 我 种

那棵木棉树是我种的（那棵）。

此例中的“ko¹”既可以理解为指别性转指，也可以理解为无核关系化标记，到底怎么处理，要根据把“ko¹”看作修饰语“Kau¹dam¹”的中心语还是把“ko¹”看作虚化的标记来确定。

而根据我们对 99 种语言或汉语方言的考察，有无核关系化标记用法的语言，不一定有指别性转指，如绩溪话、上海话、新化话、开平话、越南语，如果把无核关系化与指别性转指标记直接关联起来，就会有语言出现“断链”。

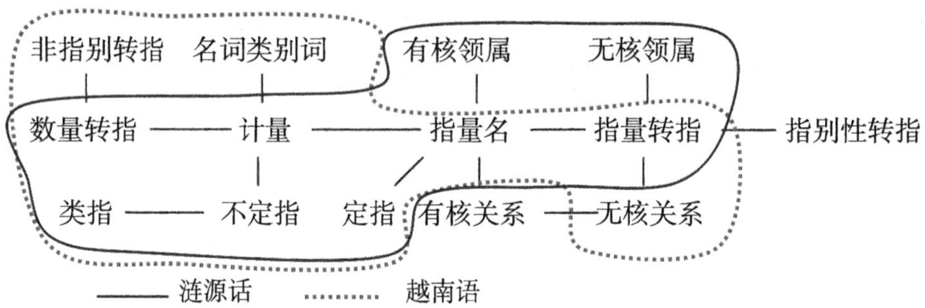

图 9　定语标记与指别性转指功能的关系

无核领属性定语标记与指别性转指出现的环境也相似。但由于上海话、涟源话、绩溪话、广州话、开平话、新化话 6 种语言有无核领属定语标记，没有指别性转指，因此还是应认为无核领属性定语标记不来源于指别性转指。

3. 有核定语标记功能和无核定语标记功能的关系

有核关系化标记和无核关系化标记：传统观点认为无核关系化结构是有核关系化结构的中心语省略形成的。但根据我们的考察，有量词有核关系化标记功能而没有无核关系化标记的语言有烟台话、青岛话、苏州话、东阳话、绍兴话、广州话、香港话、琼海话、湘西苗语、布努语 10 种。有量词无核关系化标记而没有有核关系化标记的语言有布依语、侗语、拉珈语、木佬语、普标语、莫语、黔东苗语、越南语 8 种。因此不能笼统说是有核关系化定语标记演变为无核关系化定语标记或无核关系化定语标记演变为有核关系化定语标记，应认为有核关系化定语标记和无核关系化定语标记可以相互演变，也可能都是从其他功能发展而来。

① 晋风：《对壮语量词研究中几个论点的商榷》，载《中南民族学院学报》（哲学社会科学版），1982（2）。

有核领属性定语标记和无核领属性定语标记：有核领属结构比无核领属结构多一个中心语，所以很容易认为有核领属定语结构的中心语脱落，就演变为无核领属定语结构。但有的语言只有量词的无核领属性定语标记功能，没有有核领属性定语功能，如武鸣壮语、布依语、老挝语、泰语、傣语、水语、木佬语、普标语、布芒语 9 种语言。另一方面，有的语言只有量词的有核领属性定语标记功能，没有无核领属性定语标记功能，如烟台话、青岛话、东阳话、娄底话、琼海话、香港话、湘西苗语、标话、川黔滇苗语（大南山）、川黔滇苗语（文山）、畲语、优诺语 12 种语言。因此，有核领属性定语标记和无核领属性定语标记功能之间没有单向的演变关系，或者可以相互演变，或者都由其他功能演变而来。

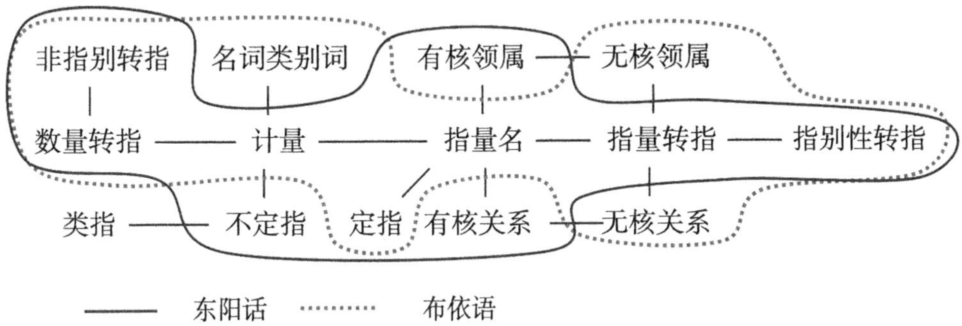

图 10　东阳话和布依语：有核定语标记和无核定语标记互补

4. 领属定语标记功能和关系化定语标记功能的关系

领属定语标记和关系化定语标记有无直接关联？有的语言只有量词的领属定语标记功能，而没有关系化定语标记功能，如娄底话、涟源话、水语、标话、川黔滇苗语（大南山）、川黔滇苗语（文山）、畲语、优诺语、布芒语 9 种语言；有的语言只有量词的关系化定语标记功能，没有领属性定语标记功能，如越南语、黔东苗语、布努语、莫语 4 种语言。可见领属性定语标记功能和关系化定语标记功能无蕴涵关系，很可能是由其他功能分别发展而来。

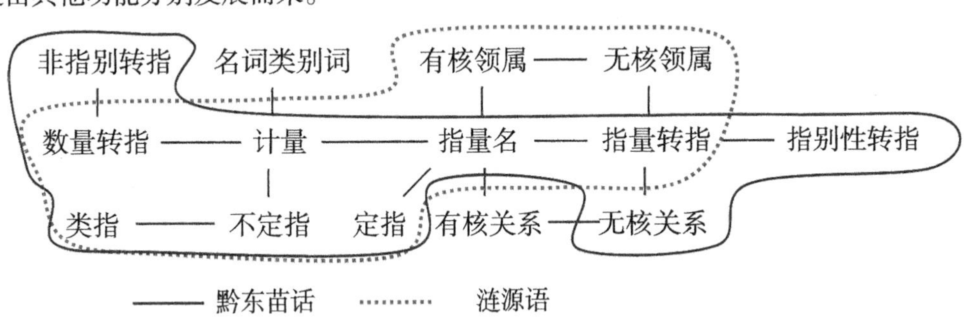

图 11　黔东苗语和涟源话：领属定语标记和关系化定语标记互补

5. 量词的定语标记功能的可能来源

量词的定语标记功能与计量单位、数量转指、指量名、指量转指功能都有蕴涵关系，即有量词的定语标记功能的语言，也都有4种功能。计量单位、数量转指在语义和出现环境上与定语标记功能相差较大，可以排除。指量名、指量转指功能在语法环境上与定语标记功能有相似性，很可能分别是有核定语标记功能和无核定语标记功能的直接来源。

指量名结构与有核定语标记功能在语法环境上相似，演变过程可能是："领属定语/关系化定语+指量+名"中"指"脱落，变成"领属定语/关系化定语+量+名"，其中的量词逐渐虚化变为定语标记。比如温州话：

（33）领属+指量+名　　　领属+量+名
　　a. 我个本书　　→　　我本书
　　　我这本书　　　　　我的书
　　关系化定语+指量+名　　关系化定语+量+名
　　b. 种田许头牛　　→　　种田头牛
　　　种田那头牛　　　　　种田的牛

指量转指功能与无核定语标记功能在语法环境上相似，演变过程可能是："领属定语/关系化定语+指量"结构中，指示词脱落，量词虚化，最后形成无核定语标记。如：

（34）领属+指量转指　　　领属+量
　　你许件　　→　　你件（温州话）
　　你那件（衣服）　　你的（衣服）
（35）关系化定语+指量转指　　关系化定语+量
　　我喜欢哀件阿里搭去了。→　我喜欢件阿里搭去了。（上海话）
　　我喜欢的那件到哪里去了。　我喜欢的到哪里去了。

综上，定语标记可能的演变路径有三种：①指量转指→无核定语标记→有核定语标记。②指量名→有核定语标记→无核定语标记。③指量转指→无核定语标记，指量名→有核定语标记。就前两种演变路径而言，汉语方言倾向于"指量名→有核定语标记→无核定语标记"的演变，而壮侗、苗瑶、南亚语组语言则倾向于"指量转指→无核定语标记→有核定语标记"的演变。

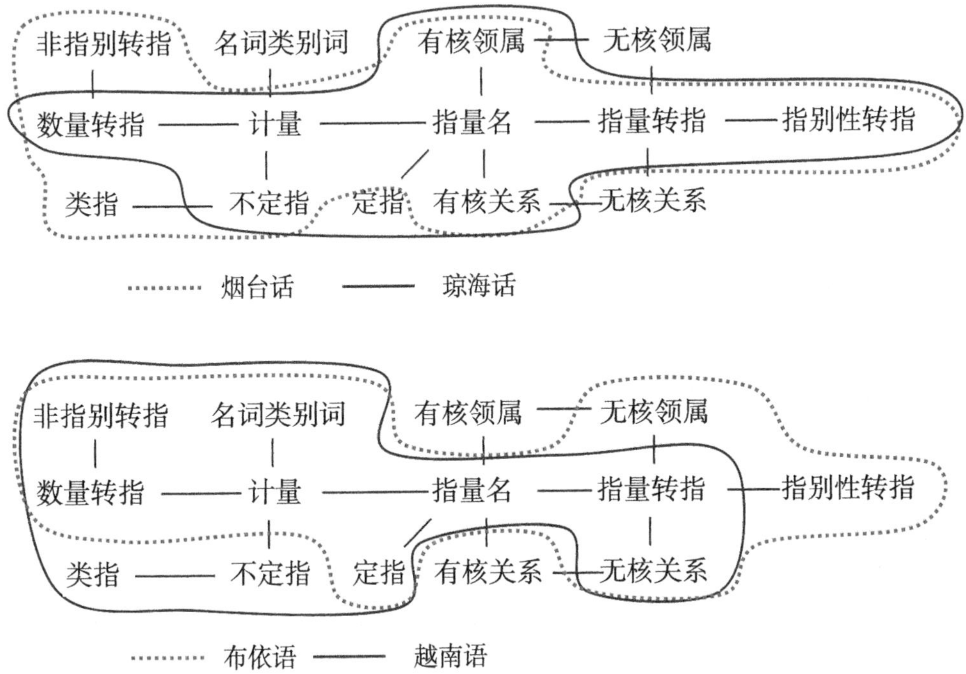

图 12　有核、无核定语来源的两种倾向

由于指量转指来源于指别性的指量名结构，指量转指也是指别性的。上文构拟出量词定语标记功能来源于指量名、指量转指用法的演变路径，那么量词的四种定语标记用法是否带有指别性呢？领属性定语天然具有区别性，关系化定语则有区别性和描写性的不同。根据对语料的分析，无核关系化标记用法一般用作区别性定语，而有核关系化定语标记也多用作区别性定语[①]，描写性定语极少见，很可能是后起的用法。如温州话量词用作关系化标记时，只用于区别性定语，不用于描写性定语。

（36）a. 种田头牛是我个，许头不是我个。

种田的牛是我家的，那头不是我家的。

b.* 屋里种田头牛生病起罢。

我家种田的牛生病了。

例（36）b 是描写性定语，不能用量词作定语标记，只能用专用定语标记“个[ji]”。这大概是量词用作定语标记与专用定语标记“个”“嘅”等在功能上的重要区

① 但个别方言 / 语言量词的有核关系化标记主要用于描写性定语，区别性定语需用专用定语标记“的”，如烟台话。这也许与定语标记的演变路径有关：先产生无核定语标记的倾向于用于区别性定语，先产生有核定语标记的则用于描写性定语和区别性定语。

别。由于定指标记不具有指别性，量词定语标记的区别性特点可看作量词的定语标记用法不来源于定指标记用法的一个旁证。

五、结语

笔者根据对99种语言或汉语方言的量词的功能考察，分析出量词的14种功能，并根据语义地图模型理论的连续性假说，构建了一个量词功能的概念空间。通过语义和句法分析，笔者对量词功能的演变路径作出了推测，认为量词的原始功能是表示计量单位，而其他功能都是计量单位功能的直接或间接扩展。

量词功能扩展实际是往两个方向展开：①语用性功能的扩展：由计量单位扩展出不定指、类指、定指等功能。②结构性功能的扩展：由“数量”结构扩展出“指量名”结构、指量转指，并进一步扩展出领属性定语标记和关系化定语标记的功能。

量词功能的扩张程度可分为四级：一级只有计量单位功能或扩展到数量转指功能；二级扩展到指示词直接结合的用法；三级扩展到不定指、定指等语用性功能；四级扩展到领属定语标记、关系化定语标记功能。藏缅语、阿尔泰语主要属一级、二级，少数属三级；苗瑶语、壮侗语主要属三级、四级；汉语东南方言主要属三级、四级，汉语北方方言主要属三级，但烟台话、青岛话属于四级；南亚语较为分散，均分在一至四级。

量词功能的扩展，基本上是与量词结合的两个成分的脱落所致：①与量词结合的数词“一”脱落，产生不定指、类指的功能。②与量词结合的指示词的脱落，导致定指功能、定语标记功能的产生。也就是说，量词的这些功能，实际上主要是数词“一”和指示词功能“转让”的结果。

笔者对量词功能的考察和概念空间的构建支持詹伯慧、陈兴伟、方梅、王健、顾劲松、毛志萍[①]等学者提出的量词的不定指标记、定指标记功能分别来源于数词“一”和指示词的省略的说法，不支持量词的定语标记用法（关系化标记和领属定语标记）来源于定指标记或不定指标记的说法。笔者认为，定语标记来源于指量名、指量转指用法。由于量词的定语标记用法来源于指别性的指量名、指量转指用法，因而通常只用于区别性定语，不用于描写性定语。

① 詹伯慧：《潮州话的一些语法特点》，载《中国语文》，1958；陈兴伟：《义乌方言量词前指示词与数词的省略》，载《中国语文》，1992（3）；方梅：《指示词“这”和“那”在北京话中的语法化》，载《中国语文》，2002（4）；王健、顾劲松：《涟水（南禄）话量词的特殊用法》，载《中国语文》，2006（3）；毛志萍：《汉语方言名量词研究》，武汉，华中师范大学博士学位论文，2019。

量词与名词类别词之间的关系比较特殊。有名词类别词的语言集中在壮侗语族、苗瑶语族语言和南亚语系的部分语言，而兼有这两种功能的量词主要出现于壮侗语族语言和少数南亚语系语言。量词和名词类别词之间的演变关系目前还不能完全确定，从已考察的材料看，可能既有从量词发展出名词类别词的演变方向，也有从名词类别词发展出量词的演变方向。从名词类别词发展出量词，可以分析为对“名词类别词—词根”进行拷贝并删除拷贝后“词根”的结果。

参考文献

[1] 陈晖．涟源桥头方言的代词 // 伍云姬．湖南方言的代词．长沙：湖南师范大学出版社，2009.

[2] 陈其光．苗瑶语前缀．民族语文，1993（1）.

[3] 陈士林，边仕明，李秀清．彝语简志 // 中国少数民族语言简志丛书编委会．中国少数民族语言简志丛书：第 2 卷．修订本．北京：民族出版社，2009.

[4] 陈小明．广州话量词研究．天津：南开大学博士学位论文，2000.

[5] 陈兴伟．义乌方言量词前指示词与数词的省略．中国语文，1992（3）.

[6] 陈玉洁．量名结构与量词的定语标记功能．中国语文，2007（6）.

[7] 戴庆厦，蒋颖，孔志恩．波拉语研究．北京：民族出版社，2007.

[8] 道布．蒙古语简志 // 中国少数民族语言简志丛书编委会．中国少数民族语言简志丛书：第 6 卷．修订本．北京：民族出版社，2009.

[9] 方梅．指示词“这”和“那”在北京话中的语法化．中国语文，2002（4）.

[10] 方松熹．义乌方言研究．浙江省新闻出版局，2000.

[11] 关辛秋．湘西苗语的 qo^{35}. 中南民族大学学报（人文社会科学版），2006（3）.

[12] 郭锐．同形删略和离合词、不完整词形成机制——兼论准定语的形成机制．语言科学，2017（3）.

[13] 郭锐．现代汉语词类研究．修订本．北京：商务印书馆，2018.

[14] 郝琦．数量名结构与可数性范畴．北京：北京大学博士学位论文，2020.

[15] 黄燕旋．潮州方言“指量名”结构的分化与演变．语言科学，2020（5）.

[16] 晋风．对壮语量词研究中几个论点的商榷．中南民族学院学报（哲学社会科学版），1982（2）.

[17] 康忠德．居都仡佬语参考语法．北京：中国社会科学出版社，2011.

[18] 黎纬杰．广州话量词举例．方言，1988（1）.

[19] 李炳泽．苗瑶语辅音前缀的音节化和实词化及其变体研究．中央民族大学学报，1994（5）.

[20] 李锦芳，曹宝芬，康忠德 . 贵州六枝仡佬语 . 北京：商务印书馆，2019.

[21] 李霞 . 比工仡佬语参考语法 . 北京：中央民族大学博士学位论文，2009.

[22] 李云兵 . 苗语川黔滇次方言的名词前加成分 . 民族语文，1992（3）.

[23] 李云兵 . 论苗语名词前缀的功能 . 民族语文，2002（3）.

[24] 李知恩 . 量词的跨语言研究 . 北京：北京大学博士学位论文，2011.

[25] 梁敏 . 壮侗语族量词的产生和发展 . 民族语文，1983（3）.

[26] 梁敏 . 侗语简志 // 中国少数民族语言简志丛书编委会 . 中国少数民族语言简志丛书：第 3 卷 . 修订本 . 北京：民族出版社，2009.

[27] 林向荣 . 嘉戎语研究 . 成都：四川民族出版社，1993.

[28] 刘丹青 . 所谓量词的类型学分析 . 北京语言大学对外汉语教学网站，2002.

[29] 刘丹青 . 汉语关系从句标记类型初探 . 中国语文，2005（1）.

[30] 刘丹青 . 语法化理论与汉语方言语法研究 . 方言，2009（2）.

[31] 罗安源 . 贵州松桃苗话的冠词 . 民族语文，1980（4）.

[32] 马千 . 从英汉对比看汉语指示词“这”“那”的定指表达 . 北京：北京大学硕士学位论文，2011.

[33] 毛志萍 . 汉语方言名量词研究 . 武汉：华中师范大学博士学位论文，2019.

[34] 毛宗武 . 瑶族勉语方言研究 . 北京：民族出版社，2004.

[35] 蒙朝吉 . 瑶族布努语方言研究 . 北京：民族出版社，2001.

[36] 蒙朝吉 . 瑶族布努语简志 // 中国少数民族语言简志丛书编委会 . 中国少数民族语言简志丛书：第 4 卷 . 修订本 . 北京：民族出版社，2009.

[37] 倪大白 . 侗台语概论 . 北京：中央民族学院出版社，1990.

[38] 钱乃荣 . 上海话语法 . 上海：上海人民出版社，1997.

[39] 盛益民 . 汉语方言定指“量名”结构的类型差异与共性表现 . 当代语言学，2017（2）.

[40] 盛益民，陶寰，金春华 . 准冠词型定指“量名”结构和准指示词型定指“量名”结构：从吴语绍兴方言看汉语方言定指“量名”结构的两种类型 // 北京大学中国语言学研究中心语言学论丛编委会 . 语言学论丛：第五十三辑 . 北京：商务印书馆，2016.

[41] 石汝杰 . 明清吴语和现代方言研究 . 上海：上海辞书出版社，2006.

[42] 石汝杰，刘丹青 . 苏州方言量词的定指用法及其变调 . 语言研究，1985（1）.

[43] 石毓智 . 汉语研究的类型学视野 . 南昌：江西教育出版社，2004.

[44] 孙宏开 . 独龙语简志 // 中国少数民族语言简志丛书编委会 . 中国少数民族语言简志丛书：第 1 卷 . 修订本 . 北京：民族出版社，2009.

[45] 孙宏开，齐卡佳，刘光坤 . 白马语研究 . 北京：民族出版社，2007.

[46] 孙宏开，胡增益，黄行主编 . 中国的语言 . 北京：商务印书馆，2007.

[47] 覃晓航 . 关于壮语量词的词头化 . 民族语文，2005（3）.

[48] 王锋 . 白语名量词及其体词结构 . 民族语文，2002（4）.

[49] 王辅世 . 贵州威宁苗语量词 . 语言研究，1957（2）.

[50] 王辅世 . 苗语简志 // 中国少数民族语言简志丛书编委会 . 中国少数民族语言简志丛书：第 4 卷 . 修订本 . 北京：民族出版社，2009.

[51] 王健 . 类型学视野下的汉语方言“量名”结构研究 . 语言科学，2013（4）.

[52] 王健，顾劲松 . 涟水（南禄）话量词的特殊用法 . 中国语文，2006（3）.

[53] 王力 . 汉语史稿 . 北京：科学出版社，1958.

[54] 韦学纯 . 水语语法标注文本 . 北京：社会科学文献出版社，2016.

[55] 吴越 . 吴语瑞安话的两类定指“量名”结构及其关联 . 汉语史学报，2019（1）.

[56] 项梦冰 . 连城客家话语法研究 . 北京：语文出版社，1997.

[57] 小航，文安 . 壮语类属词头与壮语量词的关系 . 广西民族学院学报（哲学社会科学版），1988（4）.

[58] 徐林，赵衍荪 . 白语简志 // 中国少数民族语言简志丛书编委会 . 中国少数民族语言简志丛书：第 2 卷 . 修订本 . 北京：民族出版社，2009.

[59] 颜清徽，刘丽华 . 娄底方言的两个语法特点 . 方言，1993（1）.

[60] 易先培 . 论湘西苗语的名词类别范畴 . 中国语文，1961（3）.

[61] 游汝杰 . 论台语量词在汉语南方方言中的底层遗存 . 民族语文，1982（2）.

[62] 余金枝 . 湘西矮寨苗语参考语法 . 北京：中国社会科学出版社，2011.

[63] 乐赛月 . 贵阳花溪区甲定苗话的前加成分 . 民族语文，1979（3）.

[64] 詹伯慧 . 潮州话的一些语法特点 . 中国语文，1958（5）.

[65] 张公瑾 . 论汉语及壮侗语族诸语言中的单位词 . 中央民族学院学报，1978（4）.

[66] 张惠英 . 汉藏系语言和汉语方言比较研究 . 北京：民族出版社，2002.

[67] 张惠英 . 语言现象的观察与思考 . 北京：民族出版社，2005.

[68] 张军 . 傈僳语 ma^{33} 的多功能性与语法化 . 民族语文，2016（4）.

[69] 张永祥，曹翠云 . 黔东苗语的量名结构 . 中央民族大学学报，1996（2）.

[70] 赵日新 . 说“个”. 语言教学与研究，1999（2）.

[71] 周纯梅 . 湖南新化方言量词的代、助用法 . 文教资料，2006（2）.

[72] 周国炎，刘朝华 . 布依语参考语法 . 北京：中国社会科学出版社，2018.

[73]Allan, Keith. Classifiers. Language, 1977, 53(2): 285-311.

[74]Aikhenhald, Alexandra Y. Classifiers: A Typology of Noun Categorization Devices.

Oxford: Oxford University Press, 2000.

[75]Bisang, Walter. Classifiers in East and Southeast Asian languages: Counting and Beyond // Jadranka Gvozdanovic (ed.), Numeral Types and Changes Worldwide, Berlin: Mouton de Gruyter, 1999:120-192.

[76]Chen, Ping. Identifiability and definiteness in Chinese. Linguistics, 2004, 42(6): 1129-1184.

[77]Craig, Collete A. Classifier Languages. In Ron E. Asher (ed.), The Encyclopedia of Language and Linguistics, Vol.2. Oxford: Pergamon Press, 1994: 565-569.

[78]Croft, William. Semantic Universals in Classifier Systems. Word, 1994, 45(2): 145-171.

[79]Croft, William. Typology and Universals (2nd edition). Cambridge: Cambridge Universitiy Press, 2003.

[80]Dryer, Matthews S. Definite Articles. // Matthew S. Dryer and Martin Haspelmath (eds.), The World Atlas of Language Structures . Oxford: Oxford University Press, 2005:154-155.

[81]Lyons, Christopher. Definiteness. Cambridge: Cambridge University Press, 1999.

语义演变、语言接触与词汇传播

——*la‘茶’的起源与传播[①]

汪锋　魏久乔

一、语义演变造成新词的两种模式

一个语言系统内，词语的语义经常变化，产生新词，并造成词汇的替换，例如[②]：

表 1　汉语早期“树”和“木”的词义演变

时间	‘树木’[③]	‘种植’
公元前 211 年之前（战国前）	木	树
公元前 206—公 23 年（战国—西汉）	木 / 树[④]	树
公元 25—100 年（东汉）	树 / 木	—
公元 100—220 年（东汉）	树	—

如上所示，汉语中“树”这个形式自战国时期开始从‘种植’义变到‘树木’义，跟早先表示‘树木’义的“木”产生竞争，这一态势一直持续到东汉，最终“树”

① 本研究得到以下项目资助：国家社会科学基金重大项目“基于中国语言及方言的语言接触类型和演化建模研究”（项目批准号：14ZBD102）；国家社会科学基金重点项目“基于严格语音对应的汉语与民族语关系字专题研究”（项目批准号：13AZD051）。初稿承杨海潮、秋谷裕幸诸位师友及《民族语文》审稿专家和责任编辑指正多处，谨此一并致谢。今又蒙戴庆厦、曲木铁西二位教授厚爱，收入本文集，借机修改了几处，特此说明。

② 汪锋、王士元：《语义创新与方言的亲缘关系》，载《方言》，2005（2）。

③ 本文用单引号表示语义，双引号表示具体语言的词。

④ 更常用的列在斜线左侧。

获得胜利。[①]

如果以 F 表示形式，M 表示意义，T 表示时间，以上演变模式可以总结为下表：[②]

表 2　词汇形式和意义的演变模式

时间	M1	M2
T1	F1	F2
T2	F1	F1/F2
T3	—	F1

还有一种常见的模式是语义变化造成新词，但并不造成词汇的替换，[③] 例如：

表 3　汉语早期“听”的词义演变

时间	‘听治’	‘厅堂’
公元前 206 年之前（先秦）	听	—
公元前 206—266 年（汉—魏）	听	听
公元 266 年（六朝）	听	厅

汉语中的“听”这个形式在汉魏时期从‘听治’义变出‘厅堂’义，[④] 演变出来的‘厅堂’义是语义创新，之前没有一个单独词汇形式来承担该意义，也就是这一语义变化创造了一个新词 F1‘M2’（听‘厅堂’）。

二、词汇借贷造成新词的两种模式

如果一个语言向其他语言借贷词汇，常见的情形也有两种，即替换性借贷和互补性借贷[⑤]。替换性借贷是指受借语言中的词汇被施借语言中的词汇替代，从形式和意义配合的角度来讲，是指借贷的施受双方在接触之前各自用不同的形式来表达同一词义，接触之后，施借语言借来的新词与受借语言的旧词就产生了竞争，并最终造成词汇替

① 参见汪维辉：《东汉—隋常用词演变研究》，81—87 页，南京，南京大学出版社，2000。

② 当然，也有很多是 F1 竞争失败的情况，比如，在 T3 时，M2 仍只由 F2 承担。

③ 系统内部造新词填补空缺的方式还有派生法等，但都涉及形式和意义两方面的变化，具体机制与此不同。

④ 参见洪成玉：《词的义层》，载《首都师范大学学报》（社会科学版），1996（1），69—73 页、77 页。

⑤ 陈保亚：《论语言接触与语言联盟：汉越（侗台）语源关系的解释》，83—86 页，北京，语文出版社，1996。

换，例如：

表 4　傣语因汉语借词造成的竞争性词汇替换

词义	傣语中的汉语借词	傣语中的原词
‘姐’	$tɕie^{51}$	$pi^{55}saːu^{35}$
‘煮’	tso^{53}	tom^{31}

该模式可以概括为：

表 5　竞争性词汇替换演变模式

时间	受借语言	施借语言
—	M1	M1
T1	F1	F2
T2	F1/F2 ←	F2

互补性借贷是指受借语言中的词汇从形式到意义都是从施借语言中借入，在与施借语言接触之前，受借语言中没有该词，就没有竞争的情况出现，例如①：

表 6　傣语因汉语借词补充词汇

词义	傣语中的汉语借词	傣语中的原词
‘铁’	lek^{9}	无

该模式可以概括为：

表 7　互补性词汇借贷演变模式

时间	受借语言	施借语言
—	M1	M1
T1	—	F1
T2	F1 ←	F1

对受借语言而言，F1 ‘M1’就是一个新词。从传播角度上来讲，就是从施借语言传递到受借语言。

① 周耀文、罗美珍：《傣语方言研究》，337 页，北京，民族出版社，2001。

三、词汇的内部传播与外部传播

新词（形式新或者意义新）既可以源于语言内部，也可以借自语言外部。这一区分的前提是语言内部和外部之间的界限存在。[①] 任何语言形式的传播都要依靠使用语言的个体来实现，而语言的个体由于某种共同性形成不同的语言群体。下图表示一项创新（新词）从语言群体 L（Ⅰ）传播到 L（Ⅱ）：

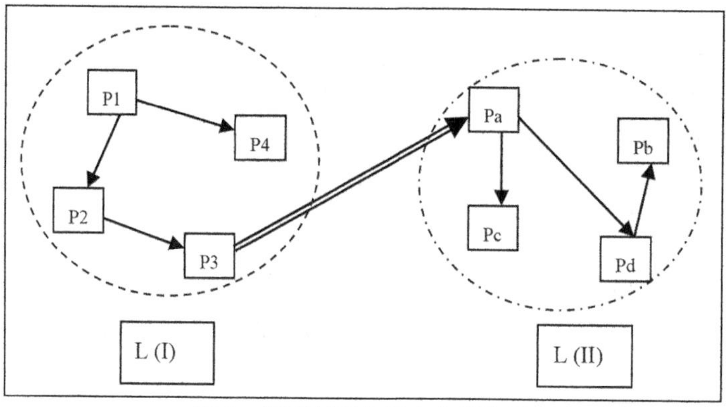

图 1　词汇创新在语言内部传播

如果在语言群体 L（Ⅰ）（包括个体 P1、P2、P3、P4）和 L（Ⅱ）（包括个体 Pa、Pb、Pc、Pd）之间没有边界，那么从 P3 到 Pa 的传播就和其他内部传播一样了（比如 P1 和 P2 或者 Pd 和 Pb 之间的传播）。然而一旦由于某些原因，二者之间的边界得以形成，个体 P3 和 Pa 之间的传播就不再与其他传播一样，而变成了所谓的借用（或者说外部传递）。

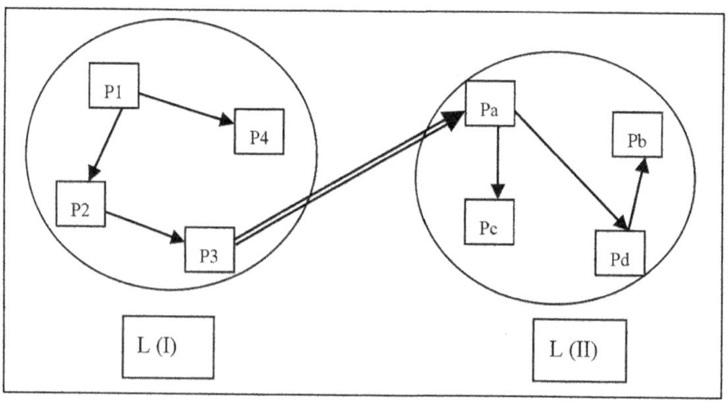

图 2　词汇创新在语言外部传播

① Wang, Feng. Comparison of Languages in Contact: the Distillation Method and the Case of Bai. Chinese Taipei: Institute of Linguistics, "Academia Sinica", 2006；汪锋：《语言接触与语言比较：以白语为例》，北京，商务印书馆，2012。

在承认语言边界的前提下，综合第一部分的内部语义演变和第二部分的外部借贷，新词的出现至少有 4 种模式。因此，如果要讨论某语言中某个词的来龙去脉，就要根据各种证据来确定这个新词的传播过程属于以上模式中的哪一种。为了确定某语言中的某个新词的来源，有两个关键问题要考虑：（1）传播链条的确立。建立词汇之间的关系需要根据历史比较法，即，建立严格的语音对应和语义关联，通过分析不同的对应模式或者通过语音相似与语音对应的不同来分析联系上的不同。（2）时间深度的测算。新词是相对于之前的状态来说的，传播需要时间，先后顺序就与传播方向密切相关。

四、*la‘茶’的起源与扩散

茶起源的确切地区和时代目前没有定论，但主要证据都倾向于距今 2000 年左右，[①] 相对于语言的历史而言，这个年代就比较晚了。在讨论茶的起源和扩散中，语言证据有重要的作用。不同语言之间‘茶’的词汇形式在历史上的关联，同源或者借贷，对茶文化的传播路线提供了很重要的依据[②]。

前人研究早就注意到‘茶’在喜德彝语中的 la^{55} 和南涧彝语中的 la^{21} [③]，布朗语[④]中的‘茶’ $laʔ^{4}$（新曼俄话）、la^{2}（关双话）和西双版纳傣语[⑤]中的 la^{4} 都相似，为讨论方便，这些都称为 *la‘茶’类词。前人研究推测这些 *la‘茶’类词有共同的源头，但对于其起源地点和传播的情况却众说纷纭。一种看法是：“傣族属于百越系统，但是在对茶的称呼上与其他百越民族不同，而是与云南周围其他民族语言有关，说明傣族的饮食习俗是到达云南之后，从周围民族学习来的。”[⑥] 也有与此不同的看法，如：“藏缅、孟 - 高棉语族……分别有部分语言具有 la、le 之类的语音形式，基本上为云南地区的藏缅、孟 - 高棉语言，很有可能是借自傣语（la^{4}‘茶’）的。”“将侗台语固有词‘茶’原始形式拟为 *gla，其分别演变为各侗台的 k- 和 l- 声母，且与早期汉语中几种

① 参见陈宗懋、杨亚军主编：《中国茶经》，1—9 页，上海，上海文化出版社，2011。
② 周振鹤、游汝杰：《方言与中国文化》，129—131 页，上海，上海人民出版社，1986。
③ 陈士林、边仕明、李秀清编著：《彝语简志》，249 页，北京，民族出版社，1985。
④ 李道勇、聂锡珍、邱锷锋编著：《布朗语简志》，100 页，北京，民族出版社，1986。
⑤ 喻翠容、罗美珍编著：《傣语简志》，119 页，北京，民族出版社，1980。
⑥ 李炳泽：《茶由南向北的传播》，见张公瑾主编：《语言与民族物质文化史》，93—94 页，北京，民族出版社，2002。

‘茶’的异名‘槚、皋卢、过罗、枸罗、瓜卢’读音接近。”①

以上讨论涉及 3 个语族：彝语所属的藏缅语族，布朗语所属的孟 - 高棉语族、傣语所属的侗台语族。随着历史比较语言学的进展，这 3 个语族的谱系分支研究都能提供更翔实的纵向传递的大背景。在此基础上，下文我们主要通过历史比较研究，来探讨 *la‘茶’类词在各语言中的传播。

（一）*la‘茶’与藏缅语

基于中国境内彝语方言的语音对应，可以重构原始彝语的 *lɒ⁹‘茶’，在各个方言中的对应形式如下②：

表 8 彝语各方言中“茶”的语音形式

词目	级	喜德	武定	江城	巍山	撒尼	南华
‘茶’	1	$lɑ^{55}$ ③	lu^{55}	lo^{21}	$lɑ^{21}$	$lɒ^{11}$	lo^{21}

Matisoff④ 在原始藏缅语中并没有为‘茶’单独重构一个形式，而是重构了‘叶子 / 茶’的原始藏缅语形式 *s-la。*s- 前缀应该是子语言中 h- 的来源，*s->h- 的变化，进而造成之后声母的清化是常见的变化。藏文的 s- 常常对应彝缅语里的 h- 或辅音的清化⑤，例如：

表 9 藏文 s- 与彝缅语 h- 或辅音清化对应举例

词目	藏文	彝缅语
‘熟（果子）’	smin	$hmɑɲ^{1}$（缅文）
‘穗’	sɲe	$hn̥^{22}$（缅语）

Matisoff 认为‘茶’是从‘叶子’演变出来的，这其实是接受了 Benedict⑥ 的看法：

① 李锦芳：《茶的古称“槚”、“皋卢”》，见张公瑾主编：《语言与民族物质文化史》，101—103 页，北京，民族出版社，2002。

② 汪锋：《汉藏语言比较的方法与实践：汉、白、彝语比较研究》，北京，北京大学出版社，2013。

③ 如果是 21 调，则符合 *9 调的对应规则。其不规则的原因尚不清楚。

④ Matisoff, James A. Handbook of Proto-Tibeto-Burman: System and Philosophy of Sino-Tibetan Reconstruction. Berkeley: University of California Press, 2003:48.

⑤ 周德才：《他留话先喉塞鼻边音声母探究》，16 页，载《民族语文》，2005（2）。

⑥ Benedict，Paul K. Sino-Tibetan: A Conspectus. Cambridge: Cambridge University Press，1972:146.

Pwo 语和 Sgaw 语 la ‘叶子’；参见藏缅语 *lap（上文）和下文：（486）Magari① 语 hla，Vayu 语和 Chepang 语 lo<*la，Kiranti 语 *la（Kulung 语 la，Rongdong 语 la-bo，Lambichong 语 lǎ-phak，Limbu 语 pella），Dhimal 语 hla-ba，Mikir 语 lo<*la（藏缅语 *la）；同时参见缅语 lak-phak~lǎbhak ‘茶’ 和 Lambichong 语形式。

*s-la 这一形式在其他藏缅语中还保持着‘叶子’的早期意义，而在现代彝缅语中几乎都变成了‘茶’。也就是说，*la‘茶’是彝缅语的创新。这就符合内部语义创新造成新词而无旧词替换的模式，如下表所示：

表 10　*la‘茶’在彝缅语中的演变模式

时间	‘叶子’	‘茶’
T1	*s-la>hla	—
T2	—	*la

不同的藏缅语发展状况不同，折射出不同的时间阶段。T1 阶段有 Magar 等语言代表；T2 阶段可以由彝语各方言代表。

但细究语言之间的对应，据《藏缅语族语言词汇》②，缅文‘茶’可转写为 lɑk^{4}phɑk^4，原始藏缅语的 *s-la 可能与 lɑk^4 并无渊源，因为韵尾 -k 的增生无法解释。缅文的这一复合词也可以解释为‘手’+‘树叶’，与当地人们手拌咸茶的习俗契合，这一构词就与原始藏缅语的 *s-la 无关了。这一解释的理据并不强。值得注意的是，缅文‘茶’也有另外的转写，如 Matisoff③ 的转写是 lə phak，缅语支的 Marma 语中‘茶’也是 lə phaʔ④，据此又可以推测在缅语中‘茶’经历了 *s-la 到 lə 的发展过程。

缅文 lɑk^4 phɑk^4（或 lə phaʔ）牵涉‘叶子’的重构。根据中国彝语方言的情况，可以重构为 *phɑ̱^{7}‘叶子’，对应如下：⑤

① 应该是 Magar 语，主要分布在尼泊尔中部和东部。可以分成东西两种方言。

② 黄布凡主编：《藏缅语族语言词汇》，北京，中央民族大学出版社，1992。

③ Matisoff, James A. Handbook of Proto-Tibeto-Burman: System and Philosophy of Sino-Tibetan Reconstruction. Berkeley: University of California Press, 2003.

④ Huziwara, Keisuke. Chakku-go no kijutsugengogakutekikenkyuu [A descriptive linguistic study of the Sak language]. 2008[2017-05-06]. http://stedt.berkeley.edu/search.

⑤ 汪锋：《汉藏语言比较的方法与实践：汉、白、彝语比较研究》，北京，北京大学出版社，2013。

表 11 彝语各方言中‘叶子’的语音形式

词目	级	喜德	武定	江城	巍山	撒尼	南华
‘叶子’	2	$tɕhi^{34}$ $tɕhi^{33}$	$pha̠^{55}$	$phiɛ^{21}$	$phɪ̠^{21}$	phe^{21} ($ɬɒ^{11}$)	$phe̠^{55}$

注意，汪锋书中该原始形式评定级别是 2 级，也就是，还不能确定是现代所有彝语方言的共同形式，其时间深度或许在喜德彝语和其他方言分开之后。据《彝汉简明词典》①，撒尼彝语中的‘叶子’是一个复合形式，$phe^{21}ɬɒ^{11}$，两个音节都是‘叶子’的意思，phe^{21}‘叶子’作为自由语素构成 $phe^{21}phi^{55}$‘吹的叶子’，$phe^{21}se^{33}ɣo^{21}$‘杷果叶’，而 $ɬɒ^{11}$‘叶子’使用受限，常常要跟 phe^{21}‘叶子’连用才行。可见，$ɬɒ^{11}$‘叶子’是一个衰退形式。比较撒尼彝语中的‘茶’$lɒ^{11}$，二者只是在声母上有清浊的分别，如果追溯到早期的藏缅语形式 *s-la ②，撒尼彝语中这一‘叶子’的衰退形式或许正反映了 *s-la‘树叶’→ hla‘树叶’→ ɬa‘茶’这一演变的中间阶段。③ 这也可表明 *pha̠⁷‘叶子’相比 *s-la‘叶子’而言，是更晚近的创新形式。

除此之外，Matisoff ④ 还为原始藏缅语重构了 *r-pak‘叶子’，如下：

表 12 Matisoff 为原始藏缅语重构的 *r–pak‘叶子’

词目	原始藏缅语 / 原始彝缅语	STC ⑤	TSR ⑥	藏文	景颇语	缅文	拉祜语	火佐语	Garo 语
‘叶子’	*r-pak	#40	#29	—	phàʔ	phak	phàʔ	—	—

这其实也与 Benedict ⑦ 一致，如下：

（40）Kiranti 语 *phak（Waling 语 suŋ-phak，Lambichong 语 lăphak，Yakha 语 sum-phak，Balali 语 siŋ-bɑk）‘叶子’，缅语 phak‘叶子’（被认为是一种用品），很可能也有克钦语 pha‘茶树’（缅语 lak-phak~lăbhak‘茶’）。

① 云南省路南彝族自治县文史研究室编：《彝汉简明词典》，昆明，云南民族出版社，1984。

② Matisoff, James A. Handbook of Proto-Tibeto-Burman: System and Philosophy of Sino-Tibetan Reconstruction. Berkeley: University of California Press, 2003.

③ 墨江哈尼语也如此，‘茶’ pha^{31} $l̥a^{31}$。

④ Matisoff, James A. Handbook of Proto-Tibeto-Burman: System and Philosophy of Sino-Tibetan Reconstruction. Berkeley: University of California Press, 2003:317.

⑤ 指 Benedict. Sino-Tibetan: a Conspectus. 编号引自周法高：《上古汉语和汉藏语》，载香港中文大学《中国文化研究所学报》，1972（5），1：159—237。

⑥ 指 Matisoff. The Loloish Tonal Split Revisited. Research Monograph #7. Berkeley: University of California Center for South and Southeast Asia Studies, 1972.

⑦ Benedict，Paul K. Sino-Tibetan: A Conspectus. Cambridge: Cambridge University Press，1972:23.

Matisoff① 还重构了另外一个原始藏缅语形式：*rwak ‘叶子’，如下：

表 13　Matisoff 为原始藏缅语重构的 *rwak ‘叶子’

词目	原始藏缅语	STC	TSR	藏文	景颇语	缅文	拉祜语	米佐语
‘叶子’②	*rwak	—	—	—	—	rwak	—	—

注意，以上两种原始形式都有缅文的证据，*r-pak 根据的是复合词中的形式 $phɑk^4$（$lɑk^4$ $phɑk^4$ ‘茶叶’），而 *rwak 根据的是自由的 ‘叶子’ 形式。一般来说，复合词中的词根形式可能保留了早期的自由形式。另一种可能是 *r-pak 的弱化形式造成了 *r-wak，如 Benedict 就认为 *r-pak 的弱化形式造成了 *r-wak。③

以上 Matisoff 为原始藏缅语重构的 *r-pak ‘叶子’、*rwak ‘叶子’，与原始彝语的 *$ph\underline{ɑ}^7$ ‘叶子’ 应该是一脉相承的。‘叶子’ 作为核心词汇，在原始藏缅语的阶段如果同时有两三种形式存在则可能性很小。根据上文的讨论，我们认为原始藏缅语最早的 ‘叶子’ 是 *s-la，*r-pak 是较晚产生的另一形式，而 *r-wak 是其弱化形式，*$ph\underline{ɑ}^7$ 是其在彝语支中进一步音变的结果。

景颇语提供了一种新情况，lap^{31} ‘叶子’，$phaʔ^{31}$ ‘茶’。④ $phaʔ^{31}$ 可以跟缅语的 $phɑk^4$ 对应，或者说从原始藏缅语的 *r-pak ‘叶子’ 演变而来。景颇语的 -ʔ 对应缅文的 -k，可参看以下例子：⑤

表 14　景颇语 -ʔ 与缅文 -k 对应举例

词目	景颇语	缅文
脑子	$nuʔ^{55}$	ʔû-hnok⑥
眼睛	$mjiʔ^{31}$	myak⑦

① Matisoff, James A. Handbook of Proto-Tibeto-Burman: System and Philosophy of Sino-Tibetan Reconstruction. Berkeley: University of California Press, 2003:321.

② 参见阿昌语（陇川）a^{31} $xz\underline{o}ʔ^{55}$、载瓦语 a^{21} $xaʔ^{55}$、浪速语 $fɔʔ^{55}$。彝缅语之外的同源词，包括嘉绒语 tə jwɐk、土家语 $ɣɯe^{55}tha^{55}$ 见《藏缅语语音和词汇》编写组编著：《藏缅语语音和词汇》，224 页，北京，中国社会科学出版社，1991；Matisoff 1991c：102。

③ “…we reconstruct TB (and TK) *r-pat, with *p->w- generally after the prefix, but with Nung and Meithei maintaining the stop (text); Burmese has a parallel development in TB *(r-) pak ‘leaf’ (n.77) (K p^ha ‘tea’ would be an early loan from Burmese in this analysis, since Kachin has *wot* ‘leech’）.”

④ 刘璐编著：《景颇族语言简志（景颇语）》，北京，民族出版社，1984。

⑤ 有一种说法是：景颇语的 $phaʔ^{31}$ lap^{31} 是 ‘叶子煮的粥’（参见李炳泽：《茶由南向北的传播》，94 页，见张公瑾主编：《语言与民族物质文化史》，北京，民族出版社，2002）。在景颇语中 $phaʔ^{31}$ 确实有 ‘粥’ 义，景颇族有将茶叶腌制起来做菜的习俗，但以此将 ‘茶叶’ 和 ‘粥’ 联系起来的理据并不强。

⑥ Matisoff, James A. Body part card file. 1987[2017-05-06]. http://stedt.berkeley.edu/search.

⑦ Benedict，Paul K. Sino-Tibetan: A Conspectus. Cambridge: Cambridge University Press, 1972.

续表

词目	景颇语	缅文
织	taʔ^{31}	tak[①]，jak[②]
爱	ʒoʔ^{31}	krok[③]
裂开	kaʔ^{31}	ak[④]
破	woʔ^{31}（‘罐子破了’）	pwak（‘煮破’）[⑤]
六	kɹuʔ^{55}	khrok[⑥]

在‘叶子’→‘茶’这一演变发生之后，景颇语引入了新的 lap^{31}‘叶子’，这一新词又从何而来呢？ Matisoff[⑦] 还重构了一个原始藏缅语形式 *lap‘叶子’，如下：

表 15　Matisoff 为原始藏缅语重构的 *lap‘叶子’

词目	原始藏缅语	STC	TSR	藏文	景颇语	缅文	拉祜语	米佐语	Bodo-G.
‘叶子’	*lap[⑧]	#321	—	lob-ma[⑨]	làp	—	—	—	—

独龙、格曼僜（lɑp^{53}）中的‘叶子’也能支持这一形式。[⑩] 也就是说，这一原始藏缅语 *lap‘叶子’应该比 *r-pak‘叶子’更晚。

根据以上比较，藏缅语这些语言中涉及‘叶子’→‘茶’的演变图景可推测如下：

① Marrison, Geoffrey Edward. The classification of the Naga Languages of north-east India. Ph.D. Dissertation, School of Oriental and African Studies, University of London. 2 volumes. 1967[2017–07–29]. http://stedt.berkeley.edu/search.

② Benedict, Paul K. Rhyming dictionary of Written Burmese. LTBA 3.1: 1-93. 1976[2017–05–06]. http://stedt.berkeley.edu/search.

③ 黄布凡:《藏缅语族语言词汇》，北京，中央民族大学出版社，1992。

④ Benedict, Paul K. Rhyming dictionary of Written Burmese. LTBA 3.1: 1-93. 1976[2017–05–06]. http://stedt.berkeley.edu/search.

⑤ Benedict, Paul K. Rhyming dictionary of Written Burmese. LTBA 3.1: 1-93. 1976[2017–05–06]. http://stedt.berkeley.edu/search.

⑥ Benedict, Paul K. Rhyming dictionary of Written Burmese. LTBA 3.1: 1-93. 1976[2017–05–06]. http://stedt.berkeley.edu/search.

⑦ Matisoff, James A. Handbook of Proto-Tibeto-Burman: System and Philosophy of Sino-Tibetan Reconstruction. Berkeley: University of California Press, 2003: 336.

⑧ 另参见 Kanauri 语 lab，Takpa 语 blap，Nung 语 śəlap。

⑨ 所引的藏语形式是“藏语西支”参见 Jäschke, H. A. A Tibetan-English Dictionary. London. Reprinted (1958) by Routledge and Kegan Paul Ltd., 1881:552；标准藏文为开音节：lo-ma。

⑩ 值得注意的是这一形式与上古汉语‘叶’ ljap 相似 。参见黄布凡主编:《藏缅语族语言词汇》，北京，中央民族大学出版社，1992。

表 16　藏缅语中‘叶子’→‘茶’的演变图景

时间	语言	‘叶子’	‘茶’	代表语言
T1		*s-la>hla	—	Magar；Dhimal
T2		hla	la①	彝语（撒尼），哈尼
T3	→	*r-pak/hla	la	彝语
T4		*r-pak> phɑ̱^{7}	la	彝语
T3		*r-pak> phaʔ^{31}	phaʔ^{31}	景颇
T4	→	lap^{31}	phaʔ^{31}	景颇

由于彝语中的 *lɒ^{9}‘茶’与 *s-la>hla>ɬɒ‘叶子’一直保持着音韵上的对立，如上文所示，在一些彝语方言中以声母或者声调交替来体现，这符合变音构词的模式，以‘叶子’的音韵形式为基础，改变某一部分，创造新形式来表达与之语义密切相关的新意义‘茶’。② 而景颇语中则采用了另一种模式，*r-pak‘叶子’变为新词 phaʔ^{31}‘茶’，就留下了一个语义空格，又由一个新词 lap^{31}‘叶子’填充。③

（二）*la‘茶’与孟－高棉语

据《布朗语简志》，‘茶’与‘叶子’在中国云南境内布朗语的两种方言中分别为：

表 17　‘茶’与‘叶子’在云南境内布朗语两种方言中的语音形式

语言	‘茶’	‘叶子’
新曼俄话	laʔ^{4}	l̥aʔ^{1}
关双话	la^{2}	lhaʔ^{1}

Paulsen④ 结合《布朗语简志》新曼俄话、云南的 Kontoi 话⑤ 和泰国境内 Samtao 话构拟出原始布朗语‘叶子’形式 *lhaʔ^{1}：

① 彝语支声调演化的情况尚不明晰，故暂不列出声调。

② 类似的音变构词机制在汉语历史上很常见，参见孙玉文：《汉语变调构词考辨》，北京，商务印书馆，2015。

③ lap^{31}‘叶子’的源头目前并不清楚，尚待进一步研究。

④ Paulsen, Debbie. A Phonological Reconstruction of Proto-Plang. MS thesis. Arlington: University of Texas at Arlington, 1989.

⑤ Paulsen 调查的一种云南布朗语。

表 18　Paulsen 为原始布朗语构拟的 *lhaʔ‘叶子’

词目	原始布朗语	Kontoi 话	新曼俄话	Samtao 话
‘叶子’	*lhaʔ^{1}	lhaʔ^{1}	l̥aʔ^{1}	laʔ^{1}

Paulsen 指出，新曼俄话中 4 调大部分出现在复合词前一音节或借词中。新曼俄话 CVʔ^{4} 与关双话 CV 音节明显对应有以下词语：（附临近的西双版纳傣语，下称“西傣语”）

表 19　布朗语两种方言与附近傣语声调对应的词汇

词目	新曼俄话	关双话	西傣语
‘水田’	naʔ^{4}	na^{2}	na^{2}
‘五月’	nɤn^{1} haʔ^{4}	dɤn^{1} ha^{2}	dən^{1} ha^{3}
‘九月’	nɤn^{1} kauʔ^{4}	dɤn^{1} kau^{2}	dən^{1} kau^{3}
‘茶’	laʔ^{4}	la^{2}	la^{4}
‘革命’	keʔ^{4} miŋ^{2}	keiŋ^{2} aŋ^{2}	kə^{4} min^{5}
‘落后’	loʔ^{4} hɤu^{1}	lɔ^{2} hɤu^{1}	lo^{4} xəu^{5}
‘双（一～鞋）’	kuʔ^{4}	ku^{2}	ku^{6}
‘尺’	meiʔ^{4}	mai^{2}	mai^{4}
‘也’	koʔ^{4}	ku^{1}	kɔ^{4}
‘八哥’	leʔ^{4}	li^{2}	nok^{8} eŋ^{3}
‘箭’	tieʔ^{4}	ti^{2}	pɯn^{1}

其中布朗语与西傣语无明显匹配的仅‘八哥’与‘箭’，① 而其他如反映农业生产的‘水田’以及反映历法的月份等，都有对应的傣语词汇，la‘茶’也在其中。同时它也与 Sidwell ② 为原始德昂语（Proto-Palaungic）重构的形式 *miəm‘茶’相差较大。因此，我们更倾向于认为这些都是布朗语从傣语中借入的词汇。从声调对应规则进一步来看，‘茶’在布朗语新曼俄话为 4 调，关双话为 2 调，我们找到以下语素也呈现出同样的对应关系：

表 20　布朗语两种方言声调对应但与附近傣语不对应词汇

词目	新曼俄话	关双话	西傣语
‘多少’	pɤn^{4} muʔ^{4}	ponʔ^{2} mɔʔ^{2}	xa^{6} dai^{1}
‘哪里’	man^{4} muʔ^{4}	tauʔ^{2} mɔʔ^{2}	nai^{1}，ti^{6} nai^{1}

① 这两个词的来源有待进一步研究。

② Sidwell, P. J. Preliminary notes on Proto Palaungic. Unpublished MS, 2010.

相比表 19 中的文化、生活词汇而言，表疑问的语素相对更为基本。它们在形式上与傣语和汉语都相差很远，布朗语中的疑问语素 muʔ^{4}/mɔʔ^{2} 不像是横向传递而来的。这一组对应代表了两种方言 CVʔ^{4} 与 CVʔ^{2} 对应的现象，与‘茶’在两种方言中分别为 laʔ^{4} 和 la^{2}（一个有喉塞尾，另一个没有）的对应规律不一致。不同的对应规律要么体现时间层次上的不同音变规律，要么体现传播模式上的不同。我们还没有发现合理的历史音变来解释它们，而如果用外部借用来解释则要容易很多，即布朗语中‘茶’是借词的可能性很大，因为目前发现的西傣的 4 调借到布朗语新曼俄话中时都会增加一个喉塞尾（除非已有鼻韵尾）。

根据颜其香、周植志①，我国境内佤语支语言中‘叶子’形式比较统一。Diffloth② 也构拟了原始佤语中的‘叶子’*hla。而‘茶’的说法有多种形式，可以分为“la 形”“tɕha/tʃa 形”以及其他，其中“la 形”有：

表 21 我国境内佤语支语言中‘茶’为“la 形”的语言

词目	曼俄话③	胖品话	甘塘话	曼买话	南谦话	细允话	大芒糯话	中课话	关双话	马散话	岩帅话
‘树叶’	l̥aʔ^{55}	l̥aʔ^{55}	la^{55}	l̥ăʔ	kɤl na	laʔ^{55}	l̥aʔ	lhaʔ	lhaʔ^{1}	l̥aʔ	lha̠ʔ
‘茶’	laʔ^{31}	la^{31}	la^{35}	la	la	laʔ^{55} la^{11}	la	la	la^{2}	tɕha，la	tɕha̠ʔ，la

非“la 形”的有：

表 22 我国境内佤语支语言中‘茶’为非“la 形”的语言

词目	孟汞话	硝厂沟话	南虎话	茶叶箐话	马散话	岩城话	班洪话	大寨话	完冷话	勐汞话
‘树叶’	la̠ʔ	l̥a	l̥a	l̥a^{51}	l̥aʔ	l̥aʔ	lhaʔ	nu^{55}	laʔ	la̠ʔ
‘茶’	tʃʌ ʤɯ	ʔa ɳaɯ	ʑa ʑɯ	ʒa^{31} ʒɯ^{51}	tɕhaʔ	tɕhɯɤʔ	tɕhaʔ	ɳɯ^{51}	tsha̠ʔ	tʃʌ ʤɯ

从地图分布来看，“la 形”主要集中在南部，非“la 形”集中在北部。而南部“la 形”恰好与西傣语相一致，北部非“la 形”的南虎、茶叶箐等方言点的形式与德宏傣语说法相近。从地形分析，曼俄与西傣相邻，据李道勇等编著④“在西双版纳的布朗族大多会讲或会听一些傣语”，即两种语言有一定的接触。‘茶’在新曼俄话中的 4 调为

① 颜其香、周植志：《中国孟高棉语族语言与南亚语系》，北京，中央民族大学出版社，1995。

② Diffloth, Gérard. Proto-Waic and the effects of register on vowel gliding, Paper for Tenth International Conference on Sino-Tibetan Languages and Linguistics，1977.

③ 即布朗语新曼俄话。

④ 李道勇、聂锡珍、邱锷锋编著：《布朗语简志》，北京，民族出版社，1986。

低降调，与西傣‘茶’la^{11}（低调）在调值上接近（西傣无低降调）。

除词汇借贷之外，中国孟－高棉语如布朗语中，la‘茶’类词是否也有可能由 *hlaʔ‘树叶’演变而来呢？我们认为这一可能性很小，因为在所列佤语方言 la‘茶’类词中，‘树叶’与‘茶’的形式均呈现系统的声母、韵母、韵尾的区别。若假设 la‘茶’类词由 *hlaʔ‘叶子’演变而来，则很难解释为什么需要在音节的三个不同方面都有对立来区分两个词，也不符合常见的音变构词模式。

另外，我们查阅了东南亚孟－高棉语族语言各词典及词汇表，[①] 仅发现在 Bahnaric 语支中 Bahnar 语 hlaacɛɛ‘茶’以及德昂语支 U 语（云南省双江拉祜族佤族布朗族傣族自治县沙河区邦协村，即布朗语乌方言）中 lâ‘茶’与 la 形式有相似之处，只占所考查的 32 种语言的 6.2%。而其中，Bahnar 语中 cɛɛ 的意思为‘布’，而 hlaa 意思为‘叶子’，也即 32 种语言中仅中国境内的 U 语的 lâ‘茶’为 la 类词。而 Svantesson [②] 也认为 U 语中的 lâ‘茶’可能为借词，其来源为傣语。

孟－高棉语德昂语支中‘茶’的说法呈现明显的地域性：在缅甸、泰北主要是 miəm 类，在中国境内的佤语主要是 la 或者 tɕha 类。另外，孟－高棉语不同语支也呈现出地理上的而非语支内部的区别：东部接近 cɛ 类，西部接近 miəm 类，北部接近 la/tɕha 类。

如前所述，Sidwell [③] 为原始德昂语构拟了‘茶’*miəm 这个形式。而佤语为其下属分支语言，根据我们的田野调查，在佤语马散土语中虽然 la‘茶’为常见形式，但当地仍有人知道‘茶’还有更古旧的形式 mɤm。由于中国境内的其他德昂语支语言都没证实有 miəm 类说法，境内的德昂语（允欠）‘茶’的形式为 ja jɯ，而 miəm 类说法又主要按地域分布并且跨语支，我们倾向于认为 miəm、cɛ、la、tɕha 都是后起说法。可以说在佤语支部分语言中出现的 *la 类形式是晚近创新：

表 23　佤语支部分语言中‘叶子’与‘茶’的词义演变模式

时间	‘叶子’	‘茶’	代表语言
T1	*hlaʔ	—	—
T2	*hlaʔ>hlaʔ	*miəm>miəm	境外德昂语
T3	$lhaʔ^{1}$	la^{2}	布朗语关双话

① http://www.sealang.net/monkhmer/dictionary/

② Svantesson, Jan-Olof. U. Linguistics of the Tibeto-Burman Area, 1988.(11),1: 64-133.

③ Sidwell, P. J. Preliminary notes on Proto Palaungic. Unpublished MS, 2010.

Shorto 等人①为原始孟－高棉语构拟了‘叶子’的形式：*slaʔ。②在其他南亚语中‘叶子’仍可以找到比较明显的对应，而‘茶’的说法就比较多样了，比如有③：

表 24 ‘叶子’与‘茶’在南亚语中的语音形式

语言	‘叶子’	‘茶’
京语	la⁵	tsɛ²
巴琉语	lɔ¹¹ ʔɔ⁵³	məːk³¹
莽语	ma³¹ la⁵¹	la³¹ ɣum³¹ tɕeʔ³¹
布赓语	lo̱u²⁴	tɕha³¹

综上所说，我们认为孟－高棉语中 *la‘茶’类词为借词，根据其语言接触的情况，其最可能的来源为傣语。为什么借贷方向不是从孟－高棉语到傣语呢？正如下文将说明的 *la‘茶’类词在傣语中分布广泛且出现的时间较早，如果其来源为孟－高棉语支语言则很难解释佤语中晚近的由 mɤm 转用为 la 的现象。因此 *la‘茶’类词由傣语传入佤语比由佤语传入傣语的可能性要大得多。

（三）*la‘茶’与傣语

据《傣语简志》④：

表 25 《傣语简志》中‘叶子’与‘茶’的语音形式

语言	‘叶子’	‘茶’
西双版纳傣语	bai¹，fə¹，tɔŋ¹（‘大叶’）	la⁴
德宏傣语	maɯ⁶	fə¹ leŋ³

据周耀文、罗美珍⑤，傣语不同方言中‘叶子’‘茶’‘茶叶’的说法有：

---

① Shorto, H. L., Sidwell, P. J., Cooper, D., et al. A Mon-Khmer comparative dictionary. Pacific Linguistics, Research School and Asian Studies, Australian National University, 2006.

② Schuessler 在评论中提出彝缅语的 *la 和泰语的 la‘茶’可能都源自南亚语的 *sla‘叶子’。参见 Schuessler, Alex. Book Review: The Root of Old Chinese. Language and Linguistics, 2000(1),2: 257-267. 但如上所说，本文认为这一推测证据不足。

③ 参见颜其香、周植志编：《中国孟高棉语族语言与南亚语系》，631、638 页，北京，社会科学文献出版社，2012。

④ 喻翠容、罗美珍：《傣语简志》，115 页、119 页，北京，民族出版社，1980。

⑤ 周耀文、罗美珍：《傣语方言研究》，210 页、250 页，北京，民族出版社，2001。

表 26 《傣语方言研究》中‘叶子’与‘茶’的语音形式

语言	‘叶子’	‘茶’	‘茶叶’
傣语芒市方言	maɯ^{6}	leŋ^{3}，ja^{3}jɯ^{4}	fə^{1} leŋ^{3}
傣语孟连方言	va^{6}	la^{4}	fə^{1} la^{4}
傣语景洪方言	bai^{1}，fə^{1}	nam^{4} la^{4}	je^{5} la^{4}
傣语金平方言	vaɯ^{1}	la^{4}，tɕɛ^{2}	vaɯ^{1} la^{4}
傣语元阳方言	vaɯ^{1}	nam^{4} fɯ^{1} la^{4}	fɯ^{1} la^{4}
傣语武定方言	vɐi^{1}，fə^{1}（‘大叶’）	tʂha^{4}	vɐi^{1} tʂha^{4}
傣语元江方言	vaɯ^{1}	la^{4}	vaɯ^{1} la^{4}
傣语马关方言	baɯ^{1}	tsha^{4}	baɯ^{1} tsha^{4}
傣语绿春方言	vai^{2} fɯ^{1}	lɒ^{4}	vai^{2} lɒ^{4}

其中‘茶’主要有 la 类（包括 leŋ^{3}）和 tsha 类。在芒市和金平‘茶’都有两种说法，而只有其中一种进入复合词‘茶叶’中，一般认为复合词中语素保留了更原始的说法，因此两地中 leŋ^{3} 和 la^{4} 应比对应的 ja^{3}jɯ^{4} 和 tɕɛ^{2} 更早。

从傣语‘茶’分布图中可以看到，tsha 类的武定和马关位于傣语分布边缘地区，有两种说法的芒市和金平也位于较边缘地区。需要注意的是芒市的另一种说法 ja^{3} jɯ^{4} 与孟－高棉语南虎 ʑa ʑɯ 和茶叶箐 ʒa^{31} ʒɯ^{51} 相似，几者相距也不远。

再进一步看侗台语。根据 Edmondson & Solnit 的分类，傣语属于台语西南支。

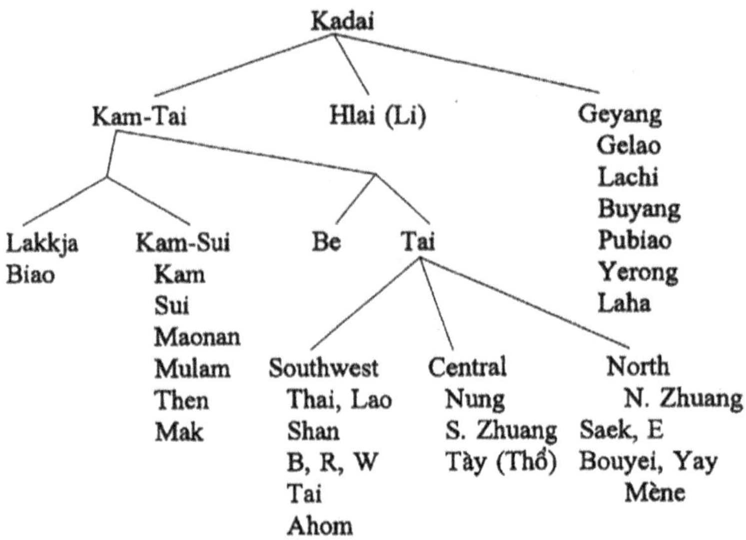

图 3　据 Edmondson 及 Solnit①的台－卡岱语谱系图

① Edmondson, Jerold A., and Solnit, David B. Comparative Kadai: the Tai Branch. Dallas, TX: Summer Institute of Linguistics，1997:2.

Pittayaporn[1] 构拟了原始台语‘叶子’（330）和‘茶’（332）的形式，都并非 *la，如下：

表 27　Pittayaporn 构拟的原始台语中‘叶子’与‘茶’的语音形式

词目	PT	Siamese	Saqa	Bao Yen	Cao Bang	Lungchow	Shangsi	Yay	Saek
‘叶子’	*ɓaɰ^{A}	baj^{A1}	baɰ^{A1}	bɤɰ^{A1}	bɤɰ^{A1}	baɰ^{A1}	boy^{A1}	baɰ^{A1}	bɤː^{A1}
‘茶’	*ɟaː^{A}	chaː^{A2}			zaː^{A2}	caː^{A2}	saː^{A2}	sa^{A2}	saː^{A2}

根据《壮侗语族语言词汇集》所列在我国境内的 10 种侗台语中，仅傣语两种方言‘茶’的形式为 la 类：

表 28 《壮侗语族语言词汇集》中 10 种侗台语‘茶’的语音形式

语言	‘树叶’	‘茶’
壮语	baɯ^{1}，ɣoːŋ^{1}	ɕa^{2}
布依语	baɯ^{1}，zoŋ^{1}	ɕa^{2}
临高话	bɔ^{2}dun^{3}	sa^{2}
傣语西双版纳方言	bǎi^{1} mǎi^{4}，fɤ^{1} mǎi^{4}	la^{4}
傣语德宏方言	maɯ^{6} mai^{4}	leŋ^{3}，fə^{1}
侗语	pa^{5}	ɕe^{2}
仫佬语	fa^{5}	tsa^{2}
水语	wa^{5} mai^{4}	tsja^{2}
毛南语	va^{5}	tsa^{2}
黎语	beɯ^{1} tshai^{1}	de^{1}

傣语的‘茶’与其他同语支语言的差异原因有两种可能：其一是‘茶’la 类词为创新，发生在傣语从台语西南支中分离出来之后；其二是‘茶’la 类词为存古，其他台语西南支‘茶’都是后来的创新变化。若如第二种可能所言，存古只在少数傣语方言中，而在其他众多语言中都毫无遗迹，这样的词汇替换不太常见，而且该假设还导致了更多的问题，比如，这些非 la 形式的创新是如何出现的？因此，第一种情况是更为简洁的假说。根据李方桂[2] 的比较构拟，原始台语‘茶’构拟为 *ɟa^{A}，Pittayaporn[3]

① Pittayaporn, Pittayawat. The phonology of proto-Tai. PhD. dissertation. Cornell University, 2009.

② Li, Fang-kuei. Sino-Tai. In Genetic Relationship, Diffusion and Typological Similarities of East and Southeast Asian Languages: Papers for the 1st Japan-US joint seminar on East & Southeast Asian language. 1976: 230-239.

③ Pittayaporn, Pittayawat. The phonology of proto-Tai. PhD. dissertation. Cornell University, 2009.

也采用了同样的重构形式，也就是，从语言的分布来看，傣语中的 la 形式也很难上推到原始台语阶段。

如果傣语的‘茶’la 类词产生在其从台语西南支中分离后，那它的来源是语言内部演变造成的创新还是来自其他语言的词汇借贷呢？如果是语言内部演变，我们目前没有发现可能的词语来源，至少不是最可能的‘叶子’*ɓaɯ̰ᴬ；如果是语言间借贷，则可能性较大，即傣语的‘茶’la 类词来自与藏缅语的接触，可能是与傣语相邻分布的彝语。

另外一个问题是傣语的‘茶’la 类词是在什么时间产生的？通过内部比较注意到，傣语中的‘茶’la 类词均为 4 调（除芒市 leŋ³ 外[①]），调类一致，而不同方言中的调值[②]并不相同，其中元阳高降调和绿春的高平调与其他方言的低降调差异较大。另外，元阳另有调值为低降 21 的第 3 调，绿春虽然没有低降调，不过有中平 33 调和曲折 213 调似乎都比高平 55 调更接近低降调。

表 29 《傣语方言研究》中‘茶’la 类词调类与调值

语言	‘茶’	‘茶’la 类音节调值
傣语芒市方言	leŋ³，ja³jɯ⁴	31（4 调为 53）
傣语孟连方言	la⁴	31
傣语景洪方言	nam⁴ la⁴	11
傣语金平方言	la⁴，tɕɛ²	31
傣语元阳方言	nam⁴ fɯ¹ la⁴	53
傣语元江方言	la⁴	32
傣语绿春方言	lɒ⁴	55

早期共同语时期的借词现在各方言中调类同而调值异；而各方言分化后分别借入的晚期借词调值同而调类异，比如：

表 30 《傣语方言研究》中早晚借词调类与调值关系

语言	‘买（市）’	‘笔’	3 调调值	4 调调值
傣语芒市方言	sɯ⁴	pi³	31	53
傣语孟连方言	sɯ⁴	pi³	11	31
傣语景洪方言	sɯ⁴	pi³	13	11

① 关于德宏傣语 leŋ³ 与其他方言 la 形式的关系需要进一步的研究。

② 周耀文、罗美珍：《傣语方言研究》，64 页，北京，民族出版社，2001。

续表

语言	‘买（市）’	‘笔’	3 调调值	4 调调值
傣语金平方言	sɯ^{4}	pi^{4}	13	31
傣语元阳方言	sɯ^{4}	pi^{3}	21	53
傣语武定方言	sə^{4}	pi^{3}	21	42
傣语元江方言	ɬɯ^{4}	pi^{4}	213	32
傣语马关方言	sɯ^{4}	pi^{3}	53	55
傣语绿春方言	sɯ^{4}	pi^{3}	43	55

‘买（市）’为早期借词（唐宋以前①），各方言调类一致，调值有所差别；而‘笔’（422）是晚期借词，因为傣语借入的早期入声字会保留辅音韵尾而‘笔’无，而且这个词借入傣语不同方言时的调类不同，但在调值上相近。la‘茶’类词在各方言中调类一致，可推知创新发生在傣语从台语西南支中分离出来之后、傣语各方言形成之前。而部分地区非‘la 形’的说法则是 *la 类被其他词替代的结果。② 归纳如下：

表 31 ‘叶子’与‘茶’在傣语中的演变模式

时间	‘叶子’	‘茶’	受借语言	施借语言
T1	*ɓaɰ^{A}>baj^{A1}	*ɟaː^{A}>chaː^{A2} ←	原始台语	汉语
T2	*ɓaɰ^{A}>vaɯ^{1}	la^{4} ←	元江傣语	彝语
T3	—	la^{4}/tɕe^{2} ←	金平傣语	彝语 / 汉语
T4	—	tsha^{4} ←	马关傣语	汉语

五、余论

*la‘茶’在茶文化史中有重要的地位，在很多民族的传说或者文化史的撰写中都会提到，但在其传播路径和方向的判断上却有很多说法，令人莫衷一是。其中一个重要原因是新词的产生模式并不单一，至少有前文提到的 4 种。我们需要根据当前所能搜集到的材料来仔细分辨其可能性。

① 周耀文、罗美珍：《傣语方言研究》，327 页，北京，民族出版社，2001。

② 王均根据侗台语中的汉借词情况论述说：“老借词一般是各地声韵调音类的对应相当整齐，但在音值上，有时各地出入颇大；而新借词则各地读音音值比较接近，但在音类的对应上不免与本民族的语音对应规则不合。”参见王均：《壮语中的汉语借词》，载《中国语文》，1962（6），252 页。

历史语言学中的普遍词义演变模式（‘树叶’→‘茶’）为词语的语音对应提供了比较的语义基础，并为内部演变的时间先后和方向提供了依据。而如果要建立词语语音形式上的历史关联，需要依靠语音对应，平行例证的汇聚是必要的，而不能仅仅根据两种语言中词汇音形上的相似。另一方面，方言地理学方面的研究可以给我们的判断提供依据，比如，系属上没有亲缘关系的侗台语和藏缅语，如果在某个词汇上相似，同时地理上也接近，就很有可能是语言接触产生的。

历史语言学中的这些理论与方法在上文中都发挥了效力，我们据此梳理了涉及藏缅语族的彝语，孟－高棉语族的布朗语、佤语，侗台语族的傣语间形式相近的‘茶’*la 类词的传播。基于藏缅语内部历史比较，认为彝语中的‘茶’la 类词由原始藏缅语的 *s-la‘叶子’通过语义创新的内部传递而来。通过语言比较和观察地理分布等得到孟－高棉语族的布朗语的 $la?^4$‘茶’呈现出与相接触的西双版纳傣语的对应关系，佤语各方言‘茶’形式多样，整个孟－高棉语族‘茶’的形式呈现地域性特征，不符合原始形式按照语音规律演变的模式，这都反映了 *la‘茶’类词在孟－高棉语中更符合词汇借用的模式。在侗台语中，傣语所属的台语西南支中仅傣语‘茶’的形式为 la 类，与有的学者构拟的原始台语的 *ɓaɰ^A‘叶子’和 *ɟaː^A‘茶’的差异也暗示了其外部来源，而最可能的来源语言就是在云南广为分布且与傣语有接触的彝语支语言。

在此之前，Sagart ① 提出汉语的‘茶’（上古汉语 *lra> 中古汉语 *dræ）② 源自彝缅语的 *la，我们认同这一推测 ③，并进一步提出白语在原始白语阶段从汉语借入‘茶’。这样看来，似乎‘茶’的最早源头就是彝缅语的 *la。

当然，对于 *la‘茶’，未来还可以进行更为全面的彝语与傣语等语言的比较，并结合文献、民间文化以及考古学的研究来探究其更为准确的传播路径与时间。另外，对于 *la 与其他形式的相互消长关系也值得进一步研究。

参考文献

[1] 陈保亚．论语言接触与语言联盟：汉越（侗台）语源关系的解释．北京：语文出版社，1996.

[2] 陈士林，边仕明，李秀清．彝语简志．北京：民族出版社，1985.

[3] 陈宗懋，杨亚军．中国茶经．上海：上海文化出版社，2011.

[4] 洪成玉．词的义层．首都师范大学学报（社会科学版），1996（1）.

① Sagart, L. The Roots of Old Chinese. Amsterdam: John Benjamins Publishing Company, 1999.

② 汉语中‘茶’与‘荼’的更替如何解释，需另文深入讨论。

③ 汪锋：《从汉藏语言比较看茶马古道的演化——以汉、白、彝语比较为基础》，载《思想战线》，2016(6)。

[5] 黄布凡 . 藏缅语族语言词汇 . 北京：中央民族大学出版社，1992.

[6] 李炳泽 . 茶由南向北的传播 // 张公瑾 . 语言与民族物质文化史 . 北京：民族出版社，2002.

[7] 李道勇，聂锡珍，邱锷锋 . 布朗语简志 . 北京：民族出版社，1986.

[8] 李锦芳 . 茶的古称"槚"、"皋卢" // 张公瑾 . 语言与民族物质文化史 . 北京：民族出版社，2002.

[9] 刘璐 . 景颇族语言简志（景颇语）. 北京：民族出版社，1984.

[10] 孙玉文 . 汉语变调构词考辨 . 北京：商务印书馆，2015.

[11] 汪锋，王士元 . 语义创新与方言的亲缘关系 . 方言，2005（2）.

[12] 汪锋 . 语言接触与语言比较：以白语为例 . 北京：商务印书馆，2012.

[13] 汪锋 . 汉藏语言比较的方法与实践：汉、白、彝语比较研究 . 北京：北京大学出版社，2013.

[14] 汪锋 . 语言和文化的共变——词聚法与白、汉、彝语比较 . 云南师范大学学报（哲学社会科学版），2014（5）.

[15] 汪锋 . 从汉藏语言比较看茶马古道的演化——以汉、白、彝语比较为基础 . 思想战线，2016（6）.

[16] 汪维辉 . 东汉—隋常用词演变研究 . 南京：南京大学出版社，2000.

[17] 王均 . 壮语中的汉语借词 . 中国语文，1962（6）.

[18] 颜其香，周植志 . 中国孟高棉语族语言与南亚语系 . 北京：中央民族大学出版社，1995.

[19] 云南省路南彝族自治县文史研究室 . 彝汉简明词典 . 昆明：云南民族出版社，1984.

[20] 喻翠容，罗美珍 . 傣语简志 . 北京：民族出版社，1980.

[21] 张公瑾 . 语言与民族物质文化史 . 北京：民族出版社，2002.

[22] 周德才 . 他留话先喉塞鼻边音声母探究 . 民族语文，2005（2）.

[23] 周法高 . 上古汉语和汉藏语 . 香港中文大学中国文化研究所学报，1972，5（1）.

[24] 周耀文，罗美珍 . 傣语方言研究 . 北京：民族出版社，2001.

[25] 周振鹤，游汝杰 . 方言与中国文化 . 上海：上海人民出版社，1986.

[26] 周植志，颜其香 . 佤语简志 . 北京：民族出版社，1984.

[27] 中央民族学院少数民族语言研究所第五研究室 . 壮侗语族语言词汇集 . 北京：中央民族学院出版社，1985.

[28]Benedict，Paul K. Sino-Tibetan: A Conspectus. Cambridge: Cambridge University Press，1972.

[29]Benedict, Paul K. Rhyming dictionary of Written Burmese. LTBA 3.1: 1-93. 1976[2017-05-06]. http://stedt.berkeley.edu/search.

[30]Diffloth, Gérard. Proto-Waic and the effects of register on vowel gliding, Paper for Tenth International Conference on Sino-Tibetan Languages and Linguistics, 1977.

[31]Edmondson, Jerold A., and Solnit, David B. Comparative Kadai: the Tai Branch. Dallas, TX: Summer Institute of Linguistics, 1997.

[32]Huziwara, Keisuke. Chakku-go no kijutsugengogakutekikenkyuu [A descriptive linguistic study of the Sak language]. 2008[2017-05-06]. http://stedt.berkeley.edu/search.

[33]Jäschke, H. A. A Tibetan-English Dictionary. London. Reprinted (1958) by Routledge and Kegan Paul Ltd., 1881.

[34]Li, Fang-kuei. Sino-Tai. In Genetic Relationship, Diffusion and Typological Similarities of East and Southeast Asian Languages: Papers for the 1st Japan-US joint seminar on East & Southeast Asian language. 1976: 230-239.

[35]Marrison, Geoffrey Edward. The classification of the Naga Languages of north-east India. Ph.D. Dissertation, School of Oriental and African Studies, University of London. 2 volumes. 1967[2017-07-29]. http://stedt.berkeley.edu/search.

[36]Matisoff, James A. Body part card file. 1987[2017-07-29]. http://stedt.berkeley.edu/search.

[37]Matisoff, James A. Handbook of Proto-Tibeto-Burman: System and Philosophy of Sino-Tibetan Reconstruction. Berkeley: University of California Press, 2003.

[38]Matisoff, James A. The Loloish Tonal Split Revisited. Research Monograph #7. Berkeley: University of California Center for South and Southeast Asia Studies, 1972.

[39]Paulsen, Debbie. A phonological reconstruction of Proto-Plang. MS thesis. Arlington: University of Texas at Arlington, 1989.

[40]Pittayaporn, Pittayawat. The phonology of proto-Tai. PhD. dissertation. Cornell University, 2009.

[41]Sagart, L. The Roots of Old Chinese. Amsterdam: John Benjamins Publishing Company, 1999.

[42]Schuessler, Alex. Book Review: The Root of Old Chinese. Language and Linguistics, 2000.1.2: 257-267.

[43]Shorto, H. L., Sidwell, P. J., Cooper, D., et al. A Mon-Khmer comparative dictionary. Pacific Linguistics, Research School and Asian Studies, Australian National University, 2006.

[44]Sidwell, P. J. Preliminary notes on Proto Palaungic. Unpublished MS, 2010.

[45]Svantesson, Jan-Olof. U. Linguistics of the Tibeto-Burman Area, 1988.11.1: 64-133.

[46]Wang, Feng. Comparison of Languages in Contact: the Distillation Method and the Case of Bai.Chinese Taipei: Institute of Linguistics, "Academia Sinica", 2006.

动词评价性形态的类型学特征考察[①]

尹会霞　董秀芳

一、引言

相比于传统的屈折形态和派生形态，评价性形态（evaluative morphology，以下简称 EM）是形态学领域较新的概念，关注度较低，以往研究较为零散或局限于某些语言，汉语相关研究较少。评价性形态的类型学考察对汉语和汉藏语系的形态研究具有启发意义，本文以动词的评价性形态为例进行初步探讨。

（一）评价性形态概述

评价性形态最早由 Scalise[②] 基于意大利语中表示“指小（diminutive）”“指大（augmentative）”“贬化（pejorative）”“褒化（ameliorative）”的词缀提出，他主张这类词缀既有与派生和屈折相同的特征，也有自己的独特特征，值得专门研究。虽然评价性形态的形态地位还存在争议[③]，此后已有大量学者从语用、语义、类型等角度研

① 本文是国家社会科学基金重大项目“中西交流背景下汉语词汇学的构建与理论创新研究”（项目批准号：21&ZD310）的阶段性成果。本文曾在第十七届中国当代语言学国际研讨会（北京理工大学，2018 年 10 月）和第 54 届国际汉藏语言暨语言学会议（西南交通大学，2021 年 10 月）上宣读，蒙与会老师指教。承蒙《语言科学》编辑部和匿审专家提出了宝贵的修改意见，谨此一并致以诚挚的谢意。本次入选论文集作了一些删改。

② Scalise, Sergio. Generative Morphology. Dordrecht: Foris, 1984.

③ Zwicky, Arnold M. & Geoffrey K. Pullum. Plain Morphology and Expressive Morphology, Proceedings of the Thirteenth Annual Meeting of the Berkeley Linguistics Society, Berkeley：University of California. 1987: 330-340；Stump, Gregory T. How Peculiar is Evaluative Morphology, Journal of Linguistics, 1993, 29(1): 1-36；Beard, Robert. Lexeme-morpheme Base Morphology: A General Theory of Inflection and Word Formation. Albany: State Univ. of New York Press, 1995.

究了这类现象，比如 Dressler 和 Merlini Barbaresi [①] 认为评价性形态是形态、语用结合（morphopragmatics）的典型例子；Jurafsky [②] 以“子”和“小”为中心建立了“指小”的放射状语义模型；Grandi 和 Körtvélyessy [③] 进一步用量范畴框架概括评价性形态：人对世界的基本认识范畴包括事物、动作、性质和情形等，通常有一个标准或默认量（default value），当说话人的认识偏离标准值或默认值时就会产生评价范畴（说话人对默认值的偏离分为正向和负向，以“指大、指小、贬化、褒化”为原型意义，适用于不同的认知范畴），表现在形态上就是评价性形态。

EM 的认知基础是具身认知（embodiment）和隐喻，人从身体出发认识世界，往往借助物理维度表征抽象情感。“指小”“指大”表达的是说话人对物理维度的“主观量”的判断，“贬化”“褒化”则是在“主观量”基础上通过隐喻表达说话人的态度或情感。EM 的本质是语言表达的主观性和主观化。语言的主观性主要体现于说话人对世界的认识和认识世界的视角，而 EM 系统地反映了说话人对世界的认识存在“量”上的主观偏离。EM 的使用不是语法强制的，而是取决于说话人的态度和感情、说话人与听话人所处的会话语境以及说话人与被评价事物或事件之间的关系。

（二）动词评价性形态的相关研究

跨语言来看，不同词类的 EM 存在等级差异 [④]：

名词 > 形容词、动词 > 副词、数词、代词、感叹词 > 限定词

名词上最容易附加 EM，其次是形容词，然后是动词，最后是其他词类 [⑤]。

目前 EM 的研究以名词为主，针对动词的研究还不多。一是因为动词上的 EM 没有名词那么常见，二是以往的研究视角局限于狭义的指小和指大，主要关注的是与名词范畴相关的量的偏离。其实，按照量范畴的理论框架，其他词类范畴的“量”也会

① Dressler, Wolfgang U. and Merlini Barbaresi, L. Morphopragmatics: Diminutives and Intensifiers in Italian, German and Other Languages, Berlin: De Gruyter, 1994.

② Jurafsky, Daniel. Universal Tendency in the Semantics of the Diminutive, Language, 1996, 72(3): 533-578.

③ Körtvélyessy, Lívia. Evaluative Morphology from Cross-linguistic Perspective. Newcastle upon Tyne: Cambridge Scholars Publishing, 2015.

④ Bauer, Laurie. Evaluative Morphology: In Search of Universals. Studies in Language, 1997, 21(3): 533-575.

⑤ Bauer 指出这个等级不是绝对的，肯定会有一些反例，比如高棉语（Khmer）的评价性形态只作用于动词，而不作用于名词。我们考察过程中也发现了一些反例，比如拉尔地尔语（Lardil）的名词和形容词上都没有评价性形态，只在少量动词上有，索马里语（Somali）的评价性形态也只作用于形容词和动词，名词只能通过分析性的句法手段表达。

产生认识偏离。就动词而言，对“动作量”的主观认识同样会产生评价含义，以往归入动词屈折范畴的部分体貌（aspectuality）和复动性（pluractionality），如动作的频率（frequentative）、反复（iterative）、强化（intensive）、弱化（attenuative）、分布（distributive）、尝试（tentative）、不认真（incassative）等，都表达了动作的主观量与默认值发生或增或减的偏离。因此，动词的 EM 可以界定为：通过形态手段表示动作主观量的改变，包括动作持续的时间、发生的频率、施行的强度以及执行的意愿、方式、速度等，以表达不同的主观态度和感情。

文献中关于动词 EM 的研究主要集中在罗曼语、斯拉夫语和少量阿尔泰语中，比如意大利语[①]、西班牙语[②]、克罗地亚语[③]、保加利亚语[④]、拉蒙钦语[⑤]等，这些语言的 EM 很丰富并且得到广泛研究。有些语言的动词 EM 与内部复动性（internal pluractionality）[⑥]发生融合，如现代希伯来语[⑦]；有些与体貌发生融合，如意大利语[⑧]、现代希腊语和俄语[⑨]等。

目前还未见到专门针对动词 EM 的类型学研究，汉藏语系的相关研究更少见。本文将以 52 种语言为样本考察世界范围内动词 EM 的总体特征，然后重点分析中国境内民族语言动词 EM 的共性和类型特征。

---

① Scalise, Sergio. Generative Morphology. Dordrecht: Foris, 1984.

② Prieto, Victor Moises. Spanish Evaluative Morphology: Pragmatic, Sociolinguistic, and Semantic Issues. Ph. D. dissertation, University of Florida, 2005.

③ Katunar, Daniela. Diminutives in Action: A Cognitive Account of Diminutive Verbs and Their Suffixes in Croatian. Suvremena Lingvistika, 2013, 39(75): 1-23.

④ Bagasheva, Alexandra. Features of Evaluative Morphology in Bulgarian, Journal of Theoretical Linguistics, 2015, 12(1): 22-39.

⑤ Pakendorf, Brigitte. Lamunkhin Even Evaluative Morphology in Cross-linguistic Comparison. Morphology, 2017, 27(2): 123-158.

⑥ Tovena, Lucia M. Event Internal Pluractional Verbs in Some Romance Languages. Recherches Linguistiques de Vincennes, 2008, 37 ：9-30 ；Stosic, Dejan. Manner of Motion, Evaluative and Pluractional Morphology, Oslo Studies in Language, 2013, 5(1): 61-89.

⑦ Greenberg, Yael. Event Internal Pluractionality in Modern Hebrew: A Semantic Analysis of One Verbal Reduplication Pattern, Brill's Annual of Afroassiatic Languages and Linguistics, 2010, 2(1): 119-164.

⑧ Grandi, N. Evaluative Verbs in Italian Between Action and Aspect. Studi Di Grammatica Italiana. 2006, 24: 153-188.

⑨ Efthymiou, Angeliki. On the Interaction Between Semantics and Phonetic Iconicity in Evaluative Morphology. Journal of Theoretical Linguistics, 2013, 10(1): 152-167.

二、动词评价性形态的总体特征

本文以《评价形态学手册》[①] 中收录的 52 种语言为样本，考察了动词 EM 在世界范围内的分布情况，总结了其表现形式和意义的类型特征。

第一，动词 EM 的区域分布差异明显。

所调查的 52 种语言中，34 种语言拥有动词 EM，各个语言区域的具体分布是：东南亚—大洋洲（7/7）、南美洲（6/6）、澳大利亚—新几内亚（5/7）、欧亚（11/16）、非洲（3/8）、北美洲（2/8）。[②] 东南亚—大洋洲、南美洲区域分布最多，采样的语言几乎都有动词 EM；澳—新和欧亚大陆所占比例居中；非洲和北美洲比较少，具体语言见本文附录 1。动词 EM 不是世界语言的共性特征，其区域分布具有明显的差异性和倾向性。

第二，动词 EM 的表现形式以后缀和重叠为主。

根据统计，样本语言中采用下面几种形式表达动词 EM 的语言数量分别为：后缀 21 种、重叠 17 种、前缀 7 种、重叠 + 加缀 3 种、框缀 2 种、结合状貌词 2 种和词根并入 1 种。其中，后缀和重叠是使用最广泛的形式。印欧语系主要用加缀，汉藏、南岛语系主要用重叠，其他语系加缀、重叠都用，没有明显的倾向性。比如加泰罗尼亚语（Catalan）[③] 的动词 EM 前缀有 es-，后缀有 -uc、-iny、-ass、-iss、-isc、-ic。他加禄语（Tagalog）和汉语普通话的动词完全重叠表示动作未充分进行或时间短，比如 linis（清理）—linislinis（清理清理）。夸扎语（kwaza）[④] 的动词有 3 种重叠模式：完全重叠表示动作反复持续进行，如 kahɛ（吠叫）—kahɛkahɛ（不停地吠叫）；重叠第一个音节表示动作减量和喜爱亲昵的感情，如 ka-kahɛ（玩儿似地叫）；重叠最后一个音节也表示减量，如 rãmã（说）—rãmãmã（战战兢兢地说），情感态度依语境而定。

除了加缀和重叠以外，语言样本中还出现了目前文献中较少提及的形式，如词根

① Grandi, Nicola & Körtvélyessy, Lívia. Edinburgh Handbook of Evaluative Morphology, Edinburgh: Edinburgh University Press, 2015.

② 斜杠前面的数字表示拥有动词 EM 的语言数量，斜杠后面的数字表示该语言区域采样的语言数量。

③ Bernal, Elisenda. Catalan. in Nicola Grandi & Lívia Körtvélyessy: Edinburgh Handbook of Evaluative Morphology. Edinburgh: Edinburgh University Press, 2015:205-216.

④ Van der Voort, Hein. Kwaza. in Nicola Grandi & Lívia Körtvélyessy: Edinburgh Handbook of Evaluative Morphology. Edinburgh: Edinburgh University Press, 2015: 606-615.

并入（incorporation）、动词与状貌词（ideophones）结合。克里语（Plains Cree）[①]是北美一种典型的多式综合语，可以把词根语素并入动词来表达 EM，如 mis（t）-（大）、kiht-（很）。例如：

kitow kito-w（叫 - 他）他叫	misi-kito-w（大 - 叫 - 他）他大叫
itwēw itwē-w（说 - 他）他说	kihci-itwē-w（很 - 说 - 他）他发誓

凯特语（Ket）[②]属于西伯利亚叶尼塞语支，通过加后缀 -ej、-aj、-oj 可以构成非常丰富的状貌词，比如 sul-ej（血，水果、树叶变红貌）、nəːɣ-aj（人说话的声音，抱怨貌）、hoɣ-oj（风或火的声音，呼呼貌）。这些状貌词可以并入定式动词的第七个槽位[③]表达生动性。

祖鲁语（Zulu）[④]的状貌词很丰富，其重叠形式可以表示动作的重复。例如：

W-a-thi	bhaja-bhaja a-me-hlo（他的眼睛眨个不停）
SUB1-PST-go	shift!-shift! DET-N6-eye
主语 – 过去式 – 去	眨巴眨巴　限定词 – 名词类 – 眼睛

按照目前 EM 的研究框架，这些形式比较边缘也比较有争议，但是我们认为考察这些现象有利于研究的深入，特别是有利于认识评价性形态的动态演变过程。

第三，动词 EM 表达的意义以贬化为主，常与复动性和体貌发生交融。

各种语言的动词 EM 既有表示动作增量的，也有表示动作减量的，如动作持续、反复、加强、快速、减弱、缓慢、无目的或尝试等，并且附带或褒或贬的主观评价。总体来看，34 种语言中有 30 种语言使用动词 EM 表示贬化评价。[⑤]

---

① Wolvengrey, Arok. Plains Cree. in Nicola Grandi & Lívia Körtvélyessy: Edinburgh Handbook of Evaluative Morphology. Edinburgh: Edinburgh University Press, 2015: 568-578.

② Vajda, Edward J. Ket. in Nicola Grandi & Lívia Körtvélyessy: Edinburgh Handbook of Evaluative Morphology. Edinburgh: Edinburgh University Press, 2015: 246-252.

③ Ket 语的定式动词有 8 个槽位，从左到右分别是：主语人称一致 – 并入的名词、状貌词、形容词等 – 宾语一致 – 限定 – 时 – 无生的主语或宾语一致 – 时 / 体 / 态 – 主语一致 – 动词词基。

④ Van der Spuy, Andrew & Mjiyako, Lwazi. Zulu. in Nicola Grandi & Lívia Körtvélyessy: Edinburgh Handbook of Evaluative Morphology. Edinburgh: Edinburgh University Press, 2015: 515-522.

⑤ 值得注意的是，语料中用重叠形式表示减量的语言有 10 种，表示增量的语言也有 10 种，因此跨语言来看，动词重叠表示增量或减量确实没有明显的倾向性。

动词 EM 经常与复动性和体貌发生交融。比如印尼穆纳语（Muna）[①] 后缀 -hi 一般表示复数，加在动词后表示该动作是更大事件的一部分，也可以表示动作随意、无特定目的。如 do-fumaa-hi（他们 - 吃 - 复），可以表示"他们都吃"，也可以表示"他们随便吃"。动词 EM 与体貌交融的例子，如上文所举加泰罗尼亚语 [②] 中动词的评价性词缀主要表达 3 种意义：反复习惯性动作、动作强度减弱和贬义。再比如，匈牙利语 [③] 的动词评价性后缀 -gat/-get 表示动作在一定时间内反复发生或动作强度减弱或质量下降等，比如 nyit（开），nyitogat（反复开或随便开）；dolgozik（工作），dolgozgat（慢吞吞地工作或三心二意地工作）；szeret（爱），szeretget（有点儿爱）。

以上例子表明，动作的反复、持续和动作的"减量"经常使用同一形式，表面上看似矛盾，实际上是由识解视角的不同造成的。Cusic [④] 提出了区分事件外部和事件内部的复数意义（event-external and event-internal pluractional meaning），可以很好地解释为什么某些"复数"形式有时表增量有时表减量。内部复动性（internal pluractionality）揭示，一定时间内动作反复进行，意味着整个事件被切分成了很多子事件（subevent），子事件相对于原动词所代表的整个事件而言，获得的执行力度、意愿和注意力都会削弱。因此，对动词 EM 的某种形式而言，笼统地判定为"增量"或"减量"过于简单。动作"主观量"是增还是减，取决于说话人关注的是事件内部的哪个方面，包括动作持续的时间、发生的频率、波及的范围、施行的强度以及执行的意愿、速度、方式等。如果说话人关注的是子事件执行的力度减弱、意愿降低，就容易附加"尝试、随便、不认真"等感情色彩；如果关注的是子事件发生的频率增加、范围扩大、速度加快，则容易附加"胡乱、无目的、急促"等感情色彩。

三、中国境内民族语言动词的评价性形态

本文主要参考了 3 种丛书《中国少数民族语言简志》《中国新发现语言研究丛书》和《中国少数民族语言参考语法研究系列丛书》，搜集到动词上有 EM 的民族语 45

① Van den Berg, René. Muna. in Nicola Grandi & Lívia Körtvélyessy: Edinburgh Handbook of Evaluative Morphology. Edinburgh: Edinburgh University Press, 2015: 367-374.

② Bernal, Elisenda. Catalan. in Nicola Grandi & Lívia Körtvélyessy: Edinburgh Handbook of Evaluative Morphology. Edinburgh: Edinburgh University Press, 2015:205-216.

③ Kiefer, Ferenc & Németh, Boglárka. Hungarian. in Nicola Grandi & Lívia Körtvélyessy: Edinburgh Handbook of Evaluative Morphology. Edinburgh: Edinburgh University Press, 2015: 227-237.

④ Cusic, David. Verbal Plurality and Aspect. Ph. D. Dissertation, University of Stanford, 1981: 60-63.

种[①]。其中藏羌语支10种，以嘉绒语为代表；彝缅语支12种，以彝语为代表；苗瑶语族7种，以苗语为代表；壮侗语族9种，以壮语为代表；南亚语系4种；阿尔泰语系3种。具体语言见本文附录2。

以上考察的中国境内民族语言的动词EM，形式多样且表义丰富，即EM饱和度（EM saturation[②]）很高，主要分为3大类：加缀、重叠、动词与状貌词结合。其中重叠还可以细分为完全重叠、重叠+词缀、部分重叠、重叠式的四音格词4种形式。下面先分别举例说明，然后总结其共性和类型特征。

（一）加缀

加后缀是阿尔泰语系语言动词EM的主要表现形式。比如蒙古语的后缀-ɬā、-čaγa表示动作重复，后缀-ɬʒa、-γaɬʒa表示动作多次发生，后缀-ɬkiɬa、-zaγana、-zāna表示动作减弱；满语的后缀-ča、-ša、-ta、-nǯa表示动作重复，后缀-ɬʒa、-nǯa、-rǯa、-γanǯa、-χanǯa表示动作多次发生，后缀-kiya(-k′a)、-giya(-g′a)、-xiya(-x′a)表示动作强烈[③]等。

汉藏语系语言中，加缀法只在少数语言中存在，前缀后缀都有，而且有些“缀”的语法化程度还不高，具有“类词缀”或“助动词”的特征，比如彝语诺苏话、遮放载瓦语、沙朗白语等。彝语诺苏话[④]有3个评价性词缀，分别是前缀lɛ^{33}-、后缀-lu^{33}go^{33}、类后缀-dɛ^{33}。前缀lɛ^{33}-表动作力度或程度增强，如hɛ^{55}（拴），lɛ^{33}hɛ^{55}表示“用力拴”。后缀-lu^{33}go^{33}表示“无所不为”“不应该”等贬义，如k^{h}ɛ^{33}（砍），k^{h}ɛ^{33}lu^{33}go^{33}表示“无所不砍”或“不应该砍”。类后缀-dɛ^{33}本意是“做”，附加到动词词根上起强调作用，如po^{55}（跑），po^{55}dɛ^{33}表示“非常认真或非常费力地跑（奔波）”。遮放载瓦语[⑤]有一些从动词语法化而来的“状貌助动词”，接在动词后面表示动作行为的状貌。比如mau^{55}（随便、假装），用在动词后面表示谦虚或者不满；wu^{55}（看），用在动词后表示“尝试”。彝语、拉祜语也有相似的用法。沙朗白语[⑥]表示尝试义或随意义的助词ka^{44}一般放在动词之前。这些状貌助动词不是严格意义上的词缀，而是处于语法化过程中的附着形式（clitics），可以看作动词EM的潜在表达形式。

---

① 由于动词EM在很多语言的描写语法中常常被忽略，不同研究者描写的详细程度也不一样，所以一种语言暂时没有相关描写或者相关描写较少，并不表示该语言的动词一定没有EM。

② Körtvélyessy, Lívia. Evaluative Morphology from Cross-linguistic Perspective. Newcastle upon Tyne: Cambridge Scholars Publishing, 2015.

③ [波兰]科特维奇：《阿尔泰诸语言研究》，哈斯译，呼和浩特，内蒙古教育出版社，2003。

④ 马辉：《彝语诺苏话词法研究》，北京，民族出版社，2015。

⑤ 朱艳华、勒排早扎：《遮放载瓦语参考语法》，北京，中国社会科学出版社，2013。

⑥ 王锋：《昆明西山沙朗白语研究》，北京，中国社会科学出版社，2012。

（二）重叠

重叠是南方各民族语动词 EM 最重要的表现手段，形式多样，分为完全重叠、重叠 + 词缀、部分重叠、重叠式的四音格词 4 种形式。

1. 完全重叠

藏缅、苗瑶、壮侗语族语言的动词一般不能通过完全重叠直接表示 EM，往往需要借助其他成分。藏缅和南亚语族语言动词的完全重叠一般表示增量；而苗瑶、壮侗语族语言动词的完全重叠一般表示减量，且仅限于少数动词，这可能是受汉语的影响所导致的。

藏缅语族语言的动词通过完全重叠表示 EM 要借助其他成分。比如景颇语①、遮放载瓦语、浪速语②的动词重叠必须借助泛指动词才能表示经常貌。例如浪速语的泛指动词 tø^{ʔ31}（成）和 ŋuk^{31}（哭）的完全重叠构成 ŋuk^{31} ŋuk^{31} tø^{ʔ31}（经常哭），遮放载瓦语的 kṵt^{55} 和 ʃu^{ʔ55}（喝）的完全重叠构成 ʃu^{ʔ55} ʃu^{ʔ55} kṵt^{55}（经常喝）。彝语支很多语言的动词完全重叠表示疑问，要表达 EM 还需要借助其他成分，比如山苏彝语③动词重叠借助 si^{33}ȵi^{21} 才能表示动作次数多或者强度大，如 bo^{21}bo^{33} si^{33}ȵi^{21}（很能走），或者中间插入 dʑʅ^{33} 表示多量，如在 ndo^{33}（喝）完全重叠中插入 dʑʅ^{33}，构成 ndo^{33} dʑʅ^{33}ndo^{33}（很能喝）。

苗瑶语族和壮侗语族语言的动词一般不能完全重叠，只有少数动词能重叠后插入“一”表示尝试义（如优诺语），或者重叠后加助词“看”表示尝试义（如布努语）。有些语言中只有少数动作动词、心理活动动词可以完全重叠后表示短暂、随意或试行（如壮语、仡佬语、黎语等）。

南亚语系语言动词的完全重叠一般表示增量。如昆格语④动词完全重叠表示动作持续或反复，如 thi^{33}ʃɣiŋ^{51} khɤʔ^{55} khɤʔ^{55} ʧɔm$^{51-31}$ θa^{31}maʔ^{55}（红旗 动 – 动 介 风），红旗随风飘扬。克木语⑤的动词完全重叠表示催促，如 sih sih(睡 – 睡）表示“快睡吧”。

2. 重叠 + 词缀

采用“重叠 + 词缀”形式表达 EM 的语言很少，因为多用重叠形式的汉藏语系较少使用词缀，而多用词缀的阿尔泰语系较少使用重叠，处于中间地带的南方民族语言

① 戴庆厦：《景颇语参考语法》，北京，中国社会科学出版社，2012。

② 戴庆厦：《浪速语研究》，北京，民族出版社，2005。

③ 许鲜明、白碧波等：《山苏彝语研究》，北京，民族出版社，2013。

④ 蒋光友、时建：《昆格语参考语法》，北京，中国社会科学出版社，2016。

⑤ 陈国庆：《克木语研究》，北京，民族出版社，2002。

大多采用部分重叠的形式。“重叠 + 词缀”形式在 Štekauer 等人[1]的跨语言调查中被忽略了，这是由于该调查中从东北亚到东南亚区域的语言样本和数据较少。

藏缅语族有些语言采用“重叠 + 词缀”表达 EM，如嘉绒语茶堡话[2]。在这种语言中，前缀 nɤ-+ 词根重叠表示“动作无定方向”“到处 V”。词根有两种重叠模式，一种是韵母固定为 ɯ，向前重叠声母，如 ti（说）—nɤ-tɯ-ti（到处说）、ɕar（找）—nɤ-ɕɯ-ɕar（找来找去）；一种是声母固定为 l，向后重叠韵母，如 mtsaʁ（跳）—nɤ-mtsaʁ-laʁ（跳来跳去）；ndʑaβ（打滚）—nɤ-ndʑaβ-laβ（滚来滚去）。还有前缀 sɤ-+ 词根重叠表示“随便 V”，如 rɤt（写）—sɤ-rɯ-rɤt（随便写写）、βzu（做）—sɤ-βzɯ-βzu（随便做一下）。

3. 部分重叠

苗瑶、壮侗语族语言单音节动词的部分重叠形式很有特色，往往在普通的部分重叠基础上再结合固定韵母、声母或声调（黔东苗语 Cu-；都安壮语 -Cəɯ、-Cok；燕齐壮语 -Ca:k/-Ce:k；C 表示动词的声母），表达随便、催促、干脆、杂乱等附加意义。这些重叠形式看起来很像词缀，可能是在原单音节动词的部分重叠式基础上发生语法化的产物。

比如黔东苗语[3]的动词重叠形式有一种是在动词词根基础上向前重叠声母和声调，韵母固定为 u，即 Cu-，表示动作杂乱、无秩序、随便等，如 lo^{8}（插栽）—lu^{8}lo^{8}（随便插）、ʈi^{1}（打）—ʈu^{1}ʈi^{1}（乱打）、noŋ^{2}（吃）—nu^{1}noŋ^{2}（乱吃）。黔东苗语动词还可以向后重叠韵母和声调，声母固定，也表示动作杂乱、随便等，如 mai^{4}（编织）—mai^{4}qai^{4}（胡乱编织）、to^{3}（绕）—to^{3}qo^{3}（颠三倒四）、tsaŋ^{4}（散开）—tsaŋ^{4}qaŋ^{4}（杂乱散开）。

与苗瑶语族一样，壮侗语族的重叠也以部分重叠为主，比如德宏傣语[4] vi^{1}（梳）—vi^{1}va^{1}（随便梳一下）、tse^{6}（泡）—tse^{6}tsa^{6}（随便泡一下）。再如都安壮语[5]单音节动词的部分重叠形式 -Cəɯ，只重叠声母，韵母和声调都固定，表示加快动作速度，附加催促、命令、粗糙或随便等感情色彩，如 di:p^{10}（踏）—di:p^{10}dəɯ^{4}（快踏）、ha:k^{10}（学）—ha:k^{10}həɯ^{4}（快学）。都安壮语中的类似部分重叠形式还有 -Cok，表示动作迅速、干脆利落，如 bo:n^{1}（挖）—bo:n^{1}bok^{7}（干

① Štekauer, Pavol, Salvador Valera & Lívia Körtvélyessy. Word-formation in the World's Languages: A Typological Survey. Cambridge: Cambridge University Press, 2012.

② [法] 向柏霖：《嘉绒语研究》，北京，民族出版社，2008。

③ 李炳泽：《黔东苗语动词的音节与形态》，见石茂明主编：《苗族语言与文化：李炳译文集》，北京，民族出版社，2016。

④ 周耀文、罗美珍：《傣语方言研究》，北京，民族出版社，2001。

⑤ 李旭练：《都安壮语形态变化研究》，北京，民族出版社，2011。

脆点挖）、da:u^{1}（搅）—da:u^{1}dok^{7}（干脆点搅）。燕齐壮语①也有这类部分重叠形式，即 -Ca:k/-Ce:k（韵母起到区分动作力度大小的作用，前者力度大，后者力度小），如 kɯn^{24}ka:k^{55}（快点吃掉）、tom^{35}ta:k^{55}（随意推倒）、ɕuk^{33}ɕa:k^{31}/ɕuk^{33}ɕe:k^{31}（随意乱捆，力度一大一小）、kwe^{55}ka:k^{55}/kwe^{55}ke:k^{55}（随意乱割，力度一大一小）。

不管是都安壮语还是燕齐壮语，这类部分重叠式所形成的动词 AB 式，还可以继续重叠形成四音格词 A-Ci-A-B。这种四音格词的 4 个音节，声母全部相同，声调相互配合，表示快速完成动作，如 bo:n^{1}（挖）—bo:n^{1}bok^{7}—bo:n^{1}bi^{3}bo:n^{1}bok^{7}（快快地挖）。该重叠式所表达的主观感受根据具体语境而定，由动作快速可以引申出随便、无所谓、无目的等主观感受，如 kɯn^{24}ki^{33} kɯn^{24}ka:k^{55} 表示“快速而随便地吃掉（无所谓）”。从动作的快速也可以引申出粗暴、愤怒的主观感受，如 sik^{55}si^{33}sik^{55}sa:k^{55} 表示“快速地撕成粉碎（不满、愤怒）”。

4. 重叠式的四音格词

重叠式的四音格词是汉藏语系语言中动词 EM 最常见的表现形式之一，主要有 AABB、ABAB、ABAC、ABCB 等格式，一般表示增量和贬化意义。四音格词丰富的语言都有这 4 种形式，其中 AABB 和 ABAB 最常见，四音格词不丰富的语言也至少有 AABB 式。

藏缅语族语言的重叠式四音格词主要在完全重叠基础上形成，分布十分广泛。四音格词丰富的语言如景颇语、浪速语、拉祜语、阿侬语、格曼语、柔若语等 4 种形式都有；四音格词相对不丰富的语言如史兴语、普标语、沙朗白语、卡多话等，也有少量 AABB 式表示动作反复进行或者强调。

苗瑶、壮侗语族语言的完全重叠式四音格词比较少见，更多的是在部分重叠基础上形成的。如上文所述壮语的 A-Ci-A-B 式四音格词是在部分重叠形式 AB 上形成的。再如黔东苗语的 ABAC 式四音格词是在部分重叠形式 AB 上，再加重叠部分和类似词缀的固定音节 tei^{5} 或 qai^{7}，表示动作反复持续进行，附加胡乱、厌烦等主观感受，如 lo^{8}（插栽）—lu^{8}lo^{8}—lu^{8}lo^{8}lu^{8}tei^{5}（胡乱瞎插），fha^{1}（翻）—fha^{1}tɕa^{1}—fha^{1}tɕa^{1} fha^{1}qai^{7}（乱翻滚）。

南亚语系语言的单音节动词可以与宾语或补语一起重叠形成四音格词，表示动作反复，如布兴语②里 tEŋ ko^{ʔ} tEŋ ko^{ʔ}（喝 – 酒 – 喝 – 酒）表示经常或不停地喝酒，sɔk ^{ʔ}ua^{ʔ} sɔk ^{ʔ}uit（找 – 去 – 找 – 回）表示反复找。

① 韦景云、何霜、罗永现：《燕齐壮语参考语法》，北京，中国社会科学出版社，2011。

② 高永奇：《布兴语研究》，北京，民族出版社，2004。

（三）动词与状貌词结合

状貌词可以描绘与动作相关的形象、速度、方式、声音和主观感受等，不同于单纯的拟声词，在日语、韩语以及中国汉语方言、少数民族语言中相当发达，但在普通话和印欧语中不是很明显[①]。中国境内民族语除了南亚语系以外，满－通古斯、蒙古、突厥、藏缅、苗瑶和壮侗语族的动词都能借助状貌词表达评价性范畴，但具体表现形式存在差异。

首先，状貌词与动词的语序显示了南北差异，北方阿尔泰语系语言的状貌词居前，南方各语族语言的状貌词主要居后。其次，状貌词与动词结合的紧密程度在各语族中不一样，有些更接近句法形式，如阿尔泰语系和藏缅语族，有些更接近形态形式，如苗瑶和壮侗语族。

满－通古斯、蒙古、突厥语族语言的状貌词一般需要借助助词放在动词前面描绘动词所表示的动作行为，意义比较具体，更接近句法形式。比如蒙古语[②]的状貌词需要借助引语动词 gəʤ/gəəd（说道）才能修饰动词，比如 gɔdɔ̆s gəəd usə̆rtʃixləə（嗖貌 引语动词 跳）；但状貌词的重叠形式可以直接修饰动词。藏缅语族语言的状貌词意义也比较具体，自身有不同的形态变化，一般要借助助词放在动词后面或者前面，更接近句法形式。比如嘉绒语[③]的状貌词要借助助词 ʐo 才能修饰动词，如 tslɯɣnɤtslɯɣ ʐo pjɤkɤláchɯ（水沸貌 助词 沸腾）。

而苗瑶和壮侗语族语言的状貌词在意义和形式上都与动词结合得更加紧密，更接近典型的评价性形态。

苗语[④]动词后面可以加非常丰富的状貌词对动作的方式、速度、样态等进行细致地描绘和区分，比如动词 $ntaŋ^{43}$（漂浮）后可以加 $mplau^{13}$ 表示水面上漂浮很多东西貌，加 $ʐo^{21}$ 表示轻而圆的东西在水上晃荡貌，加 $ʐua^{21}$ 表示轻飘飘荡漾貌，加 $ʐi^{13}$ 表示漂得快又平稳貌，加 $ʈi^{21}$ 表示水流陡急向下貌，等等。苗语的状貌词只有加在动词后面才能显示附加意义，不能单独使用。但是状貌词与动词的结合在句法和形态之间仍然存在一些模糊性。比如李云兵[⑤]把苗语状貌词看作动词的补语，类似汉语的动补结构，

---

① ［法］向柏霖：《嘉绒语研究》，北京，民族出版社，2008；马彪：《藏缅、苗瑶、壮侗语状态词缀及其类型学特征》，见戴昭铭、［美］马提索夫主编：《汉藏语研究四十年：第 40 届国际汉藏语言暨语言学会议论文集》，哈尔滨，黑龙江大学出版社，2010。

② 道布编著：《蒙古语简志》，北京，民族出版社，1983。

③ ［法］向柏霖：《嘉绒语研究》，北京，民族出版社，2008。

④ 李云兵：《苗语动词的句法语义属性研究》，北京，中国社会科学出版社，2015。

⑤ 李云兵：《苗语动词的句法语义属性研究》，北京，中国社会科学出版社，2015。

如果及物动词带宾语，状貌词要置于宾语之后，如 to^{24}n̥a^{55}ŋki^{44}（咬 – 牙 – 紧闭貌）。王辅世先生①认为威宁苗语的状词与动词之间还可以插入其他具有附加意义的助词，比如插入 tsi^{55} 表示动作减弱，插入 ndhu^{35} 表示动作加强，因此不能看作动词的附加成分。

本文认为苗语的状貌词很像黏着语素，与动词结合的形式类似汉语的词根复合词，比如 plo^{31} pla^{13}（消失 – 隐约貌）、tɛ^{44}ŋki^{44}（指 – 怒貌）lo^{21}lau^{13}[下（雨）– 不停貌]、tʂau^{44}phlua^{55}（放 – 突然貌）、ŋkaŋ^{13}nua^{13}（进 – 唐突而迅速貌）、nau^{31}ʐau^{13}（吃 – 急促且快貌）。至于可以被宾语或其他助词隔开，则类似汉语“离合词”的情况。总体而言，苗语动词与状貌词的结合形式更接近形态而不是句法。

壮侗语族的壮语、傈语、莫语、侗语、黎语、临高语等都有动词与状貌词结合的例子。与苗瑶语族一样，壮侗语族的状貌词只有加在特定动词上才能表达意义，离开了动词，这些音节没有意义或者意义很不明确。句法上，状貌词与动词也可以被宾语或补语隔开，但是不能再插入其他助词。有些语言的个别状貌词进一步虚化表示固定意义，类似词缀。比如傈语②的单音节动词后加状貌词，可以表示不同意义，例如，ljaŋ^{2}（飞），ljaŋ^{2}la:p^{7}（快快地飞），ljaŋ^{2}la:p^{7}la:p^{7}（非常快地飞），ljaŋ^{2}viu^{3}viu^{3}（衣裙飘动貌）。同一个词根可以结合不同的状貌词表示不同的意义。比如动词 tsa:m^{3}（讲），tsa:m^{3}ljɔ^{6}ljɔ^{6}（不停地讲），tsa:m^{3}phja:ŋ^{6}phja:ŋ^{6}（很粗俗地讲）。不同的状貌词还可以区分动作施行者的大小，如动词 ʑa:m^{4}（哭），ʑa:m^{4}lan^{4}lan^{4} 表示“大人号啕大哭”，ʑa:m^{4}ʑɔ^{1}ʑɔ^{1} 表示“小孩号啕大哭”。壮语③的状貌词都是单音节的，描绘动作的不同情状、方式、强度、速度、声音、主观感受等。比如动词 pu:t^{9}（跑）—pu:t^{9}fo^{1}（奔驰），ŋa:u^{2}（摇）—ŋa:u^{2}ŋe:t^{10}（左右摇晃），na:u^{6}（闹）—na:u^{6}pɯt^{8}（吵吵嚷嚷）。都安壮语还有两个已经虚化的状貌词 -ja^{2}、-ja:p^{10}，可以与很多动词构成 A-ja^{2}ja^{2}ja:p^{10}ja:p^{10} 或 A-ja^{2}-A-ja:p^{10}，表示动作行为胡乱进行、不守规矩、乱七八糟，如 bin^{1}（飞）—bin^{1} ja^{2}ja^{2}ja:p^{10}ja:p^{10} 或 bin^{1}ja^{2}bin^{1}ja:p^{10}（胡乱地飞）。

状貌词的重叠形式比单音形式更为常用，每个动词词干一般可以与两三种 BB 式状貌词结合，多的可达十几种。比如壮语动词 pei^{1}（摆）可以和多种状貌词的重叠形式结合：pei^{1}da:t^{9}da:t^{9}（走路时胳膊摆动得很厉害），pei^{1}de:t^{9}de:t^{9}（走路时胳膊摆动得厉害但可爱），pei^{1}na:ŋ^{5}na:ŋ^{5}（悬挂的东西摆晃得很厉害），pei^{1}ne:ŋ^{5}ne:ŋ^{5}（悬挂的东西摆晃得厉害但好看）。都安壮语里动词与状貌词的结合形式有 3 种重叠模式，分别是 $AB_1B_1B_2B_2$、AB_1AB_2 和 ABAB，表示动作行为到处发生或不停地发生。第一种模式是动词 A 的两个有细微差别的状貌词重叠后连用，如动词 pei^{1}（摆）—pei^{1}dɯt^{7}dɯt^{7}de:t^{9}de:t^{9}（不停地摆动）。

① 王辅世、王德光：《贵州威宁苗语的状词》，载《语言研究》，1983（2）。

② 李旭练：《傈语研究》，北京，中央民族大学出版社，1999。

③ 李旭练：《都安壮语形态变化研究》，北京，民族出版社，2011。

第二种模式是两个有细微差别的 AB 连用，如 pei^{1}duɯt^{7}pei^{1}deːt^{9}（不停地摆动）。第三种模式是 AB 的完全重叠，如 pei^{1}deːt^{9}pei^{1}deːt^{9}（不停地摆动）。由此可见，该区域表达动词 EM 时，动词与状貌词复合和重叠这两种形态手段经常联合使用。

（四）中国境内民族语言动词 EM 的特点

以上所考察的中国境内民族语言动词 EM 的主要表现形式和意义可以概括为表 1。

表 1　中国境内民族语言动词 EM 的主要表现形式和意义

语言	动词 EM 的主要表现形式	动词 EM 的主要意义
阿尔泰语系	后缀	动作重复、持续、强烈、减弱等
藏缅语族	重叠式的四音格词、重叠＋词缀、加缀、完全重叠	动作力度、程度、次数、范围增加；表强调、随便、尝试等
苗瑶语族	部分重叠、动词与状貌词结合、重叠式的四音格词、完全重叠	动作快速、重复、持续、减弱；表尝试、随意、胡乱、厌烦等
壮侗语族	部分重叠、动词与状貌词结合、重叠式的四音格词、完全重叠	动作快速、短暂、反复；表尝试、干脆、随意、胡乱、催促、无目的等
南亚语系	完全重叠、重叠式的四音格词	动作持续、反复等

中国境内民族语言的动词 EM 具有以下特点：

第一，阿尔泰语系语言的动词 EM 主要采用加后缀的形式，以表达增量为主，表达减量的情况较少。

第二，藏缅语族语言的动词 EM 主要采用重叠式四音格词的形式；一些语言使用重叠＋词缀以及加缀形式，前缀和后缀形式都存在；完全重叠则需要借助其他成分才能表示 EM。在所调查的 22 种藏缅语言中至少有 17 种语言有增量表达，只有 6 种语言有减量表达，且以附加贬化评价为主。

第三，苗瑶、壮侗语族语言的动词 EM 主要采用部分重叠、动词与状貌词结合、重叠式四音格词的形式，完全重叠仅限于少数动词。在增量或减量上没有明显的倾向性，但是以附加贬化评价为主。其中部分重叠形式很有特色，往往在普通的部分重叠基础上再固定韵母、声母或声调。重叠式的四音格词也是在部分重叠基础上形成的。动词与状貌词的结合形式在不同语言中存在语法化和词法化程度的差异，在阿尔泰语系和藏缅语族中属于句法结构，而在苗瑶、壮侗语族中更接近复合词或加缀形式。

第四，南亚语系语言的动词 EM 表现形式较少，只有完全重叠和重叠式的四音格词，主要表示增量。

四、结语

文章在已有研究基础上以52种世界语言为样本考察了动词EM的总体特征，然后重点调查了45种中国境内民族语言的动词EM，有以下初步发现：

第一，动词EM不是语言共性特征，其区域分布具有明显差异和倾向性。从世界范围来看，约65%（34/52）的语言拥有动词EM，且呈现如下分布差异和倾向性：东南亚—大洋洲 > 南美洲 > 澳大利亚—新几内亚 > 欧亚 > 非洲 > 北美洲。总体而言，表现形式以后缀、重叠为主，意义以附加贬化评价为主，常与复动性、体貌发生交融。

第二，重叠和状貌词是中国境内民族语言动词EM最常见的表达形式，意义上也以表达贬化评价为主。动词EM的重叠形式非常丰富，并且常常与加缀、复合等其他形态手段联合使用，比如完全重叠、部分重叠、重叠 + 词缀、重叠式的四音格词、动词与状貌词结合中的重叠等。在52种语言样本中，动词与状貌词结合表达EM的例子只有2种，但是在中国境内分布十分广泛。从北方的阿尔泰语系到南方的藏缅、苗瑶、壮侗语族，动词与状貌词结合的紧密程度逐渐增强，这从侧面表明评价性形态可能是语用法的主观化、语法化的产物。本文初步考察了动词评价性形态的共时表现，历时演变方面还有很多问题值得挖掘。

第三，所调查的中国境内民族语言有比较丰富的动词EM。该调查结果与Körtvélyessy（2015）① 关于欧洲标准区域（Standard Average European）语言的调查结果相互补充，证明EM在除日耳曼语族之外的欧亚大陆其他语言里都比较发达，构成该区域的类型特征之一。

本文从类型学视角出发，概括了世界语言动词EM的表现形式、表义功能和区域分布特征，调查和分析了中国境内民族语言动词EM的主要特征，为接下来评价性形态的其他研究奠定了基础。另外，对评价性形态的研究有助于提升对形态领域的主观性和主观化现象的理论认识，对进一步认识汉藏语系的形态特征具有启发意义。

附录1　52种世界语言样本中有动词EM的34种语言：

东南亚—大洋洲语言（7/7）：汉语普通话（Standard Chinese）、傈僳语（Lisu）、他加禄语（Tagalog）、阿普玛语（Apma）、穆纳语Muna、藏语（Tibetan）、雅美语（Yami）

① Körtvélyessy, Lívia. Evaluative Morphology from Cross-linguistic Perspective. Newcastle upon Tyne: Cambridge Scholars Publishing, 2015.

南美洲语言（6/6）：贾卡鲁语（Jaqaru）、克瓦扎语（Kwaza）、卢莱语（Lule）、托巴语（Toba）、维奇语（Wichí）、尤拉卡雷语（Yurakaré）

澳大利亚—新几内亚语言（5/7）：卡亚尔迪尔德语（Kayardild）、达拉本语（Dalabon）、雅特穆尔语（Iatmul）、嘎纳语（Kaurna）、瓦尔皮里语（Warlpiri）

欧亚语言（11/16）：格鲁吉亚语（Georgian）、拉脱维亚语（Latvian）、加泰罗尼亚语（Catalan）、匈牙利语（Hungarian）、鄂温克语（Evenki）、塔塔尔语（Tatar）、尼夫赫语（Nivkh）、斯洛伐克语（Slovak）、凯特语（Ket）、泰卢固语（Telugu）、以色列希伯来语（Israeli Hebrew）

非洲语言（3/8)：古典和摩洛哥阿拉伯语（Classical and Moroccan Arabic）、索马里语（Somali）、祖鲁语（Zulu）

北美洲语言 (2/8)：因纽特语（Inuktitut）、平原克里语（Plains Cree）

附录 2　中国境内民族语中有动词 EM 的 45 种语言：

藏羌语支（10）：玛曲藏语、景颇语、普米语、浪速语、阿侬语、格曼语、史兴语、普标语、嘉绒语、拉乌戎语

彝缅语支（12）：山苏彝语、彝语诺苏话、遮放载瓦语、拉祜语、基诺语、卡卓语、撒都语、沙朗白语、西摩洛语、阿昌语、卡多话、柔若语

苗瑶语族（7）：苗语、炯奈语、优诺语、布努语、巴哼语、畲话、瑶族勉语

壮侗语族（9）：壮语、徕语、傣语、莫语、侗语、仡佬语、毛南语、黎语、临高语

南亚语系（4）：昆格语、克木语、布兴语、布赓语

阿尔泰语系（3）：蒙古语、满语、西部裕固语

参考文献

[1]Bagasheva, Alexandra. Features of Evaluative Morphology in Bulgarian, Journal of Theoretical Linguistics, 2015, 12(1): 22-39.

[2]Bauer, Laurie. Evaluative Morphology: In Search of Universals. Studies in Language, 1997, 21(3): 533-575.

[3]Beard, Robert. Lexeme-morpheme Base Morphology: A General Theory of Inflection and Word Formation. Albany: State Univ. of New York Press, 1995.

[4]Bernal, Elisenda. Catalan. //Nicola Grandi & Lívia Körtvélyessy: Edinburgh Handbook of Evaluative Morphology. Edinburgh: Edinburgh University Press, 2015:205-216.

[5] 陈国庆 . 克木语研究 . 北京：民族出版社，2002.

[6]Cusic, David. Verbal Plurality and Aspect. Ph. D. dissertation, University of Stanford, 1981.

[7] 戴庆厦 . 浪速语研究 . 北京：民族出版社，2005.

[8] 戴庆厦 . 景颇语参考语法 . 北京：中国社会科学出版社，2012.

[9] 道布 . 蒙古语简志 . 北京：民族出版社，1983.

[10]Dressler, Wolfgang U. and Merlini Barbaresi, L. Morphopragmatics: Diminutives and Intensifiers in Italian, German and Other Languages, Berlin: De Gruyter, 1994.

[11]Efthymiou, Angeliki. On the Interaction Between Semantics and Phonetic Iconicity in Evaluative Morphology. Journal of Theoretical Linguistics, 2013, 10(1): 152-167.

[12] 傅爱兰 . 普米语动词的语法范畴 . 北京：中国文史出版社，1998.

[13] 高永奇 . 布兴语研究 . 北京：民族出版社，2004.

[14]Grandi, N. Evaluative Verbs in Italian Between Action and Aspect. Studi Di Grammatica Italiana. 2006, 24: 153-188.

[15]Grandi, Nicola & Körtvélyessy, Lívia. Edinburgh Handbook of Evaluative Morphology, Edinburgh: Edinburgh University Press, 2015.

[16]Greenberg, Yael. Event Internal Pluractionality in Modern Hebrew: A Semantic Analysis of One Verbal Reduplication Pattern, Brill's Annual of Afroassiatic Languages and Linguistics, 2010, 2(1): 119-164.

[17]Jurafsky, Daniel. Universal Tendency in the Semantics of the Diminutive, Language, 1996, 72(3): 533-578.

[18] 蒋光友，时建 . 昆格语参考语法 . 北京：中国社会科学出版社，2016.

[19]Katunar, Daniela. Diminutives in Action: A Cognitive Account of Diminutive Verbs and Their Suffixes in Croatian. Suvremena Lingvistika, 2013, 39(75): 1-23.

[20]Kiefer, Ferenc & Németh, Boglárka. Hungarian. // Nicola Grandi & Lívia Körtvélyessy: Edinburgh Handbook of Evaluative Morphology. Edinburgh: Edinburgh University Press, 2015: 227-237.

[21]Körtvélyessy, Lívia. Evaluative Morphology from Cross-linguistic Perspective. Newcastle upon Tyne: Cambridge Scholars Publishing, 2015.

[22][波兰] 科特维奇 . 阿尔泰诸语言研究 . 哈斯，译 . 呼和浩特：内蒙古教育出版社，2003.

[23] 李炳泽 . 黔东苗语动词的音节与形态 // 石茂明 . 苗族语言与文化：李炳译文集 . 北京：民族出版社，2016.

[24] 李旭练 . 都安壮语形态变化研究 . 北京：民族出版社，2011.

[25] 李旭练 . 倈语研究 . 北京：中央民族大学出版社，1999.

[26] 李云兵 . 苗语动词的句法语义属性研究 . 北京：中国社会科学出版社，2015.

[27] 梁敏 . 壮语形容词、名词、动词后附音节的研究 // 梁敏，张均如 . 民族语言学论稿：梁敏，张均如论文选 . 北京：社会科学文献出版社，2011.

[28] 梁敏，张均如，李云兵 . 普标语研究 . 北京：民族出版社，2007.

[29] 刘劲荣 . 拉祜语四音格词研究 . 北京：民族出版社，2009.

[30] 马彪 . 藏缅、苗瑶、壮侗语状态词缀及其类型学特征 // 戴昭铭，[美] 马提索夫 . 汉藏语研究四十年：第 40 届国际汉藏语言暨语言学会议论文集 . 哈尔滨：黑龙江大学出版社，2010.

[31] 马辉 . 彝语诺苏话词法研究 . 北京：民族出版社，2015.

[32] 毛宗武，李云兵 . 优诺语研究 . 北京：民族出版社，2007.

[33] 欧阳觉亚，郑贻青 . 黎语调查研究 . 北京：中国社会科学出版社，1983.

[34]Pakendorf, Brigitte. Lamunkhin Even Evaluative Morphology in Cross-linguistic Comparison. Morphology, 2017, 27(2): 123-158.

[35]Prieto, Victor Moises. Spanish Evaluative Morphology: Pragmatic, Sociolinguistic, and Semantic Issues. Ph. D. dissertation, University of Florida, 2005.

[36]Scalise, Sergio. Generative Morphology. Dordrecht: Foris, 1984.

[37]Štekauer, Pavol, Salvador Valera & Lívia Körtvélyessy. Word-formation in the World's Languages: A Typological Survey. Cambridge: Cambridge University Press, 2012.

[38]Stosic, Dejan. Manner of Motion, Evaluative and Pluractional Morphology, Oslo Studies in Language, 2013, 5(1): 61-89.

[39]Stump, Gregory T. How Peculiar is Evaluative Morphology, Journal of Linguistics, 1993, 29(1): 1-36.

[40] 孙宏开，刘光坤 . 阿侬语研究 . 北京：民族出版社，2005.

[41] 孙宏开，黄成龙，周毛草 . 柔若语研究 . 北京：中央民族大学出版社，2001.

[42] 孙宏开，徐丹，刘光坤，等 . 史兴语研究 . 北京：民族出版社，2014.

[43] 孙艳 . 汉藏语四音格词研究 . 北京：民族出版社，2005.

[44]Tovena, Lucia M. Event Internal Pluractional Verbs in Some Romance Languages. Recherches Linguistiques de Vincennes, 2008, 37：9-30.

[45]Vajda, Edward J. Ket. // Nicola Grandi & Lívia Körtvélyessy: Edinburgh Handbook of Evaluative Morphology. Edinburgh: Edinburgh University Press, 2015: 246-252.

[46]Van den Berg, René. Muna. // Nicola Grandi & Lívia Körtvélyessy: Edinburgh Handbook of Evaluative Morphology. Edinburgh: Edinburgh University Press, 2015: 367-374.

[47]Van der Spuy, Andrew & Mjiyako, Lwazi. Zulu. // Nicola Grandi & Lívia Körtvélyessy: Edinburgh Handbook of Evaluative Morphology. Edinburgh: Edinburgh University Press, 2015: 515-522.

[48]Van der Voort, Hein. Kwaza. // Nicola Grandi & Lívia Körtvélyessy: Edinburgh Handbook of Evaluative Morphology. Edinburgh: Edinburgh University Press, 2015: 606-615.

[49] 王锋 . 昆明西山沙朗白语研究 . 北京：中国社会科学出版社，2012.

[50] 王庆丰 . 满语简志 . 北京：民族出版社，2009.

[51] 王辅世，王德光 . 贵州威宁苗语的状词 . 语言研究，1983（2）.

[52] 韦景云，何霜，罗永现 . 燕齐壮语参考语法 . 北京：中国社会科学出版社，2011.

[53]Wolvengrey, Arok. Plains Cree.// Nicola Grandi & Lívia Körtvélyessy: Edinburgh Handbook of Evaluative Morphology. Edinburgh: Edinburgh University Press, 2015: 568-578.

[54][法] 向柏霖 . 嘉绒语研究 . 北京：民族出版社，2008.

[55] 许鲜明，白碧波，等 . 山苏彝语研究 . 北京：民族出版社，2013.

[56] 杨通银 . 莫语研究 . 北京：中央民族大学出版社，2000.

[57] 张济民 . 仡佬语研究 . 贵阳：贵州大学出版社，2013.

[58] 周耀文，罗美珍 . 傣语方言研究 . 北京：民族出版社，2001.

[59] 朱艳华，勒排早扎 . 遮放载瓦语参考语法 . 北京：中国社会科学出版社，2013.

[60]Zwicky, Arnold M. & Geoffrey K. Pullum. Plain Morphology and Expressive Morphology, Proceedings of the Thirteenth Annual Meeting of the Berkeley Linguistics Society, Berkeley：University of California. 1987: 330-340.

语言接触引发的框式虚词及其演变推测[①]

吕嵩崧

一、引言

不少学者对框式虚词给予了关注。刘丹青对汉语中的框式介词进行了研究，指出框式介词是由前置词加后置词构成的、使介词支配的成分夹在中间的一种介词类型。[②]曹志耘等[③]，邓思颖[④]，曹广顺、遇笑容[⑤]，汪化云、占小璐[⑥]，张竞婷[⑦]，吕嵩崧[⑧]，王丹丹[⑨]，杨永龙[⑩]，汪化云、姜淑珍[⑪]，荆亚玲、汪化云[⑫]等对其他框式虚词进行了讨论。

本文认为，框式虚词是两个或两个以上意义或功能一致或相近的虚词（标记）分别居于其所修饰/支配/标注成分两侧而形成的虚词类型。我们拟在前人研究的基础

① 本文得到国家社会科学基金一般项目“壮傣语支语言地图集”（项目批准号：21BYY039）、重大项目“功能—类型学取向的汉语语义演变研究”（项目批准号：14ZDB098）、“中国境内语言语法化词库建设”（项目批准号：15ZDB100）及广西壮族自治区重大人才项目发展专项资金的资助。匿名评审专家提出了宝贵修改意见和建议，谨此一并感谢。

② 刘丹青：《汉语中的框式介词》，载《当代语言学》，2002（4）。

③ 曹志耘、秋田裕幸、［日］太田斋等：《吴语处衢方言研究》，432—433 页，东京，好文出版株式会社，2000。

④ 邓思颖：《粤语框式虚词结构的句法分析》，载《汉语学报》，2006（2）。

⑤ 曹广顺、遇笑容：《中古译经、元白话语法研究与语言接触》，见浙江大学汉语史研究中心编：《汉语史学报》（第十辑），77—85 页，上海，上海教育出版社，2010。

⑥ 汪化云，占小璐：《玉山方言中的框式状语》，载《中国语言学报》（Journal of Chinese Linguistics），2014（1）。

⑦ 张竞婷：《保安族汉语方言格标记及其演变》，载《青海民族大学学报》（社会科学版），2015（1）。

⑧ 吕嵩崧：《靖西壮语方式副词、程度副词与谓语的语序模式及其历时动因》，载《民族语文》，2017（4）；吕嵩崧：《壮语 $la:i^1$ 的语义演变及其对广西汉语方言的影响》，载《民族语文》，2020（3）。

⑨ 王丹丹：《常山方言的框式状语》，载《温州职业技术学院学报》，2018（1）。

⑩ 杨永龙：《甘青河湟话的混合性特征及其产生途径》，载《民族语文》，2019（2）。

⑪ 汪化云、姜淑珍：《吴语中的后置副词状语》，载《中国语文》，2020（2）。

⑫ 荆亚玲、汪化云：《杭州方言中的框式状语》，载《语言研究》，2021（2）。

上，对中国境内语言中的框式虚词作跨语言考察，对其形成进行讨论，对其演变趋势进行拟测。

二、相关语言事实

金立鑫、于秀金指出，根据 Dryer 和 Haspelmath 的报告，VO 语言和 OV 语言呈现出 15 对相关的倾向性对立。[①] 这些倾向性对立在 VO 语言和 OV 语言的句法配置中呈现镜像语序，语序类型有差异的两种语言或方言也就具备了形成框式虚词的基础，二者的接触可导致框式虚词的形成。

目前观察到可形成框式虚词的句法组配主要有：

第一，附置词[②] 和名词短语。VO 语言的相关语序为“附置词—名词短语”，OV 语言的相关语序为“名词短语—附置词”，VO 语言和 OV 语言接触可形成框式附置词。

第二，否定助动词[③] 和动词短语。VO 语言的相关语序为“否定助动词—动词短语”，OV 语言的相关语序为“动词短语—否定助动词”，VO 语言同 OV 语言接触可形成框式否定标记。

第三，形容词和比较基准。VO 语言的相关语序为“形容词—比较基准”，OV 语言的相关语序为“比较基准—形容词”，VO 语言和 OV 语言接触可形成框式比较标记。

第四，动词和方式副词。VO 语言的相关语序为“动词—方式副词”，OV 语言的相关语序为“方式副词—动词”，VO 语言和 OV 语言接触可形成框式副词。

在现代汉语方言以及部分少数民族语言中，我们都能观察到框式副词、框式比较标记、框式附置词[④]、框式否定标记[⑤]。除以上 4 种主要框式虚词外，在元代汉语中，还可观察到其他框式虚词。

---

① 金立鑫、于秀金:《从与 OV-VO 相关和不相关参项考察普通话的语序类型》，载《外国语》，2012（2）。

② 《从与 OV-VO 相关和不相关参项考察普通话的语序类型》一文中所指附置词实为动源附置词。本文亦是。

③ 本文称“否定标记”。

④ 此结构由借自汉语普通话或其他北方官话的前置词和当地汉语方言的格标记组成，我们称为“框式附置词”。

⑤ 否定标记，一般也视为副词，为与金立鑫、于秀金《从与 OV-VO 相关和不相关参项考察普通话的语序类型》一文一致，我们在此将其与其他副词分开。4 类框式虚词不按金立鑫、于秀金的排序，而以观察到的数量多寡排序。

（一）框式副词

汉语南方方言、壮侗语符合 VO 语序，汉语普通话及北方方言符合 OV 语序。汉语南方方言和壮侗语借入普通话的方式副词后，形成框式副词。我们还观察到，不止方式副词可形成框式副词，其他副词也可形成框式副词。

1. 香港粤语的框式副词

（1）佢当然去定啦!（他当然去了！）①

例（1）中，“当然……定”为框式副词。“定”是粤语中较早层次的表肯定的语气副词，位于动词之后。粤语是 VO 特征最典型的汉语方言②，副词居于动词后符合 VO 语言的共性。“当然”是在清代才演变为表示肯定态度的语气副词③，其居于动词前，与当代官话方言、普通话修饰语一般居于中心语前是一致的，与汉语具有一定的 OV 语言的语序特征是相符的。因此，可以推断，“当然”的层次较“定”为浅，二者分别按 OV 语言副词通常居于中心语前和 VO 语言副词通常居于中心语后线性分布，形成框式副词。

2. 南宁粤语的框式副词

（2）支歌我哋唱得冇整齐，重新唱过一次。（这歌我们唱得不整齐，再唱一次）④

例（2）中，“重新……过”为框式副词。覃凤余、吴福祥认为，“过”在粤语中可充当再次体标记，功能与“重新”一致，⑤居于中心语后；“重新”是表反复的频率副词，从普通话借入，居于中心语前，与其在普通话中的句法位置一致。可与“过”构成框式副词的还有“再”，如“印冇得清楚，再印过（印不清楚，再印一次）。”⑥

---

① 邓思颖：《粤语框式虚词结构的句法分析》，载《汉语学报》，2006（2）。

② 刘丹青：《汉语方言的语序类型比较》，见史有为主编：《从语义信息到类型比较》，222—244 页，北京，北京语言文化大学出版社，2001。

③ 余珩：《表肯定判断“X 然”语气副词的语法化》，见复旦大学汉语言文字学科《语言研究集刊》编委会编：《语言研究集刊》（第十九辑）第 2 期，148—162 页、382—383 页，上海，上海辞书出版社，2017。

④ 林亦、覃凤余：《广西南宁白话研究》，333 页，桂林，广西师范大学出版社，2008。

⑤ 覃凤余、吴福祥：《南宁白话“过”的两种特殊用法》，载《民族语文》，2009（3）。

⑥ 林亦、覃凤余：《广西南宁白话研究》，333 页，桂林，广西师范大学出版社，2008。

3. 百色粤语的框式副词

（3）啲只村全部系壮族哂。（这个村都是壮族。）①

总括副词②“全部”从普通话借入，层次晚近③；句末的“哂”为百色粤语固有词，与“全部”功能一致。二者分别居于中心语两侧，形成框式副词“全部……哂”。

4. 高山汉话④的框式副词

（4）我们全部张家完。（我们都是张家。）⑤

句末的“完”复制了壮语“完毕”义语素的总括副词功能，同时复制了壮语中状语居后的语序⑥。“全部”与“完”在中心语两侧同现，形成框式副词“全部……完”。

5. 那坡官话⑦的框式副词

（5）今天太冷多。（今天非常冷。）⑧

“太……多”为框式副词。据吕嵩崧，壮语“多”义语素演变出程度副词功能，指程度高。⑨那坡官话的“多”复制了壮语“多”义语素的程度副词功能，同时复制了壮语中状语居后的语序；来自普通话的“太”，则居于中心语前。二者同现，形成框式副词。

6. 吴语的框式副词

吴语中也存在一系列因接触形成的框式副词。曹志耘等认为处衢方言中意义一致的“……添”“再……添”“再……”是由深至浅的三个层次，后两个层次因接触

---

① 吕嵩崧：《壮语“完毕”义语素的语法化及对广西汉语方言的影响》，载《方言》，2019（4）。

② “总括副词”吕嵩崧在《壮语“完毕”义语素的语法化及对广西汉语方言的影响》一文中称“全称量化词”。下文同此。

③ 吕嵩崧：《壮语“完毕”义语素的语法化及对广西汉语方言的影响》，载《方言》，2019（4）。

④ “高山汉”是广西壮族自治区百色市、河池市一带居民对居住在广西、云南、贵州三省区交界地区广西一侧的部分汉族的称呼，其使用的“高山汉话”属西南官话。

⑤ 吕嵩崧：《壮语“完毕”义语素的语法化及对广西汉语方言的影响》，载《方言》，2019（4）。

⑥ 吕嵩崧：《壮语“完毕”义语素的语法化及对广西汉语方言的影响》，载《方言》，2019（4）。

⑦ 那坡官话是广西那坡县以壮族为主的少数民族转用的汉语西南官话变体。

⑧ 笔者田野调查语料。

⑨ 吕嵩崧：《壮语 la:i[1] 的语义演变及其对广西汉语方言的影响》，载《民族语文》，2020（3）。

形成。[①] 汪化云、占小璐[②] 及汪化云、姜淑珍[③] 列举了吴语中一批因接触形成的框式副词[④]。

7. 壮侗语的框式副词

壮侗语中的框式副词比比皆是。例如：

（6）ȵa²sjen³fan²ha:i¹man¹kon⁵.

你先 说给他 先

你先告诉他吧。（水语）[⑤]

sjen³“先”、kon⁵“先”分别是汉语借词、水语固有词，二者构成框式副词。

（7）ŋ² si:n¹pa:i¹ku:n⁵.

你先 去 先

你先去。（毛南语）[⑥]

si:n¹“先”、ku:n⁵“先”分别是汉语借词、毛南语固有词，二者构成框式副词。

（8）mu²θεn³poi¹ti⁶nu³.

你 先 去 先

你先去。（标话）[⑦]

θεn³“先”、ti⁶nu³“先”分别是汉语借词、标话固有词，二者构成框式副词。

（9）kən³kja¹nu:t⁹kwa⁵

更 加 热 过

更加热。（靖西壮语）[⑧]

---

① 曹志耘、[日]秋田裕幸、[日]太田斋等：《吴语处衢方言研究》，东京，好文出版株式会社，2000。

② 汪化云、占小璐：《玉山方言中的框式状语》，载《中国语言学报》(Journal of Chinese Linguistics)，2014（1）。

③ 汪化云、姜淑珍：《吴语中的后置副词状语》，载《中国语文》，2020（2）。

④ 汪化云、姜淑珍（2020）及荆亚玲，汪化云（2021）表述为“框式状语”。

⑤ 张均如编著：《水语简志》，47 页，北京，民族出版社，1980。

⑥ 梁敏编著：《毛难语简志》，56 页，北京，民族出版社，1980。

⑦ 梁敏、张均如：《标话研究》，112 页，北京，中央民族大学出版社，2002。

⑧ 吕嵩崧：《靖西壮语方式副词、程度副词与谓语的语序模式及其历时动因》，载《民族语文》，2017（4）。

kən³kja¹ “更加”是晚近借入的汉语官话借词，kwa⁵ “过”是汉语老借词。

（二）框式比较标记

汉语普通话及北方方言的相关语序符合 OV 语言语序，汉语南方方言、壮侗语形容词（A，adjective）和比较基准（St，standard）的语序符合 VO 语言语序。相应地，它们的比较标记分别位于比较基准前、后。汉语南方方言和壮侗语借入汉语普通话的比较标记后，两个比较标记构成框式比较标记。阿尔泰语系语言的比较格标记居于比较基准后，受其影响，保安族汉语使用后置比较格标记表示比较，从普通话借入的比较标记则居于比较基准前，二者分别居于比较基准两侧，形成框式比较标记。

1. 南宁粤语的框式比较标记

（10）南宁比桂林大过，睇地图就识哦。（南宁比桂林大一些，看地图就知道了。）①

粤语固有的比较标记为“过”②。“比”字句是晚近从普通话进入南宁粤语的，其结构为“比 +St+A”③。粤语为较典型的 VO 语言，“A+ 过 +St”结构符合 VO 语言特征④。南宁粤语中，晚近进入的“比”和固有的“过”按自身固有位置分别居于属性谓语两侧，形成“比……过”框式比较标记。据 Yue，香港粤语也有框式比较标记“比……过”⑤。

2. 靖西壮语的框式比较标记

（11）haːi³pi⁵mo⁵loŋ¹kwa⁵laːi¹.
海 比 湖 大 过 多
海比湖大得多。⑥

① 林亦、覃凤余：《广西南宁白话研究》，357 页，桂林，广西师范大学出版社，2008。

② 吴福祥：《粤语差比式“X+A+ 过 +Y”的类型学地位——比较方言学和区域类型学的视角》，载《中国语文》，2010（3）。

③ 林亦、覃凤余：《广西南宁白话研究》，357 页，桂林，广西师范大学出版社，2008。

④ 吴福祥：《语序选择与语序创新——汉语语序演变的观察和断想》，载《中国语文》，2012（4）。

⑤ Yue, Anne O, Syntactic Change in Progress, Part I: The Comparative Construction in Hong Kong Cantonese, 见余霭芹、[日] 远藤光晓编：《桥本万太郎纪念 · 中国语学论集》，329—375 页，东京，内山书店，1997。

⑥ 此条语料为笔者母语。

kwa5 是汉语老借词“过”，依汉语南方方言比较标记的固有位置居于比较基准之后；pi5 是汉语官话借词“比”，按汉语官话比较标记的固有位置居于比较基准之前。二者形成框式比较标记“pi5…kwa5”。

3. 保安族汉语方言的框式比较标记

（12）牙齿比雪（阿 / 哈[①]）看着 / 是还白（牙比雪还白。）[②]

“看着 / 看是”是比较格标记，“比”是来自普通话的比较标记。二者在比较基准“雪”两侧按固有位置分布，构成框式比较标记“比……（阿 / 哈）看着 / 看是”。

4. 东乡族汉语[③]的框式比较标记

（13）我比他些高（我比他高。）他比我些能行（他比我更能干。）[④]

莫超[⑤]、张安生[⑥]认为，“些”是包括东乡族汉语在内的河湟方言的从格比较标记，“比”是从其他汉语方言吸收的晚起的前置词。二者按固有位置同现，形成框式比较标记“比……些”。

5. 干河滩保安语

（14）nə ioɢomonə ərtʂɑnnə ʂgədʑi jidʑi gəsɿ bidʑo tɯtʂɑn ndʑʌdʑi lɑ nəgə suŋfɑn o.
这地犁二铲比头铲略微容易。[⑦]

陈乃雄指出，“ndʑʌdʑi 是仿照藏语 ɣde-na 的词义翻译引入保安语的”[⑧]，充当并列副动词。比较基准后接表示“看”的并列副动词 ndʑʌdʑi，构成宾动结构，置于主句

① 参见杨永龙：《青海民和甘沟话的多功能格标记“哈”》，载《方言》，2014（3）。该文认为，保安族汉语方言比较句中“哈”的性质，各家看法不一，认为其为助词、介词（后置词）、后缀的均有。总体看来，大多认为其黏着性不强。

② 张竞婷：《保安族汉语方言格标记及其演变》，载《青海民族大学学报》（社会科学版），2015（1）。

③ 东乡族汉语属于下文所述的河湟汉语，本文按相关引用文献原名称称说。

④ 莫超：《东乡族汉语中“些”、“有”、“啦哒 / 哒啦”、“阿哈”的用法及来源》，载《甘肃高师学报》，2010（6）。

⑤ 莫超：《东乡族汉语中“些”、“有”、“啦哒 / 哒啦”、“阿哈”的用法及来源》，载《甘肃高师学报》，2010（6）。

⑥ 张安生：《甘青河湟方言的差比句——类型学和接触语言学视角》，载《中国语文》，2016（1）。

⑦ 陈乃雄：《保安语的演变轨迹》，载《民族语文》，1990（3）。

⑧ 陈乃雄：《保安语的演变轨迹》，载《民族语文》，1990（3）。

前，表“比较”。bidʑo“比较”借自汉语方言，居于比较基准前。二者各按固有位置分布，形成框式比较标记“bidʑo…ndʑʌdʑi”。

（三）框式附置词

汉语的附置词包括动源附置词和名源附置词，动源附置词一般在名词短语前，即前置词。汉语南方方言、壮侗语的动源附置词也均为前置词。语序相同的语言或方言不具有形成框式结构的基础，故汉语普通话同汉语南方方言或壮侗语接触无法形成框式结构。但汉语西北方言和元代汉语因具有 OV 语序特征，其格标记在名词短语后，与普通话、元代通语或典型北方方言接触后，其后置格标记与外来的前置词可构成“前置词……格标记”结构的框式虚词。

1. 保安族汉语方言的框式附置词

（15）我们从明天搭 / 塔拉做吧！（咱们从明天起劳动吧！）①

“搭 / 塔拉”是表起始时间义的从格后置格标记，“从”是来自普通话或其他汉语北方方言的前置词。二者各按固有位置分别居于时间名词两侧，形成框式附置词“从……搭 / 塔拉”。

（16）你用钢笔拉写！（你用钢笔写！）②

例（16）中，“拉”是凭借格标记，居于宾语后；“用”是来自普通话或其他汉语北方方言的前置词，居于宾语前。二者构成框式附置词“用……拉”。

根据张竞婷③、杨永龙④，甘青河湟及其周边地区汉语方言（含保安族所操汉语方言）具有的 SOV 型语言系列特征是早期操 SOV 型语言的群体深度借用并转用汉语之后民族语特征的遗留，格标记是河湟汉语的突出特征之一。张竞婷指出，地道的保安族汉语方言没有前置词。⑤所以，前置词应是从普通话或其他汉语北方方言借入的。

① 张竞婷：《保安族汉语方言格标记及其演变》，载《青海民族大学学报》（社会科学版），2015（1）。
② 张竞婷：《保安族汉语方言格标记及其演变》，载《青海民族大学学报》（社会科学版），2015（1）。
③ 张竞婷：《保安族汉语方言格标记及其演变》，载《青海民族大学学报》（社会科学版），2015（1）。
④ 杨永龙：《甘青河湟话的混合性特征及其产生途径》，载《民族语文》，2019（2）。
⑤ 张竞婷：《保安族汉语方言格标记及其演变》，载《青海民族大学学报》（社会科学版），2015（1）。

2. 元代汉语的框式附置词

（17）我这里急慌忙那身起，大走到向他根底。[①]（我这里着急忙慌地移身，大步走到他跟前。）

“根底”是后置词，也可作“根前”，对应于蒙古语的与 / 位格；“向”是汉语固有的前置词，居于宾语前。二者构成“向……根底”框式虚词。余志鸿认为，除“向”外，“于、对、从、在”也可充当此类框式虚词的前置词，构成框式虚词“于 / 对 / 从 / 在……根前 / 根底”。[②]

（四）框式否定标记

壮侗语为典型 VO 语序语言，否定标记居于中心语后；而汉语的否定标记则居于中心语前。在汉语的接触影响下，壮侗语形成框式否定标记。李云兵推测否定副词后置于动词、形容词的语序类型是仡央语群语言的早期语序。[③] 在汉语的影响下，也产生了框式否定方式，语序表现为 AN+V+AN、AN+Adj+AN。李锦芳、吴雅萍[④] 及覃凤余等人[⑤] 也认为壮侗语的否定句语序应是经历了“ $V+Neg>Neg_1+V+Neg_2>Neg+V$ ”的过程，即存在一个框式否定标记的中间阶段。

（五）元代汉语的其他框式虚词

元代汉语中，还存在框式假设标记“若……呵 / 时”，框式目的 / 原因标记“为 / 因……上 / 上头”，框式同事格标记“与 / 和……处 / 一处”等[⑥]。

---

① 余志鸿：《元代汉语的后置词系统》，载《民族语文》，1992（3）。

② 余志鸿：《元代汉语的后置词系统》，载《民族语文》，1992（3）。

③ 李云兵：《中国南方民族语言语序类型研究》，194 页，北京，北京大学出版社，2008。

④ 李锦芳、吴雅萍：《关于侗台语的否定句语序》，载《民族语文》，2008（2）。

⑤ 覃凤余、黄阳、陈芳：《也谈壮语否定句的语序》，载《民族语文》，2010（1）。

⑥ 余志鸿：《元代汉语的后置词系统》，载《民族语文》，1992（3）；祖生利：《元代白话碑文中方位词的格标记作用》，载《语言研究》，2001（4）；祖生利：《元代直译体文献中的原因后置词“上 / 上头”》，载《语言研究》，2004（1）；刘星：《西北方言与元白话特殊语法比较研究》，38—41 页，兰州，兰州大学硕士学位论文，2017。

祖生利[①]、李崇兴等人[②]认为，蒙汉混合的语法是元代汉语的显著特征。以上标记显然是 OV 语言的后置格标记与汉语居于中心语前的虚词构成的框式虚词。

三、框式虚词的特点

（一）框式虚词可因接触产生

某类虚词（标记）语序有差异的两种语言或方言发生接触，二者接触后，功能相同的成分可能会从其中一种语言或方言进入另一种语言或方言，后起成分未直接替换固有成分而与固有成分处于竞争并存状态时（至少接触之初如此），因两种语言或方言相应成分的句法位置不同，后起成分与固有成分在线性序列上均按其固有位置分布，才会形成框式虚词。也就是说，框式虚词的形成需有两个必不可少的条件：一是需要存在语言接触，甚至是密切的语言接触；二是形成接触的语言或方言存在语序类型差异。

就我们目前观察到的有框式虚词的语言而言，大致分布在语言接触密切的地理区域（中国西北和东南地区）或历史时期（元朝时期）。具体来说，西北地区是阿尔泰语系语言、藏语和汉语发生接触的地域，而东南地区是壮侗语和汉语发生接触的区域；元朝蒙古语和汉语曾发生过非常密切的语言接触。

由于同 OV 语序的阿尔泰语系语言、藏语以及典型 VO 语序的壮侗语长期而密切的接触，VO 语序的汉语在不同地域的变体呈现出不同的语序类型特征，汉语西北方言（如河湟汉语）具有了一系列 OV 语序特征，而汉语南方方言 VO 语序特征得到了进一步强化，同时，与二者都有接触关系的普通话或汉语北方方言与它们在某些语序类型特征上也有些差异。典型 VO 语序的壮侗语与具有部分 OV 语序特征的汉语相接触，也使壮侗语呈现出部分 OV 语序特征。语序类型上的差异，即 OV 语序和 VO 语序，导致不同语言或方言经长期密切接触而产生了新结构——框式虚词。

金立鑫、于秀金[③]指出的 VO 语言和 OV 语言涉及虚词的 3 对倾向性对立，即标句词和句子，时 / 体助动词和动词短语以及复数词和名词，我们没有观察到可形成框式虚词。这从另一个角度佐证了发生接触的语言必须在某些虚词（标记）语序有差异的条件下才能形成框式虚词，线性序列上位置一致的成分无法形成框式虚词。

---

① 祖生利：《元代的蒙式汉语及其时体范畴的表达——以直译体文献的研究为中心》，载《当代语言学》，2007（1）。

② 李崇兴、祖生利、丁勇：《元代汉语语法研究》，259 页，上海，上海教育出版社，2009。

③ 金立鑫、于秀金：《从与 OV-VO 相关和不相关参项考察普通话的语序类型》，载《外国语》，2012（2）。

（二）框式虚词强制性不高

同一语言或方言中，框式虚词往往只是具有竞争关系并可相互替代的多种表达形式中的一种，强制性不高，这是语言接触的特征之一。许多语言或方言中都有此类实例。

1. 南宁粤语的框式差比结构

林亦、覃凤余认为，南宁粤语有“S+A+过+St”“S+比+St+A”“S+A+St+数量词”“S1+S2，S1+A+过”“S1+S2，S1+多/加+A”“S+多+比+St+A”“S+多/加+A+过+St”“S+比+St+多+A”“S+比+St+A+过”“S+比+St+多+A+过”“S+多+比+St+A+过”“S+多+比+St+多+A+过”12种差比结构。[①]这一现象显然与语言接触有关。后6种中的“多/加……过”“比……多”“比……过”“比……多……过”“多比……过”“多比……多……过”都是框式差比结构，它们与非框式的差比结构在使用上都无强制性。

2. 处衢方言的框式副词结构

曹志耘等人[②]指出，处衢方言中，“添”“凑”用在动词之后，意义相当于“再”，表示动作继续进行，数量继续追加。动词前一般可以加“再”，也可以不加，动词前如果加了“再”，则后面的“添”“凑”可以省略。在处衢方言（如龙游话）中，“尔农食一碗添”“尔农再食一碗添”“尔农再食一碗”3种说法并存。“尔农食一碗添”是固有说法，是最早的层次；“尔农再食一碗添”[③]是方言与普通话杂糅的形式，是第二层次；“尔农再食一碗”是后起的与普通话相同的说法，属第三层次。在处衢方言中，有的方言点第一层次与第二层次并存，有的方言点第二层次和第三层次并存，有的方言点只有第三层次，还有的方言点如龙游话，则是3个层次并存，但都没有第一层次和第三层次并存而缺少第二层次的情况，这也说明这类句子确实有3个不同的时间层次，框式副词强制性不高。

3. 保安族汉语方言的格标记

张竞婷在讨论保安族汉语方言的从格、止格标记时说，“格标记的混用或许是格标记简化、弱化的过渡阶段体现，这个阶段格标记的使用不是严格对立的，它们之间分工不明确，使用较自由”，同时还指出保安族汉语方言格标记存在代际变异，并讨

① 林亦、覃凤余：《广西南宁白话研究》，354—357页，桂林，广西师范大学出版社，2008。

② 曹志耘、[日]秋田裕幸、[日]太田斋等：《吴语处衢方言研究》，432页，东京，好文出版株式会社，2000。

③ 参见李荣主编：《现代汉语方言大词典》，4031页，南京，江苏教育出版社，2002。此书认为，温州方言也有框式副词“再……添”，如可说“故事好听显，你再讲个添（故事很好听，你再讲一个）”。

论了其格范畴标记体系的简化走向，指出“在某个特定的历史阶段和一定的地域内，汉语方言与阿尔泰语系语言广泛接触，通过借贷或底层残留的方式，汉语方言‘阿尔泰化’并出现了明显的格标记，但是随着外部历史条件的变化，汉语普通话的影响越来越强势，汉语方言又开始向普通话靠拢，它渐渐丢失阿尔泰语言的特征。”[①]

4. 河湟汉语的附置词

杨永龙认为，河湟汉语中，有的地方没有前置词，用后置词“哈”引出受事，“差点把人笑死了”要说成“差点人哈笑死给了”；而有的地方则用糅合的“把……哈”，说成“差点把人哈笑死给了”；还有的地方把所有的“N 哈”都换成“把 N”。[②]他所列的这几种形式实际就是强制性不高的几种形式演变的先后阶段。

5. 元代汉语的框式假设句和框式虚词

余志鸿指出元代汉语假设句的表示法有 3 种：PRE 式（用“若”）、POS 式（用“呵”或“时”）、PRE-POS 式（用“若……呵”或“若……时”）。[③]这三种结构显然分别是纯汉语式、蒙古语式和杂糅式，它们是前置词语言和后置词语言接触的结果，存在着语序选择，每一种结构强制性都不高。元代汉语的框式虚词在元代之后大量消失[④]，也证明了框式虚词强制性不高这一特点。

（三）在语言接触更为复杂的区域，能够形成更加复杂的框式虚词

在语言接触更为复杂的区域，框式虚词可能会由两个以上不同来源、不同层次的虚词构成，形成更加复杂的框式虚词。如“南宁比桂林大一些，看地图就知道了”这句话，南宁粤语可说成：

（18a）南宁比桂林多大过，睇地图就识哦。

（18b）南宁多比桂林大过，睇地图就识哦。

（18c）南宁多比桂林多大过，睇地图就识哦。

例（18a）—（18c）中，“比”“过”“多比”“多”都是比较标记。“比”来自普通话，居于比较基准前；“过”为南宁粤语的固有词，居于比较基准后。它们的层次及其组成的框式差比结构“比……过”前文已述，此处不赘。南宁粤语的“多”作为比较

① 张竞婷：《保安族汉语方言格标记及其演变》，载《青海民族大学学报》（社会科学版），2015（1）。

② 杨永龙：《甘青河湟话的混合性特征及其产生途径》，载《民族语文》，2019（2）。

③ 余志鸿：《元代汉语的后置词系统》，载《民族语文》，1992（3）。

④ 祖生利：《元代直译体文献中的原因后置词“上 / 上头”》，载《语言研究》，2004（1）。

标记，复制自壮语 la:i¹ “多”[①]。南宁粤语与壮语的接触应早于其与汉语普通话的接触，所以“多”成为比较标记的时间应介于固有的“过”和晚近的“比”之间。

“多”被复制进南宁粤语并成为比较标记之初，其句法位置也同壮语的比较标记 la:i¹ 一样，与比较基准相邻并居于其前[②]。之后，“比”从普通话借入，因语义强化的原因，“多”与“比”组成并列结构的比较标记“多比”，位于比较基准之前，原比较基准之前的“多”就变成可有可无的成分；随着普通话影响日渐加深，“比”的意义日渐显豁，“多比”中的“多”越来越不重要，遂脱落。“多”“比”“多比”等标记与南宁粤语原有的短差比式“S+A+ 过”[③]中的“过”杂糅，遂形成“多比……多……过”“比……多……过”“多比……过”等复杂多样的框式比较标记。

四、对框式虚词演变的拟测

框式虚词可通过接触产生，由固有成分和借入成分共同构成。前文的观察也显示，在许多语言中，框式虚词与其他功能相同的形式或结构共存并用，强制性不高，因此可能只是相应形式的一个发展阶段。基于此，我们对其发展、演变有如下推测：

（一）框式虚词最终可能会被模式语形式取代

Lehmann 认为有些更新可能源于人类语言交际的一种重要倾向：用新颖的说法取代陈旧的说法以取得更强的语用力量[④]。人们在接触到新的语言中与固有成分或较早形式意义一致但形式不同的成分时，可能会将新成分吸收进自己的语言。由于新成分一般来自强势语言或方言，会具有更显豁的意义，其语用功能也会更强。通过二者的共存并用，实现语义的强化。若它们在线性序列上位置不同，便会形成框式结构。

但是，既然框式虚词是叠床架屋的结构，必然产生语义冗余，违背语言的经济性原则，因此并不稳固，难以一直定型。新成分被吸收进来的同时，固有成分（或层次较早的成分）的语义也逐渐损耗。新成分和固有成分（或较早的成分）在历时状态下此消彼长，固有成分（或较早的成分）越发虚化，借入的新成分意义越发明确，相应

---

① 吕嵩崧：《壮语 la:i¹ 的语义演变及其对广西汉语方言的影响》，载《民族语文》，2020（3）。

② 吕嵩崧：《壮语 la:i¹ 的语义演变及其对广西汉语方言的影响》，载《民族语文》，2020（3）。

③ 覃凤余、吴福祥：《南宁白话“过”的两种特殊用法》，载《民族语文》，2009(3)；吴福祥、覃凤余：《南宁粤语短差比式“X+A+ 过”的来源》，载《合肥师范学院学报》，2010（2）。

④ 转引自刘丹青：《语法化中的更新、强化与叠加》，载《语言研究》，2001（2）。

结构便越发向模式语靠拢。

因此，从固有成分（或层次较早的成分）向模式语形式演变的过程中，会经历一个中间阶段，即框式结构阶段，这个阶段可能还并不短暂。其过程大致是：

固有形式（或层次较早的形式）→框式结构（固有形式或层次较早的形式与模式语形式杂糅形成的混合结构）→模式语形式

框式虚词形成之初，可以视为过度标记。[①] 刘丹青认为，强化结构大多不能长期维持，旧的固有成分往往会从框式结构中脱落，最终变成以新代旧的更新现象。[②]

因而，上述的演变或替换的过程也可以表述为：

固有形式（或较早形式）→强化（形成框式结构）→弱化（固有成分消失，代以新形式）

吴福祥认为，这个过程称为“语序选择”，且“语序选择”跟语言接触有关；选择的最终结果，一般以转换为模式语的形式为终点。[③] 上文所述处衢方言的演变即证明了这一过程。框式虚词便是这一更替过程的中间阶段。再如，受汉语影响，壮侗语族语言动词（V）与方式副词（AM）的语序类型有如下演变轨迹：V+AM → V+AM+V → AM+V；形容词（Adj）与程度副词（AD）语序转换的过程为：Adj+AD → AD+Adj+AD → AD+Adj[④]。而 AM+V 和 AD+Adj 正是现代汉语的语序。吕嵩崧也得出类似的结论[⑤]。汪化云、姜淑珍也证明了吴语区框式副词有向汉语官话形式演变的历时过程（包括后置状语被淘汰）。[⑥]

据我们的观察，广南壮语的进行 / 持续体标记似乎已经消亡，而代之以副词来表达进行 / 持续义[⑦]。例如：

---

① 参见李荣主编：《现代汉语方言大词典》，3041 页，南京，江苏教育出版社，2002。此书谈到“添”与“再”合用时，也说“有强调‘再’的意思”，说明框式结构确有强化作用。

② 刘丹青：《语法化中的更新、强化与叠加》，载《语言研究》，2001（2）。

③ 吴福祥：《语序选择与语序创新——汉语语序演变的观察和断想》，载《中国语文》，2012（4）。

④ 李云兵：《中国南方民族语言语序类型研究》，153 页，北京，北京大学出版社，2008。

⑤ 吕嵩崧：《靖西壮语方式副词、程度副词与谓语的语序模式及其历时动因》，载《民族语文》，2017（4）。

⑥ 汪化云、姜淑珍：《吴语中的后置副词状语》，载《中国语文》，2020（2）。

⑦ 调查时，发音人说表达进行 / 持续义只有副词这一种方式，别无其他方式。

（19）ti^{2} tau^{3}ni^{2}tsəŋ^{3}tsaːi^{3}laːi^{2}sin^{3}.

他 现在 正在 写 信

他现在正在写信。①

tsəŋ^{3}tsaːi“正在”是汉语借词，laːi^{2}sin^{3}“写信”后无进行体标记。而在与广南壮语同属南部壮语的靖西壮语中，“V+进行/持续体标记”“Adv+V+进行/持续体标记”“Adv+V”3种结构都存在。资料显示，各地壮语普遍存在进行/持续体标记②。广南壮语这一表现与壮语的普遍特征不符，最合理的解释是：广南壮语进行/持续体表达形式由固有形式发展为框式虚词，最后固有的进行/持续体标记脱落而仅采用了与当代官话一致的副词形式，即单纯进行/持续体标记>框式虚词>前置副词。

有关西北地区汉语方言及民族语言框式虚词演变的相关研究还比较欠缺，其演变过程和规律还有待进一步观察和总结。但祖生利指出，明初蒙古语影响势力退出后，元代汉语直译蒙古语表示原因和形动词工具格附加成分形成的后置词“上/上头”随之消亡，汉语原有的前置因果连词重新占据了主导地位。③这一观察也可为我们的拟测提供佐证。

（二）框式副词的后项常常演变成一个更虚的成分

前文已述，框式副词形成之初，目的在于语义强化。两个语义相同或相近的成分同现会导致意义冗余，层次较浅的成分语义比层次较深的成分（固有或较早借入的成分）更为显豁，意义相对模糊的成分会逐渐弱化。汉语南方方言和壮侗语框式副词的后项一般是固有成分或层次比前项更早的成分，因此，后项语义会逐渐弱化，演变成更虚的成分。

---

① 笔者田野调查语料。

② 邢公畹：《现代汉语和台语里的助词“了”和“着”（上）》，载《民族语文》，1979（2）；何霜：《忻城壮语“jɯ^{33}”的语法化》，载《广西民族大学学报》（哲学社会科学版），2007（1）；陆天桥：《试论武鸣壮语的体范畴》，载《语言科学》，2012（6）；曹凯：《壮语方言体标记研究》，北京，中央民族大学博士学位论文，2012，62页；晏姝：《崇左左州壮语参考语法》，南宁，广西大学硕士学位论文，2018，107页；覃海恋：《武鸣罗波壮语语法研究》，南宁，广西大学硕士学位论文，2009，67—68页；黄阳：《靖西壮语语法》，南宁，广西大学硕士学位论文，2010，78—79页；吕嵩崧：《靖西壮语语法研究》，上海，上海师范大学博士学位论文，2014，188—192页。

③ 祖生利：《元代直译体文献中的原因后置词“上/上头”》，载《语言研究》，2004（1）。

1. 靖西壮语的例证

tsaːi^{3}/jəu^{6}…theːm^{1}“再 / 又……添”是框式副词。theːm^{1}“添”是借自汉语南方方言的老借词，借入后充当表反复的频率副词①，按壮语副词固有位置居于中心语后；汉语新借词 tsaːi^{3}“再”、jəu^{6}“又”按其在现代汉语中的位置居于中心语前。但我们却观察到如下两例：

（20）tu^{1} ma^{1}tsaːi^{3}/jəu^{6}hau^{5}mɔːi^{5}theːm^{1}.
只 狗 再 又 叫 新 添
（这条）狗又叫了。

例（20）中，theːm^{1} 前添加表再次的 mɔːi^{5}，说明 theːm^{1} 的“反复”义弱化，不然不必加 mɔːi^{5}。此时“添”已不表“再”，而是表“而且”。李荣认为，各地汉语方言的“添”并无“而且”义，② 说明靖西壮语 mɔːi^{5}theːm^{1} 中 theːm^{1} 的词义已从借入时的“再”演变成“而且”。当一个词负载的核心语义弱化时，便会衍生出多种新义。

（21）pan^{2}pei^{3} theːm^{1}mɔːi^{5}.
成 这样 添 新
又是这样。

例（21）中，theːm^{1} 不与其他成分构成表“反复”的框式副词时，可以后加固有词 mɔːi^{5}“新”加以强化，这表明其“反复”义已极弱。与其“反复”义弱化相伴的是语音弱化，theːm^{1} 可读为 heːm^{1}、him^{1}，声、韵都已明显弱化。

此外，靖西壮语框式副词 tsan^{1}…ki^{3}laːi^{6}“确实”和 thaːi^{3}…laːi^{1}“太”的后项也显示出语义弱化，进一步虚化的迹象。tsan^{1}…ki^{3}laːi^{6} 中，ki^{3}laːi^{6} 是固有词“确实”，tsan^{1}“真”是汉语老借词。ki^{3}laːi^{6} 本充当后置状语，但在当代靖西壮语中，“确实”义主要由 tsan^{1} 体现。实际口语中，ki^{3}laːi^{6} 音长变长，说明其语义已弱化，更像是语气助词。框式程度副词 thaːi^{3}…laːi^{1} 中，laːi^{1}“多”是固有词，thaːi^{3}“太”是汉语新借词。在当代靖西壮语口语中，程度义主要由 thaːi^{3} 体现。laːi^{1} 调值本为 53，在实际口语中，其初始音高高于惯常的 5 度，音长加长，体现出语义弱化而向语气助词演变的语音特征。

---

① 这个功能应该是直接来自汉语南方方言。参见李荣主编：《现代汉语方言大词典》，4031 页，南京，江苏教育出版社，2002。该书认为，“添”在安徽绩溪，浙江温州、金华，江西萍乡，广东广州等地方言中皆有“再”义。

② 李荣主编：《现代汉语方言大词典》，4031 页，南京，江苏教育出版社，2002。

2. 汉语方言的例证

多处粤语存在框式副词“先……先”。马来西亚吉隆坡广东话、新加坡新加坡市广府话、印度尼西亚雅加达广府话、菲律宾马尼拉广府话、越南胡志明市广府话、柬埔寨金边广府话、泰国曼谷广府话、缅甸仰光台山话都可说“你先行先”。陈晓锦观察到，除新加坡广府话外，这些粤语变体一般既可说“你先行”，也可说“你行先”，并由此推测“你行先”是粤语的固有表达。①

“先”居后是较早的形式，这应该是事实。与居前的纯粹表示时间、次序先后的“先”不同，居后的“先”有一些较虚的意义。邓思颖综合各家意见，认为这是个加强语气的“先”，语音一般拖长，是句末助词、语气词，功能上用作加强提问的语气，跟普通话“到底”的意思差不多，“先”或许带有质疑、不满、不耐烦等义，跟时间先后没有直接的关系。②显然，居后的“先”与典型的时间副词并不相同，它已具有了一些更虚的功能。我们的判断是：粤语受普通话影响引入了居前的“先”，此“先”意义更为显豁；居后的“先”逐渐虚化，逐渐产生一些较虚的意义③。

百色粤语的“再……过”本是框式副词，表“重复，再次”。但在“我再去过”中，“重复，再次”义主要由“再”承担，“过”已不完全表重复，而具有了一定的尝试义。

广西那坡官话是以壮族为主的少数民族转用的汉语官话变体。那坡壮语的否定标记主要是框式的 $mei^2…naːu^5$，mei^2 应该是汉语老借词“未”，$naːu^5$ 为固有否定标记。由于 mei^2 来自更强势的汉语，意义更为显豁，$naːu^5$ 语义逐渐弱化，向语气助词演变④。壮语口语中，表强调的时候，$naːu^5$ 也会拖长，与语气助词差异不大。因此，壮族转用汉语官话时，根据语感，把 $naːu^5$ 作为语气助词带入官话。因壮语第 5 调与官话借词上声对应，因此在那坡官话中读 $naːu^5$，如“不是他□ $naːu^3$（不是他）。”那坡官话的这个否定句末尾的语气助词“□ $naːu^3$”，不见于其他汉语方言，应该是来自壮语框式否定标记中居后的 $naːu^5$。

与这些例证相似，汪化云、姜淑珍也指出，吴语后置状语趋于虚化，甚至重新分析为语气词，其演变轨迹为：语言接触或类推产生后置状语（有的仍单用）→同类方言接触导致后置状语产生词形叠置和叠合的变异→异类方言接触产生前置状语的叠置→前、后置状语同现构成框式状语→后置状语语义赘余虚化为语气词→后置状语被淘

① 陈晓锦：《东南亚华人社区汉语方言概要》，1115—1117 页，广州，世界图书出版广东有限公司，2014。

② 邓思颖：《粤语疑问句末“先”字的句法特点》，载《中国语文》，2006（3）。

③ 参见何霜：《忻城壮语语气词 $koːn^{231}$ 的形成》，载《中央民族大学学报》（哲学社会科学版），2008（4）。该文指出，壮语 $koːn^{231}$ “先”有语气词功能。我们认为，其同粤语可能是平行演变，也可能存在语法复制关系。

④ 参见李锦芳、吴雅萍：《关于侗台语的否定句语序》，载《民族语文》，2008（2）。该文指出，固有的 Neg_2 语义度会减弱，发生语法化。

汰。① 汉语南方方言和壮侗语相应结构的演变与此近似。

因我们缺乏对西北地区汉语方言和民族语言的观察，目前所能观察到的框式副词后项的弱化及脱落还仅限于汉语南方方言和壮侗语。

五、结语

框式虚词可因语言接触历时形成，形成接触的语言应存在语序类型的差异。框式虚词的多个构成成分可以是不同来源、不同层次的。框式虚词使用的强制性不高，一般处在固有形式向模式语形式演变的中间阶段，其演变过程可归纳为：固有形式（或较早形式）→固有成分（或较早形式）与借入成分形成的框式虚词→框式虚词后项语法化，演变成更虚的成分 → 后项脱落 → 模式语形式。从固有形式到形成框式虚词，最终被模式语形式取代，可以理解为是语义强化（过度标记）再语义弱化（准确标记）的过程。

壮侗语框式指示词结构的形成与演变很可能与框式虚词平行，壮语“借词 + 固有词”同义实语素组合语序的规律很可能与本文讨论的框式虚词存在某种机制上的联系。因此，框式虚词研究对这些语言现象的深入挖掘具有启发意义。

参考文献

[1] 刘丹青 . 汉语中的框式介词 . 当代语言学，2002（4）.

[2] 曹志耘，[日] 秋田裕幸，[日] 太田斋，等 . 吴语处衢方言研究 . 东京：好文出版株式会社，2000.

[3] 邓思颖 . 粤语框式虚词结构的句法分析 . 汉语学报，2006（2）.

[4] 曹广顺，遇笑容 . 中古译经、元白话语法研究与语言接触 // 浙江大学汉语史研究中心 . 汉语史学报 . 第十辑 . 上海：上海教育出版社，2010：77—85.

[5] 汪化云，占小璐 . 玉山方言中的框式状语 . 中国语言学报（Journal of Chinese Linguistics），2014（1）.

[6] 张竞婷 . 保安族汉语方言格标记及其演变 . 青海民族大学学报（社会科学版），2015（1）.

[7] 吕嵩崧 . 靖西壮语方式副词、程度副词与谓语的语序模式及其历时动因 .《民族语文，2017（4）.

① 汪化云、姜淑珍：《吴语中的后置副词状语》，载《中国语文》，2020（2）。

[8] 吕嵩崧 . 壮语 la:i1 的语义演变及其对广西汉语方言的影响 . 民族语文，2020（3）.

[9] 王丹丹 . 常山方言的框式状语 . 温州职业技术学院学报，2018（1）.

[10] 杨永龙 . 甘青河湟话的混合性特征及其产生途径 . 民族语文，2019（2）.

[11] 汪化云，姜淑珍 . 吴语中的后置副词状语 . 中国语文，2020（2）.

[12] 荆亚玲，汪化云 . 杭州方言中的框式状语 . 语言研究，2021（2）.

[13] 金立鑫，于秀金 . 从与 OV-VO 相关和不相关参项考察普通话的语序类型 . 外国语，2012（2）.

[14] 刘丹青 . 汉语方言的语序类型比较 // 史有为 . 从语义信息到类型比较，北京：北京语言文化大学出版社，2001:222—244.

[15] 余珩 . 表肯定判断"X 然"语气副词的语法化 // 复旦大学汉语言文字学科《语言研究集刊》编委会 . 语言研究集刊 . 第十九辑 . 第 2 期 . 上海：上海辞书出版社，2017:148—162，382—383.

[16] 林亦，覃凤余 . 广西南宁白话研究 . 桂林：广西师范大学出版社，2008.

[17] 覃凤余，吴福祥 . 南宁白话"过"的两种特殊用法 . 民族语文，2009（3）.

[18] 吕嵩崧 . 壮语"完毕"义语素的语法化及对广西汉语方言的影响 . 方言，2019（4）.

[19] 汪化云，占小璐 . 玉山方言中的框式状语 . 中国语言学报（Journal of Chinese Linguistics），2014（1）.

[20] 张均如 . 水语简志 . 北京：民族出版社，1980.

[21] 梁敏 . 毛难语简志 . 北京：民族出版社，1980.

[22] 梁敏，张均如 . 标话研究 . 北京：中央民族大学出版社，2002.

[23] 吕嵩崧 . 靖西壮语方式副词、程度副词与谓语的语序模式及其历时动因 . 民族语文，2017（4）.

[24] 吴福祥 . 粤语差比式"X+A+ 过 +Y"的类型学地位——比较方言学和区域类型学的视角 . 中国语文，2010（3）.

[25] 吴福祥 . 语序选择与语序创新——汉语语序演变的观察和断想 . 中国语文，2012（4）.

[26]Yue, Anne O, Syntactic change in progress, Part I: The comparative construction in Hong Kong Cantonese// 余霭芹，[日] 远藤光晓 . 桥本万太郎纪念 · 中国语学论集 . 东京：内山书店，1997:329-375.

[27] 杨永龙 . 青海民和甘沟话的多功能格标记"哈". 方言，2014（3）.

[28] 莫超 . 东乡族汉语中"些"、"有"、"啦哒 / 哒啦"、"阿哈"的用法及来源 . 甘肃高师学报，2010（6）.

[29] 张安生 . 甘青河湟方言的差比句——类型学和接触语言学视角 . 中国语文，2016（1）.

[30] 陈乃雄 . 保安语的演变轨迹 . 民族语文，1990（3）.

[31] 余志鸿 . 元代汉语的后置词系统 . 民族语文，1992（3）.

[32] 李云兵 . 中国南方民族语言语序类型研究 . 北京：北京大学出版社，2008.

[33] 李锦芳，吴雅萍 . 关于侗台语的否定句语序 . 民族语文，2008（2）.

[34] 覃凤余，黄阳，陈芳 . 也谈壮语否定句的语序 . 民族语文，2010（1）.

[35] 祖生利 . 元代白话碑文中方位词的格标记作用 . 语言研究，2001（4）.

[36] 祖生利 . 元代直译体文献中的原因后置词“上 / 上头”. 语言研究，2004（1）.

[37] 刘星 . 西北方言与元白话特殊语法比较研究 . 兰州：兰州大学硕士学位论文，2017.

[38] 祖生利 . 元代的蒙式汉语及其时体范畴的表达——以直译体文献的研究为中心 . 当代语言学，2007（1）.

[39] 李崇兴，祖生利，丁勇 . 元代汉语语法研究 . 上海：上海教育出版社，2009.

[40] 李荣 . 现代汉语方言大词典 . 南京：江苏教育出版社，2002.

[41] 吴福祥，覃凤余 . 南宁粤语短差比式“X+A+ 过”的来源 . 合肥师范学院学报，2010（2）.

[42] 刘丹青 . 语法化中的更新、强化与叠加 . 语言研究，2001（2）.

[43] 邢公畹 . 现代汉语和台语里的助词“了”和“着”（上）. 民族语文，1979（2）.

[44] 何霜 . 忻城壮语“$jɯ^{33}$”的语法化 . 广西民族大学学报（哲学社会科学版），2007（1）.

[45] 陆天桥 . 试论武鸣壮语的体范畴 . 语言科学，2012（6）.

[46] 曹凯 . 壮语方言体标记研究 . 北京：中央民族大学博士学位论文，2012.

[47] 晏姝 . 崇左左州壮语参考语法 . 南宁：广西大学硕士学位论文，2018.

[48] 覃海恋 . 武鸣罗波壮语语法研究 . 南宁：广西大学硕士学位论文，2009.

[49] 黄阳 . 靖西壮语语法 . 南宁：广西大学硕士学位论文，2010.

[50] 吕嵩崧 . 靖西壮语语法研究 . 上海：上海师范大学博士学位论文，2014.

[51] 陈晓锦 . 东南亚华人社区汉语方言概要 . 广州：世界图书出版广东有限公司，2014.

[52] 邓思颖 . 粤语疑问句末“先”字的句法特点 . 中国语文，2006（3）.

[53] 李锦芳，吴雅萍 . 关于侗台语的否定句语序 . 民族语文，2008（2）.

朱坝羌语静态空间范畴的表征与认知[①]

李云兵

四川省黑水县辖芦花、卡龙、沙石多、红岩、麻窝、双溜索、瓦钵梁子、色尔古、石碉楼、龙坝、洛多、木苏、维古、知木林、扎窝、晴朗、慈坝等乡镇，常住人口60704人，其中，藏族53815人，汉族6146人，羌族573人，回族54人，其他民族116人。[②]黑水县藏族使用的语言，当地分别称为黑水话（羌语北部方言）、草地话（藏语安多方言）、四土话（嘉绒语东部方言）。使用羌语的藏族自称rma/ʐmɑ/ʐme/rmo，自称的差别也体现于语言，概分3片：大黑水河中游的芦花、红岩、麻窝等乡镇的羌语为一片，使用者自称rma/ʐmɑ；大黑水河下游的石雕楼、瓦钵梁子、维古等乡镇的羌语以及黑水河下游茂县的维城、雅都、曲谷、三龙、黑虎等乡镇的羌语为一片，使用者自称ʐme；小黑水河（毛尔盖河）的晴朗、知木林、扎窝等乡镇的羌语为一片，使用者自称rmo。

我们于2011年7月21日至8月26日到黑水县扎窝乡朱坝村进行了为期37天的调查记录。扎窝乡位于小黑水河下游，辖西里、俄窝、日布、若尔、洛尔坝、若多、克别、朱坝8个村，人口4281人[③]。其中，朱坝村坐落于小黑水河下游西岸海拔2950米的高山台地，由朱坝、达格、昌出、二瓜西4个自然村组成，人口500余人，自称rmo，村民大多信仰藏传佛教，绝大多数女性和儿童只使用羌语，未受过学校教育的

---

① 本文语料田野调查获中国社会科学院重点学科建设工程“纪录语言学”（2009—2014）、中国社会科学院重点课题“中国少数民族语言空间认知范畴”（2007—2012）的经费资助。本文的研究获国家社会科学基金重大招标项目“基于《世界语言结构地图集》的中国少数民族语言类型研究”（项目批注号：17ZDA310）的经费资助。本文原载《民族语文》，2020（5），此次收录仅作少量修改。

② 据黑水县人民政府官网最新数据显示，2023年，黑水县辖芦花镇、卡龙镇、色尔古镇、沙石多镇、西尔镇、木苏镇、知木林镇、扎窝镇、维古乡、洛多乡、龙坝乡、石碉楼乡、瓦钵梁子乡、慈坝乡、晴朗乡。当年末总人口59607人，其中藏族55284人，汉族3748人，羌族499人，回族24人，其他民族52人。考虑到2011年田野调查实际情况，保留原文数据。编者注。

③ 数据来自第六次全国人口普查。2020年，撤销扎窝乡，设立扎窝镇，下设西厘村、俄窝村、罗尔坝村、若多村、克别村、朱坝村、扎窝村7个行政村。据第七次全国人口普查结果显示，该镇常住人口3825人。考虑到2011年田野调查实际情况，本文保持“扎窝乡”旧称。编者注。

绝大多数中老年男性基本不懂或仅略懂汉语，受过学校教育的中青年人汉语稍好。

笔者于2011年8月18—19日对朱坝羌语的空间认知范畴进行了专题调查，发音合作人为李拉牙，男性，农民，初中文化，时年50岁，曾任朱坝村小学教师。

一、关于空间语言与空间范畴认知

（一）空间语言与空间范畴

空间语言（spatial language），即语言对空间概念的表达及表达的形式，亦即空间概念的语言表征。语言表征空间关系的基础是参照系，即参照框架（frame of reference）。参照系或参照框架涉及参照基准的问题，Frawley提出以参照物体为基准、以观察者为基准的投射性空间参照[①]。Levinson、Levinson & Wilkins通过跨语言研究，认为空间语言由静态空间（stasis space）和动态空间（kinesis space）构成[②]。静态空间表现为方位空间（location space），动态空间表现为位移空间（motion space）。方位空间可分为非角度空间（non-angular space）和角度空间（angular space）。非角度空间通常表现为非坐标参照空间，角度空间通常表现为坐标参照空间。非角度空间包括拓扑空间（topology space）、指示空间（deixis space）和地名空间。角度空间由参照系表征；参照系由内在参照（intrinsic reference）、相对参照（relative reference）、绝对参照（absolute reference）构成。空间语言通过空间概念的语言表征范畴化为空间范畴。空间语言与空间范畴的关系，见图1：

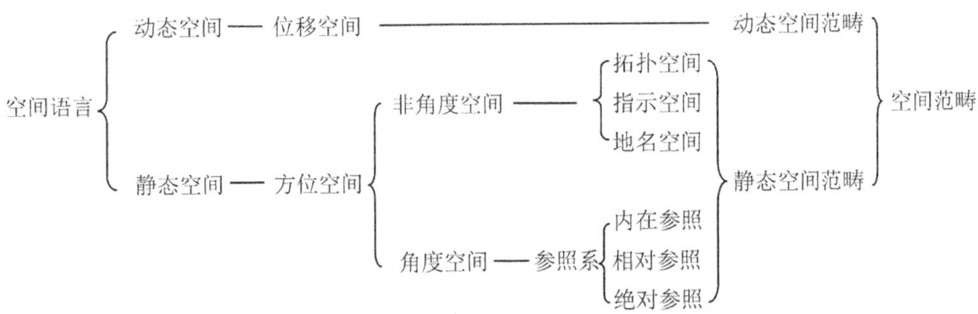

图1　空间语言与空间范畴的关系

---

① Frawley, William. Linguistic Semantics. Hillsdale NJ, Hove & London: Lawrence Erlbaum Associates, 1992.

② Levinson, Stephen C. Space in Language and Cognition: Exploration in Cognitive Diversity. Cambridge & New York: Cambridge University Press, 2003. Levinson, Stephen C. & David P. Wilkins. The background to the study of the language of space. In Stephen C. Levinson & David P. Wilkins (eds.). Grammars of Space: Explorations in Cognitive Diversity, Cambridge: Cambridge University Press, 2006:1-23.

（二）空间范畴的认知

空间范畴如何认知，Lakoff & Johnson 依据认知科学的概念隐喻，提出意象图式（image schema）概念，认为意象图式是感知互动和运动活动不断再现的动态模式[①]。Lakoff 认为意象图式主要是动觉意象图式（kinesthetic image schema），与空间概念联系紧密[②]。Langacker 认为意象图式主要由界标（landmark）、位移体（trajector）和路径（path）组成，界标是参照物，位移体是突显实体，界标为位移体的方位提供参照，位移体移动所经过的空间是路径，路径为零时，位移体与界标是静态关系[③]。Gibbs & Colston 认为意象图式是空间关系以及空间中运动的动态模拟表征[④]。Gibbs & Colston、Johnson、Turner 等认为意象图式具有转变性，即人们利用意象图式进行概念化的过程中，如果焦点发生变化，那么，认知意象图式就随之变化[⑤]。

关于空间范畴如何通过语言表征，Talmy 提出空间图式（spatial schema）概念并用以解释人类对空间范畴的理解和语言表征[⑥]。图式（schema）指的是某一知识抽象的表征方式，体现为所表征事物的轮廓和概貌，而空间图式则是具体空间场景经抽象后形成的构型（configuration）并体现为具体语言的表达形式；空间图式经过意象化和抽象化后，具有拓扑性，人类语言以空间场景中的背景（G，ground）为基础，表述图形（F，figure）的位置和路径。图形 F 是语言陈述的实体和焦点（设为 X），背景 G 是参照实体或参照物（设为 Y）。空间范畴涵盖物体的形状、位置、方位、分布及其相互关系。人类语言表述空间范畴时，往往选取一个场景的某个部分作为主要焦点或对象，以次要对象为参照来说明主要焦点或对象的空间特性；焦点或对象的空间特性在静态

① Lakoff, George & Mark Johnson. Metaphors We Live By. Chicago & London: The University of Chicago Press, 1980.

② Lakoff, George. Woman, Fire and Dangerous Things: What Categories Reveal about the Mind. Chicago & London: The University of Chicago Press, 1987.

③ Langacker, Ronald W. Foundations of Cognitive Grammar. Vol I: Theoretical Prerequisites. Stanford, CA: Stanford University Press, 1987.

④ Gibbs, Raymond W. & Herbert L. Colston. The cognitive psychological reality of image schemas and their transformations. Cognitive Linguistics, 1995. Vol.6, No.4: 347-378.

⑤ Gibbs, Raymond W. & Herbert L. Colston. The cognitive psychological reality of image schemas and their transformations. Cognitive Linguistics, 1995. Vol.6, No.4: 347-378. Johnson, Mark. The Body in the Mind: The Bodily Basis of Meaning, Imagination, and Reason. Chicago: The University of Chicago Press, 1987. Turner, Mark. Reading Minds: The Study of English in the Age of Cognitive Science. Princeton: Princeton University Press, 1991.

⑥ Talmy, Leonard. The fundamental system of spatial schemas in language. In Beate Hampe (ed.) in cooperation with Joseph E. Grady. From Perception to Meaning: Image Schemas in Cognitive Linguistics, Berlin & New York: Mouton de Gruyter, 2005: 199-234.

时指其位置，在动态时指其路径，但皆兼指其方位。

意象图式侧重强调动态空间的界标、位移体和路径，空间图式偏重强调以场景的背景为基础表述图形的位置和路径的静态空间。本文讨论朱坝羌语静态空间范畴的表征和认知。笔者进行调查时，使用“中国少数民族语言空间认知范畴”课题组的框架和经荷兰内梅亨马普心理语言学研究所（Max Planck Institute for Psycholinguistics, Nijmegen, Netherlands）授权的图片，对发音合作人进行测试，让发音合作人看图说话，说出图片里的可能空间概念和命题，以观察其对图片表象的理解、信息加工、信息编码和语言表达形式。也就是，通过发音合作人对图片的观察和解读，诱发其对空间概念、空间范畴的语言表征，通过图片隐含的空间概念和命题观察其语言表达形式、语义表征和静态空间范畴认知。这里的“命题”与认知心理学有关，但不完全等同于认知心理学的“命题”，我们更倾向于看作是认知语言学概念结构的焦点，焦点不同，语言表征也会有差异，认知图式也就会不同。

二、非角度空间范畴的表征与认知

（一）拓扑空间的表征与认知

拓扑空间是非角度或非坐标参照静态空间构造，表现为空间语言时，表征物体表面结构，包括重合、包含、接触、邻近、接近等，可从物体接触、支撑、悬空、附着等语义进行观察。

1. 表面接触与水平支撑空间

表面接触是两个物体表面的不完全接触；水平支撑是一个物体对另一个物体的支撑，且表面接触，空间概念是“X 存在于 Y”。朱坝羌语表面接触与水平支撑拓扑空间概念的表达方式是用“X 于 Y 存在”的形式，表征为：X+Y- 位格 + 存在类动词，认知图式为：F+G。但是，同一表象事物，可以有不同的命题、形式表征、语义表征、认知图式，也就是焦点发生变化，图式也随之变成：G+F，表征为：Y- 位格 +X+ 存在类动词。例如：

（1a）ɣwou ʈotsəu–qa　khə–ʂei.
碗　桌子 - 位格　前缀 - 有
有个碗在桌子上。

（1b）ʈotsəu-qa ɣwou khə-ʂei.
桌子 - 位格 碗 前缀 - 有
桌子上有个碗。

（2a）lotɕir mboqar-qa ʐi.
猫：主格 地毯 - 位格 有
猫坐在地毯上。

（2b）mboqar-qa lotɕi ʐi.
地毯 - 位格 猫：宾格 有
地毯上坐着一只猫。

（3a）ʐiɸi pu tɕatsəu-qa khə-ʂei.
书 本 架子 - 位格 前缀 - 有
书在架子上。

（3b）ʐiɸi ʔɛ pu tɕatsəu-qa khə-ʂei.
书 一 本 架子 - 位格 前缀 - 有
有一本书在架子上。

（3c）tɕatsəu-qa ʐiɸi ʔɛ pu khə-ʂei.
架子 - 位格 书 一 本 前缀 - 有
架子上有一本书。

（4a）phiəu tsar-qa khə-ʂei.
船 河 - 位格 前缀 - 有
船在河上。

（4b）phiəu ʔɛ tsar-qa khə-ʂei.
船 一 河 - 位格 前缀 - 有
有一条船在河上。

（4c）tsar-qa phiəu ʔɛ khə-ʂei.
河 - 位格 船 一 前缀 - 有
河上有一条船。

（5a）phur ŋgu tsur-sta wei.
树：主格 棵 山 - 位格 有
有棵树在山坡上。

（5b）tsur-sta phu ŋgu wei.
山 - 位格 树：宾格 棵 有
山坡上有棵树。

（6a）phur ʔɛr ŋgu spu-qa wei.
树：主格 一：定指 棵 山顶 - 位格 有
有一棵树在山顶上。

（6b）spu-qa phu ʔɛr ŋgu wei.
山顶 - 位格 树：宾格 一：定指 棵 有
山顶上有一棵树。

（7a）mbir sikapou-kə-qa khə-ʂei.
绳：主格 树桩 - 领格 - 位格 前缀 - 有
绳子在树桩上。

（7b）mbi ʔɛr sikapou-qa khə-ʂei.
绳：宾格 一：定指 树桩 - 位格 前缀 - 有
有一条绳子在树桩上。

（7c）sikapou-qa mbi ʔɛr khə-ʂei.
树桩 - 位格 绳：宾格 一：定指 前缀 - 有
树桩上有一条绳子。

（8a）mbi ʔɛr sikapou ŋgətha-sta khə-ʂei.
绳：宾格 一：定指 树桩 根 - 位格 前缀 - 有
有一条绳子在树桩根上。

（8b）sikapou ŋgətha-sta mbi ʔɛr khə-ʂei.
树桩 根 - 位格 绳：宾格 一：定指 前缀 - 有
树桩根上有一条绳子。

（9a）nɛr ɣlou-qa ʑi.
人 房 - 位格 有
有个人在房子上。

（9b）ɣlou-qa nɛr ʑi.
房 - 位格 人 有
房子上有个人。

（9c）nɛr ʔɛr ɣlou-qa ʑi.
人 一：定指 房 - 位格 有
有一个人在房子上。

（10a）tɕhɛmbi ʔɛr ʈotsəu-qa khə-ʂei.
铅笔 一：定指 桌子 - 位格 前缀 - 有
有一支铅笔在桌面上。

（10b）ʈotsəu-qa　tɕhɛmbi ʔɛr　khə-ʂei.
　　　桌子-位格　铅笔　一：定指 前缀-有
　　　桌面上有一支铅笔。

朱坝羌语的表面接触与水平支撑空间由“名词-位格”构成，表“X在Y上”的空间概念。表面接触空间用“名词-位格sta”，水平支撑空间用“名词-位格qa”。两者都与存在类动词有关：自然存在的表面接触与水平支撑空间用存在动词wei“有”“存在”，构成“名词+名词-位格+wei”或“名词-位格+名词+wei”形式；非自然存在的表面接触与水平支撑空间用存在动词ʂei，构成“名词+名词-位格+ʂei”或“名词-位格+名词+ʂei”形式；生命体表面接触与水平支撑空间用存在动词ʑi，构成“名词+名词-位格+ʑi”或“名词-位格+名词+ʑi”形式。可见，焦点不同，语言表征、认知图式也就不同。

2. 悬空与垂直支撑空间

1）悬空空间

悬空空间是没有表面接触或支撑的空间，空间概念表“X存在于Y”。朱坝羌语的悬空空间概念的表达形式为：X存在于Y，表征为：X+Y-位格+存在类动词，认知图式为：F+G。通过表象或相似表象测试，同一表象事物，可以有不同的命题、形式表征、语义表征和意象图式，焦点发生变化，图式也随之变化，变成：X于Y存在，表征为：Y-位格+X+存在类动词，图式为：G+F。例如：

（11a）tinʈəu ʈotsəu-qa　lala-kə　wei.
　　　灯　桌子-位格　吊-领格　有
　　　灯在桌子上方吊着。

（11b）ʈotsəu-qa　tinʈəu lala wei.
　　　桌子-位格　灯　吊　有
　　　桌子上方吊着灯。

（12a）zindomar spu-kə-qa　wei.
　　　云　山顶-领格-位格　有
　　　云在山顶上头。

（12b）spu-qa　zindomar wei.
　　　山顶-位格 云　有
　　　山顶上头有云。

2）垂直支撑空间

垂直支撑空间是由表面接触和垂直支撑构成的，空间概念表“X 在 Y 上”“Y 上有 X”。朱坝羌语的垂直支撑空间概念的表达形式用：X 存在于 Y，表征为：X+Y- 方位词 + 存在类动词，认知图式为：F+G。但是，若命题改变或焦点发生变化，认知图式和语言表征也发生变化，变为：Y 上存在 X，表征为：Y- 方位词 +X+ 存在类动词，认知图式为：G+F。例如：

（13a）tavou awəni qhei-vuzi wei.
帽子 挂 墙壁 - 面上 有
帽子挂在墙面上。

（13b）qhei-vuzi awəni tavou wei.
墙壁 - 面上 挂 帽子 有
墙面上挂着帽子。

（14a）nɛnɛzu qhei-vuzi awəni wei.
图画 墙壁 - 面上 挂 有
画挂在墙面上。

（14b）qhei-vuzi nɛnɛzu awəni wei.
墙壁 - 面上 图画 挂 有
墙面上挂着画。

朱坝羌语的悬空与垂直支撑空间由“名词 - 位格”“名词 + 方位词”构成，表“X 在 Y 上”或“Y 上有 X”的空间概念。悬空空间用“名词 - 位格 qa”，悬挂垂直支撑空间用“名词 + 方位词 vuzi”，语言表达为：名词 + 名词 - 位格 / 方位词 + 存在类动词，随着焦点或主要对象的转换，变为：名词 - 位格 / 方位词 + 名词 + 存在类动词。

3. 附着空间

一个事物附着于另一个事物所构成的空间，其概念是“Y 上有 X”或“X 在 Y 上”。朱坝羌语附着空间概念表达形式用：X 于 Y 存在，表征为：X+Y- 位格 + 存在类动词，认知图式为：F+G，表达为：名词 + 名词 - 位格 + 存在类动词。焦点或主要对象转换后，以上各项相应变为：Y 上存在 X、Y- 位格 +X+ 存在类动词、G+F、名词 - 位格 + 名词 + 存在类动词。例如：

（15a）qhakhəɕitshi pupa-sta wei/wɛtʃei.
叶 树枝 - 位格 有
叶子在树枝上。

（15b）pupa-sta qhakhəɕitshi wei/wɛtʃei.
树枝 - 位格 叶 有
树枝上有叶子。

（16）qa-kə nɛnɛthɛ-sta mbetou ʑi.
楼 - 领格 天花板 - 位格 苍蝇 有
天花板上有苍蝇。

（17）thar-kə qəzuə-ʂi sa wɛtʃei.
他：主格 - 领格 脸 - 位格 血 有
他脸上有血。

（18）qhar-sta mbəzi̥ wei.
墙 - 位格 灰尘 有
墙上有灰尘。

4. 黏着空间

黏着专指流体或糊状物的黏着，与固态物体附着的拓扑空间概念的语义有差别，但空间概念的表达一致，也用“名词 - 位格”，表征“Y 上黏着有 X”，认知图式为：G+F。例如：

（19）ʐuɛtʂuɛr-sta sa ɳɖu wɛtʃei.
刀 - 位格 血 沾 有
刀子上沾着血。

（20）ʔambalou-sta pi za ɳɖu wɛtʃei.
砧板 - 位格 猪 油 沾 有
砧板上沾着猪油。

5. 吊挂空间

吊挂是垂直悬挂，以自然支撑力或人为支撑力为支撑点构成的静态空间，空间概念表“Y 上存在 X”。朱坝羌语用“X 于 Y 上存在”表征吊挂空间概念，认知图式为：F+G。例如：

（21）tinʈəu tɕipɛ-qa nɛnɛtshi-sta lala-kə wei.
灯 底 - 位格 天花板 - 位格 挂 - 领格 有
灯在天花板上吊着。

（22a）phuwɛsku mbir-sta aiɣoni ɣo ʂa.
衣服 绳：主格 - 位格 挂 挂 有
衣服挂在晾衣绳上。

（22b）mbir-sta phuwɛsku aiɣoni wei.
绳：主格 - 位格 衣服 挂 有
晾衣绳上挂着衣服。

（23a）ɕimiəu phur-ŋgu-sta wei.
果 树：主格 - 棵 - 位格 有
果子在树上吊着。

（23b）phur-ŋgu-sta ɕimiəu lala-kə wei.
树：主格 - 棵 - 位格 果 挂 - 领格 有
树上挂着果子。

朱坝羌语的吊挂空间用“名词 - 位格 sta”构成。如果是自然存在的吊挂用“名词 - 位格 + 名词 + 存在动词”；如果是人力所致用“名词 - 位格 + 名词 + 动作行为动词 + 存在动词”，都表示“Y 上存在 X”或“X 存在于 Y 上”的空间概念。命题或焦点、表征和认知图式可转换。

6. 表面标记空间

所谓表面标记（mark on surface），就是物体表面的痕迹。表面标记形成表面标记空间。朱坝羌语用“名词 - 位格”的形式表“Y 上存在 X”的表面标记空间概念，表征为：Y- 位格 +X+ 存在类动词，命题或焦点单一，认知意象图式为：G+F。例如：

（24）kətɕitshi-sta zi wei/wɛtʃei.
玻璃 - 位格 水 有
玻璃上有水珠。

（25）ʂuwɛtshi-sta ʐiɸisa wei.
纸 - 位格 字 有
纸上有字。

（26）thar-kə qəuzəu-sta tshivɛr wɛtʃei.
他：主格 - 领格 脸 - 位格 疤痕 有
他脸上有疤。

（27）ʐipou-sta patɕhitɕhi wei.
地 - 位格 脚印 有
地上有脚印。

7. 非水平面附着空间

非水平面附着空间，是由生物体附着于非水平表面形成的空间。朱坝羌语用“名词 - 位格”的形式，表达“Y 上存在 X”的空间概念，表征为：Y- 位格 +X+ 存在类动词，认知图式为：G+F。例如：

（28a）qhəɸi-sta mbetou ʑi.
墙 - 位格 苍蝇 有
墙上有只苍蝇。

（28b）mbetou qhəɸi-sta ʑi.
苍蝇 墙 - 位格 有
有只苍蝇在墙上。

（29a）qhəɸi-sta ʈhiʂou ʑi.
墙 - 位格 蜘蛛 有
墙上有只蜘蛛。

（29b）ʈhiʂou qhəɸi-sta ʑi.
蜘蛛 墙 - 位格 有
有只蜘蛛在墙上。

（30a）qhəɸi-sta ɳʈiʐiɳou ʑi.
墙 - 位格 蜗牛 有
墙上有只蜗牛。

（30b）ɳʈiʐiɳou qhəɸi-sta ʑi.
蜗牛 墙 - 位格 有
有只蜗牛在墙上。

非水平面附着空间也可表“X 存在于 Y 上”的空间概念，表征为：X+Y- 位格 + 存在类动词，认知图式为：F+G。

8. 附属物附着空间

附属物指物体主体的附件，是物体主体外凸出的部分。附属物附着构成的空间，表“Y 上的 X”的空间概念。朱坝羌语用“名词 - 位格”的形式，物体主体与附件有领属关系，语言表达采用领属结构，并用领格标记 -kə 连接领有者和被领有者，表征“Y 的 X”。例如：

（31）ʐuə-sta-kə　　kueitshikɛr.
门 - 位格 - 领格　门把
门上的门把儿。

（32）ɳɖu-sta-kə　　ɣar　ndaɣlə-tʃei.
锅 - 位格 - 领格　把儿　断 - 完整体
锅上的把儿断了。

9. 穿刺或串联空间

穿刺或串联空间由用绳索穿刺或串联物体构成，表示“Y 上穿刺有 X”的空间概念。朱坝羌语用“名词 - 位格”形式，表征：被穿刺或串联物体 X 存在于穿刺或串联物体 Y。例如：

（33a）siʐuaʈou-sta siʂini wɛtʃei ɕipɛʈiəuɕiti.
线 - 位格　　穿　有　　珠子
线上穿着珠子。

（33b）ɕipɛʈiəuɕiti siʐuaʈou-sta siʂini wei.
珠子　　　线 - 位格　　穿　有
珠子在线上穿着。

10. 环绕空间

一物体环绕或缠绕于另一物体形成环绕空间，空间概念为“Y 上环绕有 X”。朱坝羌语用“名词 - 位格”表“Y 上存在 X”，表征为：Y- 位格 +X+ 存在类动词，图式为：G+F。例如：

（34a）thar-kə　　　thaɕyr-sta zithəni zitir　wei/wɛtʃei.
她：主格 - 领格 腰 - 位格　　缠　　腰带　有
她腰上缠着腰带。

（34b）zitir　thar-kə　　　thaɕyr-sta　zithəni wei/wɛtʃei.
腰带 她：主格 - 领格 腰 - 位格　　缠　　有
腰带在她腰上缠着。

（35）thar-kə　　　ʑasur-sta　siʂini ʑikhuɛkhuɛr wẽn.
她：主格 - 领格 手指 - 位格 穿　戒指　　　　有
她手指上戴着戒指。

（36）thar-kər-qa　　patəu-ʂi　zithəni mbimi-sta　ɣo wɛtʃei.
他：主格 - 领格 - 位格　头 - 位格　缠　布条 - 位格　拴 有
他头上系着布条。

不过，环绕空间可以有不同的命题或焦点，命题或焦点发生转变，也就会有空间概念的不同表达形式、语言表征、语义表征和认知图式。

11. 服饰空间

服饰包括衣着和装饰品。衣着并非衣装，而是衣装上的表面标记。装饰品并非其本身，而是装饰品的佩戴方式。服饰空间表示“Y 上存在 X”的空间概念。朱坝羌语用“名词 - 位格”的形式表“Y 上存在 X”，表征为：Y- 位格 +X+ 存在类动词，认知图式为：G+F。例如：

（37a）thar-kə　　phuwɛsku-sta wɛtʃei ʔɛ nɛnɛ.（亲见直述）
她：主格 - 领格 衣服 - 位格　有　一　花
她的衣服上有一朵花。

（37b）thar-kə　　phuwɛsku-sta nɛnɛ ʔɛ wɛtʃei.（亲见转述）
她：主格 - 领格 衣服 - 位格　花　一　有
她的衣服上有一朵花。

（38a）thar-kə　　nəku-sta　wɛtʃei ʔɛ nəkupala.（亲见直述）
她：主格 - 领格 耳朵 - 位格　有　一　耳环
她的耳朵上戴着一只耳环。

（38b）thar-kə　　nəku-sta　nəkupala ʔɛr　　wɛtʃei.（亲见转述）
她：主格 - 领格 耳朵 - 位格　耳环　一：定指 有
她的耳朵上戴着一只耳环。

12. 包含空间

1）完全包含空间

一个物体完全包含于另一个物体形成完全包含空间，表“Y 里面存在 X”的空间概念。朱坝羌语用“名词 + 方位词”表达完全包含空间概念，表征：容积物体 Y 中存在 X 事物，或者表征：X 事物存在于容积物体 Y 中。这是因命题不同或结构概念的焦点不同导致的，所以，朱坝羌语中“X 存在于 Y 内”的空间概念，表征为：X+Y+ 方位词 + 存在类动词，认知图式为 F+G，也可以用“Y 内存在 X”“Y+ 方位词 +X+ 存在类动词”“G+F”对应相应的空间概念、表征和认知，具有双重空间特性。例如：

（39a）çimiəu ɣwou kuku lei.
果 碗 里面 有
果子在碗里。

（39b）ɣwou kuku çimiəu lei.
碗 里面 果 有
碗里有果子。

（40）ʐer spuqhou-kə kuku lei.
兔 笼-领格 里面 有
兔子在笼子里。

（41）tʂuɛti ɣomir-kə çipu-kə kuku lei.
小牛 母牛-领格 肚-领格 里面 有
小牛在母牛肚子里。

（42）nɛnɛzu-kə kuku nɛr wei/wɛtʃei.
图画-领格 里面 人 有
图画里有个人。

（43）lotçir tçisa-kə kuku ʑi.
猫：主格 房子-领格 里面 有
猫在房子里。

朱坝羌语也可用“名词-位格”形式，表征：容积物体 Y 中存在 X 事物或 X 事物存在于容积物体 Y 中，认知为：F+G。若命题或焦点转换，表征、认知图式也发生变化。例如：

（44a）ɣzur tsar-sta lei.
鱼：主格 水-位格 有
鱼在水里。

（44b）tsar-sta ɣzu lei.
水-位格 鱼：宾格 有
水里有鱼。

（45）tçisa-sta lotçi ʑi.
房-位格 猫：宾格 有
房子里有猫。

2）部分包含空间

一个物体未完全包含于另一个物体形成部分包含空间，表示"Y 里存在 X"的空间概念。朱坝羌语可以用"名词 - 位格"形式，也可以用"名词 + 方位词"形式。这两种形式的语义有差别，"Y 里存在 X"表包含语义，"名词 + 位格"表附着或穿刺语义。尽管语义不同，但表征、认知图式相同，为：X+Y- 位格 + 存在类动词、F+G。如果命题或焦点发生转换，表征、认知图式也会随之发生改变。例如：

（46）ʑiɸi pu lakhəʂou-kə kuku lei.
书 本 包包 - 领格 里面 有
书在包包里。

（47）kɛɳʥer peitsir-kə kuku lei.
勺 杯子 - 领格 里面 有
勺子在杯子里。

（48）khuɛr nəɣo-kə kuku lei.
狗 窝 - 领格 里面 有
狗在窝里。

（49）qosar ʐuə-sta wei.
钥匙 门 - 位格 有
钥匙在门里。

（50）muχaʔaʈə thar-kə stovaqou-sta ʔaɳɖəni wẽn.
香烟 他：主格 - 领格 嘴 - 位格 叼 有
香烟在他嘴里叼着。

13. 刺穿后附着空间

一物体穿刺另一物体后仍附着形成刺穿后附着空间，表示"Y 上穿刺着 X"的空间概念。朱坝羌语用"名词 - 位格"形式表达"X 穿刺 Y"的空间概念，表征为：X+Y- 位格 + 动作行为动词 + 存在类动词，认知图式为：F+G。例如：

（51）ɕoumur ɕimiəu-sta ɕitɕyni wẽn.
棍 果 - 位格 穿刺 有
棍子穿在果子上。

（52）χʈeir ʑawu-sta ɕitɕyni wẽn.
刺 手板 - 位格 穿刺 有
刺戳在手掌上。

（53）ʐuɛtʂuɛr tshynilə-kə ʂar-sta kutshuni wɛtʃei.
刀 羊 - 领格 脖 - 位格 穿插 有
刀插在羊脖子上。

14. 负向空间

负向空间是物体受外力作用或自然力影响在其表面形成的痕迹，表示“Y 上存在 X”的空间概念。朱坝羌语用“名词 - 位格”形式表“Y 上有 X”的表面标记，表征为：Y- 位格 +X+ 存在类动词，认知图式为：G+F。例如：

（54）peitsi-sta niweir wɛtʃei.
杯子 - 位格 裂缝 有
杯子上有条缝。

（55）lopiəu-sta woʐuʐu wɛtʃei.
石 - 位格 洞 有
石头上有个洞。

（56）ɣwou-sta mphou wɛtʃei.
碗 - 位格 缺口 有
碗有个缺口。

（57）ther-sta mphɛr wẽn
嘴 - 位格 豁口 有
唇裂

15.“前”“后”“下”空间

“前”“后”是静态空间方位，空间概念为“X 在 Y 前 / 后”。朱坝羌语用“名词 + 方位词”的形式表“X 在 Y 前 / 后”的空间概念，名词与方位词之间用领格标记 -kə 连接，表征：事物 X 存在于事物 Y 的方位，即：X+Y+ 方位词 + 存在类动词，认知图式为：F+G。例如：

（58）tɕir ʐuə-kə ɣesou ndipi.
男孩 门 - 领格 后面 躲
男孩躲在门后面。

（59）tʃir pɛntunu-kə qeiʑa tutshuni ʑi.
女孩 椅子 - 领格 前面 站 有
女孩站在椅子前面。

（60）phur ŋgu tɕou-kə ɣesou wei.
树：主格 棵 房-领格 后面 有
有棵树在房子后面。

（61）tɕhitsuzi tɕou-kə qeiʑa ʔatshuni wei.
红旗 房-领格 前面 插 有
旗子插在房子前面。

“下”也是静态空间方位，空间概念为“X 在 Y 的下面”。朱坝羌语用“名词 + 方位词”形式表达：Y 物体的下方空间存在 X 物体，表征：X 事物存在于 Y 事物的空间方位，即 X+Y+ 方位词 + 存在类动词，认知图式为：F+G。命题或焦点具有可转换性，“下”空间也可表“Y 之下有 X”的概念，表征为：Y+ 方位词 +X+ 存在类动词，认知图式为：G+F。例如：

（62）piaqhaʂou zutu-kə sqolə khə-ʂei.
球 凳-领格 下面 前缀-有
球在凳子下面。

（63）lotɕir ʈotsəu-kə sqolə ʑi.
猫：-主格 桌子-领格 下面 有
猫在桌子下面。

（64）ʈotsəu-kə sqolə lokhəɕindu nda zei.
桌子-领格 下面 面团 粘 有
桌子的下面粘着面团。

（65）phatsəuzi-kə sqolə qaqhoni kenʥer wẽn.
帕子-领格 下面 盖 调羹 有
毛巾的下面盖着把调羹。

16.“靠近”空间

一个事物挨着另一事物形成“靠近”空间，其概念为“X 挨着 Y”。朱坝羌语用“名词-位格 + 动词”表“X 挨着 Y”的空间概念，表征：在 Y 事物的特定位置上 X 事物实施动作行为或存在 X 事物，即 X+Y- 位格 + 动作行为动词 / 存在类动词，认知图式为：F+G。例如：

（66）khuɛr nəwo-ʂi kuspɛni zuei.

狗 窝 - 位格 靠近 坐

狗挨着狗窝坐。

（67）nɛr mawu-ʂi kuspɛni mili.

人 火 - 位格 靠近 烤

人挨着火烤。

（68）ŋgu putshanəu-ʂi/tsa kuspɛni ʂei.

篮子 簸箕 - 位格 靠近 有

篮子挨着簸箕。

17. 几何空间

几何空间是拓扑空间的几何概念的表现。几何空间概念可表现为交叉、顺延、距离和环绕等关系。根据命题或焦点的不同，朱坝羌语的几何空间用“名词 - 位格”或“名词 + 方位词”的形式表达，表征事物之间的位置关系。

1）正交（orthogonal）空间概念

用“名词 - 位格”或“名词 + 方位词”形式。根据命题或焦点，表征几何空间的位置或方向，认知图式为：G+F 或 F+G。例如：

（69）tsar-sta tshuta lei.

河 - 位格 桥 有

桥横跨大河。

（70）tɕou zur-kə qeiʐa wei.

房子 山坡 - 领格 对面 有

房子在山坡对面。

2）顺延空间概念

通常表现为部分顺延，用“名词 + 方位词”形式，表征：顺延空间的方向或位置，认知图式为：F+G。例如：

（71）ŋgueir tsar-kə staka ʔaʈhini wei, ŋgueir tsar-kə staka taʈhini wei.

路 河 - 领格 后面 下游 有 路 河 - 领格 后面 上游 有

路顺河而下，路顺河而上。

（72）thar tsar-kə ʐuɛʑika ndər.
他：主格 河 - 领格 边 跑
他在河边跑。

3）衡量距离空间概念

是用肉眼目测或心理估算距离远近形成的静态空间，用以表征事物间的距离。朱坝羌语用“名词 - 位格”形式表“X 靠近 Y”，表征为：X+Y- 位格 + 靠近义动词，认知图式为：F+G。但因语气类型的限制，祈使句的表征较为特殊，体现为：X+ 靠近义动词 +Y- 位格，认知图式只有参照物，没有焦点或对象，只有背景 G，没有图形 F。例如：

（73）kun kuspɛni thawu-sta, ʔɛskotɕini thavər ȵa ɣotɕi.
你 靠近 他们：宾格 - 位格 看 他们：主格 什么 说
你挨近他们，看他们在说什么。

（74）kuspɛni thɛr-ʂi, kuspɛni phur-ŋgu-ʂi, kuspɛni tɕou-ʂi.
靠近 那人 - 位格 靠近 树：主格 - 棵 - 位格 靠近 房 - 位格
挨着那个人，挨着那棵树，挨着那栋房子。

4）围绕空间概念

是一事物环绕另一事物形成的静态空间，事物与事物之间无接触。朱坝羌语多用“名词 + 方位词”形式表征：人或事物与空间位置的关系，即：X+Y+ 方位词 + 动作行为动词 / 存在类动词，认知图式为：F+G。例如：

（75）tsapir tɕou-kə ʐuɛʑika ʔatsini wei/wɛtʃei, thar tɕou-kə ʐuɛʑika ɕatei.
篱笆 房子 - 领格 周围 围绕 有 他：主格 房子 - 领格 周围 转
篱笆围着房子，他围着房子转。

（76）tsapir zethi-kə ʐuɛʑika ʔatsini wei/wɛtʃei, thar zethi-ʂi ɕatani kei.
篱笆 地 - 领格 周围 围绕 有 他：主格 地 - 位格 围绕 走
篱笆围着地，他围着地走。

（二）指示空间的表征与认知

指示空间由指示词（demonstrative）所指示的空间系统构成。Senft 认为指示词可分为距离、高度、可见度、基本方向等类别[①]。

1. 距离空间

即指示空间的远近，是说话者对距离远近的感知。朱坝羌语的指示距离空间由指示词系统体现，有近指距离、中指距离、近远指距离、远指距离。近指距离、中指距离由“指示词 - 位格”表征，近远指距离由“指示词 - 领格 + 中指距离”表征，远指距离空间由“指示词 - 领格 + 中指距离 - 领格 + 中指距离”表征，可以理解为远指距离由中指距离的重叠式表征。距离空间的远近以离心式波浪向外扩展，但并非无限。例如：

tsɛʈɛ-ʂi
这 - 位格
这，接近说话者

thɛʈɛ-ʂi
那 - 位格
那，接近听话者

xɛ-kə　thɛʈɛ-ʂi
那 - 领格　那 - 位格
那，在附近，但不接近说话者和听话者

xɛ-kə　thɛʈɛ-ʂi-kə　thɛʈɛ-ʂi
那 - 领格　那 - 位格 - 领格　那 - 位格
那，远离说话者和听话者

2. 高度空间

即指示空间距离的高低。朱坝羌语的高度空间，由“指示词 - 位格 + 方位词”表征“高度”“低度”。例如：

thɛʈɛ-ʂi　qeili
那 - 位格　下面
那，远离，并低于说话者位置（= 那下面）

① Senft, Gunter (ed.).Referring to Space: Studies in Austronesian and Papuan Languages. Oxford: Clarendon Press, 1997.

thɛʈɛ-ʂi qoto
那 - 位格 上面
那，远离，并高于说话者位置（= 那上面）

3. 可见度空间

指与时间有关的指示空间，分“可见”和“不可见”。朱坝羌语指示空间的可见度，由“时间词 + 指示词 - 位格”表征。例如：

tɕaqə thɛʈɛ-ʂi
以前 那 - 位格
那，不可见，且无具体时间（= 那以前）
tsi-kə tɕaqə thɛʈɛ-ʂi
这 - 领格 以前 那 - 位格
那，曾经见过，但不再看得见（= 那以前）

4. 基本方向空间

指用指示词表示的方向指示空间。朱坝羌语没有用指示词表示方向的用法。方向指示空间由绝对参照系的方位词表达和表征，方向指示空间与朱坝村山川走向有密切的关系。例如：

qeili 东；下面，下方 qoto 西；上面，上方
tɕhi 南 kuei 北

5. 参照层面空间

指用指示词表示的衡量距离指示空间。朱坝羌语没有用指示词表示衡量距离指示空间的用法。衡量距离指示空间由方位词表达和表征。例如：

tshika 近 ʔazi ʐuɛʐika 附近
χasu ʔazi ʐuɛʐika 远离

此外，朱坝羌语虽然有根据地势对指示空间进行的分类，但不是直接由指示词表达，而是由指示词与方位词的组合来表达和表征。例如：

ʁoto kɛʈɛ-ʂi
上面 那 - 位格
那，高于说话人的位置
kato kɛʈɛ-ʂi
下面 那 - 位格
那，低于说话人的位置
kotɕhɛ kɛʈɛ-ʂi
水平　那 - 位格
那，与说话人平行的位置

朱坝羌语的指示词可以直接表达指示空间，有的方位词也可以表达指示空间。例如：

tsɛʈɛ-ʂi 这儿　　thɛʈɛ-ʂi 那儿
这 - 位格　　那 - 位格
ŋguei nəχa 近处　　ŋguei χeχa 远处
地方 近　　地方 远

朱坝羌语的疑问指示空间由方位疑问指示词表达和表征。例如：

（77）thar　tɕɛnə ʐuei? thar　tɕɛnə-kə　mɛ ʑi?
他：主格　哪里 来　他：主格　哪里 - 领格　到 去
他从哪里来？他到哪里去？
（78）tɕɛnə tsi lei? tsi tɕɛnə lei?
哪里 水 有　水 哪里 有
哪里有水？水哪里有？

（三）地名空间的表征与认知

地名就是地点或地域的称谓，属静态空间范畴。朱坝羌语的地名分汉语地名和羌语地名。一些汉语地名由羌语音译而来，汉语音译后意义不明确，仅作地名称谓。朱坝羌语的地名为专有名词。从地名的构成来看，通常就是一个专有名词，只有很少一些地名带有位格。例如：

（79）thar tsuvapu-sta lei, thar ɣloχua ni-qei.
他：主格 朱坝村 - 位格 在 他：主格 芦花 去 - 完成体
他住朱坝村，他去芦花村了。

（80）thar thərn̩dʑitɕhinmbu tɕhi-qei, ʈəɕi ɕipa ɣa-qei.
他：主格 观音菩萨 去 - 完成体 扎西 草地 回 - 完成体
他到观音桥去了，扎西回草地了。

非角度空间由拓扑空间、指示空间和地名空间构成。拓扑空间较为丰富，由于命题或焦点可转换，可以用“名词 - 位格”的形式，表“Y 上存在 X”的空间概念，也可用“名词 + 方位词”的形式，表“X 存在于 Y 上”的空间概念，两种形式的空间概念是两种不同的表征和两种不同的认知，其认知图式也不同，一种为 G+F，另一种为 F+G。指示空间由指示词系统构成，所指空间主要是距离空间。朱坝羌语的地名大多是地点或地域的名称，是专有名词。

三、角度空间的表征与认知

角度空间是静态空间范畴。所谓角度就是空间的观察角度，有角度就有基准，其基准就是参照系或坐标系，也称“参照框架”。参照系包括内在参照、相对参照和绝对参照。

（一）内在参照框架的表征与认知

内在参照框架，也称内在所指框架，以人、动物、非生物的自身作为坐标参照系。以内在参照表达的空间概念为内在空间。内在空间以内在坐标作为参照系，指明事物存在的空间位置和方向。朱坝羌语内在参照的构成，采用“名词 + 方位词”的形式表达“Y 空间内存在 X”的空间概念，表征为：Y+ 方位词 +X+ 存在类动词，认知图式为：G+F。例如：

（81）ɣwor-kə wakhəɕi khopi ʔɛr ʑi, nakhəɕi phu ʔɛr
马：主格 - 领格 左边 牛 一：定指 有 右边 树：宾格 一：定指
ŋgu wei.
棵 有
马的左边有一头牛，右边有一棵树。

（82）ɣwor-kə　tɕaqə phu　ʔɛr　ŋgu wei, wakhəɕi khopi ʔɛr　ʑi.
马：主格 - 领格　前面 树：宾格　一：定指　棵　有　左边　牛　一：定指 有
马的前面有一棵树，左边有一头牛。

（83）thɛr-kə　ɣesou pi　ɣenər　ʑi, nakhəɕi phu　ʔɛr　ŋgu wei.
那人 - 领格　后面　猪：宾格　二：定指 有 右边　树：宾格 一：定指　棵　有
那个人的后面有两头猪，右边有一棵树。

（84）pir-kə　staka khopi ʔɛr　ʑi, ɣwo　ʔɛr　ʑi, phu
猪：主格 - 领格　后面　牛　一：定指　有 马：宾格　一：定指　有　树：宾格
ɣənər　ŋgu wei.
二：定指　棵　有
猪的后面有一头牛、一匹马、两棵树。

内在参照框架中的物体都可作参照系的焦点，焦点不同，语言表征和认知图式也会不同。

（二）相对参照框架的表征与认知

相对参照框架，也称相对所指框架，是以一个物体的坐标为另一物体存在的参照，指明物体存在的空间。朱坝羌语相对参照的构成，也采用“名词 + 方位词”的形式表达“X 在 Y 空间存在”的空间概念，表征“X 物体相对 Y 物体所处的位置和空间”。例如：

（85a）phur　ŋgu nɛr-kə　qeiʑa wei.
树：主格　棵　人 - 领格　前面　有
树在人的前面。

（85b）nɛr-kə　qeiʑa phu　ŋgu wei.
人 - 领格　前面　树：宾格　棵　有
人的前面有树。

（86a）pir　nɛr-kə　ʐuɛʐ̩ika ʑi.
猪：主格　人 - 领格　周围　有
猪在人的周围。

（86b）nɛr-kə　ʐuɛʐ̩ika pi　ʑi.
人 - 领格　周围　猪：宾格　有
人的周围有猪。

（87a）phur　ŋgu khopir-kə　wakhəɕi wei.
树：主格　棵　牛：主格 - 领格　左边　有
树在牛的左边。

（87b）khopir-kə　wakhəɕi phu　ŋgu wei.
牛：主格 - 领格　左边　树：宾格　棵　有
牛的左边有树。

相对参照的两个物体 X 与 Y 可以互为坐标参照，认知图式可以是 F+G，也可以是 G+F。

（三）绝对参照框架的表征和认知

绝对参照框架，也称绝对所指框架，是以自立坐标为参照构成的空间。绝对参照空间就是地理方向空间。根据调查，朱坝羌语的绝对参照系如图 2 所示：

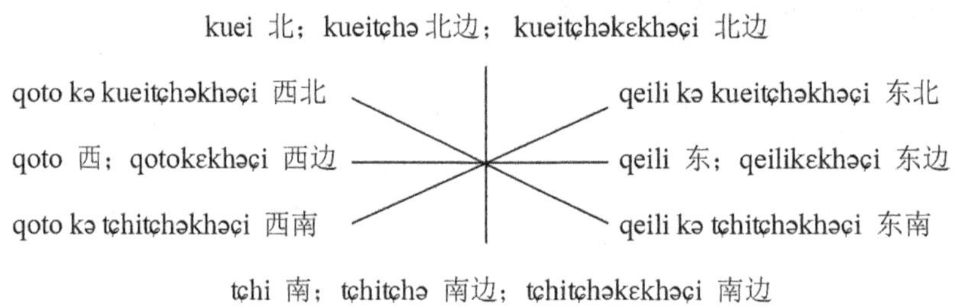

图 2　朱坝羌语的绝对参照系

朱坝羌语的“西”为方位词“上方”，“东”为方位词“下方”，与山川走向有关。

绝对参照空间通过附加指示空间，表征：方向的位置，即“朝 X 方向，向 X 边”。例如：

qeili kɛ-khə-ɕi 东边	qoto kɛ-khə-ɕi 西边
东　那 - 向格 - 位格	西　那 - 向格 - 位格
kuei kɛ-khə-ɕi 北边	tɕhi kɛ-khə-ɕi 南边
北　那 - 向格 - 位格	南　那 - 向格 - 位格

绝对参照空间通过附加方位词，表征：方向的延伸和范围，即“X 方位的前面”。

例如：

qeili-kə　qeiʐa 东面　　　　qoto-kə　qeiʐa 西面
东 - 领格　前面　　　　　　西 - 领格　前面
kuei-kə　qeiʐa 北面　　　　tɕhi-kə　qeiʐa 南面
北 - 领格　前面　　　　　　南 - 领格　前面

朱坝羌语的绝对参照空间可重叠，表距离扩展，表征“X 方位的 X 的位置方向”。例如：

kueitɕhəkɛkhəɕi-kə xa-kə　kueitɕhəkɛkhəɕi 北边的北边
北边 - 领格　　　　　那 - 领格　北边
qeilikɛkhəɕi-kə xa-kə　qeilikɛkhəɕi 东边的东边
东边 - 领格　　　　　那 - 领格　东边

“南”“北”绝对参照空间方向附加方位词 qeiɕitie“顶上”，表征“极地”。例如：

tɕhitɕhəkɛkhəɕi-kə qeiɕitie 南极　　　kueitɕhəkɛkhəɕi-kə qeiɕitie 北极
南边 - 领格　　　　顶上　　　　　北边 - 领格　　　　顶上

绝对参照系空间概念附加动作行为动词，表征“动作行为的趋向”。例如：

（88）qotokɛkhəɕi tə-khə　sɛʂai, qotokɛkhəɕi tsi.
西边　　　挪 - 向格　放置　西边　　　看
往西挪！往西看！

（89）thar　　panithɛ qotokɛkhəɕi ndiŋguɛ-tʃei.
他：主格　什物　西边　　　搬 - 完整体
他把东西往西挪了。

绝对参照系空间概念附加领格标记 -kə，可表征“事物存在的方向”。例如：

（90）qeili-kə　muʐu 东风（≠东边的风）
东 - 领格　风

qoto-kə　muzu 西风（≠西边的风）
西 - 领格　风
tɕhitɕhə-kə muzu 南风（≠南边的风）
南 - 领格　风
kuei-kə　muzu 北风（≠北边的风）
北 - 领格　风

（91）qotokɛkhəɕi-kə tɕou, qeilikɛkhəɕi-kə munəu.
西边 - 领格　房子 东边 - 领格　太阳
西边的房子，东边的太阳。

（92）qa-kə　tɕhitɕhəkɛkhəɕi-kə qeiza, thar-kə　kueitɕhəkɛkhəɕi-kə qeiza.
我 - 领格　南边 - 领格　前面 他 - 领格　北边 - 领格　前面
我的南面，他的北面。

朱坝羌语的角度空间范畴，内在、相对角度空间范畴与方位词、存在动词的运用有密切的关系。内在参照的构成采用"名词 + 方位词"的方式，表示"Y 空间内存在 X"的空间概念，认知图式为：G+F。相对参照的构成采用"名词 + 方位词"的方式，表示"X 在 Y 的空间存在"的空间概念，认知图式为：F+G。内在参照与相对参照的空间概念有所差别，语言表征和认知结果也有差别。绝对参照系受山川走向的影响比较明显，与山川的自然走向相关。

四、结论

本文在田野调查的基础上，探讨朱坝羌语静态空间范畴的表征和认知。田野调查以新描写语言学为前提，注重传统启发式调查的同时，关注认知心理学的诱导式和测试式调查范式。经过调查和研究，我们认为朱坝羌语的静态空间范畴主要以位置、方位为语言表征，注重参照基准和参照对象。参照基准以位置、方位为空间场景模拟映射并符号化为 Y，构成背景 G，参照对象实体模拟映射并符号化为 X，构型为图形 F。如果从认知心理学的角度看，空间场景 Y 及其构成的背景 G 与参照实体或焦点实体 X 及其构型图形 F，成为心理认知的命题，场景 Y 映射为背景 G、实体 X 映射为图形 F，这也是空间范畴认知的过程。认知过程为 Y 通过附加位格标记或方位词表征，X 以存在类动词或持续性动作行为动词表征，实现空间范畴认知，以图形为焦点时，认知图式为 F+G，以背景为焦点时，认知图式为 G+F。如图 3 所示：

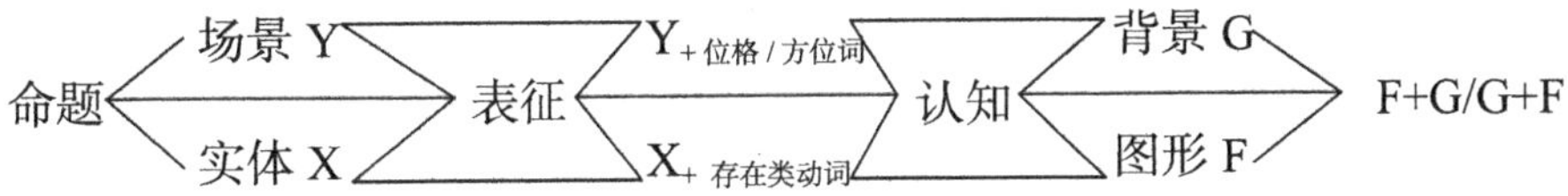

图 3　朱坝羌语空间范畴的认知过程

朱坝羌语静态空间范畴的认知过程，语言表征关涉位格标记、方位词、存在类动词，不同的位置使用不同的位格标记，方位词多关涉 qeiʑa“前面”、ɣesou“后面”、kuku“里面”、ʐuɛʐika“周围”等方位，存在类动词与生命度、人力、自然力相关。非角度空间范畴多以位格、存在类动词进行表征和认知，认知图式会随命题或焦点的转换而改变。具体见表 1：

表 1　朱坝羌语非角度位置空间范畴的表征与认知

位格	存在动词	语义	空间	语言表征	突显图形	语言表征	凸显背景
qa	ʂei	人为存在	平面	X 存在于 Y	F+G+ 存在	X 于 Y 存在	G+F+ 存在
	wei/wɛtʃei	自然存在	平面	X 存在于 Y	F+G+ 存在	X 于 Y 存在	G+F+ 存在
	ʑi	生命体存在	平面	X 存在于 Y	F+G+ 存在	X 于 Y 存在	G+F+ 存在
sta	wei/wɛtʃei	非生命体存在	附着	X 存在于 Y	F+G+ 存在	X 于 Y 存在	G+F+ 存在
	ʑi	生命体存在	附着	X 存在于 Y	F+G+ 存在	X 于 Y 存在	G+F+ 存在
	wẽn	穿刺附着	周附	X 存在于 Y	F+G+ 存在	X 于 Y 存在	G+F+ 存在
ʂi	ʂei	人为存在	周附	X 存在于 Y	F+G+ 存在	X 于 Y 存在	G+F+ 存在
	wei/wɛtʃei	自然存在	周附	X 存在于 Y	F+G+ 存在	X 于 Y 存在	G+F+ 存在
	ʑi	生命体存在	周附	X 存在于 Y	F+G+ 存在	X 于 Y 存在	G+F+ 存在
sta	ʂa	人为存在	周附	X 存在于 Y	F+G+ 存在	X 于 Y 存在	G+F+ 存在

非角度的部分空间范畴以方位词、存在类动词或持续性动作行为动词进行语言表征和认知，认知图式也会随命题或焦点的转换而改变。具体见表 2：

表 2　朱坝羌语非角度方位空间范畴的表征与认知

方位词	存在动词	语义	空间	语言表征	突显图形	语言表征	凸显背景
qeiʑa 前面	ʂei/ʑi	生命体存在	前后	X 存在于 Y	F+G+ 存在	X 于 Y 存在	G+F+ 存在
ɣesou 后面	wei/wɛtʃei	自然存在	几何	X 存在于 Y	F+G+ 存在	X 于 Y 存在	G+F+ 存在
kuku 里面	lei	生命体存在	包含	X 存在于 Y	F+G+ 存在	X 于 Y 存在	G+F+ 存在
ʐuɛʐika 周围	wei/wɛtʃei	自然存在	围绕	X 存在于 Y	F+G+ 存在	X 于 Y 存在	G+F+ 存在
vuzi 垂直面	wei	人为存在	悬挂	X 存在于 Y	F+G+ 存在	X 于 Y 存在	G+F+ 存在

角度空间范畴的内在参照、相对参照以方位词、存在类动词或持续性动作行为动词进行语言表征和认知。这跟以方位词、存在类动词或持续性动作行为动词进行语言表征和认知的非角度空间范畴的一致性较强，方位词、存在类动词、语义等通用，语言表征与认知图式象似。见表 3：

表 3　朱坝羌语角度空间范畴内在参照与相对参照的表征与认知

领属方位	存在动词	语义	空间	语言表征	突显图形	语言表征	凸显背景
领属＋方位词	ʂei	人为存在	内在	X 存在于 Y	F+G+ 存在	X 于 Y 存在	G+F+ 存在
	wei	自然存在	内在	X 存在于 Y	F+G+ 存在	X 于 Y 存在	G+F+ 存在
	ʑi	生命体存在	内在	X 存在于 Y	F+G+ 存在	X 于 Y 存在	G+F+ 存在
领属＋方位词	ʂei	人为存在	相对	X 存在于 Y	F+G+ 存在	X 于 Y 存在	G+F+ 存在
	wei	自然存在	相对	X 存在于 Y	F+G+ 存在	X 于 Y 存在	G+F+ 存在
	ʑi	生命体存在	相对	X 存在于 Y	F+G+ 存在	X 于 Y 存在	G+F+ 存在

朱坝羌语非角度指示空间范畴的表征采用指示词系统，角度空间范畴绝对参照的表征采用自然地理空间概念和山川走向空间概念，两者皆以自立坐标为参照，没有明确的认知图式。

参考文献

[1]Frawley, William. Linguistic Semantics. Hillsdale NJ, Hove & London: Lawrence Erlbaum Associates, 1992.

[2]Levinson, Stephen C. Space in Language and Cognition: Exploration in Cognitive Diversity. Cambridge & New York: Cambridge University Press, 2003.

[3]Levinson, Stephen C. & David P. Wilkins. The background to the study of the language of space. // Stephen C. Levinson & David P. Wilkins (eds.). Grammars of Space: Explorations in Cognitive Diversity, Cambridge: Cambridge University Press, 2006: 1-23.

[4]Lakoff, George & Mark Johnson. Metaphors We Live By. Chicago & London: The University of Chicago Press, 1980.

[5]Lakoff, George. Woman, Fire and Dangerous Things: What Categories Reveal about the Mind. Chicago & London: The University of Chicago Press, 1987.

[6]Langacker, Ronald W. Foundations of Cognitive Grammar. Vol I: Theoretical Prerequisites. Stanford, CA: Stanford University Press, 1987.

[7]Gibbs, Raymond W. & Herbert L. Colston. The Cognitive Psychological Reality of

Image Schemas and Their Transformations. Cognitive Linguistics, 1995. Vol.6, No.4: 347-378.

[8]Johnson, Mark. The Body in the Mind: The Bodily Basis of Meaning, Imagination, and Reason. Chicago: The University of Chicago Press, 1987.

[9]Turner, Mark. Reading Minds: The Study of English in the Age of Cognitive Science. Princeton: Princeton University Press, 1991.

[10]Talmy, Leonard. The Fundamental System of Spatial Schemas in Language // Beate Hampe (ed.) in cooperation with Joseph E. Grady. From Perception to Meaning: Image Schemas in Cognitive Linguistics, Berlin & New York: Mouton de Gruyter, 2005: 199-234.

[11]Senft, Gunter (ed.). Referring to Space: Studies in Austronesian and Papuan Languages. Oxford: Clarendon Press, 1997.

人类语言信息传递速率的共性

——基于61种语言大规模语料库的计算[①]

孔超　刘娟[②]

一、引言

从表层去看，不同语言呈现出结构的复杂性和极大的差异性，但对人类语言可能存在的共性或普遍规律的探索却从未停止[③]。前人研究的结论往往还是定性的或笼统的描写，其中很少发现有定量的普遍成立的规律。由于人类语言的一个功能是交换信息，这使我们相信在这一层面上，或许有某些普适的规律统辖着看似纷繁复杂的人类语言。

对语言信息的讨论可以追溯到20世纪初布拉格学派。但真正对语言信息的计算研究开始于Shannon提出信息论（information theory）[④]之后。研究者最先是将信息算法运用于音位对立的考察，也即对音位功能负担（functional load，FL）的计算，一方面提出了不同的FL计算方法，另一方面在多种语言中都发现了FL与音变的相关性。近年来，有不少研究注意到了语速与信息的关系[⑤]，并将这一关系描述为“均匀信息密

---

① 本文原载《外语教学与研究》，2022（3），此次收录仅作少量字词修改。

② 本文通讯作者为刘娟。

③ Hockett, C. The Problem of Universals in Language. In J. Greenberg (ed.). Universals of Language. Cambridge, MA.: The MIT Press, 1963: 1-29.

④ Shannon, C. A Mathematical Theory of Communication. Bell System Technical Journal, 1948, 27(3): 379-423.

⑤ Aylett, M. & A. Turk. The Smooth Signal Redundancy Hypothesis: A Functional Explanation for Relationships Between Redundancy, Prosodic Prominence, and Duration in Spontaneous Speech. Language and Speech, 2004, 47(Pt 1): 31-56；Keller, F. The Entropy Rate Principle as a Predictor of Processing Effort: An Evaluation Against Eye-tracking Data. In Dekang Lin & Dekai Wu (eds.). Proceedings of the 2004 Conference on Empirical Methods in Natural Language Processing. Barcelona: Association for Computational Linguistics, 2004: 317-324；Frank, A. & T. Jaeger. Speaking Rationally: Uniform Information Density as An optimal Strategy for Language Production. In N. Hillsdale (ed.). Proceedings of the Annual Meeting of the Cognitive Science Society. Texas: Lawrence Erlbaum Associates. 2008: 939-944; Jaeger, T. Redundancy and Reduction: Speakers Manage Syntactic Information Density. Cognitive Psychology, 2010, 61(1): 23-62.

度假说”（Uniform Information Density Hypothesis，UID 假说），UID 假说认为人在说话时的信息密度是均匀的，换言之，单位时间内传输的信息量是相当的，并且 UID 假说推测这一信息传输率大致接近人类（口语）语言的信道容量（channel capacity），以求最大化信息传输效率。

Hockett[①] 曾提出语言的 13 条设计特征（design feature），其中首要一条就是不同语言都使用语音—听觉信道完成信息交际。估算这一信道的信道容量对认识语言的共性可能是十分有价值的。在这方面的尝试最早可以追溯到 Reed & Durlach[②] 对英语信息传递速率（information transfer rate）的研究，但受到当时计算条件的限制，基于大规模语料库的信息熵计算难以实现，因此这一结论并不十分可靠。由于 UID 假说在多个语言的研究中得到了验证，有学者开始尝试运用跨语言的手段对人类语言的信道容量，也即语言的信息速率本身进行估算。Pellegrino et al.[③]、Oh[④] 分别使用 7 种、18 种语言对语言间的相对信息速率进行了计算，由于方法的局限，这一研究只得出了不同语言信息速率的相对大小差异，没有绝对大小的结果。Coupé et al.[⑤] 首次运用跨语言的方法对 17 种语言信息速率的绝对大小进行了计算，得出结论：人类语言的信道容量大约在 39 比特每秒。这一研究使我们对人类语言的信息交流功能有了更准确和清晰的突破性认识。

但我们同时注意到以往对于语言信息速率的计算使用的是音节或更低层级（如音素）的单位，还没有研究从语素或词等编码语义信息的这一级单位入手来考察语言的信息速率和信息编码策略。众所周知，不同语言都是以词为单位对外部事物进行指称，因此从编码语义信息的角度而言，词才是人类语言编码信息最主要的语言单位。因此考察词这一级单位在人类语言信息编码上的特点和机制十分必要。使用更低层级的音节单位进行计算，完全忽略了语言中的语义、语法信息，可能直接导致以往研究所测得的信息速率过高，与语言事实有较大差距。而使用词这一级单位进行计算可以避免这一问题，使计算结果更加接近语言事实。另外，以往研究大多仅使用了几种或十几种语言进行考察，对于人类语言的多样性而言，这样数量的语言样本相对较少，所得

---

① Hockett, C. The Problem of Universals in Language. In J. Greenberg (ed.). Universals of Language. Cambridge, MA.: The MIT Press, 1963: 1-29.

② Reed, C. & N. Durlach. Note on Information Transfer Rates in Human Communication. Presence, 1998, 7(5): 509-518.

③ Pellegrino F., C. Coupé & E. Marsico. Across-language Perspective on Speech Information Rate. Language, 2011, 87(3): 539-558.

④ Oh, Y. Linguistic Complexity and Information: Quantitative Approaches. Ph.D. Dissertation. Lyon: Université de Lyon, 2015.

⑤ Coupé, C., Y. M. Oh, D. Dediu & F. Pellegrino. Different Languages, Similar Encoding Efficiency: Comparable Information Rates Across the Human Communicative Niche. Science Advances, 2019, 5(9): eaaw2594.

结论在普适性上让人尚存疑虑。

基于上述原因，我们选取了覆盖 49.8 亿母语者的共 61 种人类语言作为研究对象，使用改进的算法对人类语言信息速率进行估算，同时特别考察词这一级语言单位在信息编码过程中的特殊表现。

二、材料与方法

（一）数据材料

我们使用了 61 种语言或方言的口语语音材料，以及与之相对应的 56 种文本语料库[①]对语言信息传递速率的普遍规律进行考察。以上述语言为第一语言的人口约有 49.8 亿人。下面分别介绍口语语料和文本语料库。

口语语音材料包含 61 种语言或方言的语义一致的录音材料。61 种语言分别来自印欧语系、汉藏语系、尼日尔－刚果语系、南岛语系、达罗毗荼语系、阿尔泰语系、乌拉尔语系、亚非语系 8 个不同的语系，此外还包含一些孤立语言（巴斯克语等）以及 1 种人造语言（世界语，Esperanto）和 1 种克里奥尔语（帕皮阿门托语，Papiamento）。录音材料均来自非盈利项目 Aesop Language Bank，文本内容均为转译为各语言或方言的寓言故事《北风与太阳》，大部分语言或方言均包含 1 名母语者发音人，但拉丁语和世界语没有母语者，由熟练的第二语言者进行发音，对发音人的社会语言学因素不作限制，发音人以讲述故事的正常语速对发音材料进行朗读录音。

文本语料库包含与上述 61 种语言或方言相匹配的 56 个文本语料库，语料库均来自莱比锡大学提供的 Leipzig Corpora Collection[②]，所有语料库均使用相同的规则从新闻或网络中爬取语料。在同一种语言的语料库选取上，优先选用数据量最大的，其中 42 个语料库均为 100 万句的较大规模语料库；数据量相同的则优先选用最新的语料，所有语料的获取时间均晚于 2011 年。

---

① 在计算信息密度时：西南官话、客家话、闽南语、台湾“国语”与普通话 5 种汉语方言的语音材料使用相同的中文文本语料库，巴西葡萄牙语（Brazilian Portuguese）、标准欧洲葡萄牙语（Standard European Portuguese）2 种葡萄牙语方言的语音材料使用相同的葡萄牙语文本语料库。

② Goldhahn, D., T. Eckart & U. Quasthoff. Building Large Monolingual Dictionaries at the Leipzig Corpora Collection: From 100 to 200 languages. In N. Calzolari (ed.). Proceedings of the Eighth International Conference on Language Resources and Evaluation. Paris: European Language Resources Association, 2012: 31-43.

（二）语言信息速率的计算

1. 理论框架

本文通过语速（speech rate，SR）以及信息密度（information density，ID）来对语言的信息速率（information rate，IR）进行估算，下面简要介绍我们的计算方法。

对于某个选定的语言单位 T（如音素、音节、词等），取任意语言 L 计算一段语音的时长 DL 及这段语音包含的单位 T 的数目 NT_L，两者的比值可以作为语速的衡量指标：

$$SR_T^L = \frac{NT_L}{D_L} \tag{1}$$

同时，将大规模语料库文本切分为单位 T 的字符串后可以计算得到该单位的条件熵，后者可作为衡量单位 T 的信息密度 IDT 的指标。通常条件熵的计算采用 n 元文法（n-gram），也即采用（n-1）阶马尔可夫模型作为语言模型，此时得到的条件熵（n=1 时退化为该单位 T 的信息熵 HT）HT，n 为：

$$\begin{aligned} ID_T^L &= H_{T,n}^L \\ &= -\sum_{x \in \mathcal{X}} p(x) \sum_{y \in \mathcal{Y}} p(x|y) \log_2 p(x|y) \end{aligned} \tag{2}$$

其中集合 y 包含语料库中所有单位 T，集合 x 包含所有长度为 n-1 的单位 T 组成的字符串，之后即可通过上述两个参数衡量语言的信息速率：

$$IR_T^L = SR_T^L \cdot ID_T^L \tag{3}$$

与以往研究选用音节或音素作为计算单位 T 不同，在本研究中，我们选定词作为计算单位。这样做的优点在于：首先，从计算的角度来讲，使用词作为语言单位能够更准确地衡量语言的信息熵，而使用音节作为单位会使得信息量的计算有较大误差。语言作为一种线性的信息结构，上文环境会分别通过构词模式、语法手段、语义搭配等方式为下文提供信息，从而消除歧义。使用音节作为计算单位时一方面并不能完全兼顾构词模式的上文信息，另一方面完全忽视了更高层面的语法手段和语义搭配等方式带来的额外信息，这将为信息熵的计算带来极大的误差。准确地说，对于每一种语言，尤其是汉语等重视语序这一语法手段的语言，使用音节作为基本单位将大大高估语言的信息熵。而使用词作为计算单位，一方面能够完全将构词模式纳入考虑，另一方面，通过设定一个合理的 n 值，可以将大部分语法手段、语义搭配所带来的额外信息纳入考虑范围之内，从而大大提高了计算信息熵的精度和准确性。换言之，利用 Hw 对 Hσ 的估算反而会更加精确。我们对汉语、英语、法语、德语 4 种语言 100 万句规模的语料库进行预实验也证实了上述论断：4 种语言 $H_{w,1}/N_{\sigma}$ 的值均小于 $H_{\sigma,2}$，表明以词为单位时，仅取 n=1 得到的音节信息熵的精度就高于以音节为单位 n>2 的情形。

其次，考察词这一级语言单位在语言信息编码过程中的表现，可以帮助我们从另一个视角深入考察语言本身的特性。不同语言是否存在音节这一单位尚存争议[①]，但词这一级单位的存在却是毋庸置疑的，具有跨语言的普遍性。而且不同语言都以词作为单位指称外部事物，从编码语义信息的角度而言，词是人类语言编码信息最主要的单位之一。因此考察词这一级单位在人类语言信息编码上的特点是十分必要的。

2. 计算方法

对于文本语料库，虽然 Leipzig Corpora Collection 提供的语料库本身均对句子进行了预切分，但切分方法较为粗糙，导致部分句子过长，因此我们使用正则表达式根据不同书写系统的特点对语料库进行了更精细的句子切分。

之后，我们先对语料库和语音材料的文本进行分词处理，分为以下两种情形：①大部分语言的书写系统有特定的可以指示词汇边界的符号，如绝大部分语言的当代书写系统中普遍使用空格区分词的边界，对此直接使用正则表达式进行分词[②]；②部分东亚语言不在书写系统中进行分词，对此我们使用分词工具进行分词：汉语使用 Python 开源包 THULAC[③]，日语使用 Python 开源包 fugashi[④]。前者基于大规模标注结果训练得到，后者基于词典和隐马尔可夫模型计算得到，两者分别都与母语者或相应语言辞书编纂所认可的分词结果一致。

进行分词后，我们选取恰当的 n 值将文本语料视为 n 元语法生成的文本进行概率计算。如前所述，只有当 n 值充分大时，才能对信息熵进行足够精确的计算，当 n 较

① Hyman, L. Does Gokana Really Have no Syllables? Or: What's so Great About Being Universal?. Phonology, 2011, 28(1): 55-85.

② 这种分词虽可能在少数情形下较为粗糙，或与语言学研究中分词主张不符，但由于语料库的规模很大，这些情形对计算结果的影响较小。

③ Li, Zhongguo & Maosong Sun. Punctuation as Implicit Annotations for Chinese Word Segmentation. Computational Linguistics, 2009, 35(4): 505-512.

④ McCann, P. fugashi, A Tool for Tokenizing Japanese in Python. In E. Park (ed.). Proceedings of Second Workshop for NLP Open Source Software. Online: Association for Computational Linguistics. 2020: 44-51.

小时对上文环境的消歧作用和额外信息考虑不够充分，得到的信息熵总是大于真实信息熵，因此随着 n 的增加，T 取不同单位时式（2）均应当从上方收敛到某个特定值。但值得注意的是，n 并非越大越好，因为人类的语言机制和短时记忆能力是有限的，人在说话时理论上可以生成无穷多的句子，但这并不意味着说话人可以清晰地记住自己说过的所有内容，因此 n 值取得过大反而会与语言事实相违背。通过对汉语、英语、法语和德语 4 种语言 100 万句规模的语料库进行预实验，我们取 n=2，理由包括：① n>2 后信息熵的下降趋势趋缓，从 $H_{w,1}$ 到 $H_{w,2}$ 的下降幅度最大；②可以肯定的是，在大多数情况下，n=2 时在空间上相邻的词之间有较大概率存在语法或语义上的关联，而 n>2 时此种概率就会大大降低，此时反而有可能将大量没有语法或语义关联的信息计算在内，与语言实际不符。得到概率数据后，就可以根据式（2）估算各语言的 ID 值。

对于口语语料库，我们提取各录音材料除去无声段的时长作为时长 D 的值。按照 Tsao & Weismer 等人[①] 的研究，通常一个音素的平均发音时长为 150ms，因此大于 150ms 的部分被视为无声段。之后各语言同样按照上述方法对录音的文本材料进行分词，并统计词的数目 NW。之后根据式（1）得到各语言 SR 的值，最后按照式（3）得到相应的 IR 值。

（三）统计方法

由于上述 IR、SR、ID、NW 等参数数据本身有着不同的量纲和分布，因此直接比较其内部差异性较为困难。对此，本研究采用 Bootstrapping 方法对一组数据内部成对距离（pairwise distance）进行计算，以比较不同数据内部的差异性。本研究中选取的距离函数为 Jensen-Shannon（JS）散度。

为考察各参数在不同语言、语系中是否存在明显差异，除传统的 ANOVA 统计检验外，本研究还采用分类效用的评估来进一步衡量其差异。首先用不同参数作为特征数据，以语言或语系作为分类目标训练分类算法，使用 k 折交叉验证（k-fold cross validation）获得评估参数 s_{param}[②]，同时生成相同大小的随机数据作为特征数据，使用相同的分类目标，重复上述步骤计算随机数据的分类效果评估参数 s_{random}。将随机数据的

① Tsao, Y. & G. Weismer. Interspeaker Variation in Habitual Speaking Rate: Evidence for a Neuromuscular Component. Journal of Speech, Language, and Hearing Research, 1997, 40(4): 858-866.

② 本研究采用线性判别分析（linear discriminant analysis，LDA）算法进行分类训练，交叉验证取 k=8，参数 s 选用 F1 分数。

分类效果 s_{random} 作为对照，某参数的分类效果 s_{param} 的值就能够反映出该参数能在多大程度上区分不同的语言或语系。

本研究中所有数据处理、计算与绘图均使用 Python 及其第三方开源包完成。所有数据处理过程均基于 NumPy 和 Pandas 进行，语音材料使用 Parselmouth 进行处理，文本语料库的 n 元语法模型与音节切分使用 NTLK 完成，统计分析基于 SciPy，分类算法使用 Scikit-Learn 进行训练，所有绘图工作均基于 Matplotlib 和 Seaborn 完成。

三、结果

我们分别计算了 61 种语言或方言的语音文本词汇数目 NW、语速 SR（词每秒）、信息密度 ID（比特每词）和信息速率 IR（比特每秒）。结果显示，在口语语音材料中，各语言或方言讲述“北风与太阳”这一故事平均需要 65.21(±8.73）个词[①]，讲述的速度为平均每秒 2.07（ ±0.30）个词，根据大规模文本语料库的计算结果，各语言平均每词负担 6.84（ ±0.50）比特信息，综合来看，各语言平均每秒传输 14.15（ ±2.26）比特信息，换言之，各语言的信息速率平均为 14.15（ ±2.26）比特每秒。各参数的分布见图 1 中的直方图及核密度估计（kernel density estimation，KDE）分布曲线。

首先考察上述参数在不同语系中的差异。按照前文所述，分别以 4 个参数为样本数据，训练 LDA 分类算法对不同语系进行分类，同时训练一组以随机数据为样本的分类模型。结果显示：NW、ID、IR 3 个参数分类效果与随机数据的效果基本一致，F1 分数均在 0.5 左右，而 SR 分类效果稍好，F1 分数接近 0.6。这一结果说明 4 个参数在不同语系中均无明显差异，其中 NW、ID、IR 3 个参数可以认为完全没有差异，而 SR 这一参数稍有差异，但程度有限。此外，传统 ANOVA 方法的分析结果同样表明 NW、ID、IR 3 个参数上不同语系之间没有显著差异（$p>0.01$），而 SR 在不同语系中有显著差异（$p=0.001$）。

① 数据分布的均值 m 与标准差 σ 省略写作 m（ ±σ）。

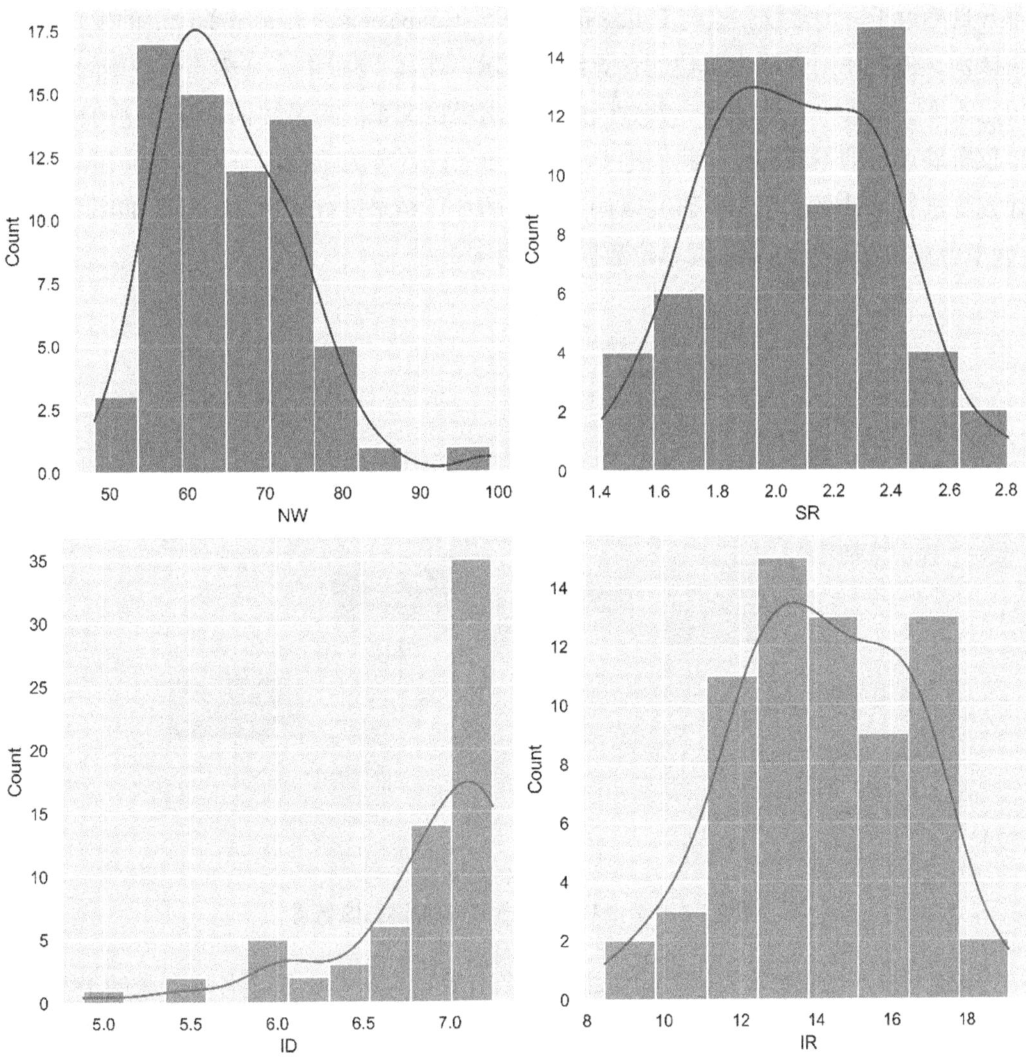

图 1　4 个参数的直方图和 KDE 分布

接下来进一步考察不同语言之间，各参数内部的差异。按前文所述方法计算了 4 个参数 Bootstrap 采样间的 JS 散度，结果如图 2 所示。

NW、SR、IR 3 个参数的 JS 散度绝对数值都小于 0.08，说明各项参数的内部差异性都很小。这 3 个参数分别分布在 0.066（ ± 0.0167 ）、0.066（ ± 0.0150 ）、0.0700（ ± 0.0158 ）位置上，根据 t 检验结果，三者的分布两两之间均没有显著差异。ID 分布于 0.037（ ± 0.012 ）位置上，显著小于其他 3 个参数。这一结果表明式（3）等号右侧的两个参数 SR 与 ID 都在跨语言视角下都保持了较好的一致性，使得式中 3 个参数都各自趋近于一个常数。这与 Pellegrino et al.①、Coupé et al.② 在音节单位上的发现有很大区别，他们使用音节为单位的计算结果显示，在式（3）中，虽然等号左侧的 IR 值恒定不变，但等号右侧的两个参数因此呈现出反比关系。为考察词和音节这两种语言单位所展现出的不同特点，我们把 Coupé et al.③ 以音节为单位的研究数据使用前文所述方法进行了计算，并与本研究以词为单位的计算结果进行了比较，结果如图 3 所示（音节单位数据下标为 σ，词单位数据下标为 w）。

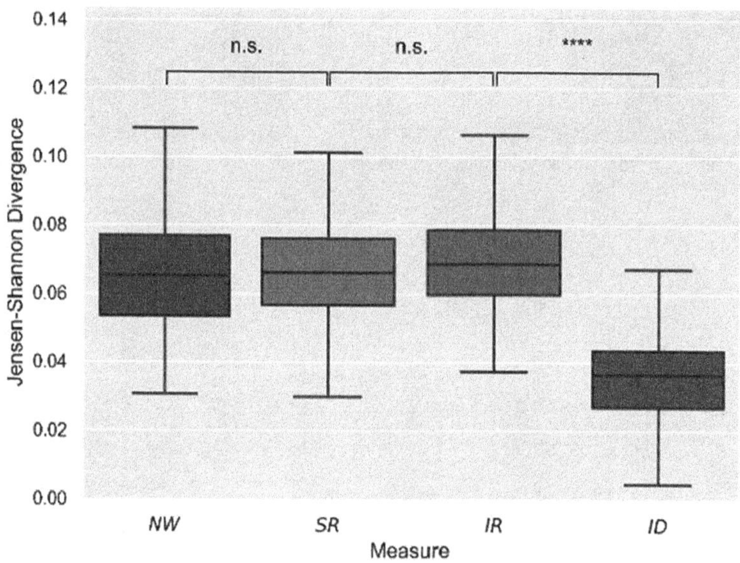

图 2　4 个参数 Bootstrap 采样的成对 JS 散度

根据图 3，Coupé 等人④ 的研究中，除音节数量 Nσ 外，其余各项参数的 JS 散度绝对值都小于 0.09，表明这些参数总体上看内部差异都很小。通过比较发现，以词为计算单位得到的词汇数目 N、语速 SR 以及信息密度 ID 在不同语言间的差异性均显著小于以音节为单位的相应值，但无论以词还是以音节为单位，两者得到的 IR 值的内部差异性没有显著区别。上述结果表明，IR 的跨语言差异与计算单位无关，且在不同语言中都相当，差异很小。但在音节一级单位上，SR 和 ID 呈现出较大的变动范围，由

① Pellegrino F., C. Coupé & E. Marsico. Across-language Perspective on Speech Information Rate. Language, 2011, 87(3): 539-558.

② Coupé, C., Y. M. Oh, D. Dediu & F. Pellegrino. Different Languages, Similar Encoding Efficiency: Comparable Information Rates Across the Human Communicative Niche. Science Advances, 2019, 5(9): eaaw2594.

③ Coupé, C., Y. M. Oh, D. Dediu & F. Pellegrino. Different Languages, Similar Encoding Efficiency: Comparable Information Rates Across the Human Communicative Niche. Science Advances, 2019, 5(9): eaaw2594.

④ Coupé, C., Y. M. Oh, D. Dediu & F. Pellegrino. Different Languages, Similar Encoding Efficiency: Comparable Information Rates Across the Human Communicative Niche. Science Advances, 2019, 5(9): eaaw2594.

于式（3）的限制，使得两者呈现出反比关系；而在词一级单位上，SR 和 ID 均分布在一个相对稳定的范围内，在各语言均显著小于音节。

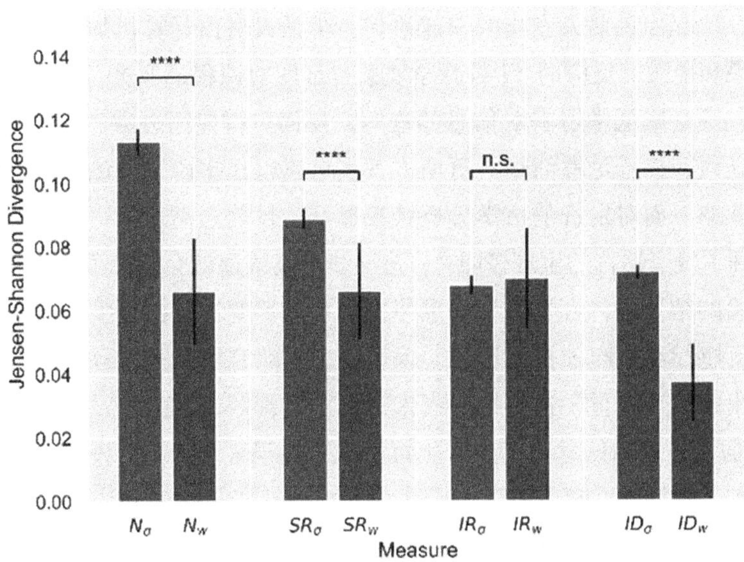

图 3　音节单位与词单位不同参数的成对 JS 散度

四、讨论

（一）信息速率的一致性及其原因

以上基于更大规模语言样本的计算结果证实了人类语言在信息传递速率上的一致性。结果也表明，此前的研究高估了人类语言信息传递速率的数值，本研究的计算结果大约只有此前计算结果的 1/3（此前结果大约 39 比特每秒，本研究大约 14 比特每秒）。同时，本研究的结果与前文提到的 UID 假说是互为补充的：本研究在宏观上得出了跨语言的统计规律，并为 UID 假说中均匀的“信息密度（速率）”给出了跨语言的参考值，而 UID 假说则指出了本研究中这种统计规律的一种十分可能的微观实现方式。

对于信息速率在不同语言中呈现出普遍一致性的原因，Coupé et al.[①] 认为言语交际中存在两种相互矛盾的需求：说话人为降低语音产出的成本从而想要降低语速，而听

① Coupé, C., Y. M. Oh, D. Dediu & F. Pellegrino. Different Languages, Similar Encoding Efficiency: Comparable Information Rates Across the Human Communicative Niche. Science Advances, 2019, 5(9): eaaw2594.

话人为提高信息获取效率从而想要说话人提高语速。为了调和这种矛盾，平衡产出和感知之间的张力，人类语言最终优化演变到了一个较为平衡和一致的信息速率范围。从语言产出与感知相互作用的角度来解释信息速率的普遍性似乎比较合理，但相关感知实验发现，比起由说话人发出的快速语句，听话人对由计算机加速后的句子具有更好的识别结果和更短的反应时①；教育学实验也证明对课程录像进行一定程度的（计算机）加速不仅不会降低学习者对信息的理解，反而可以提高分数②。这些发现似乎表明，只要保证语音信号足够清晰，听话人其实可以以比本研究所测得的结果更高的速率进行信息获取。而对发音的声学分析结果显示，目前人类正常语速的信息产出速率似乎已经达到了发音器官的生理极限③，进一步提高语速就会损害语音信号的质量。因此从这些实验的结果看，人类语言信息传递速率的普遍性是由人类发音的生理极限所致，而非语音感知和理解的极限所致。换言之，本研究所得到的计算结果其实是人类语言信息产出的信道容量，这一结果尚未达到语义理解的信道容量。若果真如此，那么上述 UID 假说中均匀信息密度的产生可能也是由于言语产出时发音器官的生理限制导致。要证实这一猜测可能还需更多有针对性的语音产出和感知实验考察。

虽然本研究对信息速率做出的估测与 Coupé 等人④在数值上有较大区别，但令人惊异的是，信息速率的值在不同语言之间的差异程度没有区别，这说明不同语言间信息速率的差异（尽管很小）客观存在。根据这一现象，我们发现用“足够好”（good-enough）模型比“最优化”（optimal）模型能更合理地解释语言信息速率的取值问题⑤，即人类语言在演化过程中，信息速率这一参数并不会机械或理想地向着一个最优的特定值进发，而是追求到达对于交际目的而言足够好的一个范围即可。因此结果表明信息速率的数值在不同语言中的演化更符合“足够好”模型。

---

① Janse, E. Word Perception in Fast Speech: Artificially Time-compressed vs. Naturally Produced Fast Speech. Speech Communication, 2004, 42(2): 155-173；Adank, P. & E. Janse. Perceptual Learning of Time-compressed and Natural Fast Speech. The Journal of the Acoustical Society of America, 2009, 126(5): 2649-2659.

② Pastore, R. & A. Ritzhaupt. Using Time-compression to Make Multimedia Learning More Efficient: Current Research and Practice. TechTrends, 2015, 59(2): 66-74；Lang, D., Guanling Chen, K. Mirzaei & A. Paepcke. Is Faster Better? A Study of Video Playback Speed. In C. Rensing, (ed.). Proceedings of the Tenth International Conference on Learning Analytics & Knowledge. New York: Association for Computing Machinery, 2020: 260-269.

③ Xu, Yi & S. Prom-on. Economy of Effort or Maximum Rate of Information? Exploring Basic Principles of Articulatory Dynamics. Frontiers in Psychology, 2019, 10: 2469.

④ Coupé, C., Y. M. Oh, D. Dediu & F. Pellegrino. Different Languages, Similar Encoding Efficiency: Comparable Information Rates Across the Human Communicative Niche. Science Advances, 2019, 5(9): eaaw2594.

⑤ Loeb, G. Optimal isn't Good Enough. Biological Cybernetics, 2012, 106(11): 757-765；Coupé, C., Y. M. Oh, D. Dediu & F. Pellegrino. Different Languages, Similar Encoding Efficiency: Comparable Information Rates Across the Human Communicative Niche. Science Advances, 2019, 5(9): eaaw2594.

（二）不同层级上信息编码策略的差异及其原因

无论选取哪一层级的语言单位，不同语言都存在一致的信息传递速率，但不同层级的单位却有不同的信息编码策略。

在词这一级单位上，不同语言的信息编码策略表现出更强的一致性和普遍性。本研究的计算结果显示，不同语言平均在每个词中编码的信息量均维持在 6.84（±0.50）比特左右，也因此表现出较小的语速差异 [根据式（3）]。我们认为这可能是由于人类认知世界的模式和对外部世界划分方式在宏观上具有较强的一致性，而本研究得出的结果正是这种一致性在词的信息编码问题上的反映。Zipf 定律（Zipf's law）[①] 及其修正模型 [②] 都表明不同语言的词频具有相似的统计分布规律。如果不同语言的词的统计分布相似，那么其信息熵应当也相似。这也与我们发现的规律一致。

在音节这一级单位上，不同语言的信息编码策略展现出丰富的多样性。Coupé 等人 [③] 的结果发现不同语言在音节的信息密度和语速上具有较大差异。而 Pellegrino 等人 [④]、Oh [⑤]、Coupé 等人 [⑥] 的结果则进一步表明在音节这一层级上，语言的语速与信息密度呈现出显著的反比关系。

我们认为词与音节在不同语言间编码策略的不同是由于不同语言中词的复杂性（word complexity）存在差异。词的复杂性可以用参数 ρ（σ/w）（平均每个词包含的音节数目）来表征。通过前文的式（3）可以得到：

$$
\begin{aligned}
IR_w &= ID_w^L \cdot SR_w^L \\
&= \left(\rho_{\frac{\sigma}{w}} \cdot ID_w^L\right)\left(\frac{SR_w^L}{\rho_{\frac{\sigma}{w}}}\right) \\
&= ID_\sigma^L \cdot SR_\sigma^L \\
&= IR_\sigma
\end{aligned}
\qquad (4)
$$

① Zipf, G. Human Behavior and the Principle of Least Effort: An Introduction to Human Ecology. Cambridge, MA.: Addison-Wesley Press, 1949.

② Lin, Ruokuang, Qianli D. Y. Ma & Chunhua Bian. Scaling Laws in Human Speech, Decreasing Emergence of New Words and a Generalized Model. Preprint ar Xiv. 2014, 1412.4846.

③ Coupé, C., Y. M. Oh, D. Dediu & F. Pellegrino. Different Languages, Similar Encoding Efficiency: Comparable Information Rates Across the Human Communicative Niche. Science Advances, 2019, 5(9): eaaw2594.

④ Pellegrino F., C. Coupé & E. Marsico. Across-language Perspective on Speech Information Rate. Language, 2011, 87(3): 539-558.

⑤ Oh, Y. Linguistic Complexity and Information: Quantitative Approaches. Ph.D. Dissertation. Lyon: Université de Lyon, 2015.

⑥ Coupé, C., Y. M. Oh, D. Dediu & F. Pellegrino. Different Languages, Similar Encoding Efficiency: Comparable Information Rates Across the Human Communicative Niche. Science Advances, 2019, 5(9): eaaw2594.

式（4）解释了我们以词为单位对信息速率的研究与以往以音节为单位对信息速率研究产生差异的原因：词一级单位上的信息密度和语速保持着跨语言的普遍性（ID ≈ 6.84 ± 0.50 比特每词，SR ≈ 2.07 ± 0.30 词每秒）；而在音节的信息密度和语速上呈现出较大差异，这是因为不同语言中词的复杂性差异较大，即不同语言中每个词所包含的音节数很不相同。因此，不同语言在信息传递速率上总是表现出一致性，而具体在词一级单位上的信息密度和语速上有更强的一致性和普遍性，在音节这一级单位上不同语言表现出较大的差异性。正因为词一级单位各项参数都有跨语言的普遍性和稳定性，因此从词一级单位来考察语言的信息速率更可靠也更合理。

（三）信息速率与语言演化

近年来，对动物交流方式的信息论和演化考察的发现启发我们从人类及语言演化的更宏观角度思考本文研究的结论。Garcia 等人[①]对啄木鸟具有领地识别与求偶功能的敲击（drumming）声这一交际方式进行了信息论和演化考察。与人类语言约 14 比特每秒的信息交际速率相比，啄木鸟较长时间的反复敲击声仅能产生 2.48（±1.24）比特的物种识别信息。这表明人类演化过程中发音生理基础的演化为人类的信息交际速率带来了大幅提升。此外，啄木鸟敲击声所含信息量的演化为我们展示了在发声方法受限的条件下[②]，通过改变发声模式类型，信息表达仍然可以继续向着一个更高效的方向演化。这或许暗示本文的结论只是人类语言在当前发音器官和语音模式的条件下能达到的最大信息速率，与啄木鸟的原始交际方式相比这一信息速率值可能只是演化的阶段性结果，并不代表这一数值无法进一步得到提升。

五、结语

本文对覆盖 49.8 亿人口的 61 种语言的大规模语音、文本语料库语言数据进行了计算研究，结果表明：人类语言信息传递速率具有普遍的一致性，对人类语言口语交际的信道容量更加精确的估算结果约为 14 比特每秒。此外，在不同的语言层级中，语言的信息编码效率虽然相当，但编码策略不同。不同语言在词一级单位上的编码信息

① Garcia, M., F. Theunissen, F. Sèbe, J. Clavel, A. Ravignani, T. Cudraz, J. Fuchs & N. Mathevon. Evolution of Communication Signals and Information During Species Radiation. Nature Communications, 2020, 11(1): 4970.

② Yoon, S. & S. Park. A Mechanical Analysis of Woodpecker Drumming and its Application to Shock-absorbing Systems. Bioinspiration & Biomimetics, 2011, 6(1): 016003.

量相当，在语速与信息密度也表现出较强的跨语言一致性；而在音节一级单位上编码策略不同，呈现出语速与信息密度的多样性。这是不同语言中词的复杂性（构成词的音节数目）不同所导致的。

本研究中所使用材料并没有对发音人的社会语言学因素加以控制，每种语言或方言也仅有一名发音人，但得到的结果已经呈现出极强的一致性。这表明其他潜在影响言语行为的因素似乎对本研究的结果并不构成显著影响。但增加发音人的数量，并将年龄、性别等社会语言学因素纳入考察，想必会得到更加准确和细致的结论，这是我们进一步会致力探索的目标。

参考文献

[1]Adank, P. & E. Janse. Perceptual Learning of Time-compressed and Natural Fast Speech. The Journal of the Acoustical Society of America, 2009, 126(5): 2649-2659.

[2]Aylett, M. & A. Turk. The Smooth Signal Redundancy Hypothesis: A Functional Explanation for Relationships Between Redundancy, Prosodic Prominence, and Duration in Spontaneous Speech. Language and Speech, 2004, 47(Pt 1): 31-56.

[3]Coupé, C.， Y. M. Oh, D. Dediu & F. Pellegrino. Different Languages，Similar Encoding Efficiency: Comparable Information Rates Across the Human Communicative Niche. Science Advances, 2019, 5(9): eaaw2594.

[4]Frank, A. & T. Jaeger. Speaking Rationally: Uniform Information Density as An optimal Strategy for Language Production. In N. Hillsdale (ed.). Proceedings of the Annual Meeting of the Cognitive Science Society. Texas: Lawrence Erlbaum Associates. 2008: 939-944.

[5]Garcia, M., F. Theunissen, F. Sèbe, J. Clavel, A. Ravignani, T. Cudraz, J. Fuchs & N. Mathevon. Evolution of Communication Signals and Information During Species Radiation. Nature Communications, 2020, 11(1): 4970.

[6]Goldhahn, D., T. Eckart & U. Quasthoff. Building Large Monolingual Dictionaries at the Leipzig Corpora Collection: From 100 to 200 languages. In N. Calzolari (ed.). Proceedings of the Eighth International Conference on Language Resources and Evaluation. Paris: European Language Resources Association. 2012: 31-43.

[7]Hockett, C. The Problem of Universals in Language. In J. Greenberg (ed.). Universals of Language. Cambridge, MA.: The MIT Press. 1963: 1-29.

[8]Hyman, L. Does Gokana Really Have no Syllables? Or: What's so Great About Being Universal? Phonology, 2011, 28(1): 55-85.

[9]Jaeger, T. Redundancy and Reduction: Speakers Manage Syntactic Information Density. Cognitive Psychology, 2010, 61(1): 23-62.

[10]Janse, E. Word Perception in Fast Speech: Artificially Time-compressed vs. Naturally Produced Fast Speech. Speech Communication, 2004, 42(2): 155-173.

[11]Keller, F. The Entropy Rate Principle as a Predictor of Processing Effort: An Evaluation Against Eye-tracking Data. In Dekang Lin & Dekai Wu (eds.). Proceedings of the 2004 Conference on Empirical Methods in Natural Language Processing. Barcelona: Association for Computational Linguistics. 2004: 317-324.

[12]Lang, D., Guanling Chen, K. Mirzaei & A. Paepcke. Is Faster Better? A Study of Video Playback Speed. In C. Rensing, (ed.). Proceedings of the Tenth International Conference on Learning Analytics & Knowledge. New York: Association for Computing Machinery. 2020: 260-269.

[13]Li, Zhongguo & Maosong Sun. Punctuation as Implicit Annotations for Chinese Word Segmentation. Computational Linguistics, 2009, 35(4): 505-512.

[14]Lin, Ruokuang, Qianli D. Y. Ma & Chunhua Bian. Scaling Laws in Human Speech, Decreasing Emergence of New Words and a Generalized Model. Preprint ar Xiv. 2014, 1412.4846.

[15]Loeb, G. Optimal isn't Good Enough. Biological Cybernetics, 2012, 106(11): 757-765.

[16]McCann, P. fugashi, A Tool for Tokenizing Japanese in Python. In E. Park (ed.). Proceedings of Second Workshop for NLP Open Source Software. Online: Association for Computational Linguistics. 2020: 44-51.

[17]Oh, Y. Linguistic Complexity and Information: Quantitative Approaches. Ph.D. Dissertation. Lyon: Université de Lyon, 2015.

[18]Pastore, R. & A. Ritzhaupt. Using Time-compression to Make Multimedia Learning More Efficient: Current Research and Practice. TechTrends, 2015, 59(2): 66-74.

[19]Pellegrino F., C. Coupé & E. Marsico. Across-language Perspective on Speech Information Rate. Language, 2011, 87(3): 539-558.

[20]Reed, C. & N. Durlach. Note on Information Transfer Rates in Human Communication. Presence, 1998, 7(5): 509-518.

[21]Shannon, C. A Mathematical Theory of Communication. Bell System Technical Journal, 1948, 27(3): 379-423.

[22]Tsao, Y. & G. Weismer. Interspeaker Variation in Habitual Speaking Rate: Evidence

for a Neuromuscular Component. Journal of Speech, Language, and Hearing Research, 1997, 40(4): 858-866.

[23]Villasenor, J., Yuxing Han & D. Wen. The Information Rate of Modern Speech and its Implications for Language Evolution. In W. Fitch (ed.). The Evolution of Language. Singapore: World Scientific. 2012: 376-383.

[24]Xu, Yi & S. Prom-on. Economy of Effort or Maximum Rate of Information? Exploring Basic Principles of Articulatory Dynamics. Frontiers in Psychology, 2019, 10: 2469.

[25]Yoon, S. & S. Park. A Mechanical Analysis of Woodpecker Drumming and its Application to Shock-absorbing Systems. Bioinspiration & Biomimetics, 2011, 6(1): 016003.

[26]Zipf, G. Human Behavior and the Principle of Least Effort: An Introduction to Human Ecology. Cambridge, MA.: Addison-Wesley Press, 1949.

阿尔泰语系语言数范畴的标记系统及其表义功能①

姚家兴

一、引言

数范畴是世界语言中较为基础且重要的功能范畴之一。阿尔泰语系突厥语族、蒙古语族及满－通古斯语族语言在我国均有分布，传统研究认为阿尔泰语系语言的数范畴集中体现在名词、代词或名物化的形容词、数词、量词等静词性词类上，语法著作中有关数范畴的描写和论述也主要集中在静词类词的一些章节中。实际上，除静词类词外，动词也具有数范畴，与静词类词数范畴表达人或事物个体数量有所不同，动词呈现出的数语法范畴主要用来表示：①事件数（event number）；②事件参与者数量（participant number）。从表达形式上来看，阿尔泰语系语言可通过形态、句法、词汇等手段对数范畴进行编码。名词（包括一些名物化的静词类词）的数范畴主要通过黏着性的形态标记呈现，也可使用重叠手段表达事物的多量义或周遍性，代词数范畴的编码形式最为丰富，不同类别的代词可选用不同的编码形式表达复数意义，且同一类别代词内部的不同成员也可选用不同的表达手段来区分单、复数意义，而动词的数范畴主要通过形态、句法等手段表达事件数和参与者数量。本文以我国境内的 19 种阿尔泰语系语言为考察对象，主要围绕数范畴的对立系统、数范畴的编码形式、名词复数标记的可选性、复数标记的基本功能及扩展性功能等议题展开讨论，以类型学为视角，对阿尔泰语系语言数范畴系统进行较为全面的考察。

① 本研究获得国家社会科学基金 2018 年度重大项目“河西走廊民族语言的跨学科研究”（项目批准号：18ZDA299）提供的资助。《语言科学》编辑部及匿名评审专家对本文提出了宝贵的修改意见，中山大学中国语言文学系丛珊副教授也为本文提出了具有指导意义的修改意见，在此一并谨致谢忱。文中若有错讹，概由笔者负责。本文原载《语言科学》，2022（1），此次收录仅作少量修改。

二、阿尔泰语系语言数范畴对立系统

（一）单、复数对立的二分系统

在传统研究中，学者们普遍认为阿尔泰语系语言的名词有单数和复数之分，单数无形态标记，词根或词干本身即为单数形式，而复数则通过黏着性的形态标记表达，还有学者认为词干形式既可以表示单数，也可以表示复数，属于不定数形式。以上结论略有不妥之处。首先，若一个名词词根或词干本身就是单数形式的话，那么在缀接复数形态标记后就显得矛盾，究竟是单数还是复数，概念含混不清，实际上，单数由零形式形态标记 -Ø 构成，表面上与词根或词干形式相同，实则已发生过形态变化。其次，认为单数形式可以表复数意义是将“成员”与“类别”概念相混淆的结果，从学者们列举的例子来看，这些所谓的用词干形式表达复数意义的名词多为集合名词，一个集合内部可以由单个成员构成也可包含多个成员，但从类别来看，每个集合所代表的种类是不同的，一个集合相对于另一个集合来说是独立的，且代表一类事物，对于集合名词来说，单数既可表达个体成员的单数意义也可以表达一种类别单数意义。例如：

①维吾尔语[①]：

beliq-Ø su-din ɑjri-l-ɑl-mɑ-j-du-Ø.

鱼 - 单数 水 - 从格 分开 - 被动态 - 能力情态 - 否定 - 非过去时 - 系动词（<tur- 站）[②] - 谓人称 3

鱼儿离不开水。

②西部裕固语[③]：

se-nəŋ bu jɑŋə gezɣə-Ø-nə nidʒor menek-ge ɑhl-də?

你（<sen）- 领格 这 新 衣服 - 单数 - 宾格 多少 钱 - 与格 买 - 过去时

你这件新衣服是多少钱买的?

③哈萨克语[④]：

bul tolqɤn-nɤŋ bɑlɑ-Ø-sɤ.

这 托力肯 - 领格 孩子 - 单数 - 领属人称 3

这是托力肯的孩子。

---

① 杨承兴：《现代维吾尔语语法》，16 页，乌鲁木齐，新疆大学出版社，2002。

② -du 是系动词 dur-（<tur- 站）的语音残余，仅保留在第三人称小句中，应该与非过去时标记相区分。

③ 陈宗振：《西部裕固语研究》，136 页，北京，中国民族摄影艺术出版社，2004。

④ 张定京：《现代哈萨克语实用语法（上、下）》（修订本），46 页，北京，中央民族大学出版社，2018。

上述例句中的 beliq（鱼）、gezɣə（衣服）、bala（孩子）等均用零形态标记 -Ø 表示单数意义，其中 beliq（鱼）表达类别单数意义，gezɣə（衣服）和 bala（孩子）表达成员单数意义。

另外，阿尔泰语系语言名词数范畴是否具有复数意义的对立？"数"是用来表示名词所代表的个体数量，是名词重要的语法范畴之一。在单、复数对立系统的语言中，名词所代表的事物数量超过 1 即为复数，英语是较为典型的单、复数对立的语言，单数即为名词原形，复数一般缀加 -s，且复数标记的使用具有一定的强制性。突厥语族语言中传统上被认定为复数标记的黏着语缀 -LAr[①] 以及满－通古斯语族及蒙古语族语言中的复数标记均有同英语 -s 相类似的表示复数意义的功能，即在表示人或事物数量大于 1 或不止一个时可通过缀接相应形态标记表达，这类标记为真性复数标记。但阿尔泰语系语言中的复数标记相较于英语中的 -s 在语义性质上和句法表现上存在较大差异，其中最为明显的是，阿尔泰语系语言的复数标记不具有强制性，有时在表示复数意义时可以不使用复数标记，有时使用复数标记却不表示任何复数意义，有时甚至根本不能选用复数标记，复数标记的隐现受句法、语义、语用等诸多因素限制十分复杂。例如：

④ 柯尔克孜语[②]：

køp muʁalim kel-di-Ø.

多　老师　　来 - 过去时 - 谓人称 3

来了很多教师。

⑤ 乌孜别克语[③]：

tɷrsin-lær　bygin ertæləb kel-gæn-lær.

图尔逊 - 复数 今天　早晨　　来 - 经状体 - 谓人称 3

图尔逊等人今天早上来过。

例句④中 muʁalim（老师）的数量不止一个，但因其被表示数量多少的词语修饰，并未使用复数标记标明复数义，例句⑤中的 tɷrsin（图尔逊）虽缀接复数标记但并不

---

① 阿尔泰语系语言是一种十分遵循语音和谐规律的语言，词根或词干后需缀接与其在语音上相和谐的附加成分，不同语言的语音和谐规律存在强弱之分，语法标记的变体数量也不同。这里以大写字母标明语法标记中的可变性元、辅音音素，以小写字母标明不变性音素，下同。突厥语族语言复数标记的不同变体形式详见本文表 1。

② 《中国少数民族语言简志》编委会编：《中国少数民族语言简志丛书》（第 5 卷），287 页，北京，民族出版社，2008。

③ 《中国少数民族语言简志》编委会编：《中国少数民族语言简志丛书》（第 5 卷），659 页，北京，民族出版社，2008。

表示复数意义，实际表达和 tœrsin 为代表的或相关的人群。这种限制也广泛存在于满－通古斯语族及蒙古语族语言中。此外，阿尔泰语系语言复数标记还与有定性、集合、量等范畴存在一定的交叉性。

纵观整个数范畴系统及世界语言数标记类型，阿尔泰语系语言倾向于单、复数对立的二分系统。单数用零形态标记 -Ø 表达，复数则主要通过种类丰富的黏着性复数标记表达。突厥语族语言的黏着性复数标记种类较为单一，只区分同一复数标记的不同语音变体形式，而满－通古斯语族语言及蒙古语族语言还可根据名词的语义类型及生命度选用不同的复数标记形态。抛开其他外部因素，仅就名词来说，阿尔泰语系语言事物的个体数量及类别数量是可数的，且事物或类别数量大于 1 时需要缀接复数标记表达，若需要强调多数（2 个及 2 个以上）时，复数标记具有一定的强制性。相较于名词，代词尤其是人称代词、指示代词等对数范畴的区分具有强制性，因此阿尔泰语系语言可以看作是单、复数对立的语言，其形态表现形式符合 Greenberg [①] 蕴含共性 35：在单复数对立的系统中，单数较可能选取零标记，而复数一般不会使用零标记。Rijkhoff [②] 通过对 50 种语言的统计观察发现，像英语等印欧语那样用数标记的在世界语言中是少数现象，从跨语言的视角来看，复数标注更像是例外而非通则。不使用强制性数标记的语言又被 Rijkhoff 分为两大类：一类是数词直接加在不缀接数标记的名词上，一类是数词和名词之间要加量词。如按 Rijkhoff 的分类方法，阿尔泰语系语言数范畴的特征与前者相似，而汉语的特征则与后者相似，这两类语言的数范畴又不同于英语等印欧语言。

（二）有关双数的问题

根据 Dixon[③] 的跨语言调查研究，世界上的语言至少存在 6 种数范畴模式，一些语言除了有单、复数之分，还存在双数、三数、少量数等的区分，一般以单数—复数、单数—双数—复数的对立系统为主。阿尔泰语系语言基本上属于单数—复数对立系统，很少存在其他形式的数对立项，但古代突厥语中存在双数语法范畴。耿世民和魏萃一 [④] 认为古代突厥语中有表示双数的词缀 -z，张铁山 [⑤] 也指出在回鹘文献语言中，复数除了借

① Greenberg, Joseph H. Some Universals of Grammar with Particular Reference to the Order of Meaningful Elements.In Greenberg (ed.) Universals of Language (second edition). Mass Cambridge: M.I.T. Press, 1966: 94.

② Rijkhoff, Jan. The Noun Phrase. Oxford: Oxford University Press, 2000:38.

③ Dixon, R.M.W. Basic Linguistic Theory (Vol.1). Oxford: Oxford University Press, 2010:158;Dixon, R.M.W. Basic Linguistic Theory (Vol.3). Oxford: Oxford University Press, 2012:47-49.

④ 耿世民、魏萃一：《古代突厥语语法》，101 页，北京，中央民族大学出版社，2010。

⑤ 张铁山：《回鹘文献语言的结构与特点》，176 页，北京，中央民族大学出版社，2005。

助于附加成分 -lar/-lär 表示以外，还有 -z 等其他形态标志。古代文献中的双数标记 -z 在一些现代突厥语族语言中还有残留，例如 köz（眼睛）、kögüz（胸、乳房）、omuz（肩）、müngüz（兽角）、tiz（膝盖）、yodaz（大腿）、aɣïz（嘴）等成双成对或呈对称状出现的身体部位词。但陈宗振[①]则认为 -z 不是简单附加在某个词干上的“附加成分”，与 -lar/-lär 存在一定的区别。与此相关，在朝克[②]的记录中，早期鄂温克语里的 iisa 或 iiha 指单个的“眼睛”，而缀接复数标记 -l 的 iisal 指“一双眼睛”，但在现代鄂温克语里 iisal 已演变为表示单数概念“眼睛”的名词了，而在俄罗斯的鄂温克语里至今还保留着该词单数形式 iisa 或 iiha。另外，马伟[③]提到撒拉语中还有一个第一人称双数代词 ixyle（我俩），他认为 ixyle 可能是数词 iki（二）和复数标记 -ler 的组合。这类组合性的语言现象在其他亲属语言中也存在，例如维吾尔语数词 ikki（二）缀接第一人称复数领属性人称标记 -^{0}miz 可构成人称数词 ikkimiz（我们俩），缀接第三人称领属标记 -si 可构成 ikkisi（他们俩），与撒拉语凝固化的双数代词 ixyle 不同，维吾尔语等语言中的这类组合也同样可以出现在其他数词中，属于一种自由组合，凝固性不强，尚不能归入数范畴的成员中。总体来看，双数标记在阿尔泰语系现代语言中已经发生了词汇化，在一些表示对称的或成双成对出现的人体部位词汇中还留有一些痕迹，相对于单数和复数来说，双数在阿尔泰语系语言中并不发达也不具备稳定性。撒拉语及古代突厥语中存在的个别双数现象不能算作例外，也是符合语言共性的，即与 Greenberg[④]共性 34 相符：有双数的语言才会有三数，有复数的语言才会有双数，复数比双数在语言中更为常见。

三、阿尔泰语系语言数范畴的编码形式

阿尔泰语系语言主要在名词、代词及动词等词类上标明数范畴意义，少数语言中的量词、形容词等也具有编码数范畴的语言形式，但普适性较弱。下文以不同词类为切入点，并结合实际语料，对阿尔泰语系语言数范畴的编码形式进行系统分类。

① 陈宗振：《西部裕固语研究》，310 页，北京，中国民族摄影艺术出版社，2004。

② D.O. 朝克：《鄂温克语参考语法》，北京，中国社会科学出版社，2009。

③ 马伟：《撒拉语形态研究》，94 页，北京，中国社会科学出版社，2015。

④ Greenberg, Joseph H. Some Universals of Grammar with Particular Reference to the Order of Meaningful Elements.In Greenberg (ed.) Universals of Language (second edition). Mass Cambridge: M.I.T. Press, 1966: 94.

（一）名词类词数范畴的编码形式

1. 黏着性形态标记

名词类词[①]数范畴主要表示该名词类词所代表的人或事物个体及类别的数量。一般情况下，单数由词根或词干缀接零标记形式 -Ø 构成，如需特别强调事物数量为 1 时，也可在名词前使用数词“一”表示，例如维吾尔语 bir ɑdɛm（一个人）、西部裕固语 bər kemzi（一块馍馍）、鄂温克语 əmʉŋ adde（一位老奶奶）等。另外土族语、鄂温克语的单数除使用零标记形式 -Ø 表达外，还可通过独立的单数形态标记表达，土族语中的单数标记 -ŋge 就来源于数词 nəge（一），鄂温克语的单数标记 -l 既可以表达单数意义也可以表达复数意义，用于单数时具有强调单数的语气。例如：

⑥ 土族语[②]：

ndaa diuu-ŋge ii.

我 弟弟 - 单数 有

我有一个弟弟。

⑦ 鄂温克语[③]：

əri inig adde-l əmə-sə.

这 天 奶奶 - 单数 来 - 过去时 3

今天只来了奶奶一人。

名词类词的复数意义主要通过黏着性的形态标记呈现，表示名词类词所代表的人或事物的个体或类别数量大于 1。突厥语族语言名词复数标记较为单一，只有 -LAr 及其变体形式，而蒙古语族语言和满 – 通古斯语族语言名词复数标记形式较为丰富，且不同标记的功能存在差异。阿尔泰语系语言名词类词的单、复数形态标记如下表 1 所示：

---

① 名词类词包括名词、形容词、数词、量词等静词类词，还包括形容词、数词等的名物化现象，这类词数范畴的编码形式具有诸多共性，可在一节内讨论。阿尔泰语系语言代词数范畴系统的编码形式与名词存在较大差异，本文单列一节进行讨论。

② 《中国少数民族语言简志》编委会编：《中国少数民族语言简志丛书》（第 6 卷），190 页，北京，民族出版社，2009。

③ D.O. 朝克：《鄂温克语参考语法》，15 页，北京，中国社会科学出版社，2009。

表 1　阿尔泰语系语言名词类词的单、复数标记形态

语言	单数	复数
乌孜别克语	零形式	-lær
维吾尔语	零形式	-lɑr-/-lɛr
西部裕固语	零形式	-lɑr/-ler/-dɑr/-der/-nɑr/-ner
塔塔尔语	零形式	-lɑr/-lɛr/-nɑr/-nɛr
哈萨克语	零形式	-lɑr/-ler/-dɑr/-der/-tɑr/-ter
柯尔克孜语	零形式	-lɑr/-ler/-lor/-lør/-dɑr/-der/-dor/-dør/-tɑr/-ter/-tor/-tør
撒拉语	零形式	-lɑr/-ler
图瓦语	零形式	-lɑr/-ler/-dɑr/-der/-tɑr/-ter/-nɑr/-ner
蒙古语	零形式	-nuɣud/-nügüd /-ud/-üd/-nɑr/-ner/-čud/-čüd/-d/-s
达斡尔语	零形式	-sul/-nur/-r/-tʃeen
东乡语	零形式	-la/-tan
土族语	零形式①	-ŋgula/-sge
保安语	零形式	-lə
东部裕固语	零形式	-s/-sə/-ti/-dud
锡伯语	零形式	-s/-sə/-təs
满语	零形式	-sa/-se/-si/-so/-su/-ta/-te/-ri/-nar
鄂温克语	零形式②	-l/-r/-t/-s/-ʃeŋ/-nel/-nal/-nəl/-nol/-nɵl/ -sal/-səl/-sol/-sɵl/-sul/-sʉl
鄂伦春语	零形式	-ʃal/-ʃəl/-ʃɔl/-ʃol/-l/-nɔr
赫哲语	零形式	-rin/-sər/-ri③

需注意的是，达斡尔语复数标记 -sul、-nur、-r 可以相互叠用，叠用后意义无明显变化，例如 agdəu-nur-sul → agdəunursul（兄弟们）、kəku-r-sul → kəkursul（孩子们）、uji-r-nur → ujirnur（女孩子们）、utʃikə-r-nur-sul → utʃikərnursul（小孩子们）等。蒙古语中一些使用范围小且具有一定构词功能的复数标记 -d、-s 后还可再加一个通用的典

① 土族语单数形式还有形态标记 -ŋge。

② 鄂温克语形态标记 -l 既可以表示单数也可以表示复数。

③ 表格中赫哲语名词复数标记来源于安俊的记录，刘建权的描写研究中赫哲语名词复数标记有 -səl、-kə、-naka、-xalə、-guruŋ 等形态，金莉娜和程亚恒的记录为 -sələ、-xalə、-kurun。详见安俊：《赫哲语概况》，载《民族语文》，1984（6），55—68 页；刘建权：《赫哲语名词研究》，牡丹江，牡丹江师范学院硕士学位论文，2017；金莉娜、程亚恒：《黑龙江同江赫哲语》，北京，商务印书馆，2019。

型复数标记 -ud/-üd，例如 eres-üd → eresüd（男子汉们）、bayad-ud → bayadud（富人们）等。西部裕固语中也存在这种现象，但重叠成分中的前一标记的复数意义已经淡化，构词功能凸显，例如 ɢəz（姑娘）+ -dar → ɢəzdar（小姑娘）+ -lar → ɢəzdarlar（小姑娘们），这种现象在其他亲属语言中较为罕见。

2. 重叠词干

除黏着性的复数标记外，部分量词、形容词、名词等静词类词还可通过重叠这类词的词根或词干来表示复数意义，通过重叠手段表达的数意义更加凸显“多量义”“规模义”及“周遍性”。哈萨克语的集合物量词以“A-A”的完全形式重叠后表示其修饰的中心语名词数量众多、规模庞大，例如 qora-qora qoj（一群群的羊）、qatar-qatar yj（一排排的房屋）等。维吾尔语中部分形容词重叠后具有复数意义，且被其修饰的中心语名词后还需缀接复数标记同形容词定语保持数一致关系，例如 qatar-qatar tywryk-lɛr（一排排电线杆）、egiz-egiz imarɛt-lɛr（一座座高楼），蒙古语形容词重叠后也可表示其所修饰的事物是多数的，例如 öndör öndör aγula（一些高山）、büdügün - büdügün modo（许多大树）等，但与维吾尔语不同，中心语名词后无需再缀接复数标记与形容词定语保持数的一致。另外，维吾尔语的一些名词以完全重叠形式出现时也可表示复数意义，例如 øj-øj（家家，每一家，很多家），jol-jol（一条条道路）等，赫哲语名词重叠除表复数意义外还略带有强调色彩，例如 jinin jinin（天天）、niɔ niɔ（人人）、aniə aniə（年年）等。

（二）代词数范畴的编码形式

相较于名词，阿尔泰语系语言代词对数范畴意义的区分更为严谨，且代词通常比名词更容易有数的区分。Corbett [①] 认为数范畴的形式表达与生命度等级序列（the Animacy Hierarchy）密切相关，即：说者（speaker）> 听者（addressee）> 第三人称代词（3rd person）> 亲属称谓（kin）> 有生名词（animate）> 无生名词（ianimate）。该生命度等级序列与数范畴的关系可以解释为数的区分沿生命度等级序列向右递减，也就是说一种语言的代词比名词更容易有数的区分，且第一人称代词（说者）比第三人称代词更容易触及到数范畴。阿尔泰语系语言的实际情况与该生命度等级序列相吻合，在人称代词和指示代词 [②] 系统中，单、复数形态标记的选用具有一定的强制性，而一

---

① Corbett, Greville G. Number. Cambridge:Cambridge University Press, 2004: 67.

② 这里的指示代词主要是指称人或事物的指示代词（如：这、那），这类代词的单、复数的区分是强制性的。阿尔泰语系语言的指示代词还可以指代事物的性质、程度（如这样、那样）等，一些语言在这类代词上也具有数的区分。

般名词的数标记则是可选的，蒙古语族中的蒙古语、达斡尔语以及满－通古斯语族语言在亲属称谓名词后有独立的数标记，且数标记还可根据名词的生命度等级区分不同的形式。

需要注意的是，阿尔泰语系语言代词系统内部的数范畴标记并不是均衡的。一般情况下，人称代词、指示代词和反身代词等对数范畴的区分具有强烈的倾向性，而疑问代词和不定代词因其自身的不定指性，数范畴区分度不及人称代词等凸显，在一些语言中还需根据代词所替代的具体事物的语义类型来判断是否需要选择区分单、复数。根据已有资料的记录和描写，除蒙古语和锡伯语外，蒙古语族和满－通古斯语族语言中大多都没有不定代词。表 2 主要呈现阿尔泰语系语言不同类型代词对数范畴的区分程度，“+”表示此类代词区分数范畴，“-”表示此类代词不区分数范畴，“ ± ”表示此类代词中的一部分成员有数范畴的区分，一部分成员无数范畴的区分。

表 2　阿尔泰语系语言代词数范畴的区分度

语言	人称代词	指示代词	反身代词	疑问代词	不定代词
乌孜别克语	+	+	+	+	±
维吾尔语	+	+	+	+	±
西部裕固语	+	+	+	+	-
塔塔尔语	+	+	+	+	+
哈萨克语	+	+	+	±	±
柯尔克孜语	+	+	+	±	-
撒拉语	+	+	+	+	±
图瓦语	+	+	+	±	-
蒙古语	+	+	+	±	-
达斡尔语	+	+	+	-	无
东乡语	+	+	+	+	无
土族语	+	+	-	±	无
保安语	+	+	+	-	无
东部裕固语	+	+	+	±	无
锡伯语	+	+	+	+	-
满语	+	+	-	-	无
鄂温克语	+	+	+	+	无
鄂伦春语	+	+	+	-	无
赫哲语	+	+	-	-	无

总体来看，人称代词、指示代词和反身代词[①]等定指性代词类型倾向于单、复数范畴的区分，而疑问代词、不定代词等非定指性代词类型对数范畴的区分不明显。另外，不同类型代词可采用不同手段表达数范畴意义，同一类型代词内部不同的成员也可采用不同的手段来区分数。阿尔泰语系语言代词数范畴大体上通过形态手段、词汇手段和重叠手段3种形式进行编码，其中以形态手段为主。

1. 形态手段

（1）使用名词的黏着性复数标记

突厥语族语言复数第二人称代词和复数第三人称代词多由其单数人称代词形式直接缀接名词复数标记 -LAr 构成，有时在缀接复数标记 -LAr 时单数人称代词会发生词尾辅音脱落、词干元音弱化以或词尾元音增加等音变现象，详见表 3：

表 3　突厥语族语言第二、三人称代词数形态变化现象

语言	单数第二人称	复数第二人称	单数第三人称	复数第三人称
乌孜别克语	sen/sæn	siz/sizlær	ɷ	ɷlær
维吾尔语	sen	silɛr	u	ulɑr
西部裕固语	sen	seler	gol/ol/ɑl	golɑr/olɑr/ɑlɑr
塔塔尔语	sin	sɨz[②]	ol	ɑlɑr
哈萨克语	sen	sender	ol	olɑr
柯尔克孜语	sen	siler	ɑl	ɑlɑr
撒拉语	sen	seler	u	ulɑr
图瓦语	sen	senner	ol/de	olɑr/olɑlɑr/oləlɑr/degeler

需要注意的是，乌孜别克语、塔塔尔语中的复数第二人称代词 siz 也可表达第二人称单数尊称意义，在现代维吾尔语中 siz 已从第二人称复数代词中分离出来，独立表达单数尊称意义，蒙古语中的 tɑ 也可同时指代单数第二人称尊称以及复数第二人称普称。在塔塔尔语的青年人口语中，由于受周边哈萨克语和维吾尔语的影响，复数第二人称代词也有在单数形式后缀接复数标记而构成的 sinlɛr/senlɛr 等形式，而 sɨz 则作为独立的单数第二人称尊称形式存在。另外，维吾尔语、乌孜别克语、哈萨克语、柯尔克孜语、图瓦语以及塔塔尔语的青年人口语中单数第二人称代词还区分普称和尊称形式，尊称形式单、复数也通过黏着性复数标记 -LAr 区别，如表 4 所示：

① 一些语言中的反身代词虽不能通过形态区分单、复数，但多与其前人称代词组合出现表明数意义。

② 在塔塔尔语的青年人口语中，第二人称代词有普称和尊称的区别，单数普称有 sin/sen 两种语音形式，古老的复数第二人称代词 sɨz 从复数系统分离出来单独用作第二人称尊称的单数形式，第二人称代词复数形式均为缀接名词复数标记 -lɛr 构成，分别为 sɨzlɛr、sinlɛr、senlɛr。

表 4 突厥语族语言尊称第二人称代词数形态变化现象

语言	单数	复数
乌孜别克语	siz	sizlær
维吾尔语[①]	siz	sizlɛr
塔塔尔语	sɨz	sɨzlɛr
哈萨克语	sɨz	sɨzder
柯尔克孜语	siz	sizder
图瓦语	siler	sileler

与突厥语族语言不同，东乡语、土族语、保安语、东部裕固语等甘青一带蒙古语族语言第二人称代词单、复数多采用异根法进行区分，但复数第三人称代词均由单数第三人称代词缀接名词复数标记构成，[②] 其具体形式如表 5 所示：

表 5 甘青一带蒙古语族语言第三人称代词数形态变化现象

语言	单数	复数
东乡语	tərə	tərəla
土族语	te/rgen	tesge/teŋgula/rgensge/rgenŋgula
保安语	ŋgaŋ	ŋgaŋlə
东部裕固语	ene/tere	enes/teres

满 – 通古斯语族语言人称代词的数范畴主要通过异根的形式表达，但也有部分成员的单、复数对立是通过形态手段区分的。锡伯语第二人称复数尊称代词 bəis 是在单数形式 bəi 后缀接名词复数标记 -s 构成的，源自指示代词的第三人称代词 ər/tər 缀接复数标记 -s 构成复数形式 əs/təs，鄂伦春语中源于指示代词的第三人称代词单、复数与锡伯语的构成方式相同，即在单数形式 əri/tarı 后缀接复数标记 -l 构成 əril/tarıl。而鄂温克语第一人称复数包括式及排除式人称代词 miti、biti 后还可缀接复数标记 -səl 构成 mitisəl 和 bitisəl 的形式。

① 另外，维吾尔语第二人称代词还有敬称形式 sili/øzliri，敬称代词中也含有复数标记 -lar 的语音变体形式，敬称代词多出现在文学作品中，或用于日常生活中对德高望重者的称呼。

② 蒙古语人称代词单、复数的对立以异根法为主，但也存在使用形态标记区分数范畴的成员。蒙古语第二人称代词复数中存在一种由第二人称单数尊称形式 ta（您）缀接复数标记构成的 tanar（你们）形式，蒙古语第三人称代词单复数主要通过异根的形式表达，但复数形式也可在异根词干后再缀接复数标记构成，例如第三人称单数远指人称代词为 tere，其复数形式可以通过异根词干 tede 表达，还可在异根词干后缀接复数标记构成复数形式 tedener，第一人称复数排除式形式 bidener 也是通过异根和形态的综合手段构成。达斡尔语第三人称代词单复数主要通过异根形式表达。

除人称代词外，突厥语族语言中大部分指示代词、疑问代词、不定代词的复数形式均使用名词复数标记 -LAr 标明，其中单数形式的指示代词在缀接复数标记后有的会发生语音脱落、元音替换等音变现象，锡伯语单数指示代词缀接复数标记 -s 时词尾 r 音也需脱落，达斡尔语指示代词在指示名词时可带也可不带复数附加成分，复数概念由其限定的名词后的复数标记来表示，而甘青一带的蒙古语族语言以及鄂温克语、鄂伦春语单数指示代词词根可直接缀接名词复数标记，且词根语音不发生变化，蒙古语、满语指示代词主要通过异根的形式区分单、复数意义，赫哲语的指示代词无数范畴的区分。另外，阿尔泰语系语言的指示代词还具有较为复杂的距离系统，普遍具有近指和远指的对立，突厥语族语言还区分以说话人视点为基础的近、中、远等距离范畴义。表 6 以阿尔泰语系语言中最常见的近指代词“这”、远指代词“那”为例，对指示代词的数范畴进行归纳和总结。

表 6　阿尔泰语系语言指示代词“这”“那”的数形态变化现象[①]

语言	单数（指近）	复数（指近）	单数（指远）	复数（指远）
乌孜别克语	bɷ	bɷlær	ɷ	ɷlær
维吾尔语	bu	bulɑr	u	ulɑr
西部裕固语	bu	bulɑr	ɑ	ɑlɑr
塔塔尔语	bu	bulɑr	ol	ɑlɑr
哈萨克语	bul	bulɑr	ol	olɑr
柯尔克孜语	bul	bulɑr	oʃul	oʃolor
撒拉语	bu	bulɑr	u	ulɑr
图瓦语	bo	bolɑr	ol	olɑr
蒙古语	ene/egün	edeger	tere/tegün	tedeger
达斡尔语	ənə	ənəsul	tər	tərsul
东乡语	ənə	ənəla	hə	həla
土族语	ne	nesge/neŋgula	te	tesge/teŋgula

① 突厥语族语言远指指示代词与第三人称代词同形，满 – 通古斯语族和蒙古语族语言第三人称代词多有独立的形式，但一些语言也可借用近、远指指示代词来替代第三人称，这类人称代词更容易有数形态标记。西部裕固语远指代词还可进一步分为眼前的 gol、别处的 ol 及较远的 ɑ 三种，其中 gol 和 ol 的复数形式 golɑr、olɑr 是由指示代词词根先脱落音节末尾辅音 l 再缀接名词复数标记 -lɑr 构成。塔塔尔语远指代词 ol 缀接复数标记时，词干中的元音 o 变为 ɑ 且词尾辅音 l 脱落最后构成 ɑlɑr，ʃul 由词干末尾辅音 l 脱落后再缀接复数标记构成 ʃulɑr 形式。哈萨克语指示代词 bul、ol、sol 缀接复数标记时词尾辅音 l 也需脱落，mɤnaw（这个）、osɤnaw（这个）、sonaw（那个）等指示代词不可缀接复数标记。柯尔克孜语指示代词 bul（这个）、uʃul（这个）、oʃul（那个）、tigil（那个）等缀接复数标记时词尾辅音 l 需脱落，同时 oʃul 中的元音 u 变为 o，tigil 第一音节中的 i 音变为 e。撒拉语远指代词 u 的复数形式除 ulɑr 外还有 ɑlɑr 这一形式，缀加复数标记后发生语音变化。图瓦语远指代词 ol 需脱落词尾辅音 l 后再缀接复数标记。

续表

语言	单数（指近）	复数（指近）	单数（指远）	复数（指远）
保安语	ənə	ənələ	tər/tə	tərlə/tələ
东部裕固语	ene	enes	tere	teres
锡伯语	ər	əs	tər	təs
满语	ərə	ədzə	tərə	tədzə
鄂温克语	əri	ərisəl	tari	tarisal
鄂伦春语	əri	əril	tarı	tarıl
赫哲语	əi/ əji	无	ti/tatiə	无

此外，突厥语族语言及锡伯语、鄂温克语中的疑问代词也可缀接名词复数标记，但疑问代词更常使用重叠的方式表达复数意义，锡伯语、鄂温克语、东乡语、东部裕固语的反身代词也可通过缀接复数标记表示复数意义。[①]

（2）使用名词的领属人称标记

突厥语族语言反身代词复数意义主要通过缀接名词领属性人称标记表达，且其前多出现相应的人称代词，反身代词“自己”一般不单独使用，也就是说，反身代词的数主要是通过其前的人称代词或其后的领属性人称标记表明的。突厥语族语言反身代词的单复数形态变化如下表 7 所示：

表 7　突厥语族语言反身代词数形态变化现象

语言	1 单	1 复	2 单普称	2 复普称	2 单尊称	2 复尊称	3 单	3 复
乌孜别克语	ozim	ozimiz	oziŋ	oziŋiz	无	无	ozi	ozlæri
维吾尔语	øzɛm	øzimiz	øzɛŋ	øzɛŋlɛr	øziŋiz	øziŋizlɛr	øzi	øzliri
西部裕固语	ehsə	ehsə	ehsə	ehsə	无	无	ehsə/uzu	ehsə/uzu
塔塔尔语	øzɨm	øzɨbɨz	øzɨŋ	øzɨɡɨz	øzɨɡɨz	无	øzɨ	øzlɛrɨ
哈萨克语	øzɨm	øzɨmɨz	øzɨŋ	øzderɨŋ	øzɨŋɨz	øzderɨŋɨz	øzɨ	øzderɨ
撒拉语	ejim	ejimler	ejiŋ	ejiŋler	无	无	izi	iziler
图瓦语	bodum	bodubɤs bottarɤbɤs	boduŋ	boduŋar bottarɤŋar	无	无	bodu	bottarɤ

撒拉语领属性人称标记无数的区分，其反身代词复数形式除需缀接名词领属性人称标记外，还需在其后缀接名词复数标记 -ler。乌孜别克语、维吾尔语、塔塔尔语、

① 锡伯语反身代词单数形式为 bəi，复数形式为 bəis/bəitə。鄂温克语反身代词单数形式为 məəni，复数形式为 məənisəl。东乡语反身代词单数形式为 godʑia/gojə，复数形式为 godʑiala。东部裕固语反身代词单数形式为 edʒen/dʒen，复数形式为 edʒes/dʒes。

哈萨克语及图瓦语复数第三人称反身代词后需先缀接名词复数标记 -LAr 再缀接名词领属性人称标记。西部裕固语反身代词有 uzu 和 ehsə 两种，uzu 仅用于第三人称，与其他突厥语族语言不同，西部裕固语反身代词后不缀接领属人称标记，数范畴需由前面的人称代词指明。据陈宗振的记载，复数反身代词后可缀接名词复数标记，例如：məs ehsəler（我们自己）、golɑr ehsəler（他们自己）等，某些老年人的口语中，第一人称单数反身代词还有缀接领属人称标记 -m 的形式，这与其他现代突厥语族语言表达形式相同，但现在这一古老形式在西部裕固语中已经消失了。例如：

⑧ 西部裕固语[①]：

men uzu-m　　　　mə-ndɑ　　　　sɑɢə-jen.

我　自己 - 领属人称 1 单 这（<bu）- 位格 等待 - 祈使式 1 单

我在这里等待吧。

甘青一带蒙古语族语言反身代词也有数的区别，其中东乡语、保安语、东部裕固语反身代词有单数和复数形式，复数形式通过在单数词干上缀接复数标记构成，土族语和达斡尔语反身代词在形态上不区分数，但反身代词所指代的人称及数可由其前面的人称代词或根据具体语境来判断，利用人称代词的数意义区分反身代词的数范畴具有类型学的共性特征，例如汉语中的反身代词“自己”前加上人称代词后可构成区分单数意义的“我自己”“你自己”“他自己”以及复数意义的“我们自己”“你们自己”“他们自己”，而英语中的反身代词 myself（我自己）、ourselves（我们自己）等本身就包含了人称代词的形式，其数的意义也是由人称代词的数所指明的。甘青一带蒙古语族语言反身代词单、复数形态变化如表 8：

表 8　甘青一带蒙古语族语言[②]反身代词单复数形态变化现象

语言	单数	复数
东乡语	godʑia/orun	godʑiala/oruntan
土族语	ndʑeen/ndʑeenaa	ndʑeen/ndʑeenaa
保安语	godʑiə	godʑiələ
东部裕固语	edʒen/dʒen	edʒes/dʒes
达斡尔语	wəər	wəər

① 陈宗振：《西部裕固语研究》，157 页，北京，中国民族摄影艺术出版社，2004。

② 蒙古语反身代词词干也区分单复数形式，但是数的区分是通过异干形式表达的，单数形式为 öber-iyen，复数形式为 öbersed-iyen，-iyen 为主格形式后附的反身领属标记。

鄂温克语也可通过单数反身代词 məəni 缀接复数标记构成复数反身代词 məənisəl/məəsəl/məəntil。锡伯语反身代词的情况略有不同，反身代词有单复数形式 bəi、bəis/bəitə，一般要同人称代词连用。若人称代词为一、二人称时，人称代词需使用领 - 工具格形式，领属人称标记可以省略，而当人称代词为第三人称单数时，人称代词需用主格形式 ər、tər，且 bəi 需缀接领属人称标记，人称代词为第三人称复数 əs、bəs 时，反身代词需使用复数形式 bəis/bəitə，如表 9：

表 9 锡伯语[①] 反身代词单复数形态变化现象

语言	单数	复数
第一人称	minj bəi	monj bəi
第二人称	ɕinj bəi	sonj bəi
第三人称	ər bəjini/tər bəjini	əs bəitəni/təs bəisəni

（3）重叠（疑问）代词词根

哈萨克语、西部裕固语、撒拉语等语言中，部分疑问代词可通过完全重叠的形态手段表达多数意义，这种多数意义是一种模糊量。例如：

⑨ 哈萨克语[②]：

keʃegɨ dʒɤjɤn-ʁɑ <u>kɨm-kɨm</u> kel-me-dɨ-Ø?

昨天的 会议 - 与格 都谁 来 - 否定 - 过去时 - 谓人称 3

昨天的会都谁没参加？

⑩ 西部裕固语[③]：

terə-n men o <u>ɢej-dɑ ɢej-dɑ</u> kiom-vɑt-di di-ɣen di-də.

皮 - 宾格 我 那个 哪个 - 位格 哪个 - 位格 埋 - 结果体 - 过去时 说 - 经状体 说 - 过去时

哥哥说，皮子我在哪里哪里埋下了。

① 满语、赫哲语、鄂伦春语反身代词词干无形态变化，满语反身代词为 bəjə、赫哲语反身代词为 mənə/məʂkərqan、鄂伦春语反身代词为 məənəkən，单、复数意义通过其前的人称代词区分。鄂伦春语还有词干形式的反身代词 məən- 在句中需与格标记或领属标记共现，且在单数和复数分布环境中反身代词词干后缀接的格标记有所不同。

② 张定京：《现代哈萨克语实用语法（上、下）》（修订本），1005 页，北京，中央民族大学出版社，2018。

③ 钟进文：《西部裕固语描写研究》，306 页，北京，民族出版社，2009。

⑪ 撒拉语[①]：

u qatʃaŋ qatʃaŋ var-ʁur di-bar.

他 何时 何时 去-愿望 说-进行体

他在说要在某个时候去。

⑫ 鄂温克语[②]：

imiŋ doo- du awu awu əbbəʃi-dʒirəŋ?

伊敏 河-与格 谁 谁 游泳-现在时 3

谁谁在伊敏河里游泳呢？

上述例句中，哈萨克语的 kɨm（谁）、西部裕固语的 ɢej（<ɢaj 哪个）、撒拉语的 qatʃaŋ（何时）、鄂温克语的 awu（谁）完全重叠后均表示所指代的人、地点或时间的量是多数的而不是单一的，但具体增加的量是模糊的、不确定的。如果代词后需要缀加不同的形态附加成分时，基式与新增形式后均需缀加相应的形态标记。蒙古语、东乡语、东部裕固语的疑问代词也可以通过重叠手段表示复数意义，例如蒙古语 ali ali（哪个哪个）、东乡语 kiən kiən（谁谁，任何人）、东部裕固语 χana χana（哪里哪里）。此外蒙古语中一些表性质特征的疑问代词也可以通过重叠手段表示复数意义，例如 yamar yamar（什么样什么样），鄂温克语中的一些疑问代词也可重叠表复数意义，如 awu awu（谁谁）、məəni məəni（各自）、ohoŋ ohoŋ（什么）等。代词的这种重叠形式在整个代词系统中的普适性较弱，仅个别成员具有这种重叠模式，因此应该归为构词手段进行讨论。

2. 词汇手段

（1）通过异根法表达

与形态、重叠等手段不同，异根法（suppletion）属于词汇手段。相较于第二、三人称代词，突厥语族语言第一人称代词的单、复数多使用异根法进行区分，而满－通古斯语族语言和蒙古语族语言的人称代词、指示代词及部分语言中的反身代词也主要通过异根法构成。详见表 10：

① 马伟：《撒拉语形态研究》，97 页，北京，中国社会科学出版社，2015。

② D.O. 朝克：《鄂温克语参考语法》，40 页，北京，中国社会科学出版社，2009。

表 10　阿尔泰语系语言第一人称代词数形态变化现象

语言	单数	复数
乌孜别克语	men/mæn	biz/bizlær
维吾尔语	mɛn	biz
西部裕固语	men	məs/məz/məsder/məzder/məsler/bəz
塔塔尔语	min	bɨz
哈萨克语	men	bɨz
柯尔克孜语	men	biz/bizder
撒拉语	men	piser
图瓦语	men	bis/bisder
蒙古语	bi	mɑn/ mɑnus（排除式）、bide/bidener/bidenüs（包括式）
达斡尔语	bii	baa（排除式）、bed（包括式）
东乡语	bi	bidʑiən/matan
土族语	bu	buda/budaŋgula/budasge/ŋdaaŋgula/ŋdaasge
保安语	bǔ	bədə（排除式）、maŋgə（包括式）
东部裕固语	bu	buda（排除式）、budas（包括式）
锡伯语	bi	bo（排除式）、məs（包括式）
满语	bi	bo（排除式）、mədzə（包括式）
鄂温克语	bi	bʉ/biti/bitisəl（排除式）、miti/mitisəl（包括式）
鄂伦春语	bii	buu（排除式）、mitti/mir（包括式）
赫哲语	bi	bu（排除式）、bəti（包括式）

需注意的是，达斡尔语及满－通古斯语族语言第一人称代词单数形式与第一人称复数排除式形式间是一种内部屈折的形态变化，主要通过词干元音交替来区分单、复数形式。乌孜别克语、西部裕固语、柯尔克孜语、图瓦语复数第一人称代词后还可缀接名词复数标记 -LAr 构成相应的第一人称复数代词，蒙古语、土族语、东部裕固语以及鄂温克语中也存在这种现象，但复数标记需缀接在异根后的词干上。撒拉语复数第一人称代词则采用综合手段构成，构成模式与同语族语言复数第二、三人称代词相同。另外，西部裕固语单数第三人称代词区分在场（gol）和不在场（ol）两类，这种情况在其他突厥语族语言中不常见，此外还有一个远指人称代词 ɑ，而图瓦语单数第三人称代词则区分近指（ol）和远指（de），其他突厥语族语言一般仅在指示代词中区分近、远指。满－通古斯语族及蒙古语族语言第二人称代词单、复数主要采用异根法进

行区分。[①] 具体情况如表 11：

表 11　满 – 通古斯语族及蒙古语族语言第二人称代词单、复数形态变化现象

语言	单数	复数
蒙古语	či（你）、ta（您）	ta/tanar/tanus/tadan
达斡尔语	ʃii	taa
东乡语	tʂɯ	ta
土族语	tɕə	ta/taŋgula/tasge
保安语	tɕĭ	ta
东部裕固语	tʃə	ta
锡伯语	ɕi	so
满语	ɕi	so
鄂温克语	ʃi	sʉ
鄂伦春语	ʃii	ʃuu
赫哲语	ɕi	su

达斡尔语及满 – 通古斯语族语言的第三人称代词也主要通过异根法区分单、复数。如表 12：

表 12　达斡尔语及满 – 通古斯语族语言第三人称代词单、复数形态变化现象

语言	单数	复数
达斡尔语	iin/tər	aan/təd
锡伯语	i	tʂə
满语	i/tərə	tədzə/tərdzə
鄂温克语	nʊganɪn	nʊgartɪn
鄂伦春语	nuganɪn	nʊgartɪn
赫哲语	niani（在场）/ti（不在场）	tigurun

（2）通过独立词项表达

与其他突厥语族语言不同，撒拉语还可通过独立词项来区分人称代词的数范畴。

① 土族语及蒙古语复数第二人称代词也有通过在单数词干后缀接复数标记的形式，如土族语中的taŋgula/tasge 和蒙古语中的 tanar。

根据马伟[①]、潘奥[②]的描写研究，撒拉语中有一个特殊人称代词成分 tʃɑ(大家，我们)，受语言接触的影响 tʃo 来自于安多藏语的复数标记及单数第二人称代词 tɕho。借入撒拉语后，tʃo 可作为独立的第一人称包括式代词“咱们”使用，还可在其后缀接领属性人称标记构成特殊的代词形式 tʃosəm（我们：排除式）、tʃosəŋ（你们）、tʃosə（他们），这些代词后还可缀接复数标记 -lar，构成 tʃolar（咱们）、tʃosəmlar（我们）、tʃosəŋlar（你们）、tʃosəlar（他们），此类代词也可与单数人称代词共现。例如：

⑬ 撒拉语[③]：

men tʃo-sə-m-lar var-tʃi.

我 大家 - 领属人称 3- 领属人称 1- 复数 去 - 过去时

我们去了。

⑭ 撒拉语[④]：

sen tʃo-sə-ŋ var.

你 大家 - 领属人称 3- 领属人称 2 去 - 祈使式

你们去。

⑮ 撒拉语[⑤]：

u tʃo-sə var-məʃ.

他 大家 - 领属人称 3 去 - 过去时

他们去了。

（三）动词数范畴的编码形式

除静词类词外，阿尔泰语系语言的动词也具有数语法范畴。与名词类词的数范畴不同，动词类词的数范畴主要表示事件发生的次数以及事件参与者的数量，传统研究中鲜有对动词数范畴的探讨。

1. 形态手段

（1）交互—共同态标记

在阿尔泰语系语言中，动词后可以缀接交互—共同态标记来表达事件参与者的数

① 马伟：《撒拉语中的藏语借词 čo——一个突厥语与藏语深度接触的实例》，载《民族语文》，2015（5），78—81 页；马伟：《撒拉语形态研究》，93 页，北京，中国社会科学出版社，2015。

② 潘奥：《孟达撒拉语数范畴的类型学考察》，载《科学 · 经济 · 社会》，2019（2），5—6 页。

③ 马伟：《撒拉语形态研究》，93 页，北京，中国社会科学出版社，2015。

④ 马伟：《撒拉语形态研究》，93 页，北京，中国社会科学出版社，2015。

⑤ 马伟：《撒拉语形态研究》，93 页，北京，中国社会科学出版社，2015。

量，指明事件参与者的人数至少是两个或两个以上。突厥语族语言、甘青一带的蒙古语族语言以及属满语支的锡伯语、满语等在表达交互义和共同义时使用同一形态标记，交互义和共同义间的关系十分紧密，若事件参与者为两人时，主要突出参与者双方的相互性，若事件参与者数量多于两人时，同时表达相互和共同之义。而在蒙古语及通古斯语支的鄂温克语、鄂伦春语、赫哲语等语言中，交互义和共同义使用不同的形态标记，但无论动词后的交互义标记还是共同义标记均标明事件参与者数量为非单数。阿尔泰语系语言交互—共同态的标记形式见表 13：

表 13　阿尔泰语系语言动词交互—共同态标记

语族	语种	交互—共同态标记
突厥语族	乌孜别克语	-ʃ/-iʃ
	维吾尔语	-ʃ/-iʃ/-uʃ/-yʃ
	西部裕固族语	-s/-əs/-is
	塔塔尔语	-ʃ/-əʃ/-ɨʃ
	哈萨克语	-s/-ɤs/-ɨs
	柯尔克孜语	-ʃ/-əʃ/-iʃ/-uʃ/-yʃ
	撒拉语	-ʃ/-iʃ/-əʃ
	图瓦语	-ʃ/-ɤʃ/-iʃ/-uʃ/-yʃ
蒙古语族	蒙古语	-ldu/-ldü（互动态）//-lčɑ/-lče（同动态） -ǰɑγɑ/-ǰege/-čɑγɑ/-čege（众动态）
	东乡语	-ndu
	土族语	-ldə
	保安语	-tɕi
	东部裕固语	-ld
	达斡尔语	-ltʃi
满－通古斯语族	锡伯语	-ndu/-nu/-ldʐʅ/-tʂə
	满语	-na/-nə
	鄂温克语	-ldi（互动态）//-tte（共同态）
	鄂伦春语	-maat/-məət/-mɔɔt/-moot（互动态） -ldɪ/-ldi（共同态）
	赫哲语	-matɕi（相互态）//-tɕiwu（共同态）

张定京[①]将传统研究中的交互—共同态界定为参与态，指出哈萨克语中的参与态可

① 张定京：《现代哈萨克语实用语法（上、下）》（修订本），406—409 页，北京，中央民族大学出版社，2018。

表达 4 种身份关系：①相互参与者身份；②主被动参与者身份；③帮忙式参与者身份；④纷纷争相进行者身份。哈萨克语参与态表达的 4 种身份关系在其他亲属语言中具有共性特征，其中身份关系①指明事件参与者的数量为 2，身份关系②、③既可由 2 人参与也可由多人参与事件，而身份关系④则指明事件由多方参与（>2）。

（2）重叠动词词干

与表达事件参与者数量不同，事件数主要通过重叠动词词干来表明事件发生的次数多于一次且重复进行。一般情况下，阿尔泰语系语言动词重叠时需借助各类不同的副动词标记一同参与表达事件多次重复进行之义。维吾尔语常借助 -A 副动词和 -^{0}p 副动词标记表达多次事件，例如 ojla-ojla（想着想着）、søzlɛ-søzlɛ（说着说着）、jezip-jezip（写啊写）、kylyp-kylyp（笑着笑着）等，哈萨克语中的表达与维吾尔语相类似，例如 dʒygɨrɨp-dʒygɨrɨp（一个劲儿地跑啊跑）、dʒygɨre-dʒygɨre（跑啊跑）。动词的这类重叠形式除表达事件数量为多数外，更凸显动词的反复持续体特征，且动词缀接不同副动词标记所呈现出的体语义也有所不同，张定京[①]将前一种形式界定为正式持续体，而将后一形式界定为漫茫持续体。东乡语中的重复副动词、撒拉语的连续副动词、锡伯语和达斡尔语的延续副动词都具有类似的功能。

2. 句法手段

除形态手段外，突厥语族语言及鄂温克语、鄂伦春语、达斡尔语的事件参与者数量还可通过句法手段表达，这种句法手段主要指动词与施事者论元之间人称和数的一致关系，即主谓一致关系，主语和动词间的这种主谓一致关系具有强制性，而蒙古语族语言谓语动词后大多无需标注与主语间的一致关系。相较于同语族语言，西部裕固语与撒拉语动词后的人称标记趋于消失，无需标注主谓一致关系。实际上，动词后的人称及数是对名词数和人称的复指，本质上仍是对主语名词数和人称编码，这种一致关系也普遍存在于假设式及祈使式的表达中，突厥语族语言假设式及祈使式的形态标记是式、人称和数的融合体。例如：

⑯ 塔塔尔语[②]：

ɑltən　ɨjɛrlɨ　ɑt-lɑr　mɨn-dɨ-m.

金色的 有鞍的 马 - 复数 骑 - 过去时 - 谓人称 1 单

我骑上了金鞍马。

① 张定京：《现代哈萨克语实用语法（上、下）》（修订本），1014 页，北京，中央民族大学出版社，2018。

② 《中国少数民族语言简志》编委会编：《中国少数民族语言简志丛书》（第 5 卷），567 页，北京，民族出版社，2008。

⑰ 哈萨克语[①]:

siz bɑr-mɑ-sɑ-ŋɤz,　　　　　men de bɑr-mɑ-j-mɤn.

您 去 - 否定 - 假设式 - 谓人称 2 单尊称 我　也 去 - 否定 - 非过去时 - 谓人称 1 单

您要是不去，我也不去。

⑱ 乌孜别克语[②]:

bir pæs tɷr-gin,　　　men bir kitʌb ʌl-ib　　　dærræw kel-æ-men.

一会儿 站 - 祈使式 2 单 我　一 书　拿 - 连接副动 立刻　来 - 非过去时 - 谓人称 1 单

你等一等，我去拿本书就来。

四、名词复数标记的可选性

前文提到，相较于英语等语言，阿尔泰语系语言的复数标记不具有强制性。刘丹青[③]指出在 Njua 苗语、邹语、巴斯克语、匈牙利语、楚克奇语、格鲁吉亚语等许多语言中的典型名词是“集合名词”（set noun），其特点是名词原形是集合名词，而一个集合既可以是单个体的，又可以是多个体的，因此名词不加标记既可表示单数，又可表示复数，复数标记是非强制的，而英语等大多数印欧语中的典型名词为“单数对象名词”（singular object noun），作为单数使用时不加数标记，而作为复数使用时需要带上强制性的复数标记。阿尔泰语系语言与“集合名词”语言特点类似，即复数标记具有可选性，有时在表示复数意义时可以不使用复数标记，有时使用复数标记却不表示任何复数意义，有时甚至根本不能选用复数标记，复数标记的隐现与句法、语义、语用等诸多因素密切相关，复数标记可选性的限制条件具体如下：

（一）修饰语为数词（除数词 bir[④] 外）或数量短语

被数词（除数词 bir 外）或数量短语修饰的名词后一般不缀接复数标记。阿尔泰语系语言真性复数标记表示物体数量大于 1，但具体数目未知，而一般数词已具有明确的多数限定意义，因此名词后不能再出现表数量不定的复数词缀。例如：乌孜别克语 ikki pitʃʌʁ（2 把小刀）、西部裕固语 bes tolej（5 只兔子）、东乡语 tawun mori

① 张定京：《现代哈萨克语实用语法（上、下）》（修订本），610 页，北京，中央民族大学出版社，2018。

② 《中国少数民族语言简志》编委会编：《中国少数民族语言简志丛书》（第 5 卷），688 页，北京，民族出版社，2008。

③ 刘丹青编著：《语法调查研究手册》（第二版），336 页，上海，上海教育出版社，2017。

④ bir 为数词 1。

（5匹马）等。储泽祥[1]认为不同语言的“数（量）+N”可以分为两大类：一类“数（量）”使N个体化（如汉语、阿昌语等），一类“数（量）”并不会使N个体化（如英语、德语等）。在第一类语言中，数量短语要求名词必须是个体性的，需要对名词逐个进行计算，而汉语是典型的“种类名词”（sort noun）语言，名词多表种类，缺乏空间形状，不表个体，被数词修饰时必须加上量词以体现出个体性。阿尔泰语系语言的数量结构也可与汉语归为一类，数词在计量名词所指事物时对所指事物有个体化的要求，因此被数词修饰的名词后不能出现表示非个体意义的复数标记，但与汉语等语言不同，阿尔泰语系语言是典型的“集合名词”语言，一个集合既可以是单个体的，也可以是多个体的，个体名词具有空间形状性，因此在阿尔泰语系的数量结构中不需要强制使用量词，数词可以直接修饰名词。而英语则属于第二类，即数词在计量名词所指事物数量时没有个体化的要求，因此可以出现类似five students的表达。

（二）修饰语为表示程度意义的形容词或表示不定数量的代词

被表示“多”“少”等程度意义的形容词或表示不定数量的代词等限定语修饰的名词一般不缀接复数标记。含有“多”“少”等程度意义的形容词以及表不定数量的不定代词可以指明人或事物的数量大于1，但具体数量不定。石毓智[2]指出从类型学上可将名词单复数的表达分为两类：一是受制于有定性语法范畴，只有有定性的名词才具有单复数的语法标记，无定名词则缺乏这种标记；二是单复数的表达独立，不论是有定名词还是无定名词，都具有单复数的语法标记。阿尔泰语系语言与第一种类型语言相类似，复数标记一般多出现在有定的且可数的名词后，所以被表不定义的形容词或不定代词所修饰的名词后不能出现复数标记。例如：

⑲ 柯尔克孜语[3]：

bir qantʃa oquutʃu ket-ti-Ø.

一 多少 学生 去-过去时-谓人称3

去了好几个学生。

---

① 储泽祥：《数词与复数标记不能同现的原因》，载《民族语文》，2000（5），60页。

② 石毓智：《汉语的“数”范畴与“有定”范畴之关系》，载《语言研究》，2003（2），40页。

③ 《中国少数民族语言简志》编委会编：《中国少数民族语言简志丛书》（第5卷），288页，北京，民族出版社，2008。

⑳ 西部裕固语[①]:

golar gøhp jer-nə jerla-p dro.[②]

他们 多 歌曲 - 宾格 唱 - 后知口气

他们唱了许多歌。

㉑ 赫哲语[③]:

malχun nio əm-χə-ni.

多 人 来 - 完成体 - 领属人称 3

来了很多人。

（三）并列结构中复数标记的省略

在并列结构中，几个表复数意义的名词性事物以并列关系存在时，若不需强调，为了语言表达的经济性，复数标记一般只缀加在最后一个名词上，例如：

㉒ 维吾尔语[④]:

mɛn-dɛ kitab, qɛlɛm wɛ dɛptɛr-lɛr bar.

桌子 - 时位格 书 笔 和 本子 - 复数 有

我这儿有许多书、笔和本子。

㉓ 哈萨克语[⑤]:

bygɨngɨ dʒɤjɤn-ʁa bykɨl mektep-tegɨ oqɤtɤwʃɤ, oqɤwʃɤ,

今天的 会议 - 与格 全部的 学校 - 领属物词尾 教师 学生

qɤzmetʃɤ, dʒumɤsʃɤ-lar qatɤnas-tɤ-Ø.

工作人员 工人 - 复数 参加 - 过去时 - 谓人称 3

今天的会议，全校的师生员工都参加了。

① 陈宗振:《西部裕固语研究》，132 页，北京，中国民族摄影艺术出版社，2004。

② 突厥语族语言多选用分析性结构表达体、式、情态等范畴的语义，这些分析性结构可看作由多个语法要素构成的合成语法单位，本文将这些由多个法素构成的语法单位以下划线的形式标明，下同。

③ 《中国少数民族语言简志》编委会编:《中国少数民族语言简志丛书》(第 5 卷)，949 页，北京，民族出版社，2008。

④ 《中国少数民族语言简志》编委会编:《中国少数民族语言简志丛书》(第 5 卷)，26 页，北京，民族出版社，2008。

⑤ 张定京:《现代哈萨克语实用语法（上、下）》(修订本)，48 页，北京，中央民族大学出版社，2018。

㉔ 撒拉语[①]：

men giʃaŋ-dan jumuta armut zanzi-ler-ni man akel-dʒi.

我 县城-从格 鸡蛋 梨 碗-复数-宾格 全部 买来-过去时

我从县城把鸡蛋、梨和碗都买过来了。

（四）不定指的名词后不能缀接复数标记

在撒拉语中，名词是否缀加复数标记还与该名词的定指性有关，如果该名词是不定指的人或事物，则不能缀接复数标记。例如：

㉕ 撒拉语[②]：

aŋ-a heli atoχ var-a.

他-与格 钱 多 有-后知口气

他有很多钱。

㉖ 撒拉语[③]：

u kiʃ netʃe parla gi-miʃ i?

他 人 多少 带 来-过去时 呢

他带来多少人呢？

例句中的 heli（钱）、kiʃ（人）由于是不定指的，只能以不缀接复数标记的词干形式出现。若名词是有定的，定指标记也可通过复数标记 -LAr 表示，复数标记和定指标记合一具有类型学上的共性特征。试比较：

㉗撒拉语[④]：

qo-da bala joχ-a

门-时位格 孩子 没有-后知口气

门外没有孩子。（非定指）

---

① 马伟：《撒拉语形态研究》，61 页，北京，中国社会科学出版社，2015。

② 《中国少数民族语言简志》编委会编：《中国少数民族语言简志丛书》（第 5 卷），446 页，北京，民族出版社，2008。

③ 马伟：《撒拉语形态研究》，64 页，北京，中国社会科学出版社，2015。

④ 马伟：《撒拉语形态研究》，63 页，北京，中国社会科学出版社，2015。

㉘撒拉语[①]:

qo-da bala-lar joχ-a.

门-时位格 孩子-复数 没有-后知口气

门外没有孩子。（定指）

（五）无明确计量单位的名词或不可计数名词后不能缀接复数标记

在阿尔泰语系语言中，"水""雨""风"等无法计数的自然界物质后一般不缀接复数标记。若缀接复数标记，复数标记不指明其成员数量，而是表示这些事物的类别或来源数量多于一个。Corbett[②]认为语言中的名词可根据"有界性（boundedness）"和"内部结构（internal structure）"这两个语义特征分为"个体（individuals）""集体（groups）""物质（substances）""聚类（aggregates）"4类，例如：个体（+有界，-内部结构）a book；集体（+有界，+内部结构）a committee；物质（-有界，-内部结构）water；聚类（-有界，+内部结构）books。相较于英语的water，突厥语族语言中的su（水）是有界无内部结构的，su缀接复数标记lar后可以代表各种各样的水或不同容器中的水。

五、名词复数标记的基本功能及扩展功能

阿尔态语系语言特别是突厥语族语言的复数标记除表达最基本的复数义外，还具有指示类别、集合、有定等语义功能，一些语言复数标记还具有表谦逊、小称、烘托渲染、不确切、委婉语气等扩展功能。实际上，类别、集合、有定性属于3个不同的范畴，在突厥语族语言中均可使用名词复数标记-LAr表达，而锡伯语、鄂温克语、鄂伦春语以及甘青一带的东乡语、东部裕固语、达斡尔语等在表类别意义时有单独标记，不能缀接普通名词的复数标记，这也表明类别与数之间存在差异，而表谦逊、小称、烘托渲染、不确切、委婉语气等应看作复数标记的扩展功能。由此可见，阿尔泰语系语言复数标记的表义功能与相邻范畴存在语义交叉现象，语义机制较为复杂。

① 马伟：《撒拉语形态研究》，63页，北京，中国社会科学出版社，2015。

② Corbett, Greville G. Number. Cambridge:Cambridge University Press, 2004: 78-82.

（一）名词复数标记的基本功能

真性复数标记是阿尔泰语系语言复数标记最基本的功能，即表示相关人或事物的数量大于 1，且真性复数标记主要缀接在可计数名词后，例如维吾尔语 oquʁutʃi-lɑr（学生们）、图瓦语 buru-lɑr（一群两岁牛）、东部裕固语 mula-s（孩子们）、土族语 aasəntɕə-ŋgula（牧民们）、鄂伦春语 mʊrɪ-l（许多马）等。一些语言的真性复数标记还具有生命度等级的区分，例如鄂温克语在一些表自然界的坚硬物体名词后只能缀接复数标记 -r，如 iŋɑ-r（许多沙子），而与人相关的名词复数标记为 -l，如 ʉkkəhə-l（男孩们）等。

（二）类别、集合与有定性

类别、集合与有定性属于 3 个不同的范畴，突厥语族语言多使用名词复数标记来表示这 3 个范畴意义，虽然表层标记形式相同，但其所代表的深层语义归属不同范畴，应该加以区分，而蒙古语族及满 – 通古斯语族的一些语言在表达类别意义时有独立的标记。传统研究均将这些标记归为复数标记讨论，本文将这类复数标记区分为类及复数标记、集合标记和有定性标记。

类及复数标记主要缀接在称谓名、人名或地名后，表示缀接类及复数标记所指称的人为代表的一群人或代表性地点方位。突厥语族语言中的类及复数标记与真性复数标记相同，例如哈萨克语 ɑsɑn-dɑr（阿山他们）、维吾尔语 yrymtʃi-lɛr（乌鲁木齐等地）等，而锡伯语、鄂温克语、鄂伦春语以及甘青一带的达斡尔语、东乡语、东部裕固语中有单独的类及复数标记，且该标记只能出现在人名、称谓名后，例如锡伯语 am-təs（父辈的人们）、鄂温克语 ʃiŋbo- ʃeŋ（新宝他们）、鄂伦春语 naatʃʊ-nɔr（舅舅们）、达斡尔语 əkəə-nur(姐姐们）、东乡语 abudu-tan(阿布都等人）、东部裕固语 duidʒaŋ-ti(队长等人）等。集合标记主要缀接在不可数名词后表示多种类、多集合、多来源，例如撒拉语 un-lɑr（多个容器中的面粉）、维吾尔语 syt-lɛr（各种牛奶）、柯尔克孜语 tʃøp-tør（各种各样的草）等，达斡尔语中还有单独的集合标记 -tʃeen，例如 xaailar-tʃeen（海拉尔的人们）。有定性标记与复数标记合一时常出现在一些语言中，马伟[①]认为撒拉语中的复数标记 -LAr 在表达复数意义的同时还表达有定意义，撒拉语的实例也为石毓智[②]的语言类型观点提供了例证。

① 马伟：《撒拉语形态研究》，63 页，北京，中国社会科学出版社，2015。

② 石毓智：《汉语的“数”范畴与“有定”范畴之关系》，载《语言研究》，2003（2），40 页。

（三）名词复数标记的扩展功能

阿尔泰语系语言特别是一些突厥语族语言名词复数标记的扩展功能十分丰富。个别代词与名词复数标记结合可以表达说话者的谦逊语气，在易坤琇和高士杰[1]、杨承兴[2]等学者的描写研究中，维吾尔语有单数第二人称代词敬称形式 øzliri 以及复数第二人称代词敬称形式 hɛr qɑjsiliri、hɛr birliri 等形式，在这些表敬称的人称代词中均含有发生语音变化的复数标记 -lAr。力提甫 · 托乎提[3]指出维吾尔语复数第一人称代词 biz 缀接名词复数标记后也可以表示说话者的谦虚，但是值得注意的是复数第二人称蔑称是在第二人称单数人称代词 sɛn 后缀接复数标记 -lɛr 构成的。另外，维吾尔语中的复数标记还有一种特殊用法，即缀接在身体部位名词后并不表示任何复数意义，而是表示一种强调、烘托及渲染的语气。例如：

㉙维吾尔语[4]：

baʃ-lir-im　　　aʁri-p　　　køz-lir-im　　　qaraŋʁuliʃ-ip kɛt-ti-Ø

头 - 复数 - 领属人称 1 单　疼 - 连接副动　眼睛 - 复数 - 领属 1 单　发黑 - 强化体 - 过去时 - 谓人称 3

我简直是头疼得眼前一片发黑。

杨承兴[5]、方晓华[6]等学者则将上述复数标记界定为多成分复数，表示由多成分、多部分组成的事物或现象的整体。此类用法多见于文学作品中对人或事物所进行的生动、形象的刻画描写。例如：

㉚维吾尔语[7]：

ajal-niŋ　tʃatʃ-lir-i　　　jul-un-ʁan,　　　tɛn-lir-i

女人 - 领格　头发 - 复数 - 领属人称 3　揪 - 被动态 - 经状体　身体 - 复数 - 领属人称 3

daʁla-n-ʁan,　　　jyz-lir-i　　　qijma-tʃijma bol-up kɛt-kɛn-idi.

灼烧 - 被动态 - 经状体　脸 - 复数 - 领属人称 3　烂　　　成为 - 强化体 - 经状体 - 即知口气

那女人的头发被揪掉了，浑身灼伤，满面伤痕。

---

① 易坤琇、高士杰编著：《维吾尔语语法》，110 页，北京，中央民族大学出版社，1998。

② 杨承兴：《现代维吾尔语语法》，19 页，乌鲁木齐，新疆大学出版社，2002。

③ 力提甫 · 托乎提：《现代维吾尔语参考语法》，254 页，北京，中国社会科学出版社，2012。

④ 力提甫 · 托乎提：《现代维吾尔语参考语法》，253 页，北京，中国社会科学出版社，2012。

⑤ 杨承兴：《现代维吾尔语语法》，17 页，乌鲁木齐，新疆大学出版社，2002。

⑥ 方晓华编著：《现代维吾尔语教程》，81 页，乌鲁木齐，新疆人民出版社，2011。

⑦ 杨承兴：《现代维吾尔语语法》，17 页，乌鲁木齐，新疆大学出版社，2002。

复数标记 -LAr 还常缀接在一些表示时间或年龄等的数词后，这时 -LAr 标记并不表示复数意义，而是表达一种模糊量，在数词 -LAr 短语后还经常出现时位格标记 -DA。例如：

㉛维吾尔语①：

u-niŋ bali-si on jaʃ-lar-da bar.

他 - 领格 孩子 - 领属人称 3 十 岁数 - 复数 - 时位格 有

他的孩子有十来岁。

㉜哈萨克语②：

ol tysten kejin saʁat bes-ter-de kel-e-min de-gen.

他 下午 时间 五 - 复数 - 时位格 来 - 非过去时 - 谓人称 1 单 说 - 经状体

他说大概下午五点来。

另外，在哈萨克语的某些特定句式中，复数标记可使整个句子的语气显得更加委婉，例如：

㉝哈萨克语③：

dʒas-tar kæsip-tɨ berɨl-e zertte-w-ler-ɨ kerek

年轻人 - 复数 专业 - 宾格 专心 - 状态副动 研究 - 一般动名 - 复数 - 领属人称 3 应该

年轻人要潜心钻研业务。

此外，在西部裕固语、达斡尔语等语言中，复数标记还有表小称的功能，表达说话人的亲昵语气，例如西部裕固语 ɢəz-dar（小姑娘）、达斡尔语 utʃikə-r（小孩子们）、kəku-r（男孩们）等，鄂伦春语的复数标记 -l 多缀接在一些以指小标记 -kaan 结尾的名词后，例如 kunıkaa-l（许多小羊）、dəjikəə-l（许多小鸟）等。

六、结语

阿尔泰语系语言数范畴整体呈现出单、复数对立的类型特征，古代突厥语中的名词双数范畴经历时演变已逐渐词汇化、凝固化，仅在一些现代语言的个别词汇中留有

① 易坤琇、高士杰：《维吾尔语语法》，24 页，北京，中央民族大学出版社，1998。

② 张定京：《现代哈萨克语实用语法（上、下）》（修订本），50 页，北京，中央民族大学出版社，2018。

③ 张定京：《现代哈萨克语实用语法（上、下）》（修订本），51 页，北京，中央民族大学出版社，2018。

痕迹。名词复数标记不具有强制性，复数标记的选用受句法、名词语义类型及语用等因素的制约，名词复数标记除表达最基本的真性复数意义外还具有指示类别、集合、有定性等概念的语义功能，此外一些语言中的复数标记还具有表谦逊、强调、烘托、渲染以及表达一种模糊量和小称的扩展功能。相较于名词，代词数范畴编码形式丰富多样，人称代词和指示代词数范畴具有明显的单、复数对立特征，且复数标记具有强制性，不同类别代词可选用不同的手段表达数范畴意义，同一类型代词的内部成员也可采用不同的形式编码数范畴意义，不同类型代词对数范畴的区分度不同，人称代词、指示代词、反身代词整体倾向于对数范畴的区分，而疑问代词及不定代词对数范畴的区分因个体语言及所代表的事物而存在显著差异。动词主要通过形态和句法手段表达事件参与者数量，通过重叠形态表达事件数，部分形容词及量词数范畴的普适性不显著。西北地区特别是河西走廊一带各民族交往交流交融密切，数范畴在这些语言的语法系统中存在深度接触的例证，其中一些特征也对当地汉语方言数标记系统产生了一定的影响，这些语言现象具有进一步探讨的价值。

参考文献

[1] 安俊 . 赫哲语概况 . 民族语文，1984（6）：55-68.

[2]Corbett, Greville G. Number. Cambridge:Cambridge University Press, 2004.

[3] 陈宗振 . 西部裕固语研究 . 北京：中国民族摄影艺术出版社，2004.

[4] 储泽祥 . 数词与复数标记不能同现的原因 . 民族语文，2000（5）：58-64.

[5]D.O. 朝克 . 鄂温克语参考语法 . 北京：中国社会科学出版社，2009.

[6] 丁石庆 . 达斡尔语名词语法成分的重叠 . 中央民族学院学报，1989（6）：84-87.

[7]Dixon, R.M.W. Basic Linguistic Theory (Vol.1). Oxford: Oxford University Press, 2010.

[8]Dixon, R.M.W. Basic Linguistic Theory (Vol.3). Oxford: Oxford University Press, 2012.

[9] 中国少数民族语言简志丛书编委会 . 中国少数民族语言简志丛书：第 5 卷 . 北京：民族出版社，2008.

[10] 中国少数民族语言简志丛书编委会 . 中国少数民族语言简志丛书：第 6 卷 . 北京：民族出版社，2009.

[11] 恩和巴图 . 达斡尔语和蒙古语 . 呼和浩特：内蒙古人民出版社，1988.

[12] 方晓华 . 现代维吾尔语教程 . 乌鲁木齐：新疆人民出版社，2011.

[13] 耿世民，魏萃一 . 古代突厥语语法 . 北京：中央民族大学出版社，2010.

[14]Greenberg, Joseph H. Some Universals of Grammar with Particular Reference to the Order of Meaningful Elements.// Greenberg (ed.) Universals of Language (second edition).

Mass Cambridge: M.I.T. Press, 1966.

[15] 胡增益 . 鄂伦春语研究 . 北京：民族出版社，2001.

[16] 贾越 . 从满语复数词缀的接加条件看满族先民文化遗迹 . 黑龙江民族丛刊，2012（4）：151-155.

[17] 金莉娜，程亚恒 . 黑龙江同江赫哲语 . 北京：商务印书馆，2019.

[18] 李大勤 . 藏缅语人称代词和名词的“数”——藏缅语“数”范畴研究之一 . 民族语文，2001（5）：28-39.

[19] 刘丹青 . 语法调查研究手册 . 第二版 . 上海：上海教育出版社，2017.

[20] 刘建权 . 赫哲语名词研究 . 牡丹江：牡丹江师范学院硕士学位论文，2017.

[21] 陆丙甫，金立鑫 . 语言类型学教程 . 北京：北京大学出版社，2015.

[22] 马伟 . 撒拉语中的藏语借词 čo——一个突厥语与藏语深度接触的实例 . 民族语文，2015（5）：78-81.

[23] 马伟 . 撒拉语形态研究 . 北京：中国社会科学出版社，2015.

[24] 苗东霞 . 甘肃肃南西部裕固语 . 北京：商务印书馆，2019.

[25] 潘奥 . 孟达撒拉语数范畴的类型学考察 . 科学 · 经济 · 社会，2019（2）：1-11.

[26]Payne, Thomas E. Describing Morphosyntax: A Guide for Field Linguists. Cambridge: Cambridge University Press, 1997.

[27] 清格尔泰 . 蒙古语语法 . 呼和浩特：内蒙古人民出版社，1991.

[28]Rijkhoff, Jan. The Noun Phrase. Oxford: Oxford University Press, 2000.

[29] 孙竹 . 论达斡尔族语言（下）——兼谈达斡尔语与蒙古语的某些异同 . 青海民族学院学报（社会科学版），1984（1）：66-85.

[30] 宋正纯 . 图瓦语和图瓦人的多语生活 . 北京：中国社会科学出版社，2015.

[31] 石毓智 . 汉语的“数”范畴与“有定”范畴之关系 . 语言研究，2003（2）：40-50.

[32] 力提甫 · 托乎提 . 现代维吾尔语参考语法 . 北京：中国社会科学出版社，2012.

[33] 徐丹 . 汉语河州话及周边地区非指人名词的复数标记“们”. 民族语文，2011（6）：9-23.

[34] 杨承兴 . 现代维吾尔语语法 . 乌鲁木齐：新疆大学出版社，2002.

[35] 易坤琇，高士杰 . 维吾尔语语法 . 北京：中央民族大学出版社，1998.

[36] 张定京 . 现代哈萨克语实用语法（上、下）. 修订本 . 北京：中央民族大学出版社，2018.

[37] 张铁山 . 回鹘文献语言的结构与特点 . 北京：中央民族大学出版社，2005.

[38] 钟进文 . 西部裕固语描写研究 . 北京：民族出版社，2009.

壮语的量词定语标记①

覃凤余

汉语方言及汉语史对量词演变为定语标记有较为丰富的研究成果。属北部台语的壮语北部方言、属中部台语的壮语南部方言及属西南台语的傣语、泰语、老挝语的量词也能充当定语标记，但是学界尚缺乏对此现象的系统概括，对其演变路径的研究也有待深入。本文对北部台语、中部台语、西南台语的量词演变为定语标记的现象及其演变路径进行探讨。

一、量词结构

壮语的量词（classifier，CL）在名词（noun，N）前，构成CL+N，如例（1）②；壮语所有的定语（modifier, M）都在名词后，构成CL+N+M，如例（2A）③，或N+M，如例（2B）④：

（1）pu⁴ wun² 人　　　　ko¹ kjoːi³ 芭蕉树
　　个 人　　　　　　　棵 芭蕉

① 本研究得到国家社会科学基金重大项目“中国境内语言语法化词库建设”（项目批准号：15ZDB100）、“功能—类型学取向的汉语语义演变研究”（项目批准号：14ZDB098），国家社会科学基金一般项目“《语法化的世界词库》背景下壮语虚词词典的编纂研究”（项目批准号：18BYY203）及广西高校人文社会科学重点研究基地“文学与文化研究中心”资助。感谢吕嵩崧（靖西壮语）、许晓明（大新壮语）、莫蓓蓓（东兰壮语）、关仕京（武鸣壮语）、覃国生（柳江壮语）提供语料，文中未注明出处语料，由以上几位老师提供。文中不当之处概由作者负责。本文原载《民族语文》，2019（6），此次收录仅作少量字词修改。

② 张均如、梁敏、欧阳觉亚等：《壮语方言研究》，413页，成都，四川民族出版社，1999。

③ 张均如、梁敏、欧阳觉亚等：《壮语方言研究》，416页、881页，成都，四川民族出版社，1999。

④ 张均如、梁敏、欧阳觉亚等：《壮语方言研究》，424页，成都，四川民族出版社，1999。

（2）A. ki³ pla¹ nai⁴ 这些鱼　　　　ki³ ɣaːn² ɣau² 咱们的房子
些 鱼 这　　　　些 房 咱
ʔan¹ piŋ³ʔwaːn³ paɯ⁴ mo⁵ kɯ¹ nɯŋ⁵ 新娘吃（饭）的那个海碗
个 海碗 媳妇 新 吃 那
B. ɣaːn² nɯŋ⁵ 那房子　　　　ɣaːn² mɯŋ² 你的房子
房 那　　　　房 你
ɣaːn² mo⁵ 新房子　　　　ɣam⁴ kɯ¹ 吃的水
房 新　　　　水 吃

与壮语同源的西南台语如傣语、泰语、老挝语，名词前的成分虽然有不同的定性，但跟名词组合的结构，与壮语 CL+N 的性质相当①。如：

（3）A. 傣语②：
kɔ¹ maːk⁹ paːu⁴ 椰子树　　　　bin³hu¹ 耳朵
棵 果 椰子　　　　张 耳
B. 泰语③：
phûu yǐŋ 女人　　　　mɛ̂ɛ kuncɛɛ 钥匙
个人 女人　　　　个重要的 钥匙
C. 老挝语④：
ka taal 篮子　　　　qajø sèèng³ 一个名叫 sèèng³ 的女士
个小的 篮子　　　　个女，敬 人名

① 与壮语名词前的量词相当的成分傣语称为“名词前的性状标志”（参见罗美珍：《傣语方言研究（语法）》，33 页，北京，民族出版社，2008），泰语称为“类前缀（quasi-prefix）”（参见 Iwasaki, Shoichi, and Preeya Ingkaphirom. A Reference Grammar of Thai. Cambridge: Cambridge University Press, 2005: 43）或“名词前附加成分”（参见番秀英：《汉语和泰语个体量词对比研究》，北京，北京语言大学博士学位论文，2009，44 页），老挝语称为“意义不明前缀（opaque prefix）”或“亲属称谓前缀（kin prefix）”（参见 Enfield, Nick J. A Grammar of Lao. New York: Mouton de Gruyter, 2007: 150）。覃凤余认为［（参见覃凤余：《壮语分类词的类型学性质》，载《中国语文》，2015（6）］，壮语量词类型上是名 - 分类词；另据 Aikhenvald（参见 Aikhenvald, Alexandra Y. Classifier: A Typological of Noun Categorization Devices. Oxford: Oxford University Press, 2000: 91），名 - 分类词会语法化为名词词缀，说明西南台语这些成分原来是名 - 分类词，故例（3）跟壮语的 CL+N 结构一致。

② 罗美珍：《傣语方言研究（语法）》，33—34 页，北京，民族出版社，2008。

③ Iwasaki, Shoichi, and Preeya Ingkaphirom. A Reference Grammar of Thai. Cambridge: Cambridge University Press, 2005: 43-44.

④ Enfield, Nick J. A Grammar of Lao. New York: Mouton de Gruyter, 2007: 150-152.

二、量词充当定语标记

（一）量词充当定语标记的结构

刘丹青[①]指出壮侗语量词和其他定语一般分别在名词之前和之后，量词不居中，难起定语标记作用。其中，“量词在名词之前”是指例（1）（3），“其他定语在名词之后”是指例（2），而“难以起定语标记作用”却不符合语言事实。本文发现，壮语及西南台语中，量词能处在核心与定语之间，按核心与定语之间的量词是否能与名词搭配分为两大类 I 与 II，I 类能与名词搭配，设为 CL_0，II 类不能与名词搭配，设为 CL_{00}；I、II 两类再按核心是 CL+N 还是 N，再各细分为两小类 I_1、I_2 和 II_1、II_2，即如下的两大类四小类：

I_1：$CL+N+CL_0+M\ (CL_0=CL)$；　　I_2：$N+CL_0+M$

II_1：$CL+N+CL_{00}+M\ (CL_{00}\neq CL)$；　　II_2：$N+CL_{00}+M$

（二）壮语量词充当定语标记

I_1：$CL+N+CL_0+M\ (CL_0=CL)$

（4）A. 大新（南部壮语）[②]：

ko¹ mai¹ ko¹ ŋo⁵ 我的树　　tuə¹ waːi² tuə¹ ɬɯ⁴ ju⁵ faɯ⁶ ni¹ 从街上买的牛
棵 树 棵 我　　只 牛 只 买 从 街 这

B. 靖西（南部壮语）：

tu¹ mo² tu¹ luŋ¹ 大的牛　　ko¹ mai⁴ ko¹ laːu⁴ ɬai¹ 老师的树
只 牛 只 大　　棵 树 棵 老 师

C. 东兰（北部壮语）：

ʔdan¹ laːn² ʔdan¹ ni⁴ 这座房子　　ʔdan¹ laːn² ʔdan¹ ku¹ koːk⁸ 我建的房子
个 房 个 这　　个 房 个 我 做

---

① 刘丹青：《语言库藏类型学构想》，载《当代语言学》，2011（4）。

② 卢业林：《大新壮语语法调查与研究》，南宁，广西大学硕士学位论文，2011，17—18 页。

D. 武鸣（北部壮语）：

ko^{1} tu^{6} ko^{1} te^{1} 那棵豆①
棵 豆 棵 那

tu^{2} ma^{4} tu^{2} kou^{1} kɯːi^{2} 我骑的马
只 马 只 我 骑

E. 柳江（北部壮语）：

tu^{2} mu^{1} tu^{2} ku^{1} 我的猪
只 猪 只 我

pu^{4} wun^{2} pu^{4} pjaːi^{3} kua^{5} tau^{3} 走过来的人
个 人 个 走 过 来

I_2：N+CL_0+M

（5）A. 大新（南部壮语）：

mai^{4} ko^{1} ni^{1} 这棵树
树 棵 这

ɬɯ^{1} çeːk^{7} laːu^{4} ɬai^{1} 老师的书
书 册 老 师

B. 靖西（南部壮语）：

mai^{4} ko^{1} ɬuːŋ^{1} 高的树
树 棵 高

mai^{4} ko^{1} ŋo^{5} 我的树
树 棵 我

C. 东兰（北部壮语）：

ȵa^{3} ko^{1} θaːm^{1} ʔboŋ^{3} 三束草
草 棵 三 束

laːn^{2} ʔdan^{1} ni^{4} 这间房
房 个 这

D. 柳江（北部壮语）：

ti^{6} tiːu^{2} naːn^{2} 难的题
题 条 难

tsiu^{1} ko^{1} ni^{4} 这棵香蕉
蕉 棵 这

II_1：CL+N+CL_{00}+M ($CL_{00} \neq CL$)

（6）A. 大新（南部壮语）：

ʔan^{1} ɬai^{1}kua^{1} ka^{6} ni^{1} 这个西瓜
个 西瓜 些 这

uŋ^{1} kən^{2} ka^{6} jən^{1} ju^{5} ka^{4} ni^{1} 站在那儿的人②
个 人 些 站 在 那 这

① 张均如、梁敏、欧阳觉亚等:《壮语方言研究》，888 页，成都，四川民族出版社，1999。
② 卢业林:《大新壮语语法调查与研究》，南宁，广西大学硕士学位论文，2011，18 页。

B. 靖西（南部壮语）：

ʔi³ kən¹ kaːi⁵ khai¹ çe¹ ni⁰ ① 开车的人

个 人 些 开 车 这

ko¹ mai⁴ kaːi⁵ ŋo⁵ 我的树

棵 树 些 我

C. 东兰（北部壮语）：

tɕiːu³ po⁶ kaːi⁵ ʔbaːu²ʔdi¹ 漂亮的衣服

件 衣 些 漂亮

ʔdan¹ tuːi⁴ kaːi⁵ ni⁴ 这个碗

个 碗 些 这

D. 柳江（北部壮语）②：

pon³ sǎɯ¹ tu² kou¹ 我的书

本 书 只 我

II_2：$N+CL_{00}+M$

（7）A. 大新（南部壮语）③：

tsuŋ¹teːn³tsaːn⁴ ka⁶ paːn¹çje¹ ni¹ 这趟车的终点站

终 点 站 些 班 车 这

B. 靖西（南部壮语）：

ȵa³ kaːi⁵ tən⁴ 那些草 ④　　ɬi³khua⁵ kaːi⁵ ŋo⁵ 我的衣服

草 些 那　　衣裤 些 我

C. 东兰（北部壮语）：

po⁶ kaːi⁵ θaːm¹ tɕiːu³ 三件衣服　　po⁶ kaːi⁵ mɯŋ² 你的衣服

衣 些 三 件　　衣 些 你

D. 柳江（北部壮语）⑤：

sai³ tu⁶ nuːŋ⁴ 妹妹的肠子

肠 只 妹

① 这是一个弱化的声调，我们沿用吕嵩崧观点，标注为零调，即 ni⁰。参见吕嵩崧：《靖西壮语语法研究》，上海，上海师范大学博士学位论文，2014，160 页。

② 张公瑾：《论汉语及壮侗语族诸语言中的单位词》，载《中央民族学院学报》，1978（4）。

③ 卢业林：《大新壮语语法调查与研究》，南宁，广西大学硕士学位论文，2011，18 页。

④ 郑贻青：《靖西壮语研究》，313 页，北京，中国社会科学院民族研究所，1996。

⑤ 覃国生：《柳江壮语调查研究》，204 页，南宁，广西民族出版社，2013。

对于壮语 CL_0、CL_{00} 的定性，学界有不同的认识。先看 CL_0，前人的论著罕有提及 CL_0，说明未认识到其功能。CL_{00} 则有两种 CL_{00}。一种是 $ka{:}i^5$、ka^6，见于南部壮语及部分北部壮语。韦庆稳、覃国生[①]认为，$ka^6/ka{:}i^5$ 是表示“些”义的泛指量词，本文称为 $ka{:}i^5$ 类。另一种是 $tu^6({<}tu^2)$，见于部分北部壮语，本文称为 $tu^{6/2}$ 类。研究者只认识到 CL_{00} 有领属定语的功能。最典型的是《壮语通用词与方言代表点词汇对照汇编》[②]，用汉语的“的”对译 tu^6、$ka{:}i^5$、ka^6，释为“名词前表示领属关系”。韦庆稳、覃国生[③]、张元生、覃晓航[④]、黄平文、伍树燕[⑤]都指出 $tu^6({<}tu^2)$ 为领属定语标记。不仅如此，韦庆稳[⑥]、梁敏[⑦]明确指出 tu^6 是从动物量词 tu^2 演变而来，此论应可信[⑧]。据潘悟云[⑨]，各种调形有不同的声调起点，其中最省力最自然的起点是五度制中的 2，而壮语第 6 调大多为低调 21/22，所以 $tu^2{>}tu^6$ 符合声调弱化的规律。除了柳江例（4E）（6D）（7D）外，其他点也有记录，如例（8），清晰地展示了 $tu^2{>}tu^{6/2}{>}tu^6$ 的完整轨迹。

（8）忻城[⑩]：

fak^8 $çik^7$ tu^2 kou^1 我的尺子

把 尺 只 我

宜山[⑪]：

$ŋa{:}i^2$ $tu^{6/2}$ te^1 他的饭

饭 只 他

而对于 CL_{00} 关联指示词、数量词、形容词、关系小句的功能，学界并未提及。表 1 是壮语 CL_0、CL_{00} 在各方言中关联不同定语的情况。

---

① 韦庆稳、覃国生编著：《壮语简志》，32 页，北京，民族出版社，1980。

② 广西壮族自治区少数民族语言文字工作委员会研究室编：《壮语通用词与方言代表点词汇对照汇编》，219 页、286 页，南宁，广西民族出版社，1998。

③ 韦庆稳、覃国生：《壮语简志》，北京，民族出版社，1980。

④ 张元生、覃晓航编著：《现代壮汉语语法比较》，北京，中央民族学院出版社，1993。

⑤ 黄平文、伍树燕：《壮语 tu^6 与汉语“的”语用功能差异比较》，载《三月三》（民族语文研究专号），2015（6）。

⑥ 韦庆稳：《壮语语法研究》，南宁，广西民族出版社，1985。

⑦ 梁敏：《壮侗诸语言表示领属关系的方式及其演变过程》，载《民族语文》，1989（3）。

⑧ 何彦诚质疑此说，并依据侗水语支的材料，认为 tu^6 的来源是：领属定语标记＜与格标记＜终点格标记＜放置义动词。参见何彦诚：《侗台语领属结构的主要类型及其发展》，第 47 届国际汉藏语言暨语言学会议论文，昆明，2014。

⑨ 潘悟云：《汉语否定词考源——兼论虚词考本字的基本方法》，载《中国语文》，2002（4）。

⑩ 此条语料引自蓝利国：《现代汉语双宾语句在壮语中的对应表达形式》，载《中南民族学院学报》（哲学社会科学版），1997（2）。蓝利国只说“壮语”，笔者向蓝先生请教得知，此“壮语”指其母语忻城壮语。

⑪ 张均如、梁敏、欧阳觉亚等：《壮语方言研究》，848 页，成都，四川民族出版社，1999。

表 1　壮语 CL_0、CL_{00} 在各方言中关联不同定语的情况

方言点	CL_0	CL_{00}			
	各类定语	kaːi⁵ 类		tu⁶/² 类	
		领属定语	非领属定语	领属定语	非领属定语
大新	+	+	+	-	-
靖西	+	+	+	-	-
东兰	+	+	+	-	-
柳江	+	-	-	+	-
武鸣	+	-	-	-	-

（三）西南台语量词充当定语标记

I_1：$CL+N+CL_0+M\ (CL_0=CL)$

（9）A. 版纳傣语[①]：

to¹ piŋ¹　to¹ dam¹ 黑的蚂蝗

只 蚂蝗 只 黑

B. 金平傣语[②]：

laŋ¹ ma⁴ laŋ¹ nan⁴ 那架马驮子

架　马　架　那

C. 泰语[③]：

toːn⁴¹ mai⁴⁵ toːn⁴¹ nan⁴⁵ 那棵树

棵　　树　　棵　　那

I_2：$N+CL_0+M$

（10）A. 版纳傣语[④]：

xɛp⁷ ku⁶ sŭp⁷pŭt⁷ 穿破的鞋

鞋　双　穿破

版纳傣语[⑤]：

sə¹ phɯn¹ ni⁴ 这件衣服

衣　件　　这

① 张公瑾：《论汉语及壮侗语族诸语言中的单位词》，载《中央民族学院学报》，1978（4）。
② 罗美珍：《傣语方言研究（语法）》，131 页，北京，民族出版社，2008。
③ 番秀英：《汉语和泰语个体量词对比研究》，北京，北京语言大学博士学位论文，2009，44 页。
④ 李明：《西双版纳傣语量词研究——兼与汉语对比》，北京，中央民族大学博士学位论文，2007，79 页。
⑤ 罗美珍：《傣语方言研究（语法）》，35 页，北京，民族出版社，2008。

B. 泰语①：　　　　　　　　　　泰语②：

nók tua jàj 大的鸟　　　　　　nɯaː^{45} tɕʻin^{45} leːk^{45} 小的肉

鸟 只 大　　　　　　　　　　肉　件　小

C. 老挝语③：

paa^{3} toø nii^{4} 这条鱼　　　　mòò^{3} phuø caw^{4} hên^{3} 你看见的医生

鱼 只 这　　　　　　　　　　医生 位　你　见

II_1：$CL+N+CL_{00}+M\ (CL_{00} \neq CL)$

（11）A. 版纳傣语④：

phu^{3} jiŋ^{2} to^{1} di^{1} 好女孩　　　　mak^{9} hin^{1} luk^{2} năn^{4} 那块石头

位　女孩 只 好　　　　　　　块　石　个　那

B. 金平傣语⑤：

tom^{43} vɔʔ^{55} ʔăn^{33} hɔm^{33} hɔm^{33} năn^{31} 芳香的花朵

朵　花　个　香　香　那

C. 老挝语⑥：

pɯːm^{4} naŋ^{1}sɯ^{1} huːə^{1} ni^{4} 这本书

本　书　个　这

II_2：$N+CL_{00}+M$

（12）A. 版纳傣语⑦：

mu^{1} ʔan^{2} ju^{5} nai^{2} xɔk^{8} nan^{4} 圈里的猪

猪 个 在 里 圈　那

① Aikhenvald, Alexandra Y. Classifier: A Typological of Noun Categorization Devices. Oxford: Oxford University Press, 2000：214.

② 番秀英：《汉语和泰语个体量词对比研究》，北京，北京语言大学博士学位论文，2009，56 页。

③ Enfield, Nick J. A Grammar of Lao. New York: Mouton de Gruyter, 2007: 139, 142.

④ 李明：《西双版纳傣语量词研究——兼与汉语对比》，北京，中央民族大学博士学位论文，2007，44 页、58 页。

⑤ 刀洁：《金平傣语概况》，载《民族语文》，2005（2），73 页。

⑥ 覃国生、谢英：《老挝语 - 壮语共时比较研究》，116 页，北京，民族出版社，2009。

⑦ 罗美珍：《傣语方言研究（语法）》，154 页，北京，民族出版社，2008。

版纳傣语①：

kun^{2} kɔ^{4} niʔ^{8} 这个人

人　个　这

B. 德宏傣语②：

ton^{31}kaa^{31} laɯ^{55} laa^{55} bɯ^{35}tsau^{31} ʔan^{33} xeu^{35}jiu^{55}niu^{55} lan^{53}

秧苗　　里　田　自己　　个　绿　油　油　那

自己田里那绿油油的秧苗

C. 泰语③：

k'eːm^{24}klat^{21} ʔan^{33} mai^{21} 新腰带

腰带　　　个　新

rom^{41} ʔan^{33} nan^{45} 那把伞

伞　　个　　那

D. 老挝语④：

sin^{5} qanø　　nii^{4} 这条裙子

裙　个小的东西 这

老挝语⑤：

sȕa too pȗan lɛ̂ɛw 脏了的衣服

衣 只 脏　了

对上述西南台语各语言里 CL_0、CL_{00} 的定性，学者们有分歧。形容词、关系小句前的 CL_{00}，因其丧失了给名词分类的作用，语义被中和，还伴有语音弱化，诸家都将其看作定语标记。李明⑥、刀洁⑦、番秀英⑧都将功能为 CL_{00} 的 ʔan^{33}"个"看作"助词""定语标记"。形容词、关系小句前的 CL_0 也被部分学者看作定语标记。李明⑨

① 游汝杰：《论台语量词在汉语南方方言中的底层遗存》，载《民族语文》，1982（2），37 页。

② 巫凌云、杨光远编著：《傣语语法》，372 页，昆明，云南民族出版社，1993。

③ 番秀英：《汉语和泰语个体量词对比研究》，北京，北京语言大学博士学位论文，2009，112 页、115 页。

④ Enfield, Nick J. A Grammar of Lao. New York: Mouton de Gruyter, 2007: 141.

⑤ Aikhenvald, Alexandra Y. Classifier: A Typological of Noun Categorization Devices. Oxford: Oxford University Press, 2000: 89.

⑥ 李明：《西双版纳傣语量词研究——兼与汉语对比》，北京，中央民族大学博士学位论文，2007。

⑦ 刀洁：《金平傣语概况》，载《民族语文》，2005（2）。

⑧ 番秀英：《汉语和泰语个体量词对比研究》，北京，北京语言大学博士学位论文，2009。

⑨ 李明：《西双版纳傣语量词研究——兼与汉语对比》，北京，中央民族大学博士学位论文，2007，81 页。

称：所有量词都可以表达“的”的语法意义。Aikhenvald[①]将例（10B）中的tua“只”称为“形容词性修饰语（adjectival modifier）”。番秀英[②]将例（10B）中的tɕ'in^{45}“件”当作“助词”。而张公瑾[③]，巫凌云、杨光远[④]，罗美珍[⑤]，李知恩[⑥]不区分CL_0、CL_{00}，都看作定语标记。以张公瑾为代表，vak^{8}to^{1}kin^{1}mak^{8}tsuk^7（猴 - 只 - 吃 - 果 - 橘）与vak^{8}ʔan^{6}kin^{1}mak^{8}tsuk^7（猴 - 个 - 吃 - 果 - 橘）都是“吃橘子的猴子”，其中to^{1}是CL_0、ʔan^{6}是CL_{00}，都看作与汉语的“的”相当的“关系连词”。指示词前的CL_0一般不被视为定语标记。Aikhenvald[⑦]称作“直指分类词（deictic classfier）”。覃国生、谢英[⑧]并未把老挝语的“名量指”的“量”当作定语标记，而看成与壮语“量名指”相区别的特点。指示词前CL_{00}有个别学者当作定语标记，如游汝杰[⑨]认为例（12A）的kɔ^4“个”起“连接中心词和修饰语”的“联系作用”。值得一提的是Enfield（2007）的看法。他认为，无论是例（10C）中的CL_0，还是例（12D）中的CL_{00}，不管出现在指示词、数词、关系小句还是形容词之前，它们都发生语音弱化，即toø<too^3、phuø<phuu^5、qanø<qan^3，因而都是“起修饰语作用的量词（modifier classifier）”。

（四）关于CL_0、CL_{00}作定语标记的看法

本文认为，指示词、数量词、领属语、形容词、关系小句前的CL_0、CL_{00}都有定语标记的功能。先说指示词和数量词。指示词、数量词定语带标记并不罕见。李云兵[⑩]指出台湾南岛语“大多数语言的名词与指示词之间要加结构助词”。屈正林[⑪]考察了中国境内35种语言，发现7种南岛语指示词、数量词作定语要带上助词，还指出日语的指示词、数量词定语也要带定语标记“の”。前述壮语及西南台语指示词前的CL_0或CL_{00}有不少，而数量词前有CL_0、CL_{00}只在东兰壮语发现，如果数量词前的

---

① Aikhenvald, Alexandra Y. Classifier: A Typological of Noun Categorization Devices. Oxford: Oxford University Press, 2000: 214.

② 番秀英：《汉语和泰语个体量词对比研究》，北京，北京语言大学博士学位论文，2009，55页。

③ 张公瑾：《论汉语及壮侗语族诸语言中的单位词》，载《中央民族学院学报》，1978（4）。

④ 巫凌云、杨光远编著：《傣语语法》，昆明，云南民族出版社，1993。

⑤ 罗美珍：《傣语方言研究（语法）》，北京，民族出版社，2008。

⑥ 李知恩：《量词的跨语言研究》，北京，北京大学博士学位论文，2011。

⑦ Aikhenvald, Alexandra Y. Classifier: A Typological of Noun Categorization Devices. Oxford: Oxford University Press, 2000.

⑧ 覃国生、谢英：《老挝语 - 壮语共时比较研究》，北京，民族出版社，2009。

⑨ 游汝杰：《论台语量词在汉语南方方言中的底层遗存》，载《民族语文》，1982（2）。

⑩ 李云兵：《中国南方民族语言语序类型研究》，269页，北京，北京大学出版社，2008。

⑪ 屈正林：《民族语言定语助词的分布考察》，载《民族语文》，2011（3）。

CL_0、CL_{00} 不看作定语标记，并没有更好的解释。再说 CL_0 和 CL_{00}。I_1 中，给名词分类的功能已由 CL 承担，CL_0 再做一次分类是多余的，CL_0 发生了功能转移。I_2 的 CL_0 看似能给名词分类，但把壮语、傣语、泰语、老挝语的材料综合来看，CL+N 是台语原来的结构，CL 本在名词前，CL_0 在名词后是后起的，但由于离开了原来的位置，处在名词与定语之间，确实兼有定语标记的功能。CL_0 和 CL_{00} 两相比较，所有量词都能充当 CL_0，而 CL_{00} 则固定为某个量词，发生了"择一化（specialization）"，有的还伴随语音弱化，说明 CL_{00} 语法化程度高，更有资格作为专用的定语标记。

三、演变的路径

（一）前贤的推导

汉语方言量词有定语标记的功能。如：

（13）苏州话：

我件衣裳、乡下间房子、剩下碗菜、归面点人①

粤　语：

我支笔衫、咁大只猫、客厅啲嘢、我哋喺法国食啲嘢②

汉语史学界研究量词"个"演变为定语标记的成果丰厚，主要有两类观点。第一类观点认为"个"的定语标记用法衍生自"修饰语 + 个 + 核心"结构。曹广顺③称："个"先出现在"数 + 个 + 名"里，后出现在"形 + 个 + 名"里，都在修饰语和核心之间，只不过前者是数量关系，后者表性质状态，而后者的"个"就是结构助词了。赵日新④提出的路径是："X 个名（X 可以是名词、代词、动词、形容词或词组）中 X 的定指用法隐含着结构助词的用法，此用法进一步发展就使得'个'分化演变为结构助词和指示代词。"石毓智⑤认为，量词变为结构助词，中间经过了表定指这一阶段，

---

① 刘丹青：《苏州方言定中关系的表示方式》，载《苏州大学学报》，1986（2）。

② 刘丹青：《粤语句法的类型学特点》，载《亚太语文教育学报》，2001（2）。

③ 曹广顺：《说助词"个"》，载《古汉语研究》，1994（4）；曹广顺：《近代汉语助词》，北京，语文出版社，1995。

④ 赵日新：《说"个"》，载《语言教学与研究》，1999（2），38 页。

⑤ 石毓智：《量词、指示代词和结构助词的关系》，载《方言》，2002（2）。

在“谁喜欢吃你那糕 > 谁喜欢吃你个糕”的环境中获得。刘丹青[1]、陈玉洁[2]也都认为量词定语标记的用法来源于其定指功能，而方梅[3]认为定指功能来自“指 + 量”结构中“指”的脱落。综合第一类观点，汉语量词演变为定语标记有两个条件：其一，量词处在修饰语与核心之间；其二，量词要表定指。第二类观点以李知恩为代表，认为有的语言有无核定语标记但未必有有核定语标记，所以定语标记不是来源于定指功能，推测其源于指量转指[4]。

对壮语及西南台语“量词 > 定语标记”的推导，如果参照汉语量词“个”演变为定语标记的第一类观点，其两个条件都不符合。首先，如例（1）（2）（3）所示，量词在名词前，定语在名词后，量词不在名词与定语之间。其次，量词不表定指。袁家骅[5]指出：“在量名组合体这个体词结构形式中，……把量词比拟为冠词是不很恰当的。”张元生[6]也称“不应该把单独在名词前出现的名量词都认为是冠词”。泰语的量词也不表定指，番秀英[7]指出泰语“量词的有定功能一般要通过指示代词，就是说当量词与指示代词组合的时候才能有有定功能”。

台语研究者对“量词 > 定语标记”的演变是有观察的。张公瑾[8]认为其路径是：单位词 > 关系连词 / 替代词。李明[9]观察到了“所有量词都可以在语句中直接用为表语法意义的助词‘的’”，并推测是直接从量词演变来的。梁敏[10]认为壮语领属定语的助词 tu^{6}(<tu^{2})“只”是在 tu^{2}kai^{5}han^{4}tu^{2}mɯŋ^{2}（只 - 鸡 - 那 - 只 - 你）这类判断句结构中演变而来的，即 tu^{2}kai^{5}han^{4} 主语 +tu^{2}mɯŋ^{2} 系词补足语“那只鸡是你的” >tu^{2}kai^{5}han^{4} 核心名词 +tu^{2} 定语标记 +mɯŋ^{2} 领属定语“你的那只鸡”。番秀英[11]认为泰语 ʔan^{33} 是在如下结构中演变的：

（14）A. miː^{33} pʻra^{45} ʔat^{21}tʻaː^{24}rot^{45} ʔan^{33} nɯŋ^{21} luk^{45} jɯːn^{33} 有一个 Attharot 佛像站着
有　佛像　佛像名　　个　一　　站　起

① 刘丹青：《汉语关系从句标记类型初探》，载《中国语文》，2005（1）。
② 陈玉洁：《汉语指示词的类型学研究》，北京，中国社会科学出版社，2010。
③ 方梅：《指示词“这”和“那”在北京话中的语法化》，载《中国语文》，2004（4）。
④ 李知恩：《量词的跨语言研究》，北京，北京大学博士学位论文，2011，74 页、78 页。
⑤ 袁家骅：《汉壮语的体词向心结构》，载《民族语文》，1979（2），116 页。
⑥ 张元生：《武鸣壮语名量词新探》，载《中央民族学院学报》，1993（4），79 页。
⑦ 番秀英：《汉语和泰语个体量词对比研究》，北京，北京语言大学博士学位论文，2009，112 页。
⑧ 张公瑾：《论汉语及壮侗语族诸语言中的单位词》，载《中央民族学院学报》，1978（4）。
⑨ 李明：《西双版纳傣语量词研究——兼与汉语对比》，北京，中央民族大学博士学位论文，2007，79—81 页。
⑩ 梁敏：《壮侗诸语言表示领属关系的方式及其演变过程》，载《民族语文》，1989（3）。
⑪ 番秀英：《汉语和泰语个体量词对比研究》，北京，北京语言大学博士学位论文，2009，119 页。

B. mi:^{33} p'i^{41}ha:n^{24} ʔan^{33} jai^{21} 有大的佛殿
有 佛殿 个 大

例(14A)的结构是“有 +NP+ʔan^{33}+nɯŋ^{21}+VP”，例(14B)是“有 +NP+ʔan^{33}+VP”，前者数词 nɯŋ^{21} “一”脱落就会变成后者，ʔan^{33} “个”就演变为定语标记了。

梁敏和番秀英提供了演变的句法槽，即量词要处在名词与定语之间才能发生重新分析，颇有启发，但也存在不足。先看梁文。“那只鸡是你的”演变为“你的那只鸡”后，指示词与领属定语共现，按台语的结构规则，指示词应居最右侧，而 tu^{2}kai^{5}han^{4} 核心名词 +tu^{2} 定语标记 +mɯŋ^{2} 领属定语中的 han^{4} “那”却不在最右侧。再看番文。据 Haas[①]，mǎ tua-nýŋ（狗 - 只 - 一）中，数词 nýŋ “一”用如一个指示词。Noss[②] 也指出泰语数词 nýŋ “一”有指示词的用法，一般在并列结构和向心结构的外围位置，作用更接近修饰语。Diessel[③] 指出人类语言指示词的语法化目标之一是后置关系从句或后置定语的边界标记。所以，例（14A）的 nɯŋ^{21} “一”有指示词的用法，是名词性短语的边界标记，标明 NP+ʔan^{33}+nɯŋ^{21} 是一个名词性短语，充当 VP 的主语，例（14A）是连动式。而例（14B）的 NP+ʔan^{33}+VP 是一个名词性短语，整个例（14B）是个动宾短语。是否有 nɯŋ^{21} “一”，将两类性质不同的句法结构区分开来，如此重要的词，其脱落的语用因素是什么？番文未能给出合理的说明。

屈正林考察了中国境内 35 种少数民族语言的 5 种定语的标记[④]，5 种定语即指别词、数量词、名词 / 代词、形容词、动词（小句）。5 种定语的标记分为 4 种类型:（1）所有定语都用同一个标记;（2）指别词、数量词定语不带标记，而名词 / 代词、形容词、动词（小句）定语用一个标记;（3）指别词、数量词定语不带标记，而名词 / 代词定语用一个标记，形容词、动词（小句）定语用另一个标记;（4）指别词、数量词定语不带标记，而名词 / 代词、形容词定语用一个标记，动词（小句）定语用另一个标记。如果一种语言有定语标记，那么最有可能的就是名词 / 代词定语（即领属定语）标记。类型（1）就是名词 / 代词定语标记向左右两边扩展的结果。

① Haas, Mary R. The Use of Numeral Classifiers in Thai. Language, 1942, 18: 201-205.

② Noss, Richard B. Thai Reference Grammar. Washington DC: U.S Government Printing Office, 1964.

③ Diessel, Holger. Demonstratives: Form, Function, and Grammaticalization. Amsterdam: John Benjamins, 1999.

④ 屈正林用“标志”以区别于标记理论的“标记”；屈文的“指别词”，我们称“指示词”。参见屈正林：《民族语言定语助词的分布考察》，载《民族语文》，2011（3）。

（二）本文的推导

量词作定语标记的必要条件是量词要处在核心与定语之间，但例（1）（2）显示，壮语量词在名词前，定语在名词后，量词并不在名词与定语之间，确如刘丹青[①]所言。量词本在名词前，在后来的演变中，是如何能出现在名词与定语之间的呢？

1. CL_0 的来源

例（2A）的结构为 CL+N+M，CL+N 的核心是 CL[②]，因此，CL 可以替代 CL+N，从而使 CL+N+M 演变为 CL+M。如：

（15）	teːu^2 lei^2 长的那条	an^1 te^1 他的那个	tu^2 ʔbin^1 飞的那只
	条　长	个 他	只 飞
（16）	fak^8 ɕat^7 刷子	tu^2 pi^2 肥的动物	ko^1 heːn^3 黄的植物
	把　刷	只 肥	棵　黄

在各种文献的描述中，CL+M 可释为有定，如例（15），文献称之为“量词受各类实词的修饰或限制”或“量词受谓词修饰”[③]。CL+M 还可释为类指，如例（16），文献称之为“名词化”“名物化”或“指代作用”[④]。刘丹青[⑤]称 CL+M 能“充当被修饰代名词，有名词化（转指）的功能”。“充当被修饰代名词”是指例（15），“有名词化（转指）的功能”指例（16）。按刘文的说法，CL+M 中 CL 是个重新分析。陈玉洁[⑥]指出：CL+M 中的 M 是形容词或关系从句时，CL 从名词短语的核心语法化为名词化标记，失去有定的功能而只表类指，但未能详述，本文以柳江壮语为例来进一步分析。例如：

① 刘丹青：《语言库藏类型学构想》，载《当代语言学》，2011（4）。

② 袁家骅：《汉壮语的体词向心结构》，载《民族语文》，1979（2）；韦庆稳：《论壮语的量词》，见民族语文编辑部编：《民族语言研究论集》，西宁，青海民族出版社，1982；薄文泽：《壮语量词语法的双重性》，载《民族语文》，2003（6）；刘丹青编著：《语法调查研究手册》，上海，上海教育出版社，2008。

③ 郑贻青：《靖西壮语研究》，222 页，北京，中国社会科学院民族研究所，1996；韦庆稳：《壮语语法研究》，35 页，南宁，广西民族出版社，1985。

④ 张元生、覃晓航：《现代壮汉语语法比较》，57 页，北京，中央民族学院出版社，1993；张元生：《武鸣壮语名量词新探》，载《中央民族学院学报》，1993（4）；郑贻青：《靖西壮语研究》，225 页，北京，中国社会科学院民族研究所，1996。

⑤ 刘丹青：《语言库藏类型学构想》，载《当代语言学》，2011（4）。

⑥ 陈玉洁：《汉语指示词的类型学研究》，207—209 页，北京，中国社会科学出版社，2010。

（17）A. soːŋ^{1} pu^{4} vun^{2} pjaːi^{3} kua^{5} tau^{3}, pu^{4} saːŋ^{1} ku^{1} hjo^{4}maːi^{1}, pu^{4} tam^{5} ʔdi^{3} hjo^{4}.

两 个 人 走 过 来 个 高 我 认识 个 矮 不 识

有两个人走过来，高的我认识，矮的不认识。

A'. soːŋ^{1} pu^{4} vun^{2} pjaːi^{3} kua^{5} tau^{3}, pu^{4} ku^{1} hjo^{4}maːi^{1}, pu^{4} ʔdi^{3} hjo^{4}.

两 个 人 走 过 来 个 我 认识 个 不 识

有两个人走过来，我认识一个，另一个不认识。

B. kjen^{3} soːŋ^{1} vun^{2}, pu^{4} kɯn^{1} ku^{1} hjo^{4}maːi^{1}, pu^{4} ʔdi^{3} kɯn^{1} tɯk^{8} ʔdak^{7} hjə^{2}?

那里 两 人 个 吃 我 认识 个 不 吃 是 个 哪

那里两个人，吃的那个人我认识，不吃的那个人是谁？

B'. kjen^{3} soːŋ^{1} vun^{2}, pu^{4} ku^{1} hjo^{4}maːi^{1}, pu^{4} tɯk^{8} ʔdak^{7} hjə^{2}?

那里 两 人 个 我 认识 个 是 个 哪

那里两个人，一个我认识，另一个是谁？

（18）A. ha^{3} pu^{4} vun^{2} pjaːi^{3} kua^{5} tau^{3}, pu^{4} saːŋ^{1} saːm^{1} vun^{2}, pu^{4} tam^{5} mi^{2} soːŋ^{1} vun^{2}.

五 个 人 走 过 来 个 高 三 人 个 矮 有 两 人

有五个人走过来，高的有三个，矮的有两个。

B. haːu^{6} pjak^{7} ni^{4} hi^{4}laːi^{1} peːŋ^{2}, pu^{4} kɯn^{1} kun^{3} tɯk^{8} pu^{4} mi^{2}.

些 菜 这 如此 贵 个 吃 都 是 个 有

这些菜这么贵，吃的人都是有钱人。

例（17A）（17B）中，CL+M 是有定的，pu^{4} saːŋ^{1}（个 - 高）和 pu^{4}tam^{5}（个 - 矮）、pu^{4} kɯn^{1}（个 - 吃）和 pu^{4} ʔdi^{3} kɯn^{1}（个 - 不 - 吃）指特定语境中“高的那个人”和“矮的那个人”、“吃的那个人”和“不吃的那个人”，pu^{4} 是核心，能单用，故能说成例（17A'）（17B'）。而例（18A）（18B）中，CL+M 是类指的，pu^{4} saːŋ^{1}（个 - 高）和 pu^{4}tam^{5}（个 - 矮）、pu^{4}kɯn^{1}（个 - 吃）和 pu^{4}mi^{2}（个 - 有）不能指某个特定的人，而指任何高的、矮的、吃的和有钱的人。CL+M 从有定重新分析为类指，其机制是转喻。量词本身就有个体化功能，CL+M 表有定时，指语境中数量为“一”的个体。数量为“一”的个体通过转喻可以表该个体所在的集合的全体成员，因而获得类指义①。陈玉洁②强调修饰语是形容词或关系从句时，CL+M 才能重新分析，修饰语是名词时则不行。下面例（19）说明，修饰语是名词性的领属语时，同样能重新分析。

① 刘丹青：《汉语类指成分的语义属性和句法归属》，载《中国语文》，2002（5）。

② 陈玉洁：《汉语指示词的类型学研究》，北京，中国社会科学出版社，2010。

（19）A. so:ŋ¹ tu² kai⁵ ni⁴, tu² nu:ŋ⁴ ʔbɯk⁷, tu² ku¹ sai⁵.

两 只 鸡 这 只 弟 大 只 我 小

这两只鸡，弟弟的那只大，我的那只小。

A'. so:ŋ¹ tu² kai⁵ ni⁴, tu² ʔbɯk⁷, tu² sai⁵.

两 只 鸡 这 只 大 只 小

这两只鸡，一只大，一只小。

B. ha:u⁶ kai⁵ ni⁴, tu² nu:ŋ⁴ kun³ ta:i¹ le:u⁴, tu² ku¹ li³ li⁴ jɯ⁵.

些 鸡 这 只 弟 都 死 完 只 我 还 活 在

这些鸡，弟弟的都死了，我的还活着。

例（19A）的 tu²nu:ŋ⁴（只 - 弟）、tu²ku¹（只 - 我）表有定，tu² 是核心，可单用例（19A'）；而例（19B）tu²nu:ŋ⁴（只 - 弟）、tu²ku¹（只 - 我）表类指。我们认为，这一重新分析也能发生于修饰语是指示词的 CL+M，不过类指的解读被指示词抑制了。

例（18A）（18B）和例（19B）是 $[CL_0+M]$类指。CL_0 不是核心，没有称代作用，不能单用，只能分析为从属成分。由于 $[CL_0+M]$类指没有核心，当需要再出现核心成分时，按照壮语的规则，只能出现在 $[CL_0+M]$类指之前。出现在 $[CL_0+M]$类指前的核心有两类，一类是 CL+N，另一类是 N，由此构成 I_1、I_2 两种结构，I_1、I_2 中的 CL_0 处在核心与定语之间，就有了定语标记的功能。此操作使前文所说的作定语标记的必要条件，即“量词出现在名词之后定语之前”得以实现。上述过程可表述如下，即演变路径 1：

CL+N+M(2) → $[CL_0+M]$有定 (17) (19A) → $[CL_0+M]$类指 (18) (19B) → (CL+)N+CL_0+M(4) (5)

2. CL_{00} 的来源

$[CL_0+M]$类指中，CL_0 为从属成分，其语义会被漂白，分类功能淡化。有两个途径达到语义漂白的目标。途径一，选择某个量词，扩大其搭配范围，语义中和；途径二，选择不定量词，因为不定量词只表量不分类，能跟所有名词搭配。从表 1 看，柳江壮语选择了途径一，动物量词 tu² 搭配的名词超出了动物名词的范畴，如例（20）中跟“孩子”搭配。大新、靖西、东兰等壮语选择了途径二，如例（21）的 ka:i⁵ 搭配“孩子”和“树”，没有生命度的限制。

（20）柳江壮语：

paːŋ¹ lɯk⁸ ŋe⁴　ni⁴ tɯk⁸ tu²˃⁶ jo² jaːu⁴ ku¹.
帮　个　孩子 这 是　的　学 校　我
这些小孩是我们学校的。

（21）靖西壮语：

A. ləm⁴ lok⁸ eŋ¹ kei³, kaːi⁵ tən⁴ meːn⁴ kaːi⁵ jo² jaːu³ ŋo⁵.
许多 孩子 小 这　些　那　是　些　学 校　我
这么多小孩，这些是我们学校的。

B. paːŋ¹ mai⁴ kei³, kaːi⁵ ɬuːŋ¹ ni⁰ kaːi⁵ tam⁵ ni⁰ mei² noːn¹ ja⁵.
帮　树　这　些　高　这 些　矮　这 有　虫　完
这些树，高的矮的都有虫。

这两个途径使 $[CL_0+M]$ 类指→ $[CL_{00}+M]$ 类指。$[CL_{00}+M]$ 类指没有核心，CL_{00} 是从属成分，如果再出现核心 CL+N 或 N，按规则只能在其前面，从而构成 II_1、II_2。此操作也使“量词出现在名词之后定语之前”得以实现。套用路径 1，II_1、II_2 中 CL_{00} 的来源可以表述为路径 2：

$[CL_0+M]$ 类指 (18) (19B) → $[CL_{00}+M]$ 类指 (20) (21) → $(CL+)N+CL_{00}+M$ (6) (7)

对部分北部壮语而言，路径 2 是难以实现的。如：

（22）柳江壮语：

A. toŋ⁶ fai⁴ nei⁴, tu⁶ᐟ² nuːŋ⁴ kun³ taːi¹ leːu⁴, tu⁶ᐟ² ku¹ li³ li⁴ jɯ⁵.
些　树 这　只　弟　都　死　完　只　我 还 活 在
这些树，弟弟的都死光了，我的还活着。

*B. toŋ⁶ fai⁴ nei⁴, tu⁶ᐟ² θaːŋ¹ kun³ taːi¹ leːu⁴, tu⁶ᐟ² tam⁵ li³ li⁴ jɯ⁵.
些　树 这　只　高　都　死　完　只　矮　还 活 在
这些树，高的都死光了，矮的还活着。

例（19B）（22A）都是领属关系，句子是合格的，而例（22B）却不合格，因其 $[CL_{00}+M]$ 类指是非领属关系，说明 tu⁶ᐟ² 充当 CL_{00} 只能在领属关系中，如韦庆稳[①]所指

① 韦庆稳：《壮语语法研究》，182 页，南宁，广西民族出版社，1985。

出的：非领属关系的“红的（花）、吃的（饭）”不能用 tu^{6}。如前所述，前辈时贤目前也只认识到 $ka{:}i^{5}$ 类的领属定语标记功能，说明 $ka{:}i^{5}$ 类也是最先在领属关系中变成 CL_{00}。$tu^{6/2}$ 类、$ka{:}i^{5}$ 类的演变符合屈正林①的概括。上文表 1 表明，壮语各方言 CL_{00} 的产生和发展是不平衡的。武鸣壮语尚未有任何形式的 CL_{00}；柳江壮语只有表领属关系的 $tu^{6/2}$ 充当 CL_{00}，尚未向两边扩展；大新、靖西、东兰等壮语，$ka{:}i^{5}$ 类既作领属定语标记，也作非领属定语标记，说明已向两边扩展，属于屈正林所说的类型（1）。现将路径 2 修正为路径 2'：

$[CL_0+M]_{\text{类指}}$ → $[C_{L00}+M]_{\text{类指}}$ {

$\{ka{:}i^{5}$ +领属$\}_{\text{大新、靖西、东兰}}$ →（CL+）N+$ka{:}i^{5}$+领属 →（CL+）N+ $ka{:}i^{5}$ +形/动

↗（CL+）N+ $ka{:}i^{5}$+指示/数量

$\{tu^{6/2}$ +领属$\}_{\text{柳江}}$ →（CL+）N+ $tu^{6/2}$+领属

部分北部壮语还能观察到无核的“$tu^{6/2}$+ 领属”→有核的“(CL+)N+$tu^{6/2}$+ 领属”的过程。韦庆稳②用普通话的“的”字词组来比照标准壮语的物主词组，其“物主词组”全是“tu^{6}+ 领属”。根据谢海洋③的论述，马山壮语有核的 $tu^{6/2}$ 只能用于可让渡领属关系，不可让渡关系不能用。而上文例（4E）（6D）（7D）则表明，柳江壮语所有的名词都能进入有核的“（CL+）N+$tu^{6/2}$+ 领属”。因此，这一演变的过程可表述如下：

$\{tu^{6/2}$ +领属$\}_{\text{标准壮语}}$ → $\{[$（CL+）N$]_{\text{可让渡名词}}$ +$tu^{6/2}$ +领属$\}_{\text{马山壮语}}$ → $\{[$（CL+）N$]_{\text{所有名词}}$+$tu^{6/2}$+领属$\}_{\text{柳江壮语}}$

四、结语与余论

（一）壮语的演变路径

路径 1 和路径 2' 是壮语“量词 > 定语标记”的演变路径，两条路径可整合如下：

① 屈正林：《民族语言定语助词的分布考察》，载《民族语文》，2011（3）。

② 韦庆稳：《壮语语法研究》，南宁，广西民族出版社，1985。

③ 谢海洋：《马山壮语语法调查与研究》，南宁，广西大学硕士学位论文，2012。

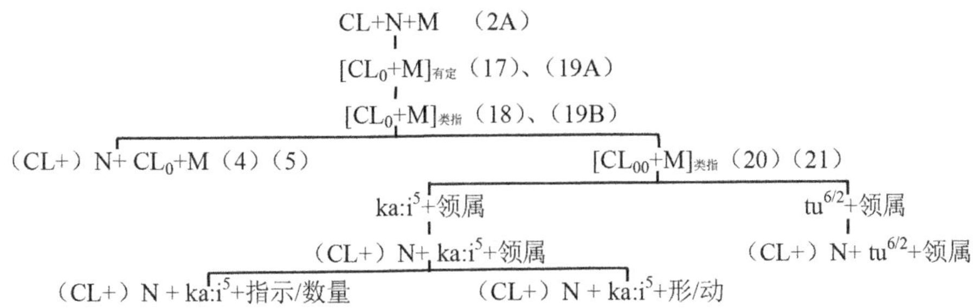

本文用壮语材料推导的“量词 > 定语标记”的演变路径，与李知恩[①]相通，即认为定语标记源于量词的转指功能。本文在李文的基础上进一步明确其关键步骤为：

$CL_0/CL_{00}+M \rightarrow (CL+)N+CL_0/CL_{00}+M$。从壮语推导的路径也适用于西南台语。

（二）西南台语的演变路径

一般认为，西南台语的傣语、泰语、老挝语等的领属标记从 xɔŋ¹/khɔːŋ¹“东西”演变而来，而形容词 / 动词定语标记从非生命物体的量词 ʔan¹“个”演变而来[②]。其实，xɔŋ¹/khɔːŋ¹ 是个类名词，出现在名词前构成“大名 + 小名”。如：

（23）老挝语[③]：

khɔːŋ¹khvan¹ 礼品、奖品

东西 吉祥物

傣语[④]：

xɔŋ¹ xo² 货物

东西 货

而 CL+N 本质上也是“大名 + 小名”[⑤]，故 xɔŋ¹/khɔːŋ¹ 跟量词有相同的演变。目前可观察到无核“xɔŋ¹+ 领属”和有核“N+xɔŋ¹+ 领属”两类。如：

---

① 李知恩：《量词的跨语言研究》，北京，北京大学博士学位论文，2011。

② 参见本文傣语、泰语、老挝语相关参考文献。

③ 覃国生、谢英：《老挝语 – 壮语共时比较研究》，110 页，北京，民族出版社，2009。

④ 罗美珍：《傣语方言研究（语法）》，124 页，北京，民族出版社，2008。

⑤ 袁家骅、张元生：《武鸣壮语词法初步研究》，11 页，南宁，广西民族出版社，1958；梁敏：《壮侗语族诸语言名词性修饰词组的词序》，载《民族语文》，1986（5）。

（24）德宏傣语[①]：

xɔŋ^{1}kau^{6}li^{6} si^{1} xɔŋ^{1}man^{2} 我的比他的好

的 我 好 过 的 他

金平傣语[②]：

sin^{25}vo^{55}xɔŋ^{33}nɔŋ^{33}ni^{43} 妹妹的花裙子

裙 花 的 妹 这

无核的“xɔŋ^{1}+ 领属”出现在德宏傣语，巫凌云、杨光远[③]明确指出：“‘xɔŋ^{1}……’的结构表示某事物属于‘某某的’，因此它的前面不再出现作中心词的名词。”梁敏、张均如[④]认为：“xɔŋ^{1}……还没有真正发展成为表示领属关系的结构助词。”据屈正林[⑤]，傣语领属定语的标记用 xɔŋ^{1}“东西”，而形容词/动词定语标记用 ʔan^{1}“个”，属于类型（3），不需要领属定语标记的扩展。因此，傣语相当于壮语路径 2' 的演变是：

$[CL_0+M]_{类指}$ → $[CL_{00}+M]_{类指}$ {
ʔan^{1} + 形/动 →（CL+）N + ʔan^{1} +形/动
xɔŋ^{1} + 领属 →（CL+）N + xɔŋ^{1} + 领属

参考文献

[1] 薄文泽 . 壮语量词语法的双重性 . 民族语文，2003（6）.

[2] 曹广顺 . 近代汉语助词 . 北京：语文出版社，1995.

[3] 曹广顺 . 说助词“个”. 古汉语研究，1994（4）.

[4] 陈玉洁 . 汉语指示词的类型学研究 . 北京：中国社会科学出版社，2010.

[5] 刀洁 . 金平傣语概况 . 民族语文，2005（2）.

[6] 刀洁，倪旸 . 英语傣语定中结构对比研究 . 天津大学学报（社会科学版），2001（4）.

[7] 方梅 . 指示词“这”和“那”在北京话中的语法化 . 中国语文，2004（4）.

[8] 广西壮族自治区少数民族语言文字工作委员会研究室 . 壮语通用词与方言代表点词汇对照汇编 . 南宁：广西民族出版社，1998.

① 梁敏、张均如：《侗台语族概论》，897 页，北京，中国社会科学出版社，1996。

② 刀洁、倪旸：《英语傣语定中结构对比研究》，载《天津大学学报》（社会科学版），2001（4）。

③ 巫凌云、杨光远：《傣语语法》，375 页，昆明，云南民族出版社，1993。

④ 梁敏、张均如：《侗台语族概论》，897 页，北京，中国社会科学出版社，1996。

⑤ 屈正林：《民族语言定语助词的分布考察》，载《民族语文》，2011（3）。

[9] 何彦诚 . 侗台语领属结构的主要类型及其发展 . 第 47 届国际汉藏语言暨语言学会议论文，昆明，2014.

[10] 黄平文，伍树燕 . 壮语 tu^6 与汉语“的”语用功能差异比较 . 三月三（民族语文研究专号），2015（6）.

[11] 蓝利国 . 现代汉语双宾语句在壮语中的对应表达形式 . 中南民族学院学报（哲学社会科学版），1997（2）.

[12] 李明 . 西双版纳傣语量词研究——兼与汉语对比 . 北京：中央民族大学博士学位论文，2007.

[13] 李云兵 . 中国南方民族语言语序类型研究 . 北京：北京大学出版社，2008.

[14] 李知恩 . 量词的跨语言研究 . 北京：北京大学博士学位论文，2011.

[15] 梁敏 . 壮侗语族诸语言名词性修饰词组的词序 . 民族语文，1986（5）.

[16] 梁敏 . 壮侗诸语言表示领属关系的方式及其演变过程 . 民族语文，1989（3）.

[17] 梁敏，张均如 . 侗台语族概论 . 北京：中国社会科学出版社，1996.

[18] 刘丹青 . 苏州方言定中关系的表示方式 . 苏州大学学报，1986（2）.

[19] 刘丹青 . 粤语句法的类型学特点 . 亚太语文教育学报，2001（2）.

[20] 刘丹青 . 汉语类指成分的语义属性和句法归属 . 中国语文，2002（5）.

[21] 刘丹青 . 汉语关系从句标记类型初探 . 中国语文，2005（1）.

[22] 刘丹青 . 语法调查研究手册 . 上海：上海教育出版社，2008.

[23] 刘丹青 . 语言库藏类型学构想 . 当代语言学，2011（4）.

[24] 卢业林 . 大新壮语语法调查与研究 . 南宁：广西大学硕士学位论文，2011.

[25] 罗美珍 . 傣语方言研究（语法）. 北京：民族出版社，2008.

[26] 吕嵩崧 . 靖西壮语语法研究 . 上海：上海师范大学博士学位论文，2014.

[27] 潘悟云 . 汉语否定词考源——兼论虚词考本字的基本方法 . 中国语文，2002（4）.

[28] 番秀英 . 汉语和泰语个体量词对比研究 . 北京：北京语言大学博士学位论文，2009.

[29] 屈正林 . 民族语言定语助词的分布考察 . 民族语文，2011（3）.

[30] 覃凤余 . 壮语分类词的类型学性质 . 中国语文，2015（6）.

[31] 覃国生 . 柳江壮语调查研究 . 南宁：广西民族出版社，2013.

[32] 覃国生，谢英 . 老挝语 – 壮语共时比较研究 . 北京：民族出版社，2009.

[33] 石毓智 . 量词、指示代词和结构助词的关系 . 方言，2002（2）.

[34] 韦庆稳 . 壮语语法研究 . 南宁：广西民族出版社，1985.

[35] 韦庆稳 . 论壮语的量词 // 民族语文编辑部 . 民族语言研究论集 . 西宁：青海民族出版社，1982.

[36] 韦庆稳，覃国生．壮语简志．北京：民族出版社，1980.

[37] 巫凌云，杨光远．傣语语法．昆明：云南民族出版社，1993.

[38] 谢海洋．马山壮语语法调查与研究．南宁：广西大学硕士学位论文，2012.

[39] 游汝杰．论台语量词在汉语南方方言中的底层遗存．民族语文，1982（2）.

[40] 袁家骅．汉壮语的体词向心结构．民族语文，1979（2）.

[41] 袁家骅，张元生．武鸣壮语词法初步研究．南宁：广西民族出版社，1958.

[42] 张公瑾．论汉语及壮侗语族诸语言中的单位词．中央民族学院学报，1978(4）.

[43] 张均如，梁敏，欧阳觉亚，等．壮语方言研究．成都：四川民族出版社，1999.

[44] 张元生．武鸣壮语名量词新探．中央民族学院学报，1993（4）.

[45] 张元生，覃晓航．现代壮汉语语法比较．北京：中央民族学院出版社，1993.

[46] 赵日新．说“个”．语言教学与研究，1999（2）.

[47] 郑贻青．靖西壮语研究．北京：中国社会科学院民族研究所，1996.

[48]Aikhenvald, Alexandra Y. Classifier: A Typological of Noun Categorization Devices. Oxford: Oxford University Press, 2000.

[49]Diessel, Holger. Demonstratives: Form, Function, and Grammaticalization. Amsterdam: John Benjamins, 1999.

[50]Enfield, Nick J. A Grammar of Lao. New York: Mouton de Gruyter, 2007.

[51]Haas, Mary R. The Use of Numeral Classifiers in Thai. Language, 1942, 18: 201-205.

[52]Noss, Richard B. Thai Reference Grammar. Washington DC: U.S Government Printing Office, 1964.

[53]Iwasaki, Shoichi, and Preeya Ingkaphirom. A Reference Grammar of Thai. Cambridge: Cambridge University Press, 2005.

语言社情问题研究：概念、关系和维度[①]

周殿生　尉亮　江敏

语言在当今世界，已经不仅仅是传统意义上认为的交际工具那样简单。随着国家民族关系的分合变化，隐性的语言政治一直伴随着一些国家和地区的语言关系变化。世界各地出现的语言冲突，其实有不少是隐性的政治力量在背后不同程度地发挥作用。近几十年来，人们不仅发现语言有认知作用、认同作用、信息承载作用，而且还发现，语言与经济、语言与族群、语言与文化、语言与政治、语言与科学技术之间都有一定的关系。除此之外，语言与社会的关系还有不少问题并没有认识清楚。多民族地区的语言及其关系时不时成为敏感问题，直接影响民族关系甚至社会稳定，这足以说明语言力量之巨大。第二次世界大战以来，在分离主义严重的一些国家和地区，语言甚至成为凝聚族群、分裂国家的旗帜和社会动员令。语言安全和语言战略思维的出现，使美国等国家把语言看作国家安全的利器和战胜对手的战略资源。今天，语言整合已经是国家治理不可忽视的重要方面。各国在制定发展规划时，都会在语言规划中设定管理目标和教育任务，他们用克服语言障碍的办法解决社会发展和经济建设中所遇到的困难和问题。语言的作用在信息科学突飞猛进和全球经济一体化的今天，已经超过了以往任何时代。语言的潜在功能随着当代科技的迅速发展和语言学研究的深入，正在不断被发掘出来，语言在社会生活中的功能和作用，已经超过以往语言学家们的认识和想象。

“当语言被用来区分‘自己人’和‘外人’的时候，只要有人占优势，就必然会有人处于劣势，冲突自然就难免发生。此时，语言的多元不免被视为社会冲突的根源，或者至少是政治斗争的工具。因此，语言问题在政治斗争和民族冲突中的作用应引起充分的重视，这对维护多民族国家安全而言十分重要。”[②]语言不可能在一朝一夕发生

① 国家社会科学基金西部项目“新疆语言社情及安全隐患调查研究”（项目批准号：15XYY007）的结项论文之一。本文曾刊于《江汉学术》，2022（2），此次收录作一定删改。

② 赵蓉晖：《分裂主义与语言问题》，见赵蓉晖主编：《语言政策与语言教育》（第1期），北京，商务印书馆，2015。

突然变化，但语言问题却可能在一夜之间触发威胁文化安全和社会稳定的群体性社会事件。“语情”问题已经引起人们的关注和研究，但“语言社情”在学界被关注得还不够。截至 2020 年 12 月，笔者在知网以“语言社情”为主题进行搜索，尚未找到相关论文。本文聚焦语言社情问题，对其本质、特点、分布、价值以及它与语情、舆情之间的关系进行初步探索，希望引起应有的重视，也为语言安全问题研究和社会语言学研究提供新的思路。

一、什么是语言社情

（一）关于语言社情的定义

简单地说，语言社情是关于语言生态问题的语言社会情况。广义的语言社情可以散射到语情。狭义的语言社情是语言生活中与非传统安全有密切关系的语言社会情况。语言社情既有语言内部的部分，也有语言与社会文化之间相联结的部分。既有显性的，也有隐性的；既有共时性，也有历时性。本文观察和研究的语言社情，主要侧重消极的和隐性的方面。

（二）语言社情的性质

作为社情的一部分，语言社情是在语言使用和语言内部变化中表现出的语言使用者对社会的心理变化动向和文化亲和倾向。语言社情既有积极的方面，也有消极的方面。积极语言社情有利于民族团结、文化和谐、社会稳定和共同繁荣；消极语言社情有可能导致语言、社会不和谐，甚至导致族群间因语言问题而产生矛盾和冲突，或者族群内部不同地区人们之间因为标准语和方言的使用产生矛盾。

（三）语言情感与语言意识形态

在多语种和多方言并存的社会里，从不同的角度看，语言有母语和非母语、标准语和方言、通用语和交际语、国语和非国语、官方语和非官方语、民族语和共同语等之分。虽然有人通晓多种语言，但多数人都生活在母语世界里，依赖母语生存，并且都以自己母语为起点和视角观察判断周围各种语言的价值，这就形成了个人对不同语言亲疏远近的情感差异，形成个人的语言价值观和语言意识形态。在同一语言的不同方言区域，标准语和方言并存，同样也有不同的语言意识和语言情感差异。语言意识和语言情感常常纠结在一起，互相作用和强化，自觉或不自觉地影响着人们的语言态度。语言态度可以通过语言使用、双语接触、语码选择、借词选择等方式表现出来。

（四）语言社情的内部方面和外部方面

在人类活动中，同一个社会体系里，不同语言或方言的人文生态文化圈之间总是存在着竞争与和谐的两面性，有竞争就必然有不和谐，有不和谐就有一定的表现。无论是多语言之间还是一种语言内部，都是相同的。只不过，不同类型的语言不和谐，其强度、范围和影响力不同而已。语言社情既有语言内部问题，也有语言外部问题。语言内部问题主要反映在词汇系统中，如不同时期出现的新词及其语义指向，包括新创造的词语和旧词新用，也包括借词及其来源的取向。新词既可能反映新事件、新理念、新科技和新思想，也可能是旧词新用。语言外部问题主要表现在不同语言之间的竞争，如语言地位高低的认同态度、语言使用者对母语和二语的态度，以及源于社会心理做出的语言价值判断和语码选择。一般来说，语言内部的问题是语言自身发展变化的结果，语言外部的问题常常跟文化、历史乃至经济等因素关联在一起。但由于语言政治的介入，无论是内部还是外部的语言社情，都会带有明显的语言意识形态和文化倾向。语言社情的内部、外部问题和自身以及社会的问题相互交错，互为因果，形成错综复杂的关系，因此使得语言问题有的时候显得比较敏感，以至于语言专家们认为语言政策适度落后于语言生活是合适的。

二、语言社情与语言安全、语情、舆情的关系

（一）语言社情与语言安全

“如果国家主体语言不安全，即语言健康、语言功能、语言地位、语言发展等受到威胁、失去保障或受到侵害，不仅影响语言使用和语言认同，也会危及国家安全。”[①] 语言安全既包括语言本身的安全问题，也包括由语言问题产生的关乎地区族群关系安全的问题。语言安全既要考虑语言关系安全，也要考虑语言内部的安全问题。既要考虑国家通用语言推行的国家统一性，也要考虑人口较少的语言濒危性。因此，语言安全是一个更具有宏观性的非传统安全问题，它涵盖的内容比语言社情更加广泛。

---

① 赵世举：《语言在国家安全中的角色和功能》，载《云南师范大学学报》（哲学社会科学版），2019（2）。

语言社情主要着眼于语言对社会和文化产生的作用，着眼于语言生活中可能导致语言冲突乃至民族冲突的潜在语言问题，它是语言安全的最重要方面。语言安全的实现依赖于语言社情的调查、分析和评估。语言社情的最终目的是实现语言安全。

（二）语言社情与语情的关系

语言社情和语情都反映语言的新近变化或现状，语言社情的主要方面更关注带给或可能带给本国本地区社会麻烦的语言动态问题以及民间典型性的语言摩擦现象，它包括：

（1）语言生活中出现的有违于语言政策或可能给社会带来隐患的问题。

（2）语言法规和政策滞后于已经变化了的社会语言生活现实而出现的问题。

（3）语言使用者在语言接触和使用中对母语或本地区方言地位的诉求。

（4）语言教育不平衡带来的语言关系不和谐问题。

（5）涉及语言与经济的利益关系出现的问题。

（6）跨民族或非跨民族交际中的典型性语言摩擦或冲突事件。

由于语言社情是本国本地区可能对社会产生影响和作用的语言变化的社会情况，因此，语言社情与文化安全和社会稳定关系更为密切。语言社情研究服务于国家在重点区域防范因为语言问题而产生群体事件的语言治理和社会安全。

语言社情是语情中关系到本国语言安全的热点部分。从一定意义上说，语言社情是狭义的语情，是语情中关系到本国语言安全的敏感问题。语言社情的突出特点是，从语言方面关注可能对社会产生隐患的语言变化情况和语言动态端倪。尽管它们的存在形式有显性和隐性之别，但依然可以从变化和端倪中分析出不同语言社情表现出的语言态度、语言诉求和语言意识等。

语情反映的是不限于本国本地区的各国各民族语言使用、语言接触、语言能力变化的一般新情况。包括语言管理新政策和新动向，语言教学新动态，语言研究新方法、新理论，以及与语言相关的新科技成果应用情况等。

由此可见，语言社情和语情的最大区别在于，前者与本国本地区语言安全、文化安全和社会稳定的相关度更大更直接；后者则没有区域范围的限制，内容也更广泛，包括所有的语言变化新情况。前者是后者的热点部分。

（三）语言社情与舆情的区别

语言社情不同于舆情，但又与舆情有一定的联系。舆情反映一个时期的社会舆论倾向或动态。而语言社情所反映的是语言竞争中的跟社会稳定相关的语言社会情况。语言社情跟舆情之间存在着联系。当一个时期的语言社情发展到一定的热度以后，就会在社会舆情上反映出来，特别是某一个时期的舆情中某些词语在语言生活中大量出现，某些词频突然升高，从这个意义上说，语言社情是舆情在语言生活和语言竞争方面的表现。舆情尖锐化的直接后果可能是群体事件，语言社情尖锐化的直接后果主要是语言安全和文化安全问题，偶尔也有因为语言问题导致的群体事件。

三、语言社情的研究维度

语言社情至少可以从 4 个方面进行观察和研究：语言教育和学习、语言使用和接触、语言态度和语言观念、语言变化和语言管理。下面我们就其中的一些具体视角进行讨论。

（一）跨民族语言交流

语言交流中有经济、尊重、合作、适应性等多种原则，“回避”虽然是语言交流的策略之一，但不对话的回避交流不是语言和谐。语言交流可以缩小不同族群和语言社区人们之间的心理距离。观察跨民族交流的广度、频度和深度，可以测试和发现语言使用者之间交流的热度和心理距离，因此语言交流是语言社情的观察点之一。民族间的交流广度主要和居住环境及区域分布有关，比较宏观；民族间的交流频度主要和语言接触的频度有关；民族间的交流深度主要看谈论什么样的话题和能谈到多深。在多语接触地区，无论是用哪种语言，交流频度高、话题广、程度深，说明跨民族交流情况和谐、良好，反之则是不然。在一个多语接触的语言社区，如果没有比较充分的语言沟通，就说明交流不畅，较容易产生隔阂或误解。从这个意义上讲，不交流或少交流，是多民族地区重要的语言社情隐患。

（二）语言使用

1. 语码选择

语言文字使用也能凸显一定的语言社情，这主要反映在多语种之间的竞争方面。语码选择的实质是语言竞争。从宏观上看，语言竞争必须要有法律规范作为前提，否则，就会出现语码选择的混乱和无序的竞争。但从微观上讲，法律不可能详细规定什么场合该选用哪种语码，也不可能做出非常详尽的规定，哪种场合必须使用哪种语言。在自然状态下，人们是按照平等尊重、语言经济和社会交际习惯原则自我调节，最终目的是实现沟通和交流。需要注意的是，社会使用语言文字中，带有个人情绪化的语言地位竞争往往会产生不和谐的交际情景。对于这种情况，需要仔细观察和冷静判断。对于那些有违常态的小范围语言冲突，其根源是个人言语冲突，还是语言交流不畅造成的误解，或是刻意为之的语言竞争，必须做出正确判断，才好准确化解。

2. 借词来源及倾向

词汇是语言要素中最活跃的部分，在词汇系统中借词又是最活跃部分。从借词观察语言社情是一个重要方面。一种语言的借词，与该民族不同时期的交流对象和文化倾向有密切关系。从一种语言的借词历史，可以找到该民族文化交流的历史轨迹。一种语言借入另一种语言的词语，本来是语言发展和变化的自然现象，是语言相互影响作用的结果。但是，往往因为文化的倾向性，使得借词借入和吸收具有了明显的选择性。借词借入时，排斥什么、吸收什么，表明语言文化价值鲜明的倾向性。通常自然借入的理由非常简单，或者是因为相邻，或者是因为强势文化影响。从哪个民族语言借入、借入哪方面词语、怎样借入，这里面既有语言“自尊”和刻意“异同”问题，也有语言文化亲和与疏离问题，还有口语和书面语借入程度区别问题。当民族关系处于正常状态时，通常地域相邻并接触的语言最容易借进借出，但事情往往并非如此，舍近求远、近而疏之、远而借之的现象并不少见。之所以会出现这种状态，其背后的原因就比较复杂了。语言社情对借词的关注，是基于语言安全考虑的。在一段时间内，某一个方面的外来词语增多，或者借词不在常规状态，那就得将其纳入语言社情关注范围之内了。在语言生态文化圈之间，任何借词的引入，其背后的原因既不简单，也不孤立。

3. 语言时尚

在一个语言世界内部，与穿衣打扮和商品消费一样，人们使用语言时有一种追求语言时尚的现象。当人们创造或引进一个外来新词语、其在某种交际模式中被普遍接受和广泛使用且成为一个时期的流行现象时，语言时尚和语言消费现象就产生了。那么问题来了，人们为什么会对那个新词语或表达方式如此热衷？这是社会语言学关注的问题，也是语言社情研究需要关注的问题。一个新词语或表达模式的产生和流行，往往是人们对该语言使用的新突破，也是人们某种心理需求得到满足的表现。这种心理需求可能是语言表达多样性的意趣需求，也可能是受风俗文化或宗教文化影响的结果，还可能是语词包含的某种观念价值的悄然传播。它表现出一个语言世界内部语言使用的微观变化，也表现出使用这种语言的人们文化心理认同在某一点上的偏好。从语言时尚观察语言社情是一种比较独特的视角。它可以观察到年轻一代对新词术语的创造或对语言交际模式吸收的倾向性和偏好性，并对为什么会产生某种倾向和偏好做出解释。

（三）国家通用语言教育

在多民族多语言地区，国家语言教育是语言统一性和语言多样性、语言和谐和语言竞争各个方面达到平衡状态的科学规划，也是国家语言教育政策的具体落实。宏观上说，国家语言教育的实际现状，可以反映出语言平衡在不同时段上的动态实际情况，也可以反映出国家语言教育政策落实的现状。微观上看，任何非母语学习都有一定的动机因素，学习状况和学习成效反映出学习者对所学语言的态度和意识，也反映出学习者对国家通用语言及其文化的认同态度和认知程度。语言学习的动力因素来自哪里？来自社会、家庭和学习者自己。无论在什么国家和地区，少数民族个人学习国家通用语言，都是参与社会必须要做的语言能力准备。试想，美国少数族裔不学英语会如何，法国少数族裔不学法语会如何，这就不难想象在其他多民族国家和地区不学国家通用语言的结果了。从国家通用语言学习的视角观察语言社情，通过对学习者的学习动力和学习结果进行调查分析，既可以发现国家语言教育政策的落实情况，也可以了解学习者的语言态度和语言意识。

（四）家庭语言政策

家庭对下一代的语言态度和语言意识形成至关重要。有什么样的家庭语言环境，下一代就会有什么样的语言态度和语言意识。反之，家庭环境里，有什么样的语言态度和意识，就必然会有相应的家庭语言政策。父母的语言态度和语言倾向对下一代的语言观的形成和影响，仅次于基因的遗传。父母的语码选择倾向不仅决定下一代的语码选择倾向，而且影响学习者的学习态度和学习动机。家庭语言政策对下一代的语言倾向起着至关重要的影响作用，下一代所反映出的语言态度从根本上透露出父母的语言态度。能否处理好母语、交际语、国家通用语、民族语、方言、官方语和非官方语之间的各种关系，能否持有一种正确的语言态度和语言观念，从而获得比较理想的语言能力，家庭起着至关重要的作用。因此，从家庭语言政策了解语言社情是有本质意义的调查方法。

语言社情性质的判断依据，来自对语言社情从主体、范围、表现、类别、领域、隐患、结果和趋势等多项指标全方位的观察和分析。从语言社情发生的主体看，有的语言社情属于社会成员个体现象，有的语言社情属于群体现象，个体性语言社情有时反映群体意愿，有时只是个人意愿的表达。从发生范围看，有的语言社情涉及的社会面比较广泛，可能会对全局产生影响；有的语言社情涉及的社会面比较狭小，只对局部产生影响。从表现看，有的语言社情是显性的，很容易识别和判断；有的则是隐性的，需要专门进行观察和分析才可以发现。从领域看，有的存在于语言使用中，有的存在于语言教育中，有的存在于语言传播中，有的则是跨领域存在。从结果看，有的会促进语言和谐，有的会破坏语言和谐，有的暂时看不出结果，有的明显隐含着危害性。但是语言社情的性质是有层级性的，语言社情的性质直接决定着语言社情的层级区分。有的语言社情与分离主义相关联，直接涉及语言政治，有的语言社情只是民族感情作用下的语言态度和语言意识，有的则处于二者之间。这几种性质不同的语言社情既有区别又有联系，既可以转化又相互作用。

四、语言社情动态与语言冲突端倪的发现

"语言作为一个民族、国家发展的重要资源或防御进攻的战略资源，给人类提供了广泛的空间。"[①] 语言社情研究，就是要充分利用语言资源，在广阔的语言空间关注不同领域范围内的语言变化新迹象，捕捉语言现象背后的实质问题，及时提出因应对策和建议，以供决策选择。研究目的是把正在形成隐患和可能爆发的语言社情准确全面地呈现出来，揭示其危害性和严重性。

语言社情，有不少是民众语言态度非理性的情绪化反映，向来比较敏感，但绝大多数是可以通过一定手段化解的。相反，如果没有语言社情意识，看不到语言社情变化趋势，长期任其发展，必然会形成语言社情的滋长，在一定的时间和地点爆发由语言问题而产生的影响民族关系的社会问题。语言的使用和语码的选择，是特定时期、特定社会情形下语言使用者的语言价值和社会心态的体现。语言社情研究，就是要从社会的视角观察语言使用者对语言使用、语言教育和语言管理现状的态度，从已经发生的语言社会现象观察语言问题背后的社会心态和语言观念乃至某种思潮的苗头，从现行的语言政策和语言管理中发现问题，提出解决问题的方案。语言社情在不同历史时期和不同社会状态下表现也不同。当社会状态平稳时，语言社情反映出的问题，几乎都是可以通过一定措施和办法调整解决的，但是如果出现语言与政治纠结在一起的语言冲突事件，问题就复杂多了。研究语言社情是为了消除语言社情中的隐患，因此必须把语言社情反映出的问题真实呈现出来，并看到表象背后的隐患和可能带来的危

① 南杰、隆英强：《国家安全与语言资源——从国家通用语言文字与藏汉双语及区域性方言对民族团结教育和国家事业发展方面的重要性谈起》，载《中国图书评论》，2019（1）。

害。解决语言社情问题，说到底就是把语言关系中可能导致冲突的竞争，转化为语言关系和谐的过程，把语言关系紧张局面转化为缓和状态的过程。在这个过程中，发现语言社情、认准语言社情、分析语言社情至关重要。既要评估语言社情可能的危害等级，也要把握好语言关系和谐的基本大局；既要准确估计危害范围和时段，也要拿出解决问题的合理办法。

"语言不仅与话语和身份认同关系紧密，它也是公众观点、情绪和情感的重要表征。在当前网络空间和大数据概念下，言语与文本所承载的观点、情绪和情感，在市场预测、舆情监控和金融预测领域起着极其重要的作用。"① 社会的政治、经济、文化、民族、宗教、价值观等问题最直接的表现方式就是语言。在网络时代，语言社情已经从现实社会延伸到了虚拟世界。虚拟世界中的语言社情恰恰是现实中语言社情最真实的反映。语言总是能表现和透露出各种各样的情绪和诉求。如果我们以历史上各国语言问题为导向去追寻，就会发现历史上发生的各种语言冲突事件的前奏，总是包含着语言社情的共性问题，并且语言社情与语言冲突之间存在逻辑关系。

（一）语言社情蕴含着丰富的信息

1. 语言社情反映语言动态

如同语情一样，活的语言总是在静态中潜移默化地发生着细微变化，语言社情更关注常人不易察觉的与文化安全和语言安全有关系的语言动态细微变化。如，新词、借词，含有某种特殊意味的表达模式，词典编纂者对词语选择的倾向性，语言社区变化，语言态度，等等。

2. 语言社情反映语言情感倾向变化

一定时期语言使用者的态度和倾向，特别是对母语地位的态度和倾向，会在不同语言接触中有所反映。当语言使用者认为自己的母语或方言受到矮化时，其使用者会在一定的场合表现不满，进而对其母语或方言加以维护并争取地位。如果没有法律法规规范各种语言的关系，语言意识形态就很容易发生混乱。

3. 语言社情反映语言意识形态

这里说的语言意识形态主要指的是社会成员对各种语言的喜欢或不喜欢的态度。在多语言社会里，语言意识常常可以在语言使用和语言学习中表现出来。

4. 语言社情反映语言地位诉求

语言社情对语言使用者的语言选择权利诉求的反映是显而易见的。这种诉求如果

---

① 盛静：《语言与国家安全的多维度思考》，载《辞书研究》，2018（6）。

得不到响应，可能会出现对现实语言使用状态进行抵制和反对，甚至由此迁移到对现实社会的抵制和反对，进而形成对社会的潜在危害。

（二）语言社情与语言冲突

语言和谐是社会和谐的重要方面。在多语种地区，保持国内不同民族语言之间的关系和谐尤为重要。它既是社会稳定的需要，也是各民族共同发展繁荣的需要。从历史到现实，不同族群间的语言关系始终是维系民族关系的重要纽带。细心、科学处理好语言关系就是精心维护民族关系。要实现语言和谐，从宏观上说，国家要用通用语言文字法律规范语言关系；从微观上说，语言交际参与者要了解并遵守这些法律和规则，在彼此尊重和相互合作中，尽可能使用通用语言和谐完成交际。

语言社情理论的价值在于，从捕捉到的相关信息中，分析语言内部变化和外部关系变化新情况，评估语言使用者的语言态度、语言意识、语言观念，判定哪种语言社情可能导致怎样的后果，提出解决问题的办法，把语言冲突消灭在萌芽状态，有效预防语言冲突事件发生。

五、结语

李宇明先生在《语言规划学的学科构想》[①]一文中认为，社会及社会成员对了解各种语言功能的发生原理和运作机理之需求是多方面的，概括起来主要有3个方面：第一，全面发挥语言的功能；第二，预防、解决语言冲突；第三，提升社会与个人的语言生活质量。当语言规划学发展到这一阶段，就超出了一般的语言学范畴，涉及国家的政治、法律和意识形态等，进入公共政策的层面。

可见，各种语言功能的发生原理和运作机理在人们语言生活中之重要。人们了解和利用各种语言功能的发生原理和运作机理，不仅可以让自己的语言生活获益趋利，而且可以避免语言冲突带来的负面影响。语言规划不仅有利于社会成员和语言使用者，而且与国家和民族直接相关。在各种语言功能的发生原理和运作机理中，语言社情恰恰是其最活跃的表现和最突出的反映。

历史上，因为语言问题发生的冲突或以语言问题为导火索发生大规模民族冲突事件的现象并不少见。有的语言问题导致的冲突和矛盾并非不可及早避免。观察分析国

① 李宇明：《语言规划学的学科构想》，“语言战略与语言政策学”学术沙龙论文，2014-10-27。

外一些案例，之所以问题发展到不可收拾的程度，其原因是多方面的，从语言社情角度去看，主要有两点不足。第一，虽然意识到语言冲突的严重性，但由于决策者没有语言社情意识和语言社情概念，没能早发现隐患，及时调整语言政策，使局部的语言摩擦积累成了全面的语言冲突；第二，学界缺乏从学理上对各种语言功能的发生原理和运作机理进行深入观察和研究，认识语言生活中蕴含的危害和不安全因素，也没有用语言社情思维对语言冲突爆发的原因加以分析和研究，并及早提出应对措施，最终酿成由语言问题导致的危害社会的“人祸”。

语言社情作为社会语言学问题，目前还只是初探阶段，其中有许多问题需要从理论和实践两方面深入研究和认识。语言社情概念的界定、语言社情问题涉及的范围、语言社情需要解决的问题、语言社情的理论依据和研究方法、语言社情的观察和收集、语言社情与舆情和语情之间的联系和区别、语言社情理论的学术价值和使用价值、语言社情与各种语言功能的发生原理和运作机理等，都有待于继续探讨，需要在搞清楚相关问题的基础上准确把握。同时，也希望通过对语言社情实例及其相关问题的研究和认识，回过头来反观语言规划学中的一些观点和认识，是否符合中国国情，是否有利于国家语言安全、文化安全和社会大局稳定。

参考文献：

[1] 赵蓉晖 . 分裂主义与语言问题 // 赵蓉晖 . 语言政策与语言教育 . 第 1 期 . 北京：商务印书馆，2015.

[2] 赵世举 . 语言在国家安全中的角色和功能 . 云南师范大学学报（哲学社会科学版），2019（2）.

[3] 南杰，隆英强 . 国家安全与语言资源——从国家通用语言文字与藏汉双语及区域性方言对民族团结教育和国家事业发展方面的重要性谈起 . 中国图书评论，2019（1）.

[4] 盛静 . 语言与国家安全的多维度思考 . 辞书研究，2018（6）.

北方人口较少民族语言词汇缺失现象探究[①]

——以语保工程民语资源调查材料为例

丁石庆

中国北方人口较少民族主要分布于黑龙江省、内蒙古自治区、甘肃省、青海省、新疆维吾尔自治区等7个省区所辖的广阔地域。据全国第六次人口普查数据，中国北方人口较少民族按人口数量多少排序：1.土族：289565人；2.锡伯族：190481人；3.柯尔克孜族：186708人；4.达斡尔族：131992人；5.撒拉族：130607人；6.塔吉克族：51069人；7.鄂温克族：30875人；8.保安族：20074人；9.俄罗斯族：15393人；10.裕固族：14378人；11.乌孜别克族：10569人；12.鄂伦春族：8659人；13.赫哲族：5354人；14.塔塔尔族：3556人。

中国北方人口较少民族使用的语言中包括阿尔泰语系13种，其中，突厥语族语言5种，蒙古语族语言4种，满-通古斯语族语言4种。加上印欧语系2种，共计15种。其中，含跨境语言8种。此外，包括拥有传统文字的语言3种、新创文字的语言1种。

2015年以来，我们开展了北方人口较少民族中语言资源保护专题的深度调查研究工作。先期主要涉及达斡尔、鄂温克、鄂伦春、锡伯、撒拉、保安等阿尔泰语系蒙古语族与满-通古斯语族语言和中国境内印欧语系斯拉夫语族的俄罗斯语。调查进程中，适逢语保工程实施，借助该工程及相关调查资金支持，我们将调查对象陆续扩大到了裕固、土族、赫哲等满-通古斯语族语言和柯尔克孜、乌孜别克等突厥语族语言及印欧语系伊朗语族的塔吉克语，基本上实现了北方人口较少民族语言全覆盖。

① 本文为国家社会科学基金项目“中国北方人口较少民族语言资源保护的理论与实践研究”（项目批准号：15AYY012）、语保工程民语调研专项任务“民族语言管理项目”（项目批准号：YB1826B026）的阶段性成果。笔者曾在“《民族语文》创刊40周年学术研讨会”（北京，中国社会科学院密云绿化基地·栗林山庄，2019年10月12—13日）上就本文做过主题发言。本文曾刊于《民族语文》，2020（3），此次收录仅作少量字词修改。

在对调查材料进行整理研究的过程中，我们陆续发现一些问题，其中最引人关注的是人口较少尤其是具有濒危迹象的民族语言或方言的“词汇缺失”现象。如何认识“词汇缺失”现象，如何科学采集语料并精准保护少数民族语言，是我们一直在深入思考并探索的重要论题。实际上，词汇缺失也是较为普遍存在的现象。该论题的研究，有助于积累语言活力、语言资源类型差异的个案样本。同时，对语保工程民语资源调查及语料整理也具有实践参考意义。

一、相关概念及说明

“词汇缺失”是指在一种语言中原本不存在或由于某种原因出现空缺词语的总称。根据缺失的情况，可分为绝对缺失词汇和相对缺失词汇两类。根据其类别和义项缺失情况可分为词汇义类缺失和义项缺失等。义类缺失主要指原本有的某一义类的缺失现象。义项缺失则主要指多义词原本有的某一义项的缺失现象。义类缺失与义项缺失更适于在一种语言内部进行微观分析，本文暂不涉猎。

（一）绝对缺失

绝对缺失或称自然缺失、客观缺失，指缺失的词汇系非固有词，是非传统文化背景下产生的词汇。也就是一个语言原本没有的词，或不可能产生的词。如在游牧民族语言中缺失农耕民族的农业词汇，而农耕民族的语言中则缺失牧业词汇等。又如南方生长的很多水果、蔬菜等名称在北方很多民族语言中的缺失等。也可能由语言结构本身及其演变特征而造成，如汉语中有数量庞大且丰富系统的量词，但很多北方少数民族语言中绝对缺失此类词。另外，很多无文字民族语言中某些抽象词语的缺失现象也较为普遍。

（二）相对缺失

相对缺失或称发展缺失、衰变缺失，指某些固有词或原有的一些词汇，因为各种原因的流失或忘却。主要指在民族语言中有据可考、原本应有因诸多因素而没能采集到的词汇，或因语言社会功能整体衰变而导致常用词长期不用逐渐淡出人们记忆而缺失的词汇等。词汇的相对缺失或可和词汇流失等概念相提并论。

（三）相关说明

本调查主要根据《中国语言资源调查手册·民族语言》进行。该手册分为8个分册：藏缅语族、侗台语族（兼用于南亚语系语言）、苗瑶语族、突厥语族（兼用于塔吉克语）、蒙古语族、满-通古斯语族、俄罗斯语、朝鲜语。[①]每个分册均分“工作规范”（包括调查规范、语料整理规范）和“调查表”（包括概况、音系、词汇、语法、口头文化、地方普通话）两大部分。为便于使用，各分册单独印刷装订。调查手册中的词表分各民族语言通用的1200条通用词和按照语族或语言分别设计的1800条扩展词，均分天文地理、时间方位、动植物、房舍器具、服饰饮食、身体医疗、婚丧嫁娶、人口称谓、农工商文、动作行为、性质状态、数量、代副介连词13类。其中，阿尔泰语系3个语族的1800条扩展词中绝大多数基本一致，部分词汇兼顾了不同语族的特点。俄罗斯语和朝鲜语的1800条扩展词则兼顾了各自语言的词汇特点。

本文基于上述调查手册所采集到的词汇缺失材料的整理与分析：首先对语保工程民语调研专项任务所设的33个调研点的词汇缺失情况按照通用词和扩展词进行了初步统计，对某些语种或方言词汇记录中的问题进行了初步核对和甄别，并在此基础上选择了以下语种的典型代表点来进行对比分析，它们是：突厥语族的柯尔克孜语南部方言、撒拉语街子方言；蒙古语族的达斡尔语布特哈方言、土族语互助方言；满-通古斯语族锡伯语察布查尔方言、鄂温克语敖鲁古雅、辉、陈3个方言；印欧语系斯拉夫语族的俄罗斯语伊宁、额尔古纳2个方言。而突厥语族的西部裕固语、乌孜别克语、塔塔尔语，蒙古语族的东部裕固语、保安语，印欧语系伊朗语族的塔吉克语等语言因涉及复杂的细节问题暂时排除在外，将另立专题讨论。另外，因相关数据统计工作量巨大，某些细节未及兼顾，可能在数据统计基础上的分析还不够全面详尽，其涉及的相关论题研究也将期待后续数据的补充完善而继续推进。

① 笔者主持并参与了阿尔泰语系3个语族及俄罗斯语、朝鲜语5本调查手册（初定版）中词表（扩展词）和语法条目表等的编写工作。

二、词汇缺失调查数据统计分析

（一）词汇缺失总体数据统计分析

表 1 词汇缺失总体数据统计表

<table>
<tr><th>语系</th><th>语族</th><th>语种</th><th>方言</th><th>通用词（个）</th><th>扩展词（个）</th><th>总计（个）</th></tr>
<tr><td rowspan="10">阿尔泰语系</td><td rowspan="2">突厥语族</td><td>柯尔克孜语</td><td>南部方言</td><td>133</td><td>17</td><td>150</td></tr>
<tr><td>撒拉语</td><td>街子方言</td><td>115</td><td>110</td><td>225</td></tr>
<tr><td rowspan="2">蒙古语族</td><td>达斡尔语</td><td>布特哈方言</td><td>126</td><td>162</td><td>288</td></tr>
<tr><td>土族语</td><td>互助方言</td><td>28</td><td>58</td><td>86</td></tr>
<tr><td rowspan="6">满－通古斯语族</td><td>锡伯语</td><td>察布查尔方言</td><td>59</td><td>56</td><td>115</td></tr>
<tr><td rowspan="3">鄂温克语</td><td>敖鲁古雅方言</td><td>487</td><td>682</td><td>1169</td></tr>
<tr><td>辉方言</td><td>252</td><td>229</td><td>481</td></tr>
<tr><td>陈方言</td><td>235</td><td>475</td><td>710</td></tr>
<tr><td>鄂伦春语</td><td>阿里河方言</td><td>337</td><td>619</td><td>956</td></tr>
<tr><td>赫哲语</td><td>同江方言</td><td>524</td><td>1071</td><td>1595</td></tr>
<tr><td rowspan="2">印欧语系</td><td rowspan="2">斯拉夫语族</td><td rowspan="2">俄罗斯语</td><td>伊宁方言</td><td>99</td><td>36</td><td>135</td></tr>
<tr><td>额尔古纳方言</td><td>170</td><td>590</td><td>760</td></tr>
</table>

表 1 数据显示，表中所列各语言普遍存在词汇缺失现象，但不同语种情况不同，甚或差异悬殊，甚至同一个语种内部的不同方言或土语间也存在数据不等的差异。从语族为单位来说，满－通古斯语族中，除了锡伯语外，其他 3 种语言整体上都缺失严重。其中鄂温克语的 3 个方言间内部缺失数量差异较大。突厥语族和蒙古语族的 4 种语言缺失数量一般，内部差异较小。俄罗斯语的 2 个方言中，额尔古纳方言缺失较多，而伊宁方言则缺失较少，形成较为明显的内部差异。

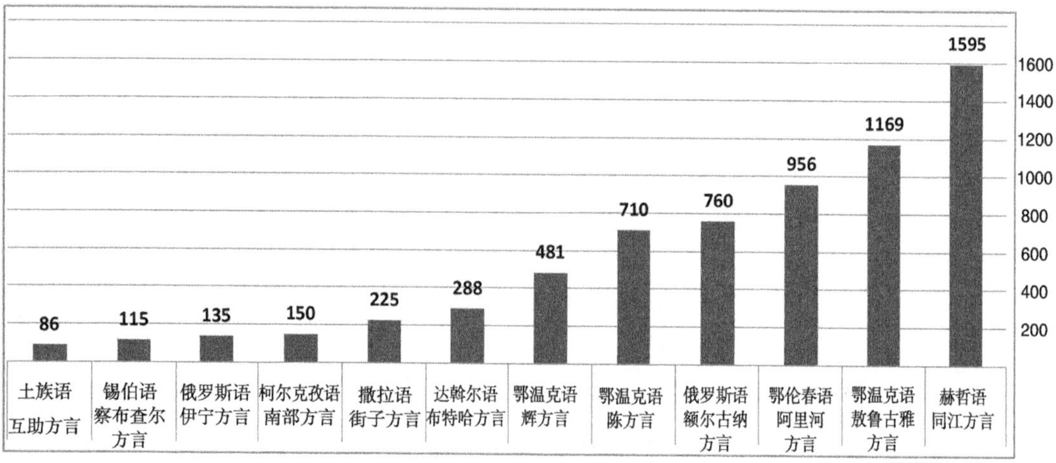

图 1　词汇缺失总体数量排序表

从图 1 所列语种及其方言的排序上看，赫哲语缺失数量最多（1595 条），缺失现象非常突出。其他由多到少依序为鄂温克语敖鲁古雅方言（1169 条）、鄂伦春语阿里河方言（956 条）、俄罗斯语额尔古纳方言（760 条）、鄂温克语陈方言（710 条）、鄂温克语辉方言（481 条）、达斡尔语布特哈方言（288 条）、撒拉语街子方言（225 条）、柯尔克孜语南部方言（150 条）、俄罗斯语伊宁方言（135 条）、锡伯语察布查尔方言（115 条）、土族语互助方言（86 条）。由此形成由少到多的 5 个梯次：缺失 200 条以内的土族互助方言（86 条）、锡伯语察布查尔方言（115 条）、俄罗斯语伊宁方言（135 条）、柯尔克孜语南部方言（150 条）为第一梯次；缺失 200 ~ 300 条的撒拉语街子方言（225 条）和达斡尔语布特哈方言（288 条）为第二梯次；缺失 301 ~ 500 条的鄂温克语辉方言（481 条）为第三梯次；缺失 501 ~ 800 条的鄂温克语陈方言（710 条）和俄罗斯语额尔古纳方言（760 条）为第四梯次；缺失超过 1000 条以上的鄂温克语敖鲁古雅方言（1169 条）和赫哲语同江方言（1595 条）为第五梯次。

（二）通用词缺失数据统计分析

因调查大纲词汇表中的通用词与汉语和所有少数民族语言均一致，不同语种、语族甚至语系之间均具有一定的可比性，我们将其也按照缺失数量予以了排序统计（见图 2）。

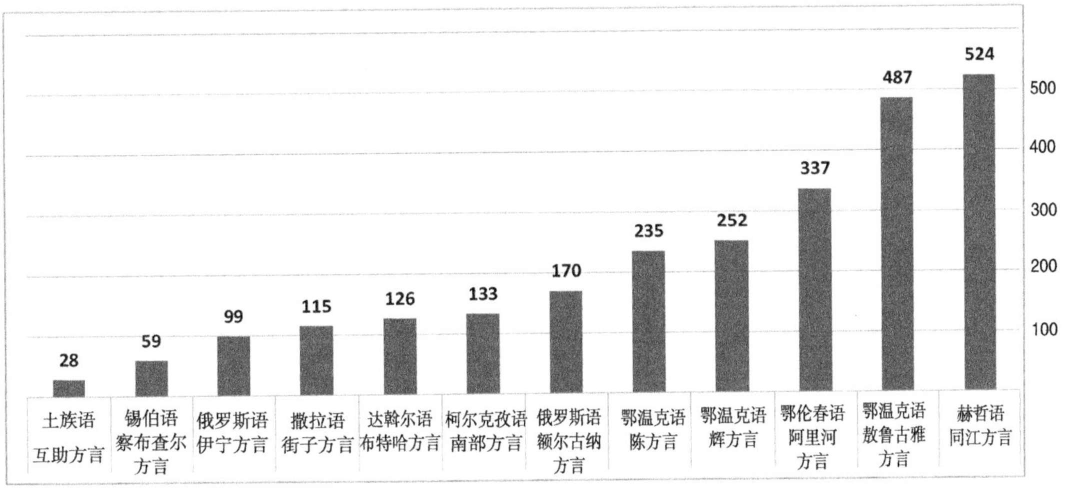

图 2　通用词缺失排序表

从图 1 和图 2 显示的数据对比来看，由高到低的排序前 3 种和后 3 种是一样的，其余排序情况差别不算太大。

（三）扩展词缺失数据统计分析

在制定阿尔泰语系不同语族的词汇调查大纲时，考虑到统一性和可比性，我们对 1800 条扩展词也进行了部分统一，3 个语族约 70% 的词汇相同，约 30% 词汇略有差异。因此，扩展词也极具可比性，将其数据统计并排序如下（见图 3），可为后续研究提供一定基础。俄罗斯语与上述语言使用不同的扩展词调查大纲，但其相关数据也作为参照列入分析之列。

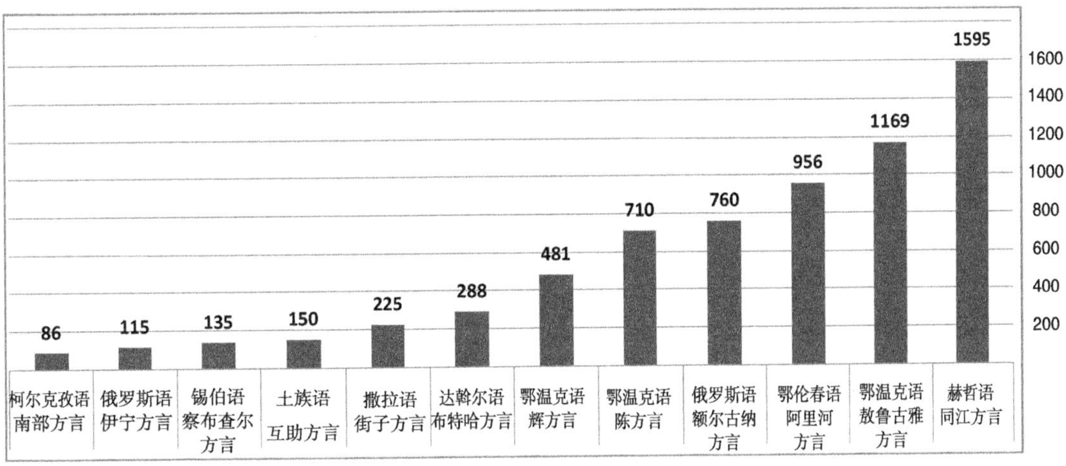

图 3　扩展词缺失排序表

将图 3 数据与图 1 数据进行比较可以发现，从高到低前 8 项排序是一样的，分别是赫哲语同江方言、鄂温克语敖鲁古雅方言、鄂伦春语阿里河方言、俄罗斯语额尔古纳方言、鄂温克语陈方言、鄂温克语辉方言、达斡尔语布特哈方言、撒拉语街子方言，而后的排列顺序有一些小的不同，但总体上差别不大。

（四）义类缺失数据统计分析

表 2　义类缺失数据统计表　　单位：个

语种	方言	天文地理	时间方位	动植物	房舍器具	服饰饮食	身体医疗	婚丧嫁娶	人口称谓	农工商文	动作行为	性质状态	数量	代副介连	总计
土族语	互助方言	5	2	16	11	9	5	5	6	20	3	3	1	0	86
锡伯语	察布查尔方言	2	0	48	10	7	0	2	2	8	0	0	33	3	115
俄罗斯语	伊宁方言	3	12	18	2	16	3	14	7	5	1	6	43	5	135
柯尔克孜语	南部方言	5	11	36	21	6	0	12	0	8	8	0	33	10	150
撒拉语	街子方言	10	8	20	10	13	7	17	18	36	13	9	41	23	225
达斡尔语	布特哈方言	24	16	10	34	29	3	20	21	64	14	4	44	5	288
鄂温克语	辉方言	27	3	150	60	30	21	7	19	32	44	21	46	13	473
鄂温克语	陈方言	26	18	149	63	39	24	33	40	122	62	53	62	19	710
俄罗斯语	额尔古纳方言	43	30	93	47	59	29	30	72	185	82	19	62	9	760
鄂伦春语	阿里河方言	44	41	177	140	57	46	43	44	170	44	31	89	30	956
鄂温克语	敖鲁古雅方言	54	85	238	106	55	55	55	84	148	72	74	74	2	1102
赫哲语	同江方言	39	49	186	174	90	113	74	89	147	319	183	71	60	1594

表 2 数据显示，不同语种或方言各义类分布缺失的数量不等，但绝大多数集中于动植物、农工商文及数量 3 类。其中，动植物类词汇中缺失的是由于环境差异而缺少的一些动植物名称，也在某种程度上反映了不同语言与方言分布于不同自然环境特点的差异。数量词的缺失主要集中于 1200 条通用词中的量词上。农工商文类比较集中地缺失其中的抽象词、文化词、工业和商业类词语。下图对词汇缺失较多的赫哲语同江方言、鄂伦春语阿里河方言、鄂温克语敖鲁古雅方言与辉方言、俄罗斯语伊宁方言与额尔古纳方言缺失词汇的义类分布数据进行了统计展示（见图 4）。其中，俄罗斯语伊宁方言和鄂温克语辉方言仅作为横向参照数据。

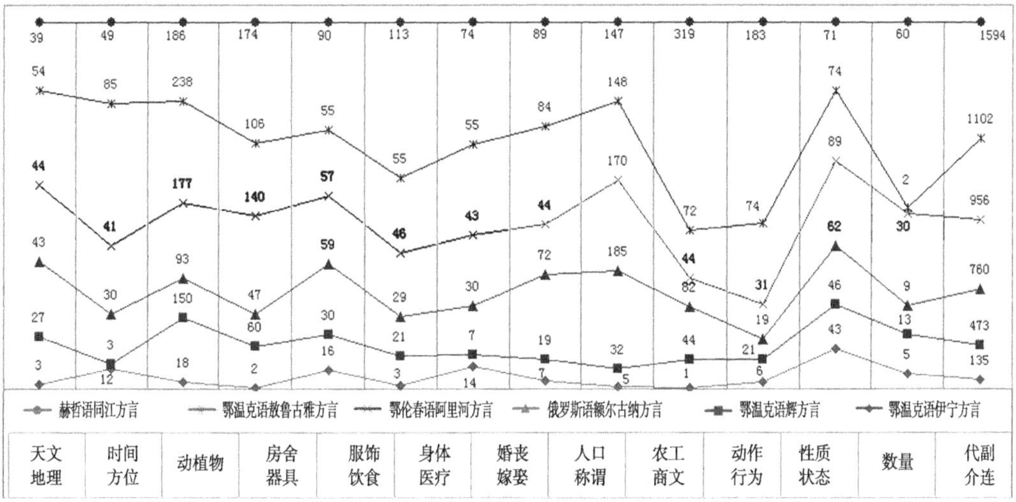

图 4　词汇缺失较多的数种语言的义类缺失情况统计表

图 4 数据显示，几种词汇缺失较多的语种除了与其他所有语言一样集中于动植物、人口称谓、农工商文、数量等几个义类的缺失外，还缺失房舍器具、动作行为两个义类的词汇。

三、讨论

（一）词汇缺失成因

上文各图表的统计数据凸显了词汇缺失现象较为复杂的特征，而同时普遍存在于各语族、各语种内部的不平衡性和非线性特点则更令人关注，而这些可能均源自以下不同因素：

第一，自然环境、传统生计生产方式不同。语言本身是客观世界的反映，属于一种社会现象。人们在什么样的环境里就会产生什么样的语言。如果某一事物或者物象在人们所生活的客观世界中不存在，那么折射在语言上就表现为语言要素中的固有词乃至一般词的缺失。如由于地域环境等差异导致的动植物类词汇的缺失显然属于绝对缺失类型。

第二，因语言结构及特点差异所导致的某些词汇如量词等的缺失或不甚发达与对应也应属于语言绝对缺失的一种表现形式。

第三，人口数量多少也可以体现一种语言的活力和社会功能，相对来说，人口数量多的民族的语言因母语人口实际基数较大，可能会更多地保留并使用本民族语言中的固有词和基本词，而对于人口数量相对较少的民族的语言而言，其词汇缺失程度可能更为严重。

第四，有无文字也是一种语言词汇缺失与否的重要原因。一般来说，文字或书面语形式的语言的词汇缺失程度相对要低于无文字的语言。尤其是某些抽象词语的缺失可能是无文字民族语言最易缺失的细类。

此外，不同的母语个体也会因生理、心理及精神等原因出现各种词汇缺失现象。

（二）词汇资源与语言活力

孙宏开先生与黄行先生曾就中国少数民族的语言活力进行排序研究，并分别发表了相关研究成果。孙宏开先生将我国境内的少数民族语言分为充满活力、有活力、活力降低、活力不足、活力很差 5 种状态，每一类中包括了若干语种①。黄行先生则以语言活力的各类相关数据为依据，并根据数据特征将我国少数民族的语言活力分为 3 类 5 等②。本文认为，词汇缺失论题的研究可为语言资源保持类型或语言活力排序研究提供更为客观和实际的数据支持，其研究结果不仅可以反映一种语言的整体功能情况，也可以反映一种语言及方言更为细微的差异。

（三）关于借词资源

在上述诸语的词汇缺失统计过程中发现，调查者对于借词有标注为“无”或不标注为“无”两种处理方法，这也是导致词汇缺失数据统计有所差异的原因之一。对此，笔者认为，从语言资源视角来看，一种语言从其他语言中借入相关词汇也应看作是一种分享本民族没有但其他民族却拥有的语言资源现象。借用强势语言或邻近语言词汇或其他语言成分，是一种正常的语言交际活动，抑或是一种文化交往活动。但无论如何，借入的语言资源毕竟是母语中所没有的外来成分。因此，无论借入的词汇有多么古老，有多么常用，它们仍不是本民族固有的语言资源。从这个角度来说，应特别关注此类词汇的调查采集，并对其是否绝对缺失或是相对缺失甚至是否已经转化为本语言资源的性质进行深入研究。而在类似借词等词汇的调查中，绝对缺失词汇和相对缺失词汇的调查在方法上也应有所不同。绝对缺失词汇涉及明显差异，可能会容易调查一些。而相对缺失的词汇则在调查时需要增加反复询问的环节，以确认某些发音合作人临时因各种原因未能说出的词汇是否是缺失层级的，并允许发音合作人有一个回忆、

① 孙宏开：《中国少数民族语言活力排序研究》，载《广西民族大学学报》（哲学社会科学版），2006（5）。

② 黄行：《中国少数民族语言活力研究》，184 页，北京，中央民族大学出版社，2000。

询问或查阅资料的过程。

（四）关于词汇调查大纲的制订

中国语言资源保护民语调研专项任务中所采用的调查手册，因其科学性、规范性和实用性等整体特点，在调查过程中起到了重要的指导和规范作用。但仍有以下几个问题需要探讨：其一，对汉语方言或部分南方少数民族语言来说，调查手册的1200条通用词的确具有适用性，但其中部分蔬菜、水果及其他动植物名称尤其是量词等词汇对北方少数民族语言来讲，可能就不甚合理[①]。又如以语族为单位编写的调查手册，具有一定的合理性。但从调查实际效果来看，有些同语族语言，甚至同语种的不同方言，有时反倒适用于其他语族的调查手册，尤其是不同语系的语言通用一个语族语言调查手册的做法更值得研究。是否可考虑制定从生计生活方式如游牧、农耕、渔猎等先行进行归类，并同时考虑自然环境、文化特征等因素编制更为适用的调查手册则成为新的规划思路。其二，每个民族都有一些独具本民族文化特色的词汇或可称特色词汇，而目前所使用的所有语言资源专题的调查手册中往往缺少了这个重要内容的调查，建议在语保工程的后续推进工作中尽快弥补此类遗憾。其三，我们在语言资源专题调查过程中发现，语料的采集质量和记录研究方法包括对这些语料的使用在很大程度上取决于调查研究者的学术素养和治学态度。从大的方面讲，调查者语言资源的理念和认识水平会在一定程度上影响其作为。从小的方面讲，调查过程中调查者的一举一动也在一定程度上决定了所采集语料的客观性、真实性和可靠性。如调查者提问时是采用启发式还是简单命令式则会对采集的词汇是否缺失或义类分布产生影响。如“××词怎么说”“××意思有几种说法”“这个词有几种说法”，这几种提问方式取得的实际效果可能大相径庭。

四、结语

综上，北方人口较少民族语言普遍存在的程度不同的词汇缺失现象主要分为绝对缺失与相对缺失两类，同时也包括词汇的义类缺失或义项缺失等细类。一种语言的词汇缺失与其所处自然环境、语言结构、语言功能等诸多因素相关，也与有无文字及宗教信仰等因素有关联。词汇缺失数量或可作为界定一种语言活力及语言资源

① 丁石庆：《语言资源保持类型与数据采集层次——以北方民族语言为例》，见张世方主编：《语言资源》（第一辑），北京，商务印书馆，2018。

类型的重要参考依据。核心词汇与特色词汇的保护是词汇资源保护乃至语言资源保护的重要任务。

总之，词汇缺失专题研究涉及诸多论题，并兼具普遍的理论与实践意义。

参考文献

[1] 丁石庆 . 语言资源保持类型与数据采集层次——以北方民族语言为例 // 张世方 . 语言资源 : 第一辑 . 北京：商务印书馆，2018.

[2] 黄行 . 中国少数民族语言活力研究 . 北京：中央民族大学出版社，2000.

[3] 孙宏开 . 中国少数民族语言活力排序研究 . 广西民族大学学报（哲学社会科学版），2006（5）.

[4] 张岩 . 北方五种民族语词汇缺失问题研究——以语言资源调查数据为例 . 北京：中央民族大学硕士学位论文，2018.

汉字受容与朝鲜文的产生[①]

俞晓红

文字受容是指一种外来文字进入使用另一种语言的民族后，经过异语言文化环境的内部吸收与转化，形成该民族日常语言记录手段的过程。汉字受容是汉字传入的下一阶段，是汉字适应不同语言文化环境的发展变化过程。关于朝鲜半岛汉字受容和民族文字产生的问题，以往的研究多见于对汉字传播或汉字文化圈文字的综合性考察[②]。这些研究以不同的视角从整体上论及了朝鲜半岛受汉字影响而产生的民族文字，但仍有拓展空间。本文拟重新梳理朝鲜半岛的汉字受容过程，并从文字学角度全面讨论汉字受容后产生的朝鲜民族各类文字与符号，分析汉字受容与朝鲜民族文字产生的关系。

一、汉字受容与朝鲜半岛的文字发展阶段

汉字在公元前就已进入朝鲜半岛，之后在较长的历史时期中，古代朝鲜文人口说朝鲜语，书写的却是汉语文言文，成为十分独特的一类双语者。长期的言、文背离使他们开始真正受容汉字，逐步探索利用汉字记录朝鲜语的方法。汉字为适应朝鲜语的记录需求而开始发生改变的时间应不晚于5世纪。考古发现，在朝鲜半岛5世纪的汉文碑文中有用汉字记录的朝鲜语专有名词。尽管这些记录仅限于部分词汇，但这一尝试迈出了汉字表音化的第一步。6世纪，在朝鲜半岛城壁石刻上出现了以朝鲜语语序

---

① 本研究得到教育部人文社会科学研究青年基金项目“朝鲜半岛汉字受容与变用的考证研究”（项目批准号：18YJC740134）、江苏高校哲学社会科学优秀创新团队（2017ZSTD015）、常熟理工学院外国语言符号学科研创新团队（KY3010570）的资助。特别感谢《民族语文》杂志社编辑部的李云兵、吴雅萍等编辑老师以及匿名评审专家在文章修改过程中给予的宝贵意见与悉心指导。本文原刊于《民族语文》，2021（4），此次收录仅作少量修改。

② 陆锡兴：《汉字传播史》，北京，商务印书馆，2018；王锋：《从汉字到汉字系文字》，见《汉字文化圈文字研究》，北京，民族出版社，2003；李华：《韩日越汉字本土化过程研究》，北京，中央民族大学博士学位论文，2013；周有光：《汉字型文字的综合观察》，载《中国社会科学》，1998（2）。

排列的朝鲜语式变形汉文，所记内容多为发愿誓记文，通常被称作“誓记体”。8世纪，朝鲜半岛的文献中开始出现借用汉字字音或训读音记录的朝鲜语的“吐”，即朝鲜语的语法形态，此后对“吐”的记录越来越丰富。10世纪后已基本可借用汉字表达较完整的朝鲜语句子。在记录朝鲜语句子时，除一些专有名词外，词汇部分主要为表意字，通常从汉字中直接借取或训借汉字；“吐”的部分则往往为表音字，借汉字的读音或训读音。随着朝鲜语记录需求的扩大，古代朝鲜人还模仿汉字造字原理自创了一些仿制汉字，主要用于记录专有名词。以借用汉字为基础的朝鲜语记录方式统称为借字表记[①]。但是，由于朝鲜语和汉语的语言类型存在很大差异，借字表记难以完整、精确地记录朝鲜语，因而15世纪时，朝鲜人在已积累的文字理论和汉语音韵学知识的基础上，创制了一种纯粹的表音文字——训民正音，即朝鲜文。

纵观朝鲜半岛的汉字受容过程，可将朝鲜民族文字发展阶段一分为二：第一阶段为借字表记阶段，该阶段产生了以汉字借用为基础的借字表记；第二阶段为音素文字阶段，该阶段在第一阶段的基础上创制出了训民正音。

对于借字表记阶段的文字，传统的分类体系将其划分为固有名词表记、吏读、乡札和口诀4类[②]。固有名词表记用于记写朝鲜语专有名词，表记符号主要借用已有汉字，同时自造一些仿制汉字作补充，这些仿制汉字被称为“朝鲜固有汉字”。其余3类借字表记则用于记录朝鲜语句子：吏读用于记录行政文书和记事文等实用文体；乡札用于记录乡歌（朝鲜半岛的韵文体文学作品）；口诀用于汉文典籍文献的译解和诵读，是一种极为特殊的翻译文体。口诀的特征是在汉文典籍原文句读间加注代表朝鲜语“吐”的文字或符号，在保留汉文典籍原文的前提下，将其译为朝鲜语或接近朝鲜语的朝—汉混合语。口诀添加的文字符号共有3套：一为借用汉字，借汉字的读音或训读发音表记朝鲜语的“吐”；二为经过简化处理的汉字略字，这是一种变形汉字，与朝鲜固有汉字有所不同；三为点线形的新型符号，可称为口诀符号[③]。事实上，将借字表记划分为以上4类只是在记录对象和文体用途上的区分，其汉字借用原理基本一致。若从文字形成机制来看，这一阶段所形成的用于记录朝鲜语的文字及符号可分为借用汉字、仿制汉字、口诀略字以及口诀符号4类。音素文字阶段所产生的文字正式名称为“训民正音”，俗称“谚文”，是一种拼音文字。

尽管借字表记先于训民正音，但后起的训民正音并没有完全替代借字表记，两者长期并存并用。借字表记所创制的一些符号对训民正音的创制有重要的影响，它不仅

① 俞晓红：《韩国借字表记的原理与表记方式》，载《韩国语教学与研究》，2018（2）；俞晓红：《韩国借字表记的文字特征与汉字借用类型》，载《解放军外国语学院学报》，2018（3）。

② 이기문 . 국어사개설 . 신정판 . 서울：태학사，2006: 56-71。

③ 俞晓红：《汉文典籍朝鲜语读法口诀的类型》，载《民族语文》，2020（1）。

奠定了训民正音的语音学基础，而且为训民正音提供了字形。朝鲜半岛的文字发展阶段及各阶段出现的文字符号类型如图 1 所示。

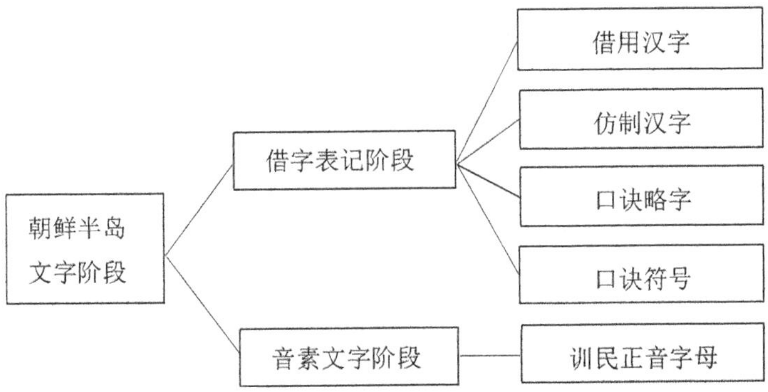

图 1　朝鲜半岛的文字发展阶段与各阶段文字符号类型

二、汉字受容后朝鲜半岛产生的文字与符号

（一）借用汉字

借字表记对汉字的借用方式主要是借汉字的字形，但读音和功用却异于原汉字。综合读音与功用方面的转变，其汉字变用方法可归纳为 5 类：①既借汉字读音又借汉字字义的“音读表意字”；②借汉字读音来表朝鲜语语音的“音读表音字”；③借汉字字义来表朝鲜语词义的“训读表意字”；④借汉字训读音来表朝鲜语语音的“训读表音字”；⑤借汉字音重复表示前字末音的“末音添记字”①。11 世纪的乡歌作品《均如传 · 普贤十愿歌》中《礼敬诸佛歌》的首句就包含这 5 种借用汉字的方法：

原文：心未　　筆留　　慕呂白乎隐　　佛體 前衣
mʌzʌm-ʌj put-ɨro　kɨri-ʌp-o-n　　putjə ap-ʌj
心 -GEN　笔 -INS 绘 -HON-1-AND　　佛祖 前 -LOC②
在以心中之笔描绘的佛祖前（마음의 붓으로 그리옵는 부처 앞에）

① 该用法实际上是将汉字用作“音补（phonological complement）”，这类字本身不发音，只是用于提示相邻字符的发音。参见俞晓红:《韩国借字表记的文字特征与汉字借用类型》，载《解放军外国语学院学报》，2018(3)。

② GEN：genitive（postposition）属格助词；INS：instrumental（postposition）具格助词；HON：honorific（pre-final ending）敬语先语末词尾；1：first person（pre-final ending）第一人称先语末词尾；AND：adnominal（ending）定语词尾；LOC：locative（postposition）位格助词。

上例中“心、筆、慕、佛體、前”记录的是朝鲜语的词汇。“心、筆、前”为训读表意字，分别读作古代朝鲜语训读音 [mʌzʌm]、[put]、[ap]，而汉字原来的意思不变。“慕”字为训读表音字，读作训读音 [kɨri]（그리 -），但意思却是 [kɨri] 的另一个意义“绘、画”，与“慕”字本义无关。“佛體”二字为音读表意字，意为“佛祖”，读作 [putjə]，意义与汉语同，读音为朝鲜语汉字音，十分接近汉字原本的发音。其余汉字记录的均为“吐”。其中，“呂”为末音添记字，表示“慕”字训读音 [kɨri] 的末音 [ri]，这个字的作用仅为提示前字“慕”的局部读音，为音补。“白”为训读表音字，读作训读音 [sʌp/ʌp]，是表客体尊敬的先语末词尾。“未、留、乎、隐、衣”皆为音读表音字，表示朝鲜语不同的语法形态。“未”表记的是前字“心 [mʌzʌm]”的末音 [m] 与属格助词 [ʌj] 连音的音节 [mʌj]；“留”表记的是具格助词，读作 [ro/ɨro]；“乎”表记的是人称法词尾，读作 [o]，表示动作主体为第一人称；“隐”为定语词尾，读作 [ɨn/n]；“衣”为处格助词，读作 [ʌj/ɨj]。一般来说，用于记录朝鲜语词汇的汉字主要为表意字，记录语法形态的汉字则普遍为表音字。

（二）仿制汉字

为方便记录朝鲜语的各类专有名称，古代朝鲜人利用汉字的构件及造字原理仿制汉字，这些字也被称为“朝鲜固有汉字”。陆锡兴①归纳了朱松植②与段甜③对朝鲜固有汉字造字方法的论述，依据六书的汉字结构分析方法将朝鲜固有汉字的造字类型分为象形、会意、形声、合音 4 种。此分类法对整体上理解和把握朝鲜固有汉字的造字方法十分有帮助。本文对前人所论合音字这一造字法进行适当的补充，将其划分为 A、B 两类分别讨论。在仿制汉字时，虽仿六书原理造字但不尽同六书，并有所创新。下面按照表 1 的分类详细分析朝鲜仿制汉字的造字特色。

---

① 陆锡兴：《汉字传播史》，464—466 页，北京，商务印书馆，2018。

② 朱松植：《汉字与朝鲜的吏读字》，载《延边大学学报》（社会科学版），1987（4）。

③ 段甜：《韩国固有汉字分析》，洛阳，中国人民解放军外国语学院硕士学位论文，2007。

表 1　朝鲜仿制汉字的类型与示例

<table>
<tr><th colspan="2">造字类型</th><th>示例</th><th>读音</th><th>注释</th></tr>
<tr><td colspan="2">象形字</td><td>丨丨
亇</td><td>[ʧə]
[ma]</td><td>意为“箸”，像筷子之形
意为“锤子”，像锤子之形</td></tr>
<tr><td colspan="2">会意字</td><td>畓
太</td><td>[tap]
[tæ]</td><td>意为“水田”，由“水”“田”二字会意
意为“大豆”，由“大”“、(“豆”的略字)”二字会意</td></tr>
<tr><td colspan="2">形声字</td><td>岾
⿰魚麻</td><td>[ʧəm]
[sam]</td><td>意为“岘，岭”，“山”为意符，“占”为声符
意为“马鲛（鱼名）”，“鱼”为意符，“麻”为声符</td></tr>
<tr><td rowspan="2">合音字</td><td>A 类</td><td>⿱大末

⿱大木</td><td>[mal]

[tiŋ]</td><td>意为“大奈末（新罗官职名）”，省略“奈”字，合“大”“奈”“末”三字读音的朝鲜语意义为字义
意为“大等（新罗官职名）”，合“大”“木（“等”的略字）”二字读音的朝鲜语意义为字义</td></tr>
<tr><td>B 类</td><td>乺
⿱文乙
⿰種叱
⿱斗ㅇ</td><td>[sos]
[kɨl]
[s*i]①
[tuŋ]</td><td>合“小”的朝鲜语汉字音 [so] 与借字表记中“叱”的发音 [s]
取“文”的训读音 [kɨl]，“乙”为其音补，提示末音 [l]
取“種”的训读音，“叱”为音补，提示头音 [s*]
合“斗”的朝鲜语汉字音 [tu] 与训民正音“ㅇ”的发音 [ŋ]</td></tr>
</table>

在朝鲜固有汉字中，象形字仅有表 1 所示“丨丨”“亇”两例。会意字数量也不多，如“畓”字，汉字中无此字，但依据其意符能猜出是“水田”之意。“畓”最初应是读作朝鲜语的 [non]，后根据字形近似的汉字“沓”取音 [tap]。会意字“太”颇有争议，因汉字中有该字形，因而多数研究者并不将其纳入朝鲜固有汉字中；但意为“大豆”的朝鲜固有汉字“太”却不同于汉字中的指事字“太”，字义与字形来源均不同，为异源同形字。朝鲜固有汉字“太”起初是“大”与“豆”二字上下合成的会意字，后“豆”字使用草体书写，形似“之”，最后省略为一点[②]。“太（大豆）”字，起初应是读作朝鲜语的 [koŋ]，后依据汉字同形字“太”取同音 [tæ]。由于形声造字法能产性较强，仿制形声字数量较多。仿制形声字的意符部分取字方法与汉字并无不同，然而声符部分却有两种取音法：一种取其朝鲜语汉字音，如“岾”，意符为“山”，其发音是取声符“占”的朝鲜语汉字音 [ʧəm]；另一种取其朝鲜语训读音，如“⿰魚麻”，意符取“鱼”字，其发音则是取其声符“麻”的朝鲜语训读音 [sam]。

仿制汉字中的合音字造字方法不同于六书造字法，分为 A、B 两类。A 类字主要形成于高丽时期以前，B 类字的产生时期则应是在 15 世纪朝鲜文创制以后，两者区别较大。

---

① 此处 [s*] 为朝鲜语的齿龈硬擦音。朝鲜语的硬音十分特殊，发音时伴随喉部紧张，以往韩国学界有 [ss]、[s']、[sˀ] 等标注方式。本文朝鲜语硬音根据朱晓农的方法标注，统一标以 * 号。参见朱晓农：《语音学》，104 页，北京，商务印书馆，2010。

② 남풍현. 한국의 고유한자. 국어생활，1989（17）。

先看A类合音字。如“䒥”字，段甜[①]将其归入会意字，然而若将其看作两个意符的结合，从字面上根本无从推知其字义，因其字义与“大”“末”两字的字义无关，却与其字音拼合所表达的朝鲜语意义有关。“䒥”为新罗时期的一种官职名，朝鲜语读作[tænama]，汉字音译为“大奈末”。“䒥”省略“大奈末”中间的“奈”字，取首尾二字合为一字，“奈”字虽省，字形却融于“䒥”，其发音最初应为三音节，读作“大奈末”。一开始这些字并未固定写在一个字方内，而是有时合为一字，有时分开来写，至后世才固定在一字方内[②]。而“䒥”的发音[mal]也应是后世所定，依据其中部首“末”字取音[mal]。“𡗝”字同理，也是新罗官职名，朝鲜语读作[tætiŋ]，汉字音译为“大等”，将“大”“木”（“等”的草书体略字）两字合为一字，以二字字音组合所表达的朝鲜语意义为字义，后按“等”字取音[tiŋ]。由此可见，A类合音字起初是多个汉字叠合而成，本为表词的多音节字，类似于契丹小字、女真小字，后附会汉字一字一音节规则才成为单音节字，在后世定音时又效仿形声字，取其中一部分作为声符。

B类合音字与A类合音字最大的不同就在于这些字造字之初就是单音节字，它将两个字拼合成一个字，合二字之音为新字之音。从其使用的字符类型来看可分为两类，一类是汉字与汉字或汉字构件拼合，一类是汉字与朝鲜文拼合。但是，从具体的音节拼合方式来看仍有区分。如“乶”字，读作[sos]，拼上下两字之音而成。“小”和“叱”均为口诀和吏读中常用的表音字，“小”字取其朝鲜语汉字音[so]，“叱”取其朝鲜语汉字音音节尾的音素[s]。而“乼”“䆃”二字，看似也是两个汉字拼合而成，但其音节拼合方式有别于“乶”字。“乼”字读作[kɨl]，是上字符“文”的训读发音，而下字符“乙”在口诀和吏读中常被用作表音字，音值为[l]，在此并不发音，只是提示上字“文”训读音的尾辅音发音，因而“乙”在构字上是一种音补。“䆃”也属于同一类造字法，它的读音为[s*i]，也就是取上字符“種”的训读音[s*i]，下字符“叱”并不发音，只是用于提示“種”的头音为硬音。这种音补较为特殊，所提示之音并非其他字的局部音素，而是提示一种语音特质，在这里是提示上字的头辅音具有[+tense]（附加喉部紧张）的硬音特质。用“叱”字符来提示其他构成字符头辅音发作硬音的字还有“咰/㖮[t*oŋ]”“㕫/㖹[p*un]”等，但这二字与“䆃”字又略有不同，“䆃”字中“種”字训读音的头辅音本为硬音，而“咰/㖮”“㕫/㖹”这两字构字中的“同”和“分”本身发音为[toŋ]和[pun]，并非硬音，与“叱”相结合，二字头音变为硬音[t*]和[p*]。

① 段甜：《韩国固有汉字分析》，洛阳，中国人民解放军外国语学院硕士学位论文，2007。

② 남풍현. 한국의 고유한자. 국어생활，1989（17）。

（三）口诀略字

口诀略字属于一种变形汉字，用于口诀表记中，主要在手写记入“吐”时使用，约有 70 余字[①]。口诀略字在借用汉字基础上产生，略字与其来源汉字相比，仅简化了字形，用法与借用汉字一致。字形简化方式是或取汉字楷书体的部分笔画、或取汉字的草书体、或取汉字草体的部分笔画。当然，对于原本就笔画简单的汉字则保留其楷书体原字形。口诀略字的部分示例如表 2 所示。表中例字及其来源汉字均源自황선엽[②]首页中收录的释读口诀所用口诀字目录，括号内为其来源字形，注音为其朝鲜文注音的国际音标转写：

表 2　口诀略字的字形来源与示例

字形来源	取汉字楷书体全字	取汉字楷书体部分笔画	取汉字草书体全字	取汉字草书体部分笔画
示例	白（白）/sʌp/ 乃（乃）/na/ 冬（冬）/tʌl/ 毛（毛）/mo/	亣（音）/m/ 彳（彼）/tjə/ 口（古）/ko/ ハ（只）/k/	⺀⺀（以）/ro/ 亝（齊）/tsjə/ 十（中）/hʌj/ の（人）/tʌ/	㇋（良）/a/ ソ（爲）/hʌ/ 尔（彌）/mjə/ 刂（是）/i/

口诀略字仅出于方便手写记入的目的而使用，在正式印刷入正文或写进正文内作夹注时，恢复使用原汉字字形。正因为口诀略字与其原汉字维持着密不可分的关系，所以不同于仿制汉字，只能将其看作一种汉字的变形体。陆锡兴[③]认为口诀中的略字是依据中原琴谱减字的原理而制作的，本文认为琴谱的减字原理可能只为口诀略字的制字提供了部分思路。事实上，口诀略字与日文“假名”两套字母的造字原理基本相同，既有来自汉字楷体全字或部分笔画，也有来自汉字草书体全字或部分笔画。它与假名有多字字形相同，但来源汉字却不同，如口诀略字“の、ハ、ソ、刂”的来源汉字分别为“入、只、爲、是”，而假名“の、ハ、ソ、刂”的来源汉字则分别为“乃、八、曾、利”。或有来源汉字相同者，但其字形简化方式又不同，如“於”在口诀略字中字形简化为“亽”，而假名则取其草书体“お”。可见两者在造字上使用了同样的思路，但并未相互借用字形。

① 俞晓红：《汉文典籍朝鲜语读法口诀的类型》，载《民族语文》，2020（1）。

② 황선엽 . 석독구결사전 . 서울：박문사，2009。

③ 陆锡兴：《汉字传播史》，463 页，北京，商务印书馆，2018。

（四）口诀符号

口诀符号是一种与日本汉文训读资料中的“乎古止点（wokoto ten）”极为相似的符号。其用途与口诀略字相同，都是用于汉文典籍原文的译读。很特别的一点是，口诀符号使用角笔记入，角笔是一种使用硬质材料制成的笔具，无色，头部尖锐，在纸上可戳点或划出凹痕。口诀符号完全不同于上述 3 种汉字式文字，尽管它与汉字、汉文的受容密不可分，但其是一种新型的朝鲜语表记方式。其形状来源应是与汉文典籍文本中的句读、注记等各种标示性符号有关，如表示句读的标点符号、注记破音的圈发等。其外形与使用方式跟传统思维中的文字区别很大。首先，其外形为十分简单的点线形，如“•、• •、⁚、—、|、/、∸、|·、!、✓、⩨、:|”等；其次，这种符号所代表的意义要依靠其形状和位置两个要素结合起来综合判断。口诀符号只有存在于汉字文本中并置于汉字方形空间的特定位置时才具有意义，将不同形状的符号记入汉字方形空间内的不同位置就代表朝鲜语中不同的“吐”[①]。以口诀符号“•”为例，见图 2：

图 2　口诀符号“•”用法示例

“•”记在汉字“法”字中心位时为朝鲜语表话题的助词，读作 [ɨn]，与汉字“法”结合起来读作 [pəp ɨn]；而当“•”处于汉字方形空间外侧的左下角时，则为宾格助词，读作 [ɨl]，与汉字“法”结合起来读作 [pəp ɨl][②]。

口诀符号所对应的语言单位有时是音素或音节，有时是语素，有时还对应多个语素的结合体。在角笔符号口诀文本中还有一类符号虽然不表示任何语言单位，但对汉文典籍原文的解读也十分重要，有表示读取语序的逆读线，有表示句读标点的句读线，有指示多个字为一个词的合符线，还有界定汉字边框以明确点吐所在位置的边界线以及明确点吐符号归属汉字的补助线等。这类符号是一种标示性符号。

이승재[③]整理了符号口诀文本中所使用的标示性符号，图 3 展示了其中一部分：

---

① 俞晓红：《汉文典籍朝鲜语读法口诀的类型》，载《民族语文》，2020（1）。

② 在不同文献中，同种形态和位置的口诀符号所代表的意义并不统一，有宗派之别。图 2 所示符号用法是按照周本《华严经》的口诀符号对应方式进行解读的。详细符号对应体系参见박진호．주본《화엄경》권제 36 점토구결의 해독 // 이승재，외．각필구결의 해독과 번역 2. 에 수록，서울：태학사，2006。

③ 이승재．부호자의 문자적 의의．국어학，2001（38）。

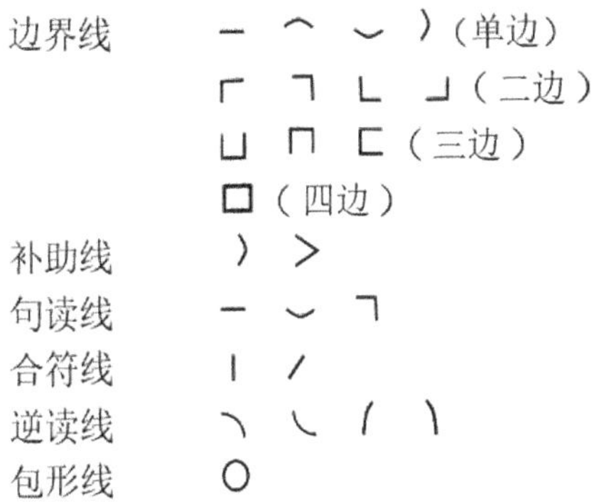

图 3　符号口诀文本中的标示性符号

仔细观察图 3 的符号形状就会发现，这些标示性符号包含有朝鲜文辅音字母ㄱ、ㄴ、ㅁ、ㅅ、ㅇ的基本字形。俞晓红[①]曾提出表示“吐”的口诀符号形状与初创时期的朝鲜文元音字母的字形也十分近似。

（五）训民正音字母

15 世纪中期，朝鲜半岛出现了一种音素文字，即“训民正音”。根据《训民正音》解例本的说明，训民正音最初共有 28 个字母，其中辅音（初声）17 个字、元音（中声）11 个字。这些字的字形同现代朝鲜文略有差异，“ㄱ、ㄴ、ㅁ、ㅅ、ㅇ”5 个基本辅音字像“牙、舌、唇、齿、喉”5 种发音部位之形，“·、ㅡ、ㅣ”3 个基本元音字像“天、地、人”三才之形。其余字则在 8 个基本字的基础上添加笔画。尽管解例本详细说明了这些字的字形来源，在解例本的“郑麟趾序”中也提到“训民正音象形而字仿古篆”，但关于朝鲜文的起源问题依然众说纷纭。然而，如上文及俞晓红[②]所述，训民正音辅音 5 个基础字“ㄱ、ㄴ、ㅁ、ㅅ、ㅇ”的字形和元音 11 个字“·、ㅡ、ㅣ、ㅏ、ㅓ、ㅗ、ㅜ、ㅑ、ㅕ、ㅛ、ㅠ”的全部字形在角笔书写的口诀符号及其相关标示性符号中都能找到相同的形状，这绝不是巧合。

训民正音是一种音素文字，但它有一个特别之处，就是同一个发音位置采用不同的发音方式所发出的语音，其对应字形中包含相同的符号形状。如发音部位相同的一组舌音“n/t/th/t*”采用的字形分别为“ㄴ/ㄷ/ㅌ/ㄸ”，它们都含有基本形状“ㄴ”，在此字之上加划或并写来表示发音方式的不同变化。训民正音字母中有多组同类字符。甚至有西方学者认为，训民正音在类型学上属于语音特质文字系统

① 俞晓红：《汉文典籍朝鲜语读法口诀的类型》，载《民族语文》，2020（1）。

② 俞晓红：《汉文典籍朝鲜语读法口诀的类型》，载《民族语文》，2020（1）。

（featural system），那些改变发音方式的短划也被视为字符[①]。但是，训民正音字母在语音特质和字符形状之间的关联上缺乏系统性，只是一部分辅音在字形上存在此种联系。

训民正音字母还有一大特色体现在其文字排列规则上。这些字母在拼写朝鲜语时并非线性排列，而是组合成音节字方。音节字方内可无音节尾辅音字母，但不可缺音节头辅音字母。当音节头辅音缺失时，使用“ㅇ”表示音节头零辅音，如“울 [ul]”。这应是受到汉语音韵学汉字音节分析方法的影响，因为汉字音节无论有无声母辅音，均有其声类归属。

三、汉字受容方式与训民正音的关系

无论从文字性质还是字形层面上看，训民正音与汉字的差别都十分明显，然而若将训民正音与借字表记阶段的文字及符号联系起来看，其文字形成则与汉字受容密不可分。

（一）借用汉字与训民正音的关系

在借用汉字中，用于记录朝鲜语词汇的汉字多为表意字，表音字使用较少，且用字并不固定。而用于记录朝鲜语“吐”的汉字基本为表音字，且用字较为固定，这使得一些常用字被逐渐固定下来表达特定的音节或音素，而非语素。这就打破了汉字固有的表意特性，为表音文字形成奠定了基础。如借字表记中常用的“隐”字，可用于表示定语词尾，也可用于表示话题助词。定语词尾“隐”在中世朝鲜语文献中的语素变体就包含 ɨn、ʌn、n 三种，而表话题助词的语素变体则达 5 种之多：ɨn、ʌn、nɨn、nʌn、n。值得注意的是，在表示 [n] 音时，音读表音字“隐”不仅脱离了汉字的表意功能，还违背了汉字音节与语素同轨的特点，仅借用了汉字音节中的尾辅音。这一过程要求对汉语音节进行深度分析，尤其是对音节尾辅音的单独析出。除“隐”字外，有不少借用汉字来表示朝鲜语丰富的音节尾辅音，如“叱 [s]”“乙 [l]”“音 [m]”等。这为训民正音的音节三分法奠定了基础，使其把汉语音韵学传统的声韵二分之法进一步发展为初声（辅音）—中声（元音）—终声（辅音）的音节三分之法。

① Sampson, G. R. Writing Systems .second edition. Sheffield, Bristol: Equinox, 2015: 143.

（二）仿制汉字与训民正音的关系

朝鲜半岛的仿制汉字采用了象形、会意、形声及 A、B 两类合音的方法造字。其中象形法对训民正音制字的影响是毋庸置疑的，《训民正音》解例本“制字解”中有云：正音二十八字，各像其形而制之。作为一种表音文字，训民正音制字时辅音像发音器官之形，元音像“天地人”三才之形，这是对汉字象形原理的一种继承与创造性发展。

然而仿制汉字与训民正音并非单向的影响关系。首先，B 类合音字的造字方法与训民正音合字法的关系十分微妙。训民正音的音节合字方式在世界文字中都是十分独特的。这一独特性受汉字方块字形及一字一音节特点的影响。事实上，合音造字法在汉译佛经中已有，称为“切身法”。顾炎武《音学五书》[①]之《音论》卷下《南北朝反语》内引赵宧光曰：“释典译法真言中此方无字可当梵音者，即用二字聚作一体，谓之切身。”郑贤章[②]整理了《龙龛手镜》中的切身字，如“[illegible]”，注音为“寧也反”，“[illegible]”注音为“名夜反”等。这些切身字均由两个汉字左右相合为一字，前字表声母，后字表韵母（不含声调）。与之相较，B 类合音字同样采用两字合音之法，但却与切身字稍有差别，其合字为上下结构，且合音方式也并非声母字加韵母字，而是上字的整个音节加下字的音节尾辅音，或是一个字的整个音节加一个音补。这是对切身法的进一步扩充，它基于朝鲜语独特的语音体系，与训民正音的合字法不谋而合。因为训民正音在合字成音节时，便是将音节尾辅音字母单独置于下方，而上方则是辅音加元音字母。这种不同于传统反切法的音节切分方式在借用汉字中便已出现，一直延续至仿制汉字与训民正音中。

此外，B 类合音字中有些字用表 [s] 音的“叱”字来提示硬音读法的方式，如“[illegible] [s*i]、[illegible] / [illegible] [t*oŋ]、[illegible] / [illegible] [p*un]”，应该是受训民正音的影响。现代朝鲜语中，硬音通常使用双写的辅音字母表示，如“ㄲ [k*]、ㄸ [t*]”等。但在 15、16 世纪朝鲜文文献中，硬音多采用“ㅅ [s]”与其他辅音字母并写的方式表示，如 ㅺ [k*]（ᄭᅩ리 [k*ori]“尾”）、ㅽ [t*]（ᄲᅧ [p*jə]“骨”）等[③]。这种情况，“ㅅ [s]”不发音，仅用于表示与其并写的辅音字母读作硬音。综合考虑到 B 类合音字造字中所采用的汉字字符均为吏读和口诀中较为常用的表音字，可推知这类字的造字时期必然较为晚近，因为只有借字表记发展到成熟阶段之后才有可能出现这种造字法。事实上，查证这类字的出处

① [清]顾炎武：《音学五书》，53 页，北京，中华书局，1982。

② 郑贤章：《龙龛手镜研究》，74—77 页，长沙，湖南师范大学出版社，2004。

③ 고영근. 표준중세국어문법론. 개정판. 서울：집문당，2005: 31.

年代也不能证明其造字时间早于朝鲜文。同时，这类字中已使用了朝鲜文字符，因而其造字应是晚于朝鲜文，并逆向受朝鲜文合字法的影响。

（三）口诀略字及符号与训民正音的关系

口诀略字为朝鲜文字形成过程中的一种方案，同类方案成功创造了日文假名。然而在朝鲜半岛，这一方案却并未最终发展为文字，这是由于口诀略字难以准确表记朝鲜语复杂的语音体系。口诀略字用来标记朝鲜语的“吐”，因“吐”的用字并不多，所以能在汉文典籍释读中广为应用。但若用于记录完整的朝鲜语，口诀略字则难以胜任。这类字虽与训民正音的关联性不大，但正因其局限性，才会发展出另创音素文字的新方案。

口诀符号同样用于汉籍文献的释读，但字形却大为不同，为点线形，这源于其独特的书写工具。书写工具对文字外形的影响是不言而喻的，如楔形文字就充分说明了这一点。不同于柔软灵活的毛笔，尖锐硬质的角笔更适合在纸上凿点画线。口诀符号的字形特征与初创期的训民正音字母惊人相似，其“吐”表记符号包含了 11 个训民正音元音字母（ᆞ、ㅡ、ㅣ、ㅏ、ㅓ、ㅗ、ㅜ、ㅑ、ㅕ、ㅛ、ㅠ）的字形，而其标示性符号中又具有 5 个辅音基础字（ㄱ、ㄴ、ㅁ、ㅅ、ㅇ）的字形。如此巧合绝非偶然，训民正音字母最初的外形设计应该是来源于口诀符号。因为这种点线字形不是毛笔容易写出的，只有角笔这种硬质笔具才能解释其字形，毛笔书写的笔画绝不会如此线条均匀，点也不会是这样纯圆的点。后来朝鲜文字形的改变也应该是和书写笔具使用毛笔有关，原先的圆点形笔画后来全部变成了短线（ㅣ·→ㅏ）。至于象形一说，确有其创新，但无论是像发音器官之形或“天地人”三才之形，其最初字形设计的思路应是取自点线形的口诀符号，然后结合语音学知识和中国古代哲学理念进一步加工而成。

四、结论

朝鲜半岛从受容汉字并尝试将其用于记录朝鲜语的 5 世纪到朝鲜音素文字产生的 15 世纪，经历了近千年，在文字性质层面上经历了表意字、表意表音字混用，到单纯使用表音文字的过程。在“吐”表记尚未出现的 7 世纪以前，主要维持汉字的表意性。8 世纪后的借字表记则属混合文字，词汇部分主要为表意字，语法形态部分则为表音字，这一时期朝鲜语对汉字做了表音化改造的尝试。而到 15 世纪后的音素文字阶段，其文字性质发生了彻底转变。这种转变从根本上来说是受到朝鲜语语言类型和语音体系的影响。朝鲜语为黏着语，其语言中表示语法的黏着语素难以用表意的汉字来表达，同时朝鲜语复杂的语音体系也很难使用汉字记录。创制音素文字是从根本上解决这些问题的最佳选择。

汉字受容后产生的朝鲜半岛民族文字在字形层面上经历了汉字借用、仿制、变形到创造全新形态符号的过程。借字表记阶段的文字主要借用汉字的字形，为便于快速手写，也将汉字进行简化变形。此外，为方便记录本土固有名词，还将汉字构件重新组合成仿制新字，其造字方法既有仿效汉字六书原理的部分，也有创新之法。而口诀符号是一种依附于汉字文本之上的点线形字符，其符号形状可能来源于汉文文本中的句读、注记等各种标示性符号。这种符号由于使用特殊的笔具而具有独特的形体特征，这种形体特征在训民正音中得以继承。

最终形成的朝鲜文尽管在文字性质及字形上与汉字完全区别开来，但仍深受汉字影响，采用汉字式的方块字形。且尽管朝鲜文为音素文字，但却考虑到了与汉字的兼容性，根据汉字音节文字的特性，采用了字母的音节团块状合字方式，其音节三分法则成形于借用汉字阶段。此外，与汉字语音分析中声母与韵母两者不可或缺的音节构成体系相一致，对于音节头零辅音的情况，朝鲜文创造了无声的辅音字母“ㅇ”标示音节中头辅音的缺失。

参考文献

[1] 段甜 . 韩国固有汉字分析 . 洛阳：中国人民解放军外国语学院硕士学位论文，2007.

[2][清] 顾炎武 . 音学五书 . 北京：中华书局，1982.

[3] 李华 . 韩日越汉字本土化过程研究 . 北京：中央民族大学博士学位论文，2013.

[4] 陆锡兴 . 汉字传播史 . 北京：商务印书馆，2018.

[5] 王锋 . 从汉字到汉字系文字 . 汉字文化圈文字研究 . 北京：民族出版社，2003.

[6] 俞晓红 . 韩国借字表记的原理与表记方式 . 韩国语教学与研究，2018（2）.

[7] 俞晓红 . 韩国借字表记的文字特征与汉字借用类型 . 解放军外国语学院学报，2018（3）.

[8] 俞晓红 . 汉文典籍朝鲜语读法口诀的类型 . 民族语文，2020（1）.

[9] 郑贤章 . 龙龛手镜研究 . 长沙：湖南师范大学出版社，2004.

[10] 周有光 . 汉字型文字的综合观察 . 中国社会科学，1998（2）.

[11] 朱松植 . 汉字与朝鲜的吏读字 . 延边大学学报（社会科学版），1987（4）.

[12] 朱晓农 . 语音学 . 北京：商务印书馆，2010.

[13] 고영근 . 표준중세국어문법론 . 개정판 . 서울：집문당，2005.

[14] 남풍현 . 한국의 고유한자 . 국어생활，1989（17）.

[15] 박진호 . 주본《화엄경》권제 36 점토구결의 해독 // 이승재，외 . 각필구결의 해독과 번역 2. 에 수록，서울：태학사，2006.

[16] 이기문 . 국어사개설 . 신정판 . 서울：태학사，2006.

[17] 이승재 . 부호자의 문자적 의의 . 국어학，2001（38）.

[18] 황선엽 . 석독구결사전 . 서울：박문사，2009.

[19]Sampson, G. R. Writing Systems .second edition. Sheffield, Bristol: Equinox, 2015.

漫水湾彝族及其语言概况

曲木铁西　叶康杰

大凉山的安宁河干热河谷地带，四季如春，物产丰饶，是川蜀大地的第二大粮仓。这里居住的彝族，历来与其他民族和睦相处，他们不仅保留有自己特有的彝语方言，而且操持一口纯正的当地汉语方言。漫水湾彝族就是其中的代表。

彝语分为六大方言，大小凉山彝族整体属于彝语北部方言区，北部方言区彝族支系主要有“什乍”ʂʅ^{21}ndʐa̠^{55}、“阿都”a^{33}tu̠^{33}、“所地”sɔ^{33}ndi^{21}、“义诺”ʑi^{33}nɔ^{33}、“伙苏”ho^{33}su^{21}、“田坝”tɕhu^{33}su^{33}、“木黑苏”mu^{33}hi^{55}su^{33}等，他们在语言、服饰、风俗习惯等方面都有各自不同的特点。“什乍”ʂʅ^{21}ndʐa̠^{55}是指喜德县、冕宁县、越西县、昭觉县、盐源县、甘洛县等地彝族；“阿都”a^{33}tu̠^{33}是指金阳县、布拖县、宁南县等地彝族；“所地”sɔ^{33}ndi^{21}是指会理市、普格县、会东县、德昌县、米易县等地彝族；“义诺”ʑi^{33}nɔ^{33}是指美姑县、昭觉县、雷波县、峨边彝族自治县、马边彝族自治县等地彝族；“伙苏”ho^{33}su^{21}是指凉山州甘洛县、乐山市金口河、雅安市汉源一带居住的部分彝族；“田坝”tɕhu^{33}su^{33}是指居住在甘洛县田坝地区的部分彝族；“木黑苏”mu^{33}hi^{55}su^{33}是指居住在冕宁县、喜德县和西昌市安宁河谷的部分彝族。在这些支系中，对“木黑苏”mu^{33}hi^{55}su^{33}支系的研究不多，近30年来，只有巴莫阿依《在汉族人的环绕中》①、肖雪《凉山平坝彝族丧葬文化变迁的斜向性结构研究——以喜德大石头和冕宁漫水湾为个案》②、龙圣《明清“水田彝”的国家化进程及其族群性的生成——以四川冕宁白鹿营彝族为例》③、朱文旭等《彝语水田话概况》④等成果，特别是对“木黑苏”mu^{33}hi^{55}su^{33}支系语言的研究更为薄弱。

① 巴莫阿依：《在汉族人的环绕中》，载《民俗研究》，2000（3）。

② 肖雪：《凉山平坝彝族丧葬文化变迁的斜向性结构研究——以喜德大石头和冕宁漫水湾为个案》，载《西昌学院学报》（社会科学版），2007（3）。

③ 龙圣：《明清“水田彝”的国家化进程及其族群性的生成——以四川冕宁白鹿营彝族为例》，载《社会》，2017（1）。

④ 朱文旭、张静：《彝语水田话概况》，载《民族语文》，2005（4）。

2019 年夏天我们开始对“木黑苏”$mu^{33}hɪ^{55}su^{33}$ 的语言进行了为期一年左右的田野调查，发现该彝族支系已基本改用汉姓，主要有罗、兰、孙、殷、鲁、龙、杨、沙、赵、王、李、何、谢、邓、于、石等 20 多个姓氏，人口约 5 万人。我们在普查的基础上，把主要田野点放在了冕宁县漫水湾镇的西河村三组，该村组主要有王姓、李姓、吴姓（汉族）三大姓，共 60 多户，此外还有 10 多户其他姓氏的彝族。据王姓的老人讲，他们原居住地在越西县普雄地区，其先祖杰诺莫色争夺捕鱼的河段时，失手杀死了同家支的兄弟而被逐出家支，几经迁徙来到了一个叫马公甲的地方居住。杰诺莫色有两个儿子，一个叫萨拉，萨拉拜了一位王姓汉族为干爹，而后入赘，改汉姓为王，其后代为汉族；另一个叫萨达，漫水湾王姓家族就是萨达的后裔，由于萨拉汉姓王，萨达的后代也跟着姓王。当年位于安宁河谷的漫水湾一带，彝族与朝廷派来执行军务的汉族移民长期有摩擦和冲突，商贾难行，社会动荡不安。漫水湾的彝语地名为 $mo^{55}ʂʅ^{33}fa^{31}$“莫石法”，即战乱之地。朝廷官府委任这一带既与汉族友好又在彝族中有威望的王家，担任调解人并护商往来。由于调解彝汉纠纷，从事护商有功，朝廷就把包括漫水湾在内的大片土地赐给了王家。应该说漫水湾彝族与汉族的和睦关系远非一朝一夕，他们的民居建筑、服饰、生活起居与汉族没有两样，所有村民都讲一口不带一点彝语口音的当地汉语，而转过头去与村民相互交谈时立刻转换为彝语。

漫水湾彝语有自己独特的语音系统和词汇系统。语音系统受“圣乍”$ʂʅ^{21}ndʐa^{55}$ 支系语言的影响较大，但也有所地话的成分，如有两个复元音 uɛ、ui，应来自“所地”$sɔ^{33}ndi^{21}$ 支系语言的影响，又有“义诺”$ʑi^{33}nɔ^{33}$ 支系语言的影子，漫水湾彝语词汇中有“义诺”$ʑi^{33}nɔ^{33}$ 支系特有的词汇及其语音，如 $ʂa^{55}nɔ^{33}$“豌豆”、$bu^{55}ɣo^{31}$“蚂蚁”、$mɯ^{55}$“饿”、领属助词 na^{33} 等，还有“田坝”$tɕhu^{33}su^{33}$ 支系语言词汇的印记，如 $tɕu^{55}$“吸”、$ɕu^{33}$“养”、$xɯ^{31}mo^{31}$“妻子”等。从这些现象来看，居住在冕宁县、喜德县和西昌市安宁河谷的彝族“木黑苏”$mu^{33}hi^{55}su^{33}$ 支系的先民，当初可能来自不同的彝语方言的彝族群体，久而久之，随着这些群体的不断融合而发展成为一个独特的语言系统。

一、语音系统概述

（一）辅音

漫水湾彝语的声母比彝语北部方言其他土语少，共有 34 个。塞音、塞擦音、清浊对立，无鼻冠音；3 套鼻音、边音，无清（化）音；3 套舌尖、舌面、舌后，清浊对立、无鼻冠音。即：

p	ph	b	m	f	v	
t	th	d	n	l		
ts	tsh	dz	s	z		
tɕ	tɕh	dʑ	ȵ	ɕ	ʑ	
tʂ	tʂh	dʐ	ʂ	ʐ		
k	kh	g	ŋ	x	ɣ	h

声母例词：

p	pi55 剥（花生）	pi31 背（动）
ph	phu33 解开	phu55 席草
b	bi55 捶	bi31 填
m	mu33 马	mu55 除草
f	fu31 扣（扣子）	fu33 角
v	vu̠55 压	vu33 肠子
t	tɔ33 端	tɔ55 朵（量）
th	thi33 他	thi33 挑
d	du̠33 翅	du̠55 毒
n	na33 听	na55 哄
l	li55 晒	li33 去
ts	tsɿ31 咳嗽	tsɿ55 挖
tsh	tshu33 肥	tshu55ɣɯ33 醋
dz	dzɯ33 吃	dzɯ31 伸（懒腰）
s	si33 碳	si55 杀
z	zɿ55 揉	zɿ33 尿
tɕ	tɕu33 钻洞	tɕu55 吸
tɕh	tɕhu̠55 削	tɕhu33 甜
dʑ	dʑɪ33 蜜蜂	dʑɪ33 快
ȵ	ȵi33 蒸	ȵi31 二
ɕ	ɕu33 养	ɕu̠55 刮（胡子）
ʑ	ʑɪ55 酒醉	ʑɪ33 房子

tʂ	tʂɯ33 刀划	lo55tʂɯ55 脱臼
tʂh	tʂhʅ55 山羊	tʂhʅ31dʑɪ31 腐烂
dʐ	dʐʅ33 酒	dʐo31 挺（胸）
ʂ	ʂu33 湖	ʂu55 怀念
ʐ	ʐʅ33 草	ʐʅ55 认罪
k	kɯ55 箱子	kɯ33 傻
kh	khɯ33 狗	khɯ55lɯ33 晚上
g	gɯ33 皮	gɯ31 玩
ŋ	ŋɯ33 嚼	ŋo33 摸
x	xɯ33 鱼	xɯ31mo31 妻子
ɣ	ɣo33 雪	ɣo55 猪
h	hi55 可以	hi33tɕhi33 蒜

声母说明：

（1）漫水湾彝语的辅音清浊和送气不送气之间的对立明显。

（2）无一整套鼻冠浊音辅音，即 mb、nd、ŋg、ndz、ndʐ、ndʑ。

（3）无清化鼻音 n̥ 和边音 l̥。

（4）舌后辅音 k、kh、边音 l 等辅音与元音 u、u̠ 相拼时，有轻微的唇齿化现象。如 ku33“叫”、khu33“偷盗”、lu33“龙”等。

（5）双唇声母和舌尖中声母与 u 相拼时双唇颤动，如 bu33“蚕”、tu̠55“踩”等。

（二）元音

漫水湾彝语共有 16 个元音，其中单元音 14 个、复元音 2 个，单元音分松紧两大类，复元音无松紧对立。

单元音 i　i̠　ɪ　ɛ　ɯ　ɯ̠　a　a̠　o　ɔ　u　u̠　ʅ　ʅ̠

复元音 ui　uɛ

元音例词：

i	tsi55 行（应答语）	si33 选
i̠	ʑi̠55 拉稀	tɕhi̠55 伤心
ɪ	ɪ55 住	ɪ33 自己（引述语）

ɛ	sɛ^{33} 檫	dzɛ^{33} 剁
ɯ	ɣɯ^{33} 水	ŋɯ^{33} 嚼
ɯ̱	kɯ̱^{55} 鞭打	bɯ̱^{55} 犟脾气
a	dza^{33} 粮食	ma^{33}xa^{33} 伤疤
a̱	tsha̱^{33} 热	pa̱^{33} 告诉
o	dʑo^{33} 有	do^{31} 话
ɔ	nɔ^{33} 看	kɔ^{33} 硬
u	gu^{31} 汗	bu^{33} 虫
u̱	tu̱^{55} 点灯	du̱^{33} 出
ɿ	bɿ^{33} 飞	sɿ^{31} 熟悉
ɿ̱	sɿ̱^{33} 树	dzɿ̱^{33} 辣
ui	khui^{33} 结实	ɣui^{33} 切
uɛ	guɛ^{33} 假	ɔ^{33}ŋuɛ^{33} 点头

元音说明:

（1）音 i、i̱ 的实际音值为 ɨ。

（2）元音 ɪ 单独出现时无紧喉音，但与其他紧喉音相连时，被同化成紧喉音。

（3）元音 ɛ 的实际音值为紧喉音，ɛ 一般无松元音。

（4）元音 u、u̱ 与舌后、舌根声母相拼时读为唇齿音；元音 u、u̱ 与舌面音辅音 tɕ、tɕh、ɕ 一套相拼时，实际音值为 y、y̱。

（5）元音 ɿ、ɿ̱ 与舌后辅音相拼时实际音值为 ʅ、ʅ̱，如 ʂʅ̱^{31} “七”、tʂhʅ̱^{33} “瞪”等。

（6）复元音只有 ui 和 uɛ 两个，一般只出现在舌根辅音之后，如 ɣɯ^{33}kui^{55} “舀汤”、guɛ^{33} “撒谎”。

（7）除上述元音外，有少数汉语借词中出现 iɛn、wa、ei 等音，如 piɛn^{33}piɛn^{33} “边边”、wa^{33}phi^{31} “瓦片”、mei^{31}ʑo^{33} “煤油”等。由于只出现在少量词上，故未列入音系。

（三）声调

漫水湾彝语基本声调有 3 个，即高平调、中平调和低降调，调值分别为 55、33、31。另外还有一个变调，即次高调，调值为 44。

声调例词:

55 调	ɣo^{55} 猪	kɯ^{55} 箱子

33 调	ɣo^{33} 雪	kɯ^{33} 傻
31 调	ɣo^{31} 蔬菜	kɯ^{31} 告诉（他）

声调说明：

（1）声调 33 与 33 相连时，前 33 调会变调为 44 调。如 tɕɪ^{33}phi^{33} → tɕɪ^{44}phi^{33} “旁边”、mu^{33}ʂʅ^{33} → mu^{44}ʂʅ^{33} “沙子”等。

（2）声调 33 与 31 相连时，前 33 调会变读为 31 调。如 ɣɯ^{33} “水” → ɣɯ^{31}thi^{31} “水塘”、sʅ^{33} “木” → sʅ^{31}phi^{31} “木板”等。

（3）高平调上多出现紧元音，松元音也略紧。

（四）音节结构

漫水湾彝语的音节结构比较简单，只有如下 3 种形式（C 表示辅音，V 表示元音，T 表示声调）：

VT	o^{31} 鹅	ɛ^{33} 鸭
CVT	ba^{55} 躲	nɔ^{33} 看
CVVT	ɣui^{33} 切	guɛ^{33} 假

复元音不能单独自成音节。

（五）联音音变

漫水湾彝语有同化、变调等现象：

1. 同化

元音同化主要表现在松元音音节被相邻的紧元音同化。如：bṵ^{33} “写” +dṵ^{33} “用具” → bṵ^{33}dṵ^{33} “笔”、gɯ^{33} “荞” +vɛ^{33} “花” → gɯ̰^{33}vɛ^{33} “荞花”等。

2. 变调

变调主要表现在 33 调上：33 调 +33 调，会变调为 44 调 +33 调，但无区别意义作用；33 调 +31 调，会变调为 31 调 +31 调。前一音节的 33 调受后一音节 31 调的影响而变调为 31 调，漫水湾彝语的这种变调现象在整个彝语北部方言中是个特例。

二、词类及其语法特点

（一）词类

漫水湾彝语词类分名词、代词、数词、量词、动词、形容词、副词、连词、语气词、叹词、助词等。

1. 名词

名词的修饰词一般都在名词之后。

（1）名词后加量词 ɣo^{33}“群”、gɯ^{33}“些、群”、bo^{55}“拨”等，表示多数。但是这些量词修饰人或动物和事物名词时，有一定的规定性。例如：

ʑo^{33}ɣo^{33} 一群绵羊　　ha̠^{33}tsɿ^{33}ɣo^{33} 一群鸟

tɕho^{31}po^{31}ɣo^{33} 朋友们　　tsho^{33}gɯ^{33} 一群人

thɯ^{31}khɯ^{31}gɯ^{33} 一些黄瓜　　a^{33}hɛ^{33}gɯ^{33} 一群小孩

tsho^{33}bo^{55} 一群人　　a^{33}hɛ^{33}bo^{55} 一群小孩

（2）名词后加不同的词素，表示名词意义的增加。在动物名词后加“雌雄”语素，表示该动物的不同性别。在动物后加“大小”语素，表示该动（事）物的大小。例如：

lɯ^{33} 牛　　lɯ^{33}pu^{33} 公牛

lɯ^{31}mo^{31} 母牛　　lɯ^{33}zɯ^{33} 小牛

ɣɔ^{33} 鸡　　ɣɔ^{33}pu̠^{33} 公鸡

ɣɔ^{33}ma^{55} 母鸡　　ɣɔ^{33}tsɿ^{55} zɯ^{22} 小鸡

ɣo^{55} 猪　　ɣo^{55}pa^{55} 公猪

ɣo^{55} la^{33} 种猪　　ɣo^{55}mo^{31} 母猪

ɣo^{55}bi^{33}zɯ^{33} 小猪

a^{33}ȵɛ^{33} 猫　　a^{33}ȵɛ^{33}a^{31}pu^{31} 公猫

a^{33}ȵɛ^{33}a^{31}mo^{31} 母猫　　a^{33}ȵɛ^{33} zɯ^{33} 小猫

ɣɯ^{33} 河　　ɣɯ^{31}mo^{31} 大河

ɣɯ^{33}zɯ^{33} 小河

ha̱^{33}tsɿ^{33} 鸟　　　　　　　　ha̱^{33}tsɿ^{33}zɯ^{33} 小鸟

2. 代词

（1）人称代词有数和格的范畴，人称代词的数用元音交替来表示，所属格加 ʑɪ^{33} 来表示。例如：

第一人称	ŋa^{33} 我（单数）	ŋo^{33} 我们（复数）
	ŋa^{33}ʑɪ^{33} 我的	ŋo^{33}ʑɪ^{33} 我们的
第二人称	ni^{33} 你（单数）	no^{33} 你们（复数）
	ni^{33}ʑɪ^{33} 你的	no^{33}ʑɪ^{33} 你们的
第三人称	thi^{33} 他（单数）	tho^{33} 他们（复数）
	thi^{33}ʑɪ^{33} 他的	tho^{33}ʑɪ^{33} 他们的

（2）指示代词 tshɿ^{33} “这”、a^{33}li^{55} “那”，没有单数和复数之分，表示复数时加语素表示，如 tshɿ^{33}gɯ^{33} “这些”、tshɿ^{33}ɣo^{33} “这群”、a^{33}lɪ^{55}gɯ^{33} “那些”、a^{33} li^{55}ɣo^{33} “那群”。

（3）疑问代词有 kha^{33} “什么”、kha^{33}li^{55}(la^{55}) “什么、怎样、哪儿”。例如：

① di^{31}　ɕɪ^{31}kha^{31}tɯ^{31}ko^{33} xɯ^{33} la^{33}?
客人 什么时间　　到　了
客人什么时候到?

② ni^{33} kha^{33}li^{55} tsa^{31} dzɯ^{33} tɕho^{33}?
你　什么　　点　吃　　想
你想吃点什么?

③ tho^{33} kha^{33}la^{55} ta^{33} la^{33} zo^{33} ŋo^{33}?
他们 哪儿　　从　来　的　是
他们从哪儿来?

（4）反身代词

单数反身代词一般在原有的人称代词 ŋa^{33} “我”、ni^{33} “你”、thi^{33} “他”的基础上将原来的 33 调变读为 55 调后重叠音节构成。复数反身代词是在原有复数人称代词 ŋo^{33} “我们”、no^{33} “你们”、tho^{33} “他们”的基础上由将来的 33 调变读为 31 调后重叠音节构成。例如：

ŋa^{55} 我→ ŋa^{55}ŋa^{55} 我自己　　ni^{33} 你→ ni^{55}ni^{55} 你自己

thi^{33} 他→ thi^{55}thi^{33} 他自己　　ŋo^{33} 我们→ ŋo^{31}ŋo^{31} 我们自己

no^{33} 你们→ no^{31}no^{31} 你们自己　　tho^{33} 他们→ tho^{31}tho^{31} 他们自己

3. 数词

（1）基数词

数词从一到十、百、千、万分别为 tshɿ^{31}“一”、n̥i^{31}“二”、so^{33}“三”、lɿ^{33}“四”、ŋɯ^{33}“五”、fu^{55}“六”、ʂɿ^{31}“七”、hi^{55}“八”、gu^{33}“九”、tshi^{33}“十”、ha^{33}“百”、tu^{33}“千”、va^{55}“万”。漫水湾彝语的数词特点基本与彝语北部方言相同，只是北部方言数词“十一”的“一”和“二十”的“十”有音变现象，而这种音变现象不存在于漫水湾彝语的数词中，如“十一”为 tshi^{55}tshɿ^{31}，“二十一”为 n̥i^{31}tshi^{33}tshɿ^{31}。这是一个值得研究的一个问题。

（2）序数词

序数词的表示由基数词加量词再加特指标记，“量 +zo^{33}”表示特指。如：

tshɿ^{31} ma^{33} ma^{55} zo^{33} 第一　　n̥i^{31} ma^{33} ma^{55} zo^{33} 第二

一　量　量　助词　　二　量　量　助词

（3）概数的表示

①在定数词后加 dza^{33}ma^{33} 表示概数，如 tshɛ^{33}dza^{33}ma^{33}“十几个”。

②在定数词后加 dza^{33}dza^{33} 表示概数，如 tshɿ^{31}ha^{33}dza^{33}dza^{33}“百把个”。

③在定数后加 a^{31}lo^{55}mu^{33} 表示概数，例如：

tshɿ^{44}gɯ^{33}ŋɯ^{33}tɕɪ^{33} a^{31}lo^{55}mu^{55} dʑo^{55}.

这　些　五　斤　表概数　有

这些大概有五斤。

④由相邻的数词加量词相加构成，如 so^{33}ma^{33}lɿ^{33}ma^{33}“三个四个”。

4. 量词

量词分名量词和动量词。

（1）名量词

①个体量词根据修饰名词的形状如长条 ki^{33}、圆形（块状）ma^{33}、片状 tɕhɪ^{33} 等不同而定。例如：

n̥o^{31}gu^{31} ki^{33} 一条藤条	sɿ^{31}mi^{31} ma^{33} 一个核桃
藤　　条	核桃　个
ɣo^{55}ma^{33} 一头猪	sɿ^{33}tɕhɪ^{33}tɕhɪ^{33} 一片树叶
猪　个	树　叶　片

彝语北部方言中的许多量词在漫水湾话中有不同的变读，如“条、根、支”tɕɪ^{33} 在漫水湾话中变读为 ki^{33}，“座（桥）、辆（车）”ku̠^{33}，在漫水湾话中变读为 khu^{31}，这些变读现象值得关注。

个别名量词，也有借汉语的情况。如 tshɿ^{31}tɔ^{55}“一朵”、tshɿ^{31}phai^{31}“一行”。

②集体量词，如 tshɿ^{31}bo^{31}“一拨”、tshɿ^{31}gɯ^{31}“一些”、tshɿ^{31}ɣo^{31}“一群”。

③时间量词，如 tshɿ^{31}khu^{55}“一年”、tshɿ^{31}lɯ^{31}“一月”、tshɿ^{31}n̥i^{31}“一天”。

（2）动量词

如 tshɿ^{31}ti^{31}ka^{33}“打一顿”、tshɿ^{31}bi^{31}tɕhɛ^{33}“跨一步”、tshɿ^{31}kha^{31}ku^{33}“睡一觉”。

5. 动词

（1）动词重叠表示疑问

如 kha^{55}“高兴”→kha^{55}kha^{55}“高兴吗”、sɿ^{31}“认识”→sɿ^{31}sɿ^{31}“认不认识”。

（2）自动、使动和交互态

自动、使动态用辅音清浊交替来表示。如自动 gɯ^{33}“听”、使动 kɯ^{31}“（使）听”；自动 dʑɔ^{33}“垮”、使动 tɕhɔ^{33}“（使）垮”。

交互态是通过交互标记 dʑi^{33}、lɛ^{33} 前置于动词、形容词、名词前构成的。如 ʐa̠^{33}“骂”→dʑi^{33}ʐa̠^{33}“互骂”、bu^{55}“吻”→dʑi^{33}bu^{55}“相吻”、ʐu̠^{33}“缠绕”→lɛ^{33}ʐu̠^{33}“相缠绕”。

（3）动词的时

①动词后加进行体标记 kɯ^{33}、n̥i^{33}mu^{33}ta^{33} 表示动作正在进行。如 dza^{33}dzɯ^{33}（饭吃）kɯ^{33}“正在吃饭”、dza^{33}dzɯ^{33}n̥i^{33}mu^{33}ta^{55}“正在吃饭”。

②动词后词缀 o^{55} 表示动作的完成。如 do^{33}o^{55}“喝了”、dzɯ^{33}o^{55}“吃了”。

③动词后加词缀 ta^{33}，表示希望进行某种行为。如 do^{33}ta^{33}“喝着”、dzɯ^{33}ta^{33}“吃着”。

（4）动词可以受否定副词修饰

①否定式。如：a^{31}dzɯ^{31}“不吃/没吃”、a^{31}do^{31}“不喝/没喝”、a^{31}ʑɪ^{33}“不去/没去”。

②禁止式，禁止式只用于祈使语气下。例如：

ni^{33}dza^{33}tha^{55}mu^{33}.
你　饭　别　做
你别做饭。

（5）动词“是”的不同用法

漫水湾彝语动词“是”ŋui^{33}/ŋo^{31} 有两个不同的语音形式，在肯定条件下用 ŋui^{33}，在否定或疑问条件下用 ŋo^{31}。例如：

① thi^{33}kha^{33}mo^{33}ŋo^{31}?
　他　谁　个　是
　他是谁?

② thi^{33}o^{31}dzu^{33}ŋui^{33}, hi^{33}hi^{33}a^{31}ŋo^{31}.
　他　藏族　是　回族　不 是
　他是藏族，不是回族。

（6）动词后加名物化标记 zo^{33}，使动词名物化

如 dzɯ^{33}“吃”→ dzɯ^{33}zo^{33}“吃的”、ga^{55}“穿”→ ga^{33}zo^{33}“穿的”。

6. 形容词

（1）形容词重叠表示疑问

如 tsha^{33}“热”→ tsha^{33}tsha^{33}“热不热”、khɯ^{33}“苦”→ khɯ^{33}khɯ^{33}“苦不苦”。

（2）形容词后加名物化标记 zo^{33}，使形容词名物化

如 tsha^{33}“热”→ tsha^{33}zo^{33}“热的”、khɯ^{33}“苦”→ khɯ^{33}zo^{33}“苦的”。

（3）形容词修饰名词时置于名词之后

如 lɯ^{33}（牛）nɔ^{33}（黑）“黑色的牛”、ɣɔ^{33}（鸡）tɕhu^{33}（白）“白色的鸡”。

（4）形容词加后缀

形容词加后缀用来表示颜色、味觉、感官、形状等程度的强化或弱化。例如：

ʂʅ^{33}“黄”→ ʂʅ^{33}lo^{33}“浅黄”→ ʂʅ^{33}lo^{33}lo^{33}“黄灿灿”
khɯ^{33}“苦”→ khɯ^{33}sɿ^{33}“微苦”→ khɯ^{33}sɿ^{33}sɿ^{33}“苦丝丝”
tsha^{33}“热”→ tsha^{33}lɔ^{33}“温暖”→ tsha^{33}lɔ^{33}lɔ^{33}“暖洋洋”

7. 副词

主要有程度副词 dʑi^{33}“很”“非常”、a^{33}na^{55}mu^{33}“更”、ga^{33}ga^{55}“更”、kɔ^{33}“太”、ga^{33}ga^{55}“最”；时间副词 tsɔ^{31}tsɔ^{31}mu^{33}ta^{33}“马上”、tha^{55}o^{33}si^{31}“才 / 刚刚”、a^{31}ȵi^{55}mɛ^{31}“从前”、dɯ^{33}dɯ^{33}/ko^{33}ʂɯ^{55}“经常”；范围副词 dʑi^{33}kɯ^{55}“都”、ɣɯ^{33}dʑɪ^{33}mu^{33}“完全”、dʑi^{33}tɕho^{33}“一起”、ʑɪ^{31}xa^{55}“全部”；性状副词 tha^{55}bʅ^{33}zʅ^{31}mu^{33}“偷偷地”、hi^{33}hi^{33}mu^{33}“故意地”；否定副词 a^{31}“不 / 没有”、tha^{31}“别 / 甭”；等等。

8. 连词

连词主要有 n̥i^{33}r^{55}nɯ^{33} “和”、a^{31}di^{31}di^{55} “如果”、kha^{31}ta^{31}la^{55}go^{31} “不管”、dʑɪ^{31}nɯ^{55} “所以”等。

9. 介词

介词主要有 ʑɪ^{31}dɯ^{31} “对”、pha^{55} “往”、ʑɪ^{31}dɯ^{31} “向”、ka^{31}ta^{31} “按”、tsɔ^{33}tsɔ^{33} “趁”等。

10. 助词

（1）领属助词 na^{33}

领属助词 na^{33} 加在名词和代词后，表示领属关系。例如：

① tsho^{33} na^{33} sʅ^{55}ŋo^{33}tsho^{55}ʑɪ^{33}tha^{31}tɕu^{31}.
人家（助）事 我们 多 别 管
人家的事情咱们别多管。

② tshʅ^{55}ma^{33}ŋa^{55}na^{33} lo^{55}dʑo^{33}ŋui^{33}, a^{33}li^{55}ma^{33}ni^{55}na^{33} lo^{55}dʑo^{33}ŋui^{33}.
这 个 我（助）手镯 是 那 个 你（助）手镯 是
这是我的手镯，那是你的手镯。

（2）结构助词 zo^{33}

结构助词 zo^{33} 加在结构后，表示该结构的属性。例如：

tho^{33} kha^{33}la^{55}ta^{33}la^{33}zo^{33} ŋo^{31}?
他们 哪儿 从 来（助）是
他们是从哪儿来的？

（3）工具助词 si^{31}

工具助词 si^{31} 加在名词后，表示行为动作是使用该工具进行的。例如：

ŋa^{33} di^{33}mi^{33} si^{31} ɣo^{55}ʂɯ^{33} ɣui^{33}.
我 刀 （助）猪肉 切
我用刀来切猪肉。

（4）语气助词 o^{44}

语气助词 o^{44} 加在句尾，表示该动作的完成；若在 o^{44} 后再加 pa^{55}，表示疑问。例如：

① ɾ^{33}ʑɪ^{33}a^{33}phu^{33}tɕho^{33}lo^{55}gu^{33}khɯ^{33}si^{33}ʑɪ^{33}o^{44}.
弟弟 爷爷 随 老林 狗 猎 去（助）
小弟跟爷爷上山打猎去了。

② tsho^{33}kha^{31}tɯ^{31}ko^{33}di^{33}ʑɪ^{33}do^{31}o^{44}pa^{55}?
人 早 已 走（助）（助）
他们早已经走了吧？

（二）句法

1. 基本语序

漫水湾彝语的基本语序是：主语 + 宾语 + 谓语。

名词、代词做定语，放在中心词之前。例如：

thi^{33} na^{31} ɛ^{31}ŋɔ^{33}.
他（定语）的（助词）脸（中心词）
他的脸。

形容词、数量词做定语，放在中心词之后。例如：

ɣo^{55} a^{33}nɔ^{33} ma^{33}.
猪（中心词）黑（定语）只（定语）
一头黑猪。

2. 疑问句语序

一般疑问句，由动词、形容词重叠表示疑问，双音节以上的动词形容词只重叠最后的音节。例如：

dzɯ^{33}“吃”→ dzɯ^{33}dzɯ^{33}“吃不吃”　　a^{33}ʅ^{33}“重”→ a^{33}ʅ^{33}ʅ^{33}“重不重”

特殊疑问句，由特殊疑问词 kha^{33}la^{55}“哪里”、kha^{33}mo^{33}(ʐɯ^{31})“什么”、kha^{31}zo^{31}lo^{55}“为什么”、kha^{31}ta^{31}“怎么”、kha^{33}li^{55}“怎样 / 什么”、kha^{31}ȵi^{31}“多少”、kha^{31}tɯ^{31}

ko^{33}“什么时候”、kha^{33}mo^{33}“谁”等构成特殊疑问句。例如：

① di^{31}ɕɪ^{31} kha^{31}tɯ^{31}ko^{33}xɯ^{33}la^{33}?

客人　什么时候　到　来

客人什么时候到？

② tho^{33} kha^{33}la^{55}ta^{33}la^{33}zo^{33}　ŋo?

他们 哪里　从 来（助）是

他们是从哪儿来的？

③ thi^{33}kha^{33}mo^{33}ŋo^{33}?

他 谁　是

他是谁？

3. 复句

复句分联合复句和主从复句两种形式。

（1）联合复句

联合复句包括并列复句、选择复句、转折复句、层进复句等，各分句之间地位平等，是并列关系，有的要用连词或起关联作用的副词、助词等来表示，有的不用。例如：

① o^{31}dzu^{31}ɣɯ^{31}mo^{31}ʑa^{33}tho^{55}ɪ^{55}, la^{31}ɕi^{55}tshu^{31}ɣɯ^{31}mo^{31}la^{31}vu^{55}ɪ^{55}.

藏族　河　上 方 住 纳西 族　河　下方 住

藏族住在上游，纳西族住在下游。

② thi^{33} a^{31} ʑɪ^{31} ko^{33} ʑo^{55} a^{31}dʑo^{31}, ni^{33}li^{33}　a^{31}ʑɪ^{31}a^{31}hi^{55}.

他 不 去 如果错 没有　你（助）不去 不行

他不去也行，但你不去不行。

（2）主从复句

主从复句包括因果或推论复句、假设复句、条件复句、让步复句等，各分句之间地位不平等，主从联系一般要用连词或起关联作用的词语来表示。例如：

① ŋa^{33}dʑɪ^{33}to^{33}kɔ^{33}ta^{33}，tshɿ^{31}tsa^{31}mi^{55}ʑɪ^{33}a^{31}tɕho^{31}.

我 累　太 因为一点　都 去 不想

实在太累了，我一点都不想去。

② ŋo^{33} ɛ^{31}mɛ^{55}mi^{55}xɯ^{33}bɯ^{33}dzɿ^{33}tshu^{55}ta^{33},

我们 现在 肥 多 积 （助）

na^{33}ha^{55}dɛ^{31}khu^{55}dza^{33}bɯ^{33}dzɿ^{33}ȵi^{31}ki^{55}ɣɯ^{31} mu^{31}di^{44}.

明 年 粮食 多 一点 得 为了

我们现在多积肥，是为了明年多打粮食。

三、词汇

（一）词汇分类

漫水湾彝语词汇可以从不同的角度进行分类。

1. 音节的多少

根据音节的多少可分为单音节词、双音节词和多音节词。

单音节词，如 ɣo^{33} “雪”、dʑo^{55} “冰”、tʂhɯ^{33} “稻”、sɿ^{31} “懂”、tɕhu^{33} “甜”、gu^{33} “九”等。

双音节词，如 mu^{33}vu^{55} “云”、ma^{33}ha^{33} “雨”、ɣɯ^{33}mu^{55} “淹”、a^{33}ɣɯ^{33} “大”、a^{55}lo^{31} “绿”等。

多音节词，如 xɯ^{31}mo^{31}pa^{33} “说媒”、a^{31}mɛ^{31}zɯ^{33} “女人”、vu^{31}lo^{55}mu^{33}tsho^{33} “商人”、phi^{31}tshi^{31}gɛ^{33}lɛ^{33} “零钱”等。

2. 词与词的语音关系

根据词与词之间的语音关系，可分为同音词和异音词。

同音词是指语音相同、意义完全不同的词。如 ma^{33} “竹” 与 ma^{33} “个”、ki^{33} “官” 与 ki^{33} “条”、ȵi^{33} “坐” 与 ȵi^{33} “也”、mu^{33} “马” 与 mu^{33} “做” 等。异音词是指意义相同、语音不同的词。如 dzɯ^{33} “吃”、do^{33} “吃”，a^{44}ɣɯ^{33} “大”、ga^{31}mo^{31} “大路”等。

3. 词的构成

根据词的构成，可分为单纯词和合成词。

单纯词，如 si^{33} “炭”、bu^{55} “草”、ga^{55} “穿”、tshɯ^{33} “盐”、mɯ^{55} “饿” 等。

合成词，如 ȵɔ^{33}ma^{33} “眼珠”、ɣɔ^{33}ma^{55} “母鸡”、xɯ^{31}mo^{31}sa^{55}vu “夫妻”、hi^{33} tshɿ^{33} “汤药” 等。

4. 词义的相对关系

根据词义的相对关系，可分为同义词、反义词、单义词、多义词等。

同义词，是指语义关系上意义相同或基本相同而语音不同的词。如 sɿ^{33}、mo^{31}dʑɪ^{31}、go^{55}dzi^{33} 都是“死、去世”的意思。

反义词，是指语义关系上意义相反或相对的词。如 tsha^{33}“热”、go^{55}“冷”；ʑa^{33}tho^{55}“上”、o^{55}tɕo^{33}“下”；a^{33}ɣɯ^{33}“大”、ɪ^{55}tsɿ^{33}“小”等。

单义词，是指意义单一的词。漫水湾彝语音节越多的词，词义越单纯。如 ɣɔ^{33}pu̠^{33}mu^{33}kɯ^{33}“北斗星”、mɛ^{31}tu̠^{55}si^{31}pho^{31}“仙人掌”等。

多义词，是指一个词有多个意义，是词本义的不断引申、派生而形成的。如 tshi^{33}“掉”“滴”、tɕhɛ^{33}“跳”“挎”“逃”等。

（二）构词方式

漫水湾彝语的构词方式有复合和派生两种。

1. 复合法

复合法是由两个或两个以上的实词词素复合成新词。根据词素之间的关系，可分为并列关系、修饰关系。

（1）并列关系

例如：

tshɿ^{31}mo^{31}si^{31}mo^{31} 内脏
肺　　　肝

vu^{55}vu^{33}ʑɪ^{33}ʑɪ^{33} 兄弟
哥哥　弟弟

o^{55} tho^{55} 上下
上　下

（2）修饰关系

①中心词素在前的，例如：

o^{33} tɕhu^{33} 白发
头　白

ɣɔ^{31}ma^{55} 母鸡
鸡　母

dɔ^{33}gu^{33}n̠i^{33} 初九
初　九　天

②中心词素在后的，例如：

$ni^{31}mo^{31}$ $zɯ^{33}$ 外甥	$a^{31}mi^{31}sa^{55}vu$ 女婿
妹（姐）儿	女儿　丈夫
$vu^{31}lo^{55}mu^{33}tsho^{33}$ 商人	
生意　做　人	

2. 派生法

派生法是在词根的前面或后面添加附加成分构成。

（1）前加成分

前加成分有 a-、ɪ- 等，例如：

$a^{44}ni^{33}$ 红	$a^{44}mo^{33}$ 妈妈	$a^{31}mu^{31}$ 矮	$a^{33}dʑi^{55}$ 宽
$ɪ^{55}dʑi^{33}$ 窄	$a^{44}mu^{33}$ 高	$ɪ^{55}mu^{33}$ 低	

（2）后加成分

后加成分较多，有 $-lo^{33}$、$-lɔ^{33}$、$-si^{33}$、$-sɿ^{33}$、$-pha^{33}$、$-tsɿ^{33}$ 等，与词根构成 AB 型或 ABB 型，表示词根语义的强或弱。例如：

$vu^{55}lo^{33}$ 幽蓝	$vu^{55}lo^{33}lo^{33}$ 蓝盈盈
$tsha^{33}lɔ^{33}$ 暖	$tsha^{33}lɔ^{33}lɔ^{33}$ 暖洋洋
$khɯ^{33}sɿ^{33}$ 微苦	$khɯ^{33}sɿ^{33}sɿ^{33}$ 微微苦
$ʂʅ^{33}pha^{33}$ 淡黄	$ʂʅ^{33}pha^{33}pha^{33}$ 极淡黄

（三）借词

借词主要是借汉语西南话。借词有全借、半借半注两种情况。

1. 全借

按照汉语词素全借汉语，有的声韵调全借；有的声韵全借，声调略有改变；有的声母全借，而韵母和声调略有改变。例如：

$tɕaŋ^{33}$ 姜	$tsuan^{55}$ 砖
$mei^{33}ʑo^{33}$ 煤油	$wa^{31}tsɿ^{31}$ 袜子

gao^{33}niaŋ^{31} 高粱　　bao^{33}bao^{33}tshɛ^{31} 圆白菜
xuo^{33}sɯ^{33} 花生　　tsha^{31}tu^{55} 蚕豆
ʂa^{55}fei^{31} “上坟”　　ta^{33}ko^{55} “打工”

2. 半借半注

即在汉语借词前或后附加同义词、近义词或加相关词等，以作为注释说明。例如：

tɕa^{33}tu^{55}lo^{55}dʑo^{33} 豇豆
豇豆　手　镯

mɛ^{33}ʑɪ^{55}a^{31}po^{31} 棉衣
棉衣　外套

ma^{33}tsa^{33}ɣɯ^{33} 墨汁
墨汁　水

附录

漫水湾彝语的基本词汇

太阳 ȵi^{33}bi^{33}　月亮 lɯ^{31}bo^{31}　星星 mu^{33}kɯ^{33}
云 mu^{33}vu^{55}　风 mo^{33}li^{33}　闪电 mu^{33}li^{55}
雷 mu^{33}tsɿ^{33}　雨 ma^{33}ha^{33}　雪 ɣo^{33}
冰 dʑo^{55}　霜 hi^{33}tɕhu^{33}　露 tʂʅ^{55}ɣɯ^{33}
虹 si^{33}si^{33}　天气 mo^{33}mi^{33}　晴 mu^{33}tsha̱^{33}
天亮 mu^{33}thi^{33}　水田 tʂhɯ^{33}mi^{33}　旱地 gɯ^{33}mi^{33}
路 ga^{31}mo^{31}　山 lo^{44}gu^{33}　山谷 lɔ^{33}da^{33}
江 nɛ^{33}ɣɯ^{33}　湖 ʂu̱^{33}　石头 lɔ^{33}ma^{55}
土 tsa^{33}pa^{33}　泥 tsa^{33}pa^{33}　炭 si^{33}
灰 khu^{31}la^{31}　灰尘 khu^{31}tshʅ^{31}　火 mu^{33}tu̱^{55}
烟 mu^{33}khu^{33}　水 i^{55}ɣo^{31}　凉水 i^{55}ɣo^{31}vu^{33}go^{55}
热水 ɣɯ^{33}tsha̱^{33}　开水 ɣɯ^{33}gu̱^{33}　时候 thɯ^{33}ko^{33}
什么时候 kha^{31}tɯ^{31}ko^{33}　现在 ɔ^{31}mɛ^{55}　以前 mɛ^{31}
以后 ɣa^{33}tɕo^{44}　今年 tshʅ^{33}khu̱^{55}　明年 ȵa^{55}dɛ^{33}khu̱^{55}
后年 ȵa^{31}dɛ^{33}khu̱^{55}　去年 a^{31}ȵɛ^{55}dɛ^{33}khu̱^{55}　前年 ʂɛ^{33}dɛ^{31}khu̱^{55}
往年 mu^{31}khu̱^{55}khu̱^{55}　今天 o^{31}ȵɪ^{31}　明天 mu^{31}ʂʅ^{31}di^{44}
后天 tsa^{33}pho^{55}di^{44}　昨天 a^{31}mu^{31}di^{44}　前天 so^{44}mu^{33}di^{44}

早晨 ɪ^{55}tɯ^{31}mo^{31}　　傍晚 khɯ^{55}lɯ^{33}mo^{31}　　白天 mu^{33}ȵɪ^{31}mo^{31}

地方 mi^{33}di^{44}　　家里 ɪ^{44}ko^{33}　　城里 lɔ^{33}khɔ^{33}

左边 la^{44}vu^{33}　　右边 la^{44}ʑɪ^{33}　　中间 gu̠^{33}tu̠^{55}lʅ^{31}

前面 mɛ^{31}　　后面 ɣa^{33}tɕo^{44}　　末尾 ɣa^{33}tɕo^{44}

里面 khu^{33}tɕo^{44}　　外面 da^{31}bo^{55}　　上 ʑa^{33}tho^{55}

下 o^{55}tɕo^{33}　　树 si^{33}bo^{33}　　木头 sɿ^{33}da^{33}

松树 tho^{33}bo^{33}　　柏树 hɛ^{55}sɿ^{33}bo^{33}　　竹子 ma^{33}

笋 ma^{33}mi^{55}　　叶子 sɿ^{33}tɕhɪ^{33}　　花 vɛ^{33}

草 zʅ^{33}　　藤 ȵo^{31}gu^{31}　　刺 tʂhu^{33}

桃子 sɿ^{31}ʑa^{31}　　梨 sɿ^{31}dɯ^{31}　　核桃 sɿ^{31}mi^{31}

蘑菇 mu̠^{33}　　稻子 tʂhɯ^{33}　　大麦 zu̠^{31}

小麦 ʂa^{33}　　玉米 ɛ^{55}mu^{31}　　豌豆 ʂa^{44}nɔ^{33}

黄豆 na^{33}tɕhɔ^{33}　　绿豆 nɔ^{33}tshi^{33}　　韭菜 ɣɔ^{33}mu̠^{55}

葱 ɣo^{44}thu^{33}　　蒜 hi^{33}tɕhi^{33}　　辣椒 ʂa^{33}dzi^{55}

老虎 la^{55}　　猴子 a^{33}ȵu̠^{55}　　蛇 bu^{33}ʂʅ^{33}

老鼠 a^{55}xɔ^{33}　　蝙蝠 hɛ^{33}lʅ^{31}　　鸟儿 ha^{55}tsʅ^{33}

麻雀 khɛ^{33}dʐa^{33}　　喜鹊 a^{55}tʂo^{31}　　乌鸦 ha^{55}nɔ^{33}

虫子 bu̠^{33}lɔ^{33}　　蝴蝶 bo^{31}lɯ^{31}　　蜜蜂 dʑɪ^{33}

蜂蜜 dʑɪ^{33}ɣɯ^{33}　　蚂蚁 bu^{55}ɣo^{31}　　蜘蛛 bu^{33}ȵo^{55}mo^{31}

苍蝇 ʑo^{44}mo^{33}　　跳蚤 khɯ^{33}ʂɯ^{33}　　虱子 ʂɯ^{33}

鱼 xɯ^{33}　　青蛙 pa^{55}mo^{31}　　马 mu^{33}

牛 lɯ^{33}　　公牛 lɯ^{33}pu^{33}　　母牛 lɯ^{33}mo^{31}

羊 tʂhʅ^{55}　　猪 ɣo^{55}　　种猪 ɣo^{55}la^{33}

公猪 ɣo^{55}pa^{33}　　母猪 ɣo^{55}mo^{31}　　养猪 ɣo^{55}ɕu^{33}

猫 a^{55}ȵɛ^{33}　　狗 khɯ^{33}　　鸡 ɣɔ^{33}

鸭 ɛ^{33}　　喂 ɕu^{33}　　杀 si^{55}

村庄 ba^{31}ka^{31}　　房子 ɪ^{44}ko^{33}　　卧室 ha^{55}khu̠^{33}

茅屋 zʅ^{33}zɪ^{33}　　灶 ka^{33}di^{33}　　锅 ʂʅ^{55}gɯ^{33}

大门 ɪ^{31}kho^{31}　　窗 sɛ^{55}ȵɔ^{33}　　梯子 dɔ^{33}go^{31}

床 i^{55}khɯ^{33}　　枕头 o^{33}khu^{31}　　被子 ɪ^{55}po^{31}

盖子 kha^{33}ʑɛ^{33}　　碗 la^{33}khu̠^{33}　　筷子 dʐu̠^{31}

汤匙 i^{55}tʂhʅ^{31}　　衣服 ɪ^{33}tɕho^{33}　　袖子 tɕhɔ^{33}lo^{55}

口袋 ta^{55}li^{33}　　裤子 la^{55}ȵɛ^{33}　　裤腿 la^{55}xɯ^{33}

帽子 ta^{33}mo^{55}

米饭 tʂhɯ^{33}dza^{33}

鸡蛋 ɣɔ^{33}tchɪ^{31}

烟 ʑɪ^{33}

蒸 ȵɪ^{33}

抽 do^{33}

斟 kho^{33}

辫子 ɔ^{33}pɿ^{55}

脸 ɛ^{33}ŋɔ^{55}

眼泪 ȵɛ^{33}bi^{33}

鼻子 na^{55}bi^{31}

肩膀 lɛ^{44}ba^{33}

指甲 lo^{55}sɿ^{33}

肚子 ɪ^{31}mo^{31}

媒人 fu̠^{44}ka^{33}

新郎 sa^{55}vu^{33}a^{33}ʂɿ^{55}

算命 khu̠^{55}si^{33}

男孩 a^{33}hɛ^{33}

亲戚 tɕɪ^{31}xɯ^{31}

师傅 ku̠^{55}mo^{31}

爷爷 a^{44}phu^{33}

父亲 a^{44}ta^{33}

岳父 ɪ^{55}pho^{33}

婆婆 a^{44}bo^{33}

舅舅 o^{33}ȵɪ^{33}

姨父 pha^{55}vu^{33}

哥哥 vu^{55}vu^{33}

弟媳 ȵi^{33}ma^{55}

妹妹 ni^{31}mo^{31}

女儿 a^{31}mɿ^{31}

犁 sɿ^{33}go^{55}

臼 ti^{55}phi^{33}

绳子 tɕɔ^{33}pɔ^{31}

鞋子 xɛ^{55}nɛ^{33}

面粉 a^{55}mo^{31}

猪油 ɣo^{55}tshɿ^{33}

白酒 dʐʅ^{33}

吃 dzɯ^{33}

盛 kho^{55}

渴 sɿ^{55}

旋 o^{33}kɯ^{31}

眼睛 ȵɛ^{33}sɿ^{31}

眉毛 ȵɪ^{55}mi^{33}

口水 tɕi^{31}ɣɯ^{31}

手 lo^{55}

腿 tɕhɪ^{33}xɯ^{33}

肿 ɣo^{33}

结婚 xɯ^{31}mo^{31}xɯ^{33}

新娘 xɯ^{31}mo^{31}a^{33}ʂɿ^{55}

人 tsho^{33}

女孩 a^{33}hɛ^{33}

朋友 tɕo^{31}pho^{31}

徒弟 ku̠^{55}zɯ^{33}

奶奶 a^{44}ɣo^{33}

继父 pha^{55}vu^{33}

岳母 a^{44}bo^{33}

姑 a^{44}bo^{33}

舅妈 ȵɪ^{33}ȵɪ^{33}

弟兄 vu^{55}vu^{33}ɪ^{44}ʑɪ^{33}

嫂子 a^{31}mi^{31}

姐姐 ni^{31}mo^{31}

妹夫 ni^{31}mo^{31}sa^{55}vu^{33}

丈夫 sa^{55}vu^{33}

锄头 tsɿ^{55}mo^{31}

磨 tɕha^{33}lɔ^{33}

钱 phi^{31}tshi^{31}

手镯 lo^{55}dʑu^{33}

豆腐 tu̠^{55}fu^{31}

盐 tshɯ^{33}

做饭 dza^{33}mu^{33}

喝 do^{33}

夹 ȵɛ^{33}

饿 mɯ^{55}

额头 na^{55}tɕhi^{33}

眼珠 ȵɔ^{33}ma^{33}

耳朵 nɯ^{31}po^{31}

舌头 ɕa^{33}

手指 lo^{55}tɕi^{33}

背 ko^{31}pi^{31}

吃药 hi^{44}tshɿ^{33}do^{33}

出嫁 tsho^{55}ʑɪ^{33}dɯ^{33}dʑɪ^{31}ʑɪ^{33}o^{44}

死 sɿ^{33}

女人 a^{31}mu^{31}zɯ^{33}

老人 mo^{31}su^{31}

邻居 vu̠^{31}lu̠^{55}

乞丐 dza^{33}mo^{55}

父母 pha^{55}mo^{31}

继母 mo^{31}ȵɪ^{33}

公公 ɪ^{55}pho^{33}

姑父 a^{44}bo^{33}ɪ^{55}pho^{33}

姨 mo^{31}ȵɪ^{33}

姊妹 ʑu^{55}mo^{31}ȵɪ^{33}ma^{55}

弟弟 ɪ^{44}ʑɪ^{33}

姐夫 ni^{31}mo^{31}sa^{55}vu^{33}

儿子 zɯ^{33}

妻子 xɯ^{31}mo^{31}

镰刀 lʅ^{55}gu̠^{33}

锤子 la^{33}thu̠^{33}

称 tɕɪ^{31}

看 nɔ^{33}
吸 tɕu̱^{55}
咬 tɕho^{55}
舔 ʑo^{55}
给 bi^{31}
挠 fu̱^{33}
折 li^{44}tɕhu^{33}
跳 tɕhɛ^{33}
爬 dʑu^{33}
逃 pho^{33}
抱 tɔ̱^{33}
躲 ba^{55}
盖 xa^{55}
剁 dzɛ^{33}
皱 tɕu̱^{55}
找 ʐɯ^{31}
撑 thu^{31}
涮 lɔ^{33}
捆 tɕhu̱^{55}
转 tɕo^{33}
打算 mi^{33}di^{44}
高兴 kha^{55}
要 lʅ^{33}
是 ŋui^{33}
不在 a^{31}dʑo^{31}
会 ku̱^{55}
话 do^{31}
哭 ʑɪ^{33}ŋo^{44}
骗 tsi^{33}
告诉 pa^{33}
小 ɛ^{55}tsʅ^{33}
长 a^{44}ʂɯ^{33}
远 ga^{33}ʂɯ^{33}

听 na^{33}
闭 mʅ^{33}
嚼 ŋɯ^{33}
含 mʅ^{33}
摸 so^{33}
掐 tshʅ^{55}
站 hi^{55}
弯 khu̱^{55}
走 ga^{55}ʂu^{33}
追 go^{55}
背 pi^{31}
放 fa^{55}
压 vu̱^{55}
削 tɕhu̱^{55}
擦 sɛ^{33}
挑 thi^{33}
撬 ŋa^{55}
洗 tshʅ^{33}
烧 tɕa^{55}
打 du^{31}
忘记 a^{31}ʂu^{55}
生气 hɛ^{33}na^{33}
有 dʑo^{33}
不是 a^{31}ŋo^{31}
知道 sʅ^{31}
不会 a^{31}ku̱^{55}
叫 ku^{33}
骂 tɕhɪ^{31}
哄 na^{55}
谢谢 kha^{44}ʂa^{33}ʂa^{33}
粗 a^{44}fu^{33}
短 ɪ^{44}ʂɯ^{33}
近 ga^{44}ȵu^{33}

闻 ni^{31}
张 pho^{31}
咽 li^{31}ŋɯ^{31}
拿 ʑu^{33}
伸 dʐɯ^{31}
撕 tʂhʅ^{33}
坐 ȵɪ^{33}
挺 dzo^{31}
跑 po^{55}
抓 ʑu^{33}
撞 thi^{55}
埋 bi^{33}
捅 tho^{55}
裂 pɔ^{33}
掉 tshi^{33}
举 dʐɯ^{31}
挑 si^{33}
拴 phu^{31}
拆 tɕhɔ^{33}
想 ŋui^{31}
喜欢 hɛ^{33}vu̱^{33}
疼 gu^{33}
没有 a^{31}dʑo^{31}
在 dʑo^{33}
不知道 a^{31}sʅ^{31}
说 pa^{33}
吆喝 ʂʅ^{33}
吵架 dʑɪ^{44}ʐa̱^{33}
撒谎 guɛ^{33}
大 a^{44}ɣɯ^{33}
细 ɪ^{44}fu^{33}
低 ɪ^{44}mu^{33}
深 a^{33}no^{55}

浅 ɛ^{33}no^{55}
胖 tshu^{33}
瘦 gɯ^{44}dʑɪ^{33}
黑 a^{44}nɔ^{33}
白 a^{33}tɕhu̱^{33}
红 a^{33}ni^{33}
黄 a^{33}ʂʅ^{33}
蓝 a^{33}vu^{55}
绿 a^{55}lo^{31}
多 a^{44}ȵɪ^{33}
少 ɪ^{44}ȵɪ^{33}
重 a^{44}lʅ^{33}
轻 ɪ^{44}lʅ^{33}
厚 a^{44}tu^{33}
薄 ɪ^{44}tu^{33}
亮 bo^{31}lɯ^{31}
黑 a^{44}nɔ^{33}nɔ^{33}
热 tsha̱^{33}
凉 go^{33}
干 a^{33}ʑu^{33}
湿 a^{44}dzi^{33}
快 dʑɪ^{33}
慢 a^{44}lʅ^{33}
早 zʅ^{33}
晚 ȵa^{55}
新 a^{33}ʂʅ^{55}
旧 a^{44}bi^{33}
软 ɪ^{44}nu^{33}
硬 a^{33}kɔ^{33}
富 ga^{55}
穷 su̱^{44}ʂa^{33}
忙 a^{31}li^{55}
闲 li^{55}
疼 na^{33}
痒 ʑɪ^{33}
甜 tɕhu^{33}
苦 khɯ^{33}
好 tʂɯ^{55}
坏 di^{33}
漂亮 dʐa̱^{55}
丑 ŋɯ^{31}a^{31}hi^{55}
傻 kɯ^{33}
笨 kɯ^{33}
一 tshʅ^{31}
二 ȵɪ^{31}
三 sɔ^{33}
四 lʅ^{33}
五 ŋɯ^{33}
六 xo^{55}
七 ʂʅ^{31}
八 hi^{55}
九 gu^{33}
十 tshi^{33}
二十 ȵɪ^{31}tsi^{31}
三十 sɔ^{33}tshi^{33}
一百 tshʅ^{31}ha^{31}
一千 tshʅ^{31}tu̱^{31}
一万 tshʅ^{31}va^{55}
个 ma^{33}
匹 ma^{33}
头 ki^{31}
只 ma^{33}
条 ki^{31}
张 ma^{33}
双 dzʅ^{55}
把 dzʅ^{55}
副 dzʅ^{55}
块 ma^{33}
棵 bo^{31}
颗 ma^{33}
件 dʑɪ^{55}
我 ŋa^{33}
你 ni^{33}
他 thi^{33}
我们 ŋo^{31}o^{44}
你们 no^{33}
他们 tho^{33}
自己 tsʅ^{55}tɕa^{33}
别人 tsho^{55}
这个 tshʅ^{44}ma^{33}
那个 a^{33}li^{44}ma^{33}
哪个 kha^{33}li^{44}ma^{33}
谁 kha^{55}mo^{33}
这里 tshʅ^{44}ma^{33}ko^{33}
那里 a^{33}li^{44}ma^{33}ko^{33}
哪里 kha^{55}la^{55}
这样 tshʅ^{33}ʑa^{55}
那样 a^{33}li^{44}ʑa^{55}
怎样 kha^{33}li^{44}ʑa^{55}
这么 kha^{31}zo^{31}
怎么 kha^{31}ta^{33}
什么 kha^{55}li^{55}
为什么 kha^{31}zo^{33}lɔ^{55}
多少 kha^{31}ȵɪ^{55}
很 dʑi^{33}
非常 dʑi^{33}
更 ga^{33}ga^{55}
太 kɔ^{33}
都 ʑɪ^{31}xa^{55}

只 ti³³	刚 a³¹mu⁵⁵si³¹	才 hɔ³³si³¹
经常 dɯ³³dɯ³³	还 ʑɪ³³	别 tha³¹
和 tɕho³³	对 ʑɪ³¹dɯ³³	如果 a³¹di³³di⁵⁵
不管 kha³¹ta³³	也许 tɕo⁴⁴dʑɪ³¹	互相 dʑi³³

参考文献

[1] 巴莫阿依 . 在汉族人的环绕中 . 民俗研究，2000（3）.

[2] 肖雪 . 凉山平坝彝族丧葬文化变迁的斜向性结构研究——以喜德大石头和冕宁漫水湾为个案 . 西昌学院学报（社会科学版），2007（3）.

[3] 龙圣 . 明清“水田彝”的国家化进程及其族群性的生成——以四川冕宁白鹿营彝族为例 . 社会，2017（1）.

[4] 朱文旭，张静 . 彝语水田话概况 . 民族语文，2005（4）.